U0813241

鸣谢

本书出版得到了北京大学-香港理工大学中国社会工作研究中心

（香港凯瑟克基金会思善基金项目）资助，特此致谢。

社会工作硕士专业学位研究生

MSW教学案例集

王思斌 主编

全国社会工作专业学位研究生教育指导委员会 组编

北京大学出版社
PEKING UNIVERSITY PRESS

图书在版编目(CIP)数据

社会工作硕士专业学位研究生（MSW）教学案例集/王思斌主编;全国社会工作专业学位研究生教育指导委员会组编. —北京:北京大学出版社,2016.1

ISBN 978-7-301-26565-9

Ⅰ. ①社… Ⅱ. ①王… ②全… Ⅲ. ①社会工作—研究生教育—教案（教育）—中国 Ⅳ. ①D632-4

中国版本图书馆 CIP 数据核字(2015)第 281027 号

书　　名	社会工作硕士专业学位研究生（MSW）教学案例集 Shehui Gongzuo Shuoshi Zhuanye Xuewei Yanjiusheng（MSW）Jiaoxue Anliji
著作责任者	王思斌　主编
责任编辑	董郑芳（dongzhengfang12@163.com）
标准书号	ISBN 978-7-301-26565-9
出版发行	北京大学出版社
地　　址	北京市海淀区成府路 205 号　100871
网　　址	http://www.pup.cn
新浪微博	@北京大学出版社　@未名社科-北大图书
电子信箱	ss@pup.pku.edu.cn
电　　话	邮购部 62752015　发行部 62750672　编辑部 62753121
印 刷 者	天津和萱印刷有限公司
经 销 者	新华书店
	787 毫米×1092 毫米　16 开本　21.25 印张　371 千字
	2016 年 1 月第 1 版　2023 年 1 月第 4 次印刷
定　　价	47.00 元

未经许可，不得以任何方式复制或抄袭本书之部分或全部内容。

版权所有，侵权必究

举报电话：010-62752024　电子信箱：fd@pup.pku.edu.cn

图书如有印装质量问题，请与出版部联系，电话：010-62756370

社会工作硕士专业学位研究生(MSW)教学案例集编写委员会

主任委员　宫蒲光(民政部)

副主任委员　王思斌(北京大学)　王金华(民政部)

翟振武(中国人民大学)　蔡禾(中山大学)

委　　员　(以姓氏笔画为序)

丁建定(华中科技大学)　田毅鹏(吉林大学)

向德平(华中师范大学)　庄勇(贵州大学)

关信平(南开大学)　沈原(清华大学)

张文宏(上海大学)　范和生(安徽大学)

赵一红(中国社会科学院)　赵孟营(北京师范大学)

顾东辉(复旦大学)　徐永祥(华东理工大学)

彭华民(南京大学)　童敏(厦门大学)

谢立中(北京大学)　慈勤英(武汉大学)

前　言

2009年国务院学位委员会决定在我国启动社会工作专业学位研究生教育，同年有33家大学获得社会工作硕士专业学位（MSW）授予权，并于2010年开始招收我国第一批MSW研究生。2011年，又有25家大学获得MSW授予权，至2014年，我国获得MSW授予权的办学单位已达104家，至2019年底，全国有MSW授予权的办学单位已达150多家，已培养出一大批MSW毕业生，为我国的社会工作人才队伍建设做出了贡献。

专业学位研究生的培养对我国来说还在摸索和积累经验之中。为了进一步提高专业学位研究生教育质量，培养更多国家建设急需的高水平专业人才，国务院学位委员会办公室（教育部学位管理与研究生教育司）贯彻落实《教育部　国家发展改革委　财政部关于深化研究生教育改革的意见》，推动加强专业学位研究生教育案例教学。全国社会工作硕士专业学位教育指导委员会（现改为“全国社会工作专业学位研究生教育指导委员会”，以下简称社会工作教指委）高度重视这项工作，并决定在全国范围内征集教学案例编写。在召开专家会征求意见的基础上，第一批教学案例面向高等院校有丰富社会工作教学经验的专家征集。首先由案例撰写人与社会工作教指委成员共同商议案例的题目、大纲，然后编写完成初稿，经教指委提出修改意见，进一步完善案例。经过几次交流、修改，案例撰写者较高水平地完成了案例编写任务。

改进和完善专业学位研究生教育是一项艰巨任务，案例教学在此过程中具有重要地位。为了满足各院校专业学位研究生案例教学的迫切需要，教指委决定正式出版这批案例，并进一步推进后续案例集的编写和出版。该书出版得到了北京大学—香港理工大学中国社会工作研究中心（香港凯瑟克基金会、香港思善基金支持项目）的赞助，对他们的资助特表感谢。

编写社会工作硕士专业学位研究生教学案例是一项新的工作，之中一定存在不完善之处。欢迎该书使用者提出意见和建议，以完善教学案例编写及其使用，促进我国高水平社会工作专业人才的培养。

编写委员会

教育部关于加强专业学位研究生案例教学和联合培养基地建设的意见

教研〔2015〕1号

各省、自治区、直辖市教育厅（教委），新疆生产建设兵团教育局，各专业学位研究生教育指导委员会，有关研究生培养单位：

为贯彻落实《教育部 国家发展改革委 财政部关于深化研究生教育改革的意见》（教研〔2013〕1号）、《教育部 人力资源社会保障部关于深入推进专业学位研究生培养模式改革的意见》（教研〔2013〕3号），深化专业学位研究生培养模式改革，提高培养质量，现就加强专业学位研究生案例教学和联合培养基地（以下简称基地）建设提出如下意见。

一、充分认识加强案例教学和基地建设的重要意义

1. 案例教学是以学生为中心，以案例为基础，通过呈现案例情境，将理论与实践紧密结合，引导学生发现问题、分析问题、解决问题，从而掌握理论、形成观点、提高能力的一种教学方式。加强案例教学，是强化专业学位研究生实践能力培养，推进教学改革，促进教学与实践有机融合的重要途径，是推动专业学位研究生培养模式改革的重要手段。

2. 基地是培养单位为加强专业学位研究生实践能力培养，与行业、企业、社会组织等（以下简称合作单位）共同建立的人才培养平台，是专业学位研究生进行专业实践的主要场所，是产学结合的重要载体。加强基地建设，是专业学位研究生实践能力培养的基本要求，是推动教育理念转变、深化培养模式改革、提高培养质量的重要保证。

二、加强案例教学,改革教学方式

3. 重视案例编写,提高案例质量。培养单位和全国专业学位研究生教育指导委员会(以下简称教指委)要积极组织有关授课教师在准确把握案例教学实质和基本要求的基础上,致力于案例编写,同时吸收行业、企业骨干以及研究生等共同参与。鼓励教师将编写教学案例与基于案例的科学研究相结合,编写过程注重理论与实际相结合,开发和形成一大批基于真实情境、符合案例教学要求、与国际接轨的高质量教学案例。

4. 积极开展案例教学,创新教学模式。培养单位要根据培养目标及教指委制定的指导性培养方案,明确案例教学的具体要求,规范案例教学程序,提高案例教学质量,强化案例教学效果。加强授课教师与学生的双向交流,引导学生独立思考、主动参与、团队合作,建立以学生为中心的教学模式。

5. 加强师资培训与交流,开展案例教学研究。培养单位和教指委要积极开展案例教学师资培训和交流研讨,推出案例观摩课和视频课,帮助教师更新教学观念,了解案例教学的内涵实质,准确把握案例教学的特点和要求,熟练掌握教学方法,提高案例教学的能力和水平,积极主动开展案例教学。同时,组织开展相关理论与实践研究,解决案例编写和教学中的难点问题,探索提高案例编写和教学水平的思路与方法,为推广和普及案例教学提供指导。

6. 完善评价标准,建立激励机制。完善教师考核评价机制和人才培养评价标准,调动教师和学生参与案例教学的积极性。培养单位要把案例研究、编写、教学以及参加案例教学培训等情况,纳入教师教学和科研考核体系。有条件的教指委和培养单位,可以组织开展优秀案例、优秀案例视频课评选和案例教学竞赛等活动,引导和推动广大教师更加深入地研究和实施案例教学。

7. 整合案例资源,探索案例库共享机制。鼓励不同专业学位类别之间、培养单位之间积极开展案例研究、开发和使用等方面的交流与合作。完善案例库建设、管理和使用办法,提高案例使用效率。有条件的机构、组织和培养单位可以充分运用网络媒介和信息化手段,搭建案例研究、开发、使用和共享的公共平台。整合案例资源,支持建设“国家级专业学位案例库和教学案例推广中心”。

8. 加强开放合作,促进案例教学国际化。各培养单位和教指委,要积极搭建合作交流平台,逐步将国内优秀案例推向国际,展示中国专业学位研究生教育成果。同时,根据实际需要,积极引进国外高质量教学案例,加以学习和借鉴,逐步建立起具有中国特色、与国际接轨的案例教学体系。

三、加强基地建设,推进产学结合

9. 创新建设模式,构建长效机制。培养单位要根据社会需求和人才培养目标,坚持创新,讲求实效,积极探索多种形式的联合培养机制。充分发挥合作单位在专业学位研究生培养过程中的积极性、主动性和创造性,共同制定培养目标、建设相关课程、参与培养过程、评价培养质量,建立产学有机融合的协同育人模式。以基地建设为纽带,充分发挥各自优势,构建人才培养、科学研究、成果转化、社会服务、文化传播等多元一体、互惠共赢的资源共享机制和合作平台。

10. 健全标准体系,规范基地管理。培养单位应根据不同专业学位类别的特点和培养目标定位,紧紧围绕行业和区域人才需求,分类制定基地遴选与建设标准,建立一批满足人才培养需求的规范化基地。协调合作单位,建立健全基地管理体系,组建基地运行专门管理机构,完善管理制度和运行机制,妥善解决知识产权归属等问题,明确各方责权利,推动基地科学化管理。针对不同专业学位类别,建立多样化的基地评价体系,定期开展自我评估,重点考核基地人才培养的实际效果。

11. 严格培养过程,创新培养模式。培养单位要依托基地,建立健全合作单位在招生录取、课程教学、实践训练和学位论文等方面全程参与研究生培养的合作机制。会同合作单位,根据培养方案,结合基地实际,制定研究生在基地期间的培养细则,明确培养考核要求,落实学生在培养单位与培养基地的时间分配和具体培养内容,加强对基地期间培养过程监督。要紧密结合基地实际,创新培养模式,通过采用阶段考核和终期考核相结合等方式,加强对研究生实践能力的培养。

12. 加强导师队伍建设,构建"双师型"团队。培养单位要完善研究生导师遴选机制,在合作单位中遴选一批思想政治素质过硬、师德高尚、实践经验丰富和学术水平较高的人员担任研究生实践教学的导师,建立基地导师定期培训、考核和退出制度,有针对性地提升基地导师实践指导能力和水平。选派青年教师到基地挂职锻炼或参与实践教学,提高实践教学能力。建立校内外导师定期交流合作机制,共同制订培养计划,共同参与指导,构建分工明确、优势互补、通力合作的"双师型"团队,实现培养单位人才培养规格与行业、企业人才需求之间的有机衔接。

13. 建立激励机制,加强示范引领。各教指委和省级教育部门要悉心指导基地建设工作,可根据实际需要组织开展示范性基地遴选和优秀实践教学成果评选,积极推进示范性基地建设工作,发掘先进典型,及时总结并推广好的经验和做法,加强示范引导。各培养单位应会同合作单位制订切实可行的基地建设和实施方案,以创建示范基地为驱动,大力推进实践教学工作,充分发挥示范基地先行先试的引领带动作用,深入推动专业学位研究生培养模式改革。

四、加大投入,完善政策配套和条件保障

14. 各培养单位要高度重视案例教学和基地建设,科学规划、创造条件,加大经费和政策支持力度。设立案例教学和基地建设专项经费,为案例教学和基地建设提供必要的条件保障。通过人才培养项目、实验室建设、联合科研攻关等途径加大对案例教学和基地建设等方面的投入。

15. 各教指委要加强对案例教学和基地建设的指导,研究制定案例教学和基地建设的基本要求,积极推广普及案例教学和基地建设经验,引导培养单位做好案例教学和基地建设工作。

16. 各省级教育部门要加强组织领导,会同有关部门,统筹区域内案例教学和基地建设,加强政策引导和经费支持,调动行业、企业的积极性,推动专业学位研究生教育与地方经济社会发展的紧密结合。鼓励有条件的地区,设立专项资金支持本地区研究生培养单位的案例教学和基地建设工作。

17. 案例教学和基地建设情况将作为专业学位授权点合格评估的重要内容。各省级教育部门和教指委要针对案例教学和基地建设情况加强督促检查,切实推动案例教学和基地建设工作积极发展。

教育部
2015 年 5 月 7 日

目 录

Contents

老年社会工作

"护老者"社会支持网络建设和社会工作介入 …… 3
一、案例背景 …… 3
二、服务对象问题与需求评估 …… 4
三、服务对象核心问题确认 …… 6
四、社会工作介入理念和价值观 …… 8
五、社会工作服务因素考量和介入方法选择 …… 9
六、社会工作介入过程和对服务对象需求的回应 …… 9
七、社会工作介入成效评估 …… 11
案例使用说明 …… 13
乐龄老年人社区照顾的发展路径 …… 30
一、服务缘起与最初的探索 …… 30
二、建立社区老年小组 …… 33
三、构建社区居家养老支持平台 …… 34
四、延伸与拓展社区居家养老支持平台 …… 37
五、发展专业性社区照顾 …… 39
案例使用说明 …… 42

青少年社会工作

抗逆小童星：提升流动儿童抗逆力社会工作服务项目 …… 57
一、抗逆小童星项目的社会背景：流动儿童问题 …… 57
二、抗逆小童星项目的理论支持与价值意义 …… 58

三、项目前期：流动儿童需要前评估和社区资源分析 …… 64
四、项目中期：抗逆小童星项目服务设计与介入行动 …… 68
五、项目后期：服务评估及效果 …… 74
六、项目反思：服务可持续性和社会工作重构 …… 77
附录 …… 79
案例使用说明 …… 102

学校社会工作

广域临床取向的学校社会工作探索——以北京S中学的"问题学生"为目标群体 …… 113
一、问题背景 …… 113
二、研究背景 …… 114
三、机构情况与介入缘起 …… 117
四、理念基础与价值取向 …… 119
五、介入方法与实施策略 …… 122
六、介入过程的综合思考 …… 127
案例使用说明 …… 130
卓越计划：促进大学生学习倦怠行为改变的社会工作服务项目 …… 137
一、项目简介 …… 137
二、案例背景 …… 138
三、服务对象的核心问题确定 …… 140
四、理念和价值观 …… 142
五、介入方法 …… 143
六、介入过程的综合思考 …… 155
七、服务效果 …… 159
案例使用说明 …… 161

家庭社会工作

瞬间崩塌的家庭结构——生态系统视角下的家庭危机应对 …… 175
一、案例背景 …… 175
二、案主家庭结构的崩塌与瓦解 …… 177

三、生态系统理论对个案的分析 …… 179
四、危机的介入 …… 183
五、危机介入的成效 …… 185
案例使用说明 …… 186

企业社会工作

自杀与应对——一例企业社会工作危机介入个案探讨 …… 191
一、问题背景 …… 191
二、总体评估 …… 193
三、核心问题的确定及介入目标 …… 195
四、介入策略与方法 …… 196
五、理念和价值观 …… 198
六、多重因素影响 …… 199
七、介入过程 …… 200
八、介入行动和反思 …… 206
九、效果和挑战 …… 208
案例使用说明 …… 211

精神健康社会工作

抑郁症个案介入 …… 223
一、核心问题确定 …… 223
二、社会工作介入过程的综合思考 …… 227
三、介入方法 …… 235
四、介入行动和反应 …… 237
五、效果和不足等问题的综合呈现和分析 …… 241
案例使用说明 …… 242

农村社会工作

绿耕农村社会工作 …… 253
一、发育妇女组织，老屋修旧如旧变身乡村旅社 …… 255
二、从组员的处境出发，面对组织内部矛盾 …… 257

三、培力组织,“送进来、走出去” …… 258
四、城乡合作,筑可持续支持网络 …… 260
案例使用说明 …… 262

社区工作

进城农民工社区教育——以北京行在人间劳工服务中心工作模式为例 …… 269
一、当前进城农民工面临的问题及其性质 …… 269
二、进城农民工社区教育体现的价值观 …… 270
三、进城农民工的主体建构和需求转换 …… 271
四、北京行在人间劳工社会工作的介入理念和方法 …… 273
五、劳工增权的具体过程分析 …… 276
六、服务效果的反思 …… 284
案例使用说明 …… 285
“高级社会工作实务——社区工作”课程设计——以服务学习介入城中村社区重建为例 …… 295
一、“高级社会工作实务”基本情况介绍 …… 295
二、课程实践点介绍 …… 296
三、课程整体设计 …… 297
四、具体教学过程 …… 298
案例使用说明 …… 300
社区关系重建和生活意义重塑——某村改居社区工作 …… 309
一、村改居社区的背景 …… 309
二、社区分析和问题评估 …… 310
三、地区发展模式指导下的村改居社区工作 …… 313
四、社会工作介入:关系建设,拉开空间创造社区改变 …… 315
五、评估 …… 319
六、讨论 …… 320
案例使用说明 …… 321

老年社会工作

“护老者”社会支持网络建设和社会工作介入

一、案例背景

（一）人口老龄化发展趋势

数据显示，2012 年年底中国 60 周岁及以上老年人口已达 1.94 亿，2020 年将达 2.43 亿，2025 年将突破 3 亿。由此，老年人的照顾问题将日益突出。根据上海民政局资料，截至 2010 年 12 月 31 日，上海 60 岁及以上老年人口 331.02 万人，占总人口的 23.4%。而 80 岁及以上高龄老年人口 59.83 万人，占 60 岁及以上老年人口的 18.1%，占总人口的 4.2%（参见图 1）。

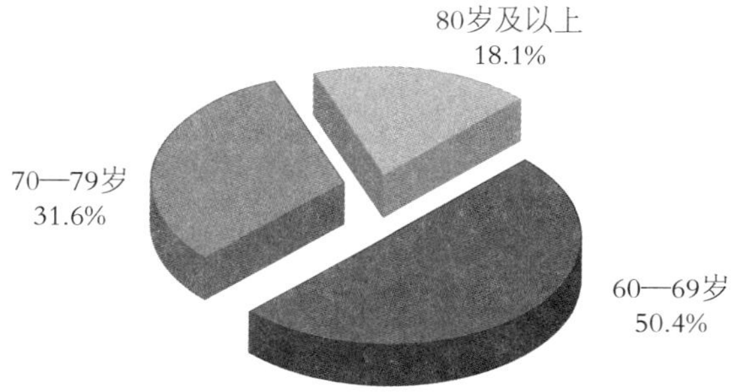

图 1　2010 年末上海市 60 岁及以上老年人口年龄构成

图 1 表明，上海 80 岁及以上的老年人口占 60 岁及以上的老年人口的 18.1%，无疑，大部分身体有病甚至卧病在床需要家人照顾的老年人大多出自这一年龄组；与此同时，随着经济水平和医疗水平的大幅度提高，上海市人口预期寿命正在逐步提升。统计资料指出，1951 年上海市人口预期寿命为 44.39 岁，而到 2010 年上海

市人口预期寿命已经为82.13岁,其中男性79.82岁,女性84.44岁。

(二)养老设施缺口严重

上海老年人口越来越呈现高龄化趋势,需要照顾的老人正在不断增多,但社会上提供的养老设施和老年人照顾服务却未必能满足这种需要,从民政局提供的统计数据中可以看到,2010年养老机构共计625家,比上年增加1.6%(参见图2)。

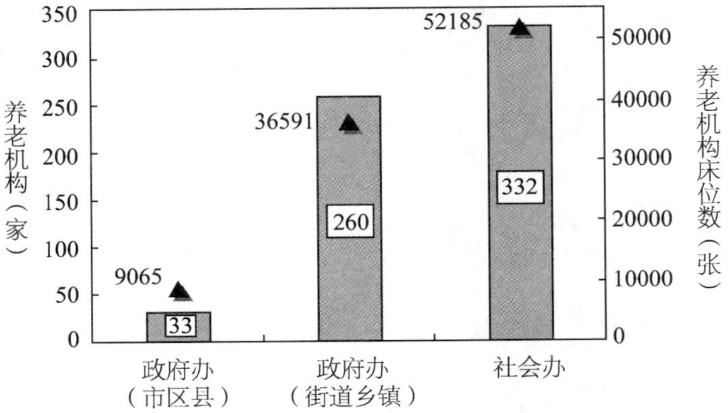

图2　2010年上海市各种类型养老机构数和床位数

图2指出,2010年上海市政府办养老机构293家,社会办332家。床位数共计97841,这个数字虽然比上年增加8.9%,但是距离将近60万的高龄老人,仍然是杯水车薪,因为它仅占60岁及以上老年人口的3.0%。

老龄化和高龄化越来越成为世界性的一种趋势,而医疗卫生水平的大幅度提高,使生病的老年人治愈率和存活率大大提高,由此,老年人长期照顾的问题日益凸出,但在国内长期被忽视的一个现象是,长期照顾老年人的照顾者(海外称作为“护老者”)及其身心健康和生活质量却一直不被人们关注,他们的状况如何?他们需要怎样的帮助?等等,这些问题少有人问津。

二、服务对象问题与需求评估

正是在上述背景下,上海市暖心老年社工服务社提供的“护老者”服务应运而生。

（一）上海暖心老年社工服务社和"护老者"服务项目

上海暖心老年社工服务社是2006年由福利院出资成立的一家民非组织，其宗旨是遵循"助人自助"的专业理念，提供诚信服务，服务范围为：老年社工项目开发与管理，涉老服务机构管理咨询专业辅导以及与老年服务相关的其他事务。该机构现有工作人员16名，其中4名社工师，4名助理社工师。它依托福利院的丰富资源，以专业社工理念服务全区老年人。

面对社区里不断涌现的有关济贫、助残、扶老、帮弱等民生问题，2009年上海市民政局利用福利彩票资金专门建立了"福利彩票基金"，以"公益创投"的形式，通过招投标资助那些在社区里提供公益性服务的社会组织。上海暖心老年社工服务社就是以"'护老者之家'社区老年照护者的社会支持"项目，向上海民政局"福利彩票基金"投标，中标批准获得19万元资助以后在社区里为"护老者"提供支持性服务。

（二）服务对象调查评估

"社区老年照护者的社会支持"项目以上海市某区两个街道80岁以上老人的居家"护老者"为服务对象，在服务项目实施之前，按照社会工作的服务流程，工作人员首先对服务对象进行比较深入、全面的需求调查。

1."护老者"类型构成

"护老者"主要由以下人员构成：老人的子女、配偶，占90%；专门的护理人员（24小时住家保姆），占10%。

2."护老者"性别构成

"护老者"的性别分布如图3所示。

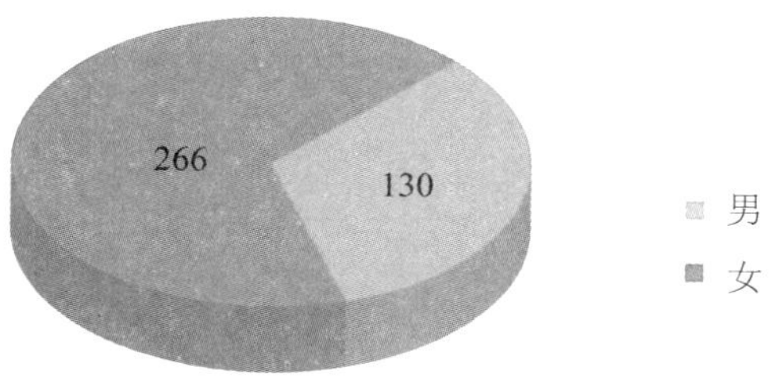

图3 被调查的"护老者"的性别分布（人）

3. “护老者”经济收入状况构成(图4)

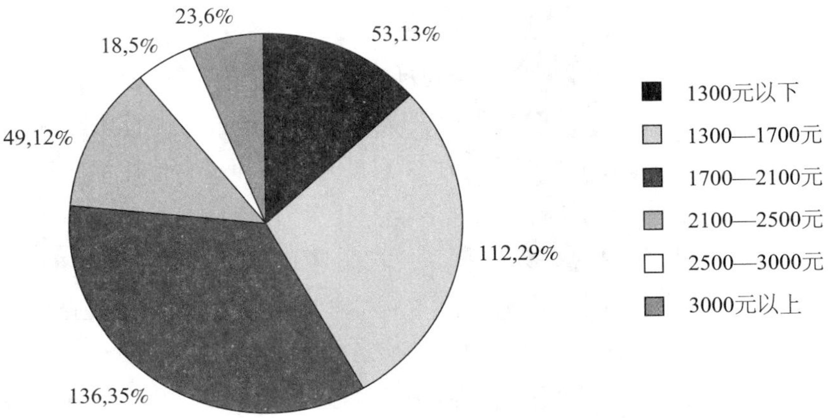

图4 被调查的“护老者”的经济收入分布(人,%)

4. “护老者”照顾老人的时间长度构成

在381份有效问卷中,“护老者”照顾老人的时间短则3年,长则9年以上(见图5)。

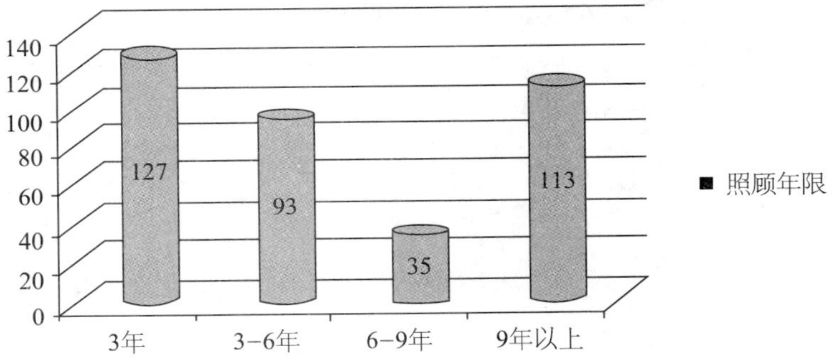

图5 “护老者”照顾老人的时间分布(人)

5. “护老者”遭遇困难求助对象选择

当遇到困难时,“护老者”首先求助的是儿女(46.2%),其次是兄弟姐妹(19.9%)、配偶(19.5%),等等。

三、服务对象核心问题确认

对问卷所获得的资料进行统计分析发现,许多“护老者”在长期照料的压力逼迫下,个人的心理和情绪或多或少地都出现了一些症状,以致影响生活和健康。这些症状体现在身体反应上,更主要表现在"护老者"的心理反应方面。具体症状及选择人数详见表1。

表1 "护老者"长期照顾老人时产生的身心健康问题及选择人数(人)

身体反应		心理反应	
不想说话	94	容易生气	79
容易感到累	165	精神紧张	81
胃口不好	87	情绪容易受影响	102
睡不踏实	123	容易失去耐心	73
		对生活感到厌倦	41
		容易冲动	71
		心里感到烦乱或害怕	58
		觉得生活无趣乏味	33

注:由于可以多项选择,故选择人数超过被调查人数的总数。

正因为身心受到不同程度的损害,所以,"护老者"迫切希望能够获得更多的帮助和支持,这一点从表2的数据中可以看得很清楚。

表2 "护老者"希望获得帮助的内容和人数比例

服务内容	选择人数	人数比例(%)
上门指导	111	27.8
护理技能培训	64	16.0
成立支持性小组开展互助活动	50	12.5
聚会活动	94	23.5
创办《护老者之家》开展交流	39	9.8
老人日间服务中心	83	20.8
护老者电话热线	74	18.5
居家养老社区主题活动	51	12.8

注:由于可以多项选择,故选择人数超过被调查人数的总数,比例也超过100%。

在上述开列的服务内容中,有四项服务被最多"护老者"选择,意味着这些服务为"护老者"所迫切需要(详见图6)。

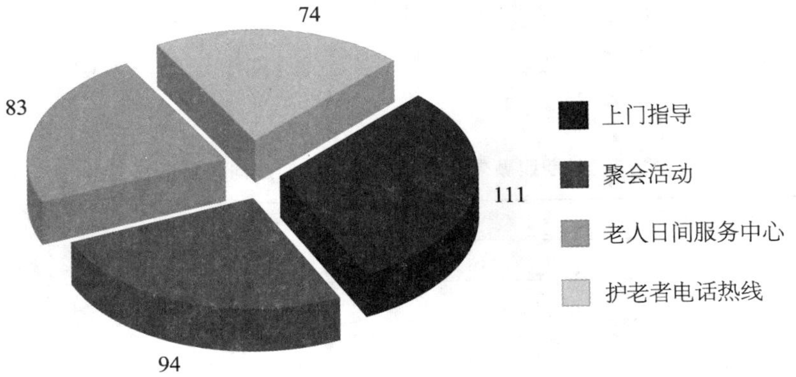

图6 “护老者”迫切需要服务的人数选择(人)

四、社会工作介入理念和价值观

本项目为服务对象开展工作,主要基于以下的假设:

(1)人类的生存需要与他人共同合作,以及依赖他人的协助,“护老者”也不例外。

(2)人类生命发展历程中都会遭遇一些可预期或不可预期的生活事件,“护老者”过去和目前的生活可能是不可预期的,但通过专业的服务和社工的协助,希望“护老者”从现在开始能够逐渐掌握自己的命运。

(3)“护老者”在遭遇生活事件时,需要资源以因应伴随事件而来的问题,其中包括个人的内在资源和外在资源,而社会支持网络就属于外在资源的一种,一般又分为正式支持和非正式支持两类。

(4)尽管社会网络也可能对个人造成负面影响,但一般而言,“护老者”通过与他人之间的联结,能够构筑社会整合感或感到自己是社会的一部分,这种感觉关系到“护老者”个人的生存。

(5)在压力事件下,社会支持网络可以缓解压力带来的负面影响,以及有助于“护老者”个人问题的解决。

(6)绝大多数“护老者”的社会支持网络较为薄弱,需要专业人员协助以增进网络范围和社会网络的支持功能。

五、社会工作服务因素考量和介入方法选择

“护老者”服务项目的开展需要充分考虑以下几个方面的因素：

（1）“护老者”个人因素：“护老者”的问题和需要是什么？“护老者”的问题有多严重？“护老者”需要怎样的资源与帮助？“护老者”能力状况如何？等等；

（2）资源因素：“护老者”目前有什么资源？“护老者”最缺乏什么资源？“护老者”的环境中有什么可以利用的资源？如何评估这些资源？等等；

（3）连接因素：“护老者”与资源如何连接？谁去连接？连接以后的效果如何评估？等等。

从系统的角度出发，“护老者”与资源的连接可以有如下几种策略：个人连接策略、自愿连接策略、相互援助连接策略、邻里辅助连接策略、社区连接策略，等等。因此，本项目社会工作介入的方法主要是基于系统理论和社区照顾理论为“护老者”建立有力、有效的社会支持网络，包括人际支持网络、相互援助网络、邻里辅助网络、社区授权网络，等等。

六、社会工作介入过程和对服务对象需求的回应

（一）服务目标制定

1. 服务总目标

为“护老者”提供社会支持，协助他们克服在照顾老人或病人的过程中遭遇的各种困难，通过为“护老者”建立比较广泛的支持网络，从而增强“护老者”的各种自我能力和生活信心，也提升被照顾老年人的生活质量。

2. 服务具体目标

通过专业人员定期上门指导与传授以及老年人卧床护理技巧讲座，提高“护老者”的护老技能。

通过个案工作者和心理咨询师定期的个别辅导与个案工作，以及每半月举办一次的心理讲座，缓解“护老者”的心理压力与精神紧张状态。

联络社区志愿者、社区相关机构（如社区卫生中心、社会福利院、专业社会组织

等)的工作人员以及亲属、邻里等定期为服务对象提供各类服务,为“护老者”建立长期有效的社会支持网络。

(二) 专业服务实施

在上述目标和服务方案的指引下,项目通过两个阶段以不同的服务内容与服务重点予以展开:

1. 第一阶段服务实施

第一阶段服务实施主要围绕以下四个方面展开,它们是:

(1) 个人支持:为“护老者”提供护理技能训练;

(2) 同伴支持:本着社会工作“服务对象自决”的专业原则,组织开展“护老者”沙龙活动;

(3) 社区支持:从宣传与倡导的角度出发,项目组在社区层面开展多次社区居民互相关爱的主题活动;

(4) 专业社工支持:为了给“护老者”更多的专业帮助,项目组基于增能理论视角为“护老者”开展了为期两个月的护老者小组工作。

2. 第二阶段服务实施

根据需求调查的资料以及项目实施过程中随时进行的服务对象评估情况,项目又开展了第二阶段专业服务,重点在于提供更多的正式支持,提供更多的专业支持,以及帮助服务对象建立“护老者”自助团体。具体服务内容包括:

(1) 专业机构支持:让“护老者”参观福利院,体验福利院一日生活;

(2) 专业护理人员支持:组织与安排社区专业机构的工作人员,如护士、护理员、康复治疗师、社会工作者等各种人员为“护老者”及被照顾者提供上门指导服务;

(3) 电话热线支持:开通护老者热线,随时解答与解决“护老者”的各类问题;

(4) “护老者”相互支持:建立“护老者心情屋”社区服务平台,为“护老者”相互交流、相互帮助提供便利。

七、社会工作介入成效评估

（一）“护老者”护理技能明显提升

经过半年以上的专业服务，服务对象的照顾知识和照顾技巧都具有较大的增长与提高，测试表明，“护老者”操作技能评分 51% 得分 70—90 分，32% 得分 90—100 分，两项相加合计为 83%（详见图 7）。

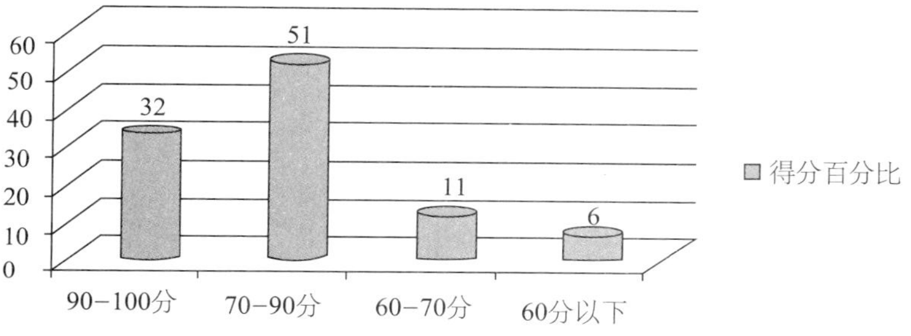

图 7 “护老者”技能操作评分和人数比例

（二）“护老者”焦虑情绪有所改善

调查表明，“护老者”的心理压力与消极情绪在专业服务提供以后一段时期，情况获得好转，尤其是焦虑情绪大大缓解。图 8 指出，在小组后期，重度与中度焦虑的“护老者”的比例已经为零，轻度的也已经从 49% 下降到 41%，而正常情绪的“护老者”已经从 9% 上升到 59%。

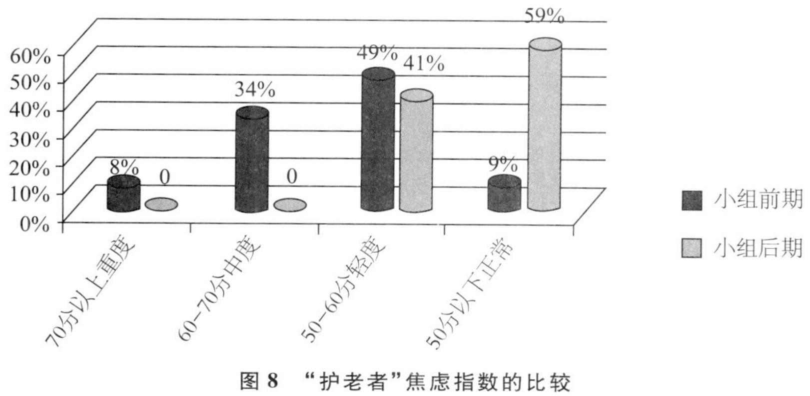

图 8 “护老者”焦虑指数的比较

(三)"护老者"和间接服务对象对服务具有较大的满意度

从服务满意度的调查来看,62%的被照顾老人对服务表示很满意,这表明项目的开展取得了一定的成效(见图9)。

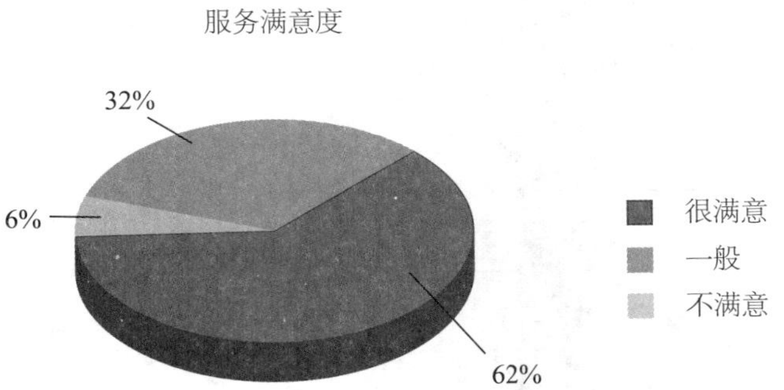

图9 被照顾老人的满意度

(四)社区居民对"护老者"状况的知晓

通过"护老者"服务的提供以及相关的倡导与宣传,让更多的社区居民了解"护老者"及其服务。

(五)"护老者"社会支持网络初步形成

经过一段时间的专业服务的提供,以及社会工作者与其他专业人士及"护老者"的共同努力,社区层面上"护老者"的社会支持网络初步形成,从而为服务对象带来了极大的帮助(详见图10)。

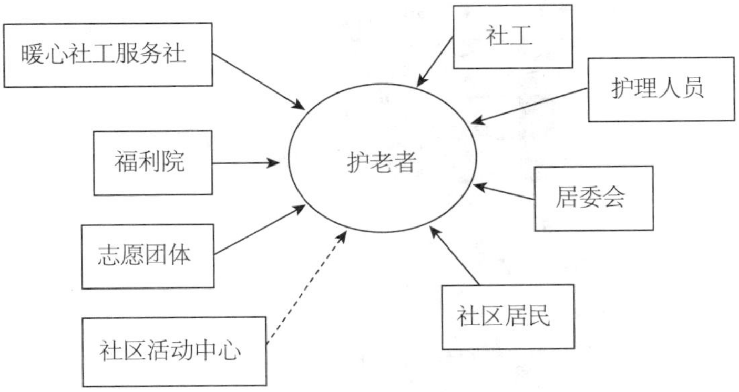

图10 "护老者"网络式社会支持服务及其模式

在图10中,箭头表示社会支持传递或输送的方向,箭头线条实线还是虚线表示社会支持的联系的紧密或疏松,而箭头线条的粗细则表示对"护老者"社会支持力度的强大或者弱小。显然,在图10中,社会工作者、志愿团体、护理人员、福利院等对"护老者"的联系最为紧密,支持也最强,居委会、居民等次之,而社区活动中心给予的支持则最为薄弱。

案例使用说明

一、教学目的与用途

(一)适用的课程

本案例适用于"社会工作实务""社区工作""个案管理""社会工作评估"和"社会公益服务项目管理"等课程的辅助案例。

(二)适用的对象

本案例适用对象主要是社会工作专业硕士。

(三)本案例教学目标规划

1. 覆盖知识点

本案例在课程中应用主要覆盖的知识点有:

(1)需求调查与评估;

(2)项目评估;

(3)社会支持理论与基本观点;

(4)社区照顾理论与基本观点;

(5)系统理论与基本观点;

(6)社区工作;

(7)个案管理与资源链接;

(8)志愿者管理。

2. 能力训练点

本案例在课程中规划的能力训练点有:

(1)学习与掌握服务对象需求调查、项目评估等方法;

(2)掌握社会支持理论、社区照顾理论、系统理论与基本观点,并且在此理论视角下设计、分析服务项目及安排、推展服务项目;

(3)学习、掌握与运用社区分析的基本方法,其中包括社区类型分析、社区基本情况分析、社区问题分析以及社区需求分析,尤其是掌握与分析四种主要的社区需求——感觉性需求、表达性需求、规范性需求及比较性需求,在个人、家庭、小组、社区和社会等不同层面的体现,从而为服务项目的设计与推行奠定可靠的基础;

(4) 学习与掌握社区工作尤其是老年社区工作的实施方法与途径;

(5) 学习从多层面、多因素分析与思考社区范围内社会工作的开展、推动和完善;

(6) 学习基于社区环境的个案管理的基本理念与具体方法。

二、启发思考题

(1) 如何从多因素的角度设计“护老者”的支持服务?

(2) 如何把社会支持理论、社区照顾理论、系统理论及其思考放入“护老者”的支持服务之中?

(3) 本案例如何推进“护老者”社区工作?

(4) 本案例的个案管理方法运用有什么特点?又有哪些可以改善的地方?

(5) 本案例的“护老者”支持服务对国内其他的专业社区工作有什么启发?

三、分析思路

案例分析基本逻辑是:

(1) 老龄化背景、政府对于社区服务/社区工作的举措与“护老者”社会支持服务的关系;

(2) 基于社会支持理论、社区照顾理论、系统理论与基本观点设计和安排的“护老者”服务;

(3)“护老者”社会支持服务的社区工作的逐步推进与完善,包括个案管理、资源链接、服务对象自助团体建设以及项目服务成效评估,等等。

四、理论依据与分析

本项目主要立基于以下三个理论视角,即社会支持理论、社会系统理论和社区照顾理论。

(一) 社会支持理论及其运用与分析

1. 社会支持的基本类型

关于社会支持(social support)的定义大多肯定它是具有多向度的概念,如把它区分为工具性支持、情绪支持、信息支持、自尊支持等。林南等学者曾对社会支持的多种概念进行综合的研究及讨论,在他看来,社会支持是“意识到的或实际的由社区、社会网络和亲密伙伴提供的工具性或表达性的资源”。台湾学者宋丽玉把林南关于社会支持的定义和讨论作综合,认为可以用表3来表示。

表3 社会支持的综合定义

支持 社会	工具性支持		表达性支持	
	实际	感知	实际	感知
社区(归属感) 社会网络(连结) 亲密伴侣(系属)				

在上述关于社会支持概念的综合定义中,社会支持隐含个人和社会环境的连结,可区分三个层面:社区、社会网络和亲密伴侣(confiding partner)。

"社区"是最外层的一般关系,个人和社区的关系反映其与社会的整合度,个人对社区的"归属感",亦即个人对社区的认同与参与。具体的表现是参与社区志愿组织和活动,如学校、教会、俱乐部、政治与公民团体等。

"社会网络"是更接近个人的一层,是个人可以直接或间接接触的一些人,关系的来源包括亲戚、共同的工作场(同事)和朋友。这些人对个人而言比上一层的人更具特殊性,他使个人有"连结感"(sense of bonding),它是指实质连结的关系,虽然有时是间接。

最靠近个人的是"亲密伴侣",这是一种"系属关系"(sense of binding),关系中的人共识与期待彼此互惠与相互交换,并且对彼此的福祉有责任感。这一层的人当然比社会网络中的人更少,往往是少数知己、密友或配偶。这三层关系,越靠近个人的关系,对个人的影响越大,也越具有意义。

2. 社会支持的作用

西方学者 Lofland 提出个人和重要他人之间连接与支持的七种功能:

(1) 角色伙伴:关系的建立基于角色互补。

(2) 生活协助:一方提供另一方服务以满足日常生活的需要。

(3) 网络连接:通过另一方结识其他重要的关系人或朋友。

(4) 肯定自我:关系建立于对方对自己珍视的形象予以肯定。

(5) 心灵安慰:关系的建立是因为对方在面对生命挑战与困境时,把自己纳入其反应过程中,共同创造生命故事和观感。

(6) 现实确认:关系建立在对方支持自己对于社会现实的假定。

(7) 目标一致:关系的连结是基于彼此有一致的目标,共创未来。

3. 社会支持介入的层次

在社会支持理论指导下,通常把对服务对象的介入分为四个层次,即个人网络工作、自助群体、组织网络联系工作以及社区网络工作。

(1) 个人网络工作

① 个人网络的定义和网络策略

所谓个人网络是指大部分人都通过亲属关系以及其他形式化或非形式化的渠道,与他人发展相互的接触。而这些人际关系形成一个社会支持系统,保护个人免受失调。服务对象的个人网络通常包括家人、朋友、邻居。服务对象在社会工作者的协助下,识别网络中可以给予辅助的主要成员。随后,社会工作人员鼓励服务对象与有能力及愿意提供辅助的亲友接触,建立或强化服务对象与他们的关系。

② 个人网络内容分析和个人网络工作的步骤

社会支持理论认为,在开展个人网络工作时,需要对网络内容进行分析,这些分析涉及:

a. 个人网络的大小,即自我认为周围“可以愿意伸出援手”的人的数量。

b. 关系的基础,指来自五个不同影响范围的愿提供援助的人:家庭/亲属、朋友、邻里、同事、其他援助者。

c. 网络成员的能力,即他们提供资源及运用资源的能力。

d. 资源,包括了有形及无形的资源,例如,金钱、房屋、个人联络网、资料或与其他专业或非专业援助网络的关系。

e. 愿意的程度,指实际提供援助时的愿意程度。

个人网络工作开展时,通常有如下一些处理步骤:

a. 辨认。辨别联系的潜力,包括:大小、关系基础、能力、资源、愿意程度。

b. 网络分析。在数量及质量上辨别网络内连结力的强度,并令效果达至最大。分析内容包括:接触的次数、方向、耐久性、强烈程度。

c. 连结。将最适合的网络成员连结在一起,并且联系工作通常会成了某一个人与其他网络成员的中介。

(2) 自助群体

所谓自助群体,指的是一群有意识地界定目标和加入资格的人所组成的网络,并且这种群体常发展自拥有共同兴趣的朋友自然形成的网络。自助群体与自然形成的网络不同,自然形成的网络成员流动性大,亦无明确而有意识的群体目的或目标。大致可以归纳出自助群体的一些基本特征:

当面的接触；自力更生、具一定独立能力；有共同确认的问题或关注点；自发性的草根阶层运动；强调依靠自助群体本身的力量，不强调依赖专业人员。

自助群体主要有以下一些基本类型：

有些专门帮助经历转变中的人；有些提供相互的帮助以克服共同的困难；有些提供一个新的社区共同体让成员可以投入其中。

(3) 组织网络联系工作

所谓组织网络联系工作是指将服务提供者与他们的组织结合成一网络，以改善相互沟通及资源分享的状况。组织网络联系工作大致有两种主要类型：

① 个案管理的联系

所谓个案管理的联系是指牵涉多对或多个网络的专业人员共同合作，集结个人的专长及资源以帮助一个服务对象解决问题。

② 社会服务的联系

所谓社会服务的联系是指社会服务机构的领导人组成的持续的联络系统，用以减轻资源的浪费。委员会结构常常保持网络协作的方式。

(4) 社区网络工作

所谓社区网络工作是指自然发展的援助被连结在一起，形成小区网络，强化了小区的社会构成，并促进小区生活的素质。这个过程中有助于结合小区内的民众及给民众组织赋予一定的影响力。

社区网络工作的目标、方式大致有：

让区内居民醒觉邻里本身的力量及需要；强化邻里间的非专业援助网；帮助强化专业的援助网；将非专业与专业援助网互相连结；将非专业及专业援助网与社会的宏观体系相连结。

4. 社会支持理论和社会工作具体介入策略与方法

在社会支持理论指导下，社会工作介入策略有以下几种类型，即个人网络策略、自愿连接策略、相互援助网络策略、邻里辅助网络策略、社区授权网络策略。

(1) 个人网络策略

这种手法强调服务对象的现存人际关系或他处身的环境内有发展潜力的关系。服务对象的个人网络通常包括家人、朋友、邻居。服务对象在社工协助下，识别网络中可以给予辅助的主要成员。随后，社工鼓励服务对象与有能力及愿意提供辅助的亲友接触，建立或强化服务对象与他们的关系。

（2）自愿连接策略

这种策略是要在遭遇困难或需要援手的人与可提供支持的非形式化辅助者之间发展出一对一的关系。社工的努力集中在设法让服务对象与适当的辅助者配对；这些辅助者常是由于他对特定问题有经验或是对辅导有充分热诚而获招募的。

（3）相互援助网络策略

相互援助网络策略是指聚合面对相同问题或具有相同兴趣、能力的人一起，促进他们之间实在或潜在的关系。相互援助网络是非形式化而且没有明确意识形态或既定活动程序的。

在采用这个策略时，社会工作者可以尝试：

① 联系现存的相互援助小组以便网络建立过程中可获咨询及支持。

② 组织曾遭相似困难的对象，发展相互援助网络。

③ 将服务对象与社区内的非形式化辅助者联系，令持续的需要获得支持。

④ 通过组织相互援助网络而取得示范的效果。

（4）邻里辅助网络策略

在这个策略下，服务机构以一个地域上界定的社区作为根据，然后尽力识别当中的非形式化辅助网络。社工要找出该区的非形式化辅助网及现存的自然辅助人手；这些自然辅助者可在提供多方面的援助上扮演关键的角色。社工接着可与邻里辅助者携手，帮助孤立的人，提倡邻里间的互助，确认当地的问题，以及强化在邻里范围内的非形式化的社会组织。

（5）社区授权网络策略

这个策略是要识别并联系在一个地域社区内的关键人物、地区领袖及主要代表。策略目的是要发展一个聚合了非形式化社区领袖的会议场，以有效反映区内各种利益群体。非形式化的领袖或鼓励参与对社区问题的群体活动，成为社区内申述问题及倡议政策改革的声音。

社会支持介入的过程由评估案主的社会关系网络和社会支持程度开始，然后根据其优势和不足拟订介入计划，这些方面的工作是整体介入的一个重要部分，相反，结案和跟踪服务并不占据特别重要的位置。

社会支持的评估可以划分为“结构”和“内容”两方面，结构指的是网络的组成，包括人数、网络中人的类型（职业或场域）、网络中人彼此的距离等。内容则指的是所发挥的支持功能。

社会支持评估的对象又可以划分成个人层次和社区层次。

第一,个人社会支持网络评估。

首先需要区分个人生活范畴,然后分别就这些范畴列举与服务对象有关系的人,并询问这些人彼此是否有关系,以及各关系人对服务对象而言的相对重要性。这样的评估通常借助于社会网络图来进行(详见图 11)。

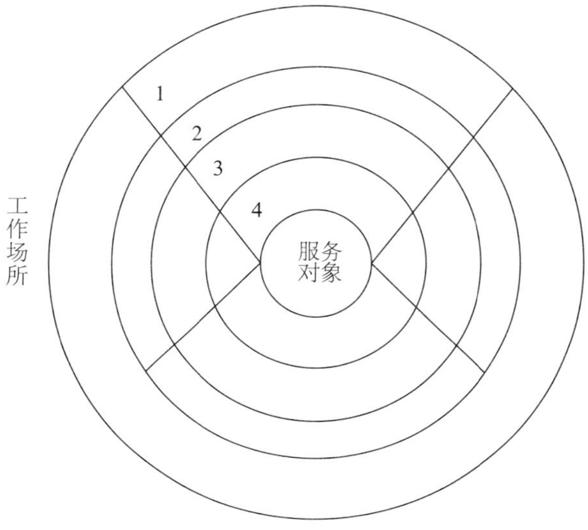

图 11　社会网络图

在图 11 中,如果一个服务对象其生活范畴包括家庭、邻里、朋友与工作场所这四个方面,那么就可以请他分别就这四个方面列举他比较熟的人,并将他们放置图中,当然"比较熟"是根据服务对象自己的主观判断来认定。其中,1、2、3、4 分别代表不同的重要性,越靠近个人则关系越重要。至于网络中人与服务对象之间的互助状况,或是网络中的人对于服务对象所提供的支持类型与程度,则可以使用社会支持的相关量表。

第二,社区社会支持网络评估。

社会工作专家主张在进行社区支持网络评估时应该回答下列问题:

(1) 社区中高危险人群的问题和需求是什么?

(2) 社区中有哪些非正式资源可以满足这些需求? 非正式支持体系的限制有哪些?

(3) 社区中有哪些正式资源可以满足这些需求? 有哪些限制?

(4) 正式资源和非正式资源之间的关系如何?

(5) 如何增进上述二者之间的连结?

(6) 有哪些问题或需求尚未能够被现有的资源解决或满足?

进行上述内容的评估时,获得资料主要有以下几个途径:人口统计分析、社区调查、使用机构的服务对象接案表格和其他有关档案资料、关键人调查,等等。

5. 社会支持介入和专业人员的角色

社会工作专家指出,采用不同的社会支持介入模式或策略,则专业人员所着重的角色也所差异(详见表4)。

表4 社会支持网络介入中专业人员的角色

	介入模式						
角色	临床治疗	家庭照顾者	个案管理	邻里协助	志愿者	互助	社区增权
倡导					*	*	
统筹			*				
咨商		*		*	*	*	*
直接服务提供	*						
促进		*	*	*	*	*	
发动/发展		*	*	*	*	*	
系统内部连接	*	*		*	*		*
系统之间连接	*			*	*		*
管理				*			*
资源提供		*				*	
督导					*		

在表4中,专业人员担当的各个角色的主要内涵是:

(1) 倡导:设计和组织活动以协助服务对象获得物资、服务、权力和其他资源。

(2) 咨商:提供主要照顾者或服务提供者指导和协助,使他们能够发挥更多的功能。

(3) 统筹者:带入更多的正式支持以提供服务对象完整且适切的服务。

(4) 直接服务提供者:直接向服务对象提供支持、咨商和统合资源等服务。

(5) 促进者:加速服务或活动的运作。

(6) 发动/发展者:为服务对象去创造、组织和运作一些活动、方案和服务。

(7) 系统内的连接者:使不同的非正式支持来源相互连接以共同支持服务对象。

(8) 系统间的连接者:使非正式支持和正式支持来源之间产生连接以提供服务对象更好的服务。

(9) 管理者/行政者:监管服务的输送使其适当地进行。

(10) 资源提供者:提供或创造资源给非正式支持者,以使他们能够提供更佳的服务。

(11) 监督者/教导者:提供专业人员知识和技巧使他们能够适当地提供服务,以确保其职责和信誉。

在表4中只有在“临床治疗模式”中专业人员才扮演直接服务角色,其余则大多扮演咨商、促进、连结者,等等,比如在“家庭照顾者模式”中,专业人员提供照顾者咨询、连接非正式网络成员,并提供资源给照顾者。在“互助模式”中,专业人员主要扮演倡导互助以促进和发展互助、资源提供的角色。在所有这些介入模式中,社会工作者与其他专业人员的连接的角色最为重要和关键。

6. 社会支持理论在本案例中的具体运用

根据社会支持理论指导下的社会工作服务开展的步骤,暖心社工服务社的社会工作者着重基于以下三个环节开展专业工作:

(1) 需求评估与资源评估

社会工作者首先对服务的社区和服务对象展开评估:

① 社区评估

社会工作者对社区的评估主要围绕着社区问题、社区已有服务、社区现有资源等三个方面而展开。

在社区问题方面,着重询问:a. 现有社区有多少需要被照顾的老年人或残疾人? b. 这些被照顾者在社区老年人中所占的比例是多少? c. 这些被照顾者的经济、生理、心理、社会交往等状况如何? e. 这些被照顾者的年龄、收入、职业、区域、家庭状况等分布如何? f. 这些被照顾老年人或残疾人带来了怎样的社会问题?

在社区已有服务方面,着重了解:a. 针对长期照顾的老年人与“护老者”,社区是否提供相应的服务? b. 如果没有这方面的服务,为什么? c. 如果有这方面的服务,服务成效究竟如何? d. 如果有这方面的服务,有没有进一步改善的措施? e. 如果正在计划这方面的服务或已经在设计这方面的服务,那将会怎么做?

在社区资源方面,着重评估:a. 社区现有哪些资源可以用来发展与支持长期照顾的老年人或残疾人的“护老者”服务? b. 利用这些资源提供服务有哪些便利或者障碍? c. 已有的资源可以进行怎样的分类以及与服务对象进行怎样的有机连接？d. 在社区里发展“护老者”服务，尚缺乏怎样的资源？e. 发展“护老者”服务缺乏相关的资源，应该如何解决？

② 服务对象评估

服务对象评估主要围绕服务对象特点、服务对象问题与需要、服务对象所拥有的资源或支持等方面而展开。

在服务对象特点方面，着重评估：“护老者”的性别、年龄、照顾年限、照顾内容、休息时间安排，等等。

在服务对象问题与需要方面，着重评估：a. “护老者”在照顾过程中碰到的医疗与护理困难有哪些？b. “护老者”在长期的照顾过程中，自己的身心状况如何？c. “护老者”需要哪些支持来帮助他们摆脱或者减缓在照料过程中的困境？

在服务对象所拥有的资源或支持方面，着重评估：“护老者”在照顾过程中有否寻求过其他人或机构的帮助？“护老者”在照顾过程中有无正常的社会交往？如果有外在的支持，那么，亲属、朋友、邻里、志愿者、专业服务机构、居委会、社区服务中心、社区卫生中心等等，哪些人或机构的帮助最大？在服务对象周围，还有哪些资源尚未被利用起来为“护老者”提供支持？

（2）需求与资源（支持）的连接

在比较充分的服务对象需求评估与社区资源评估的基础上，暖心社社会工作者依据社会支持理论指导下的社会工作介入策略，并且基于处境化（根据所在社区的实际情况）的考虑，发展与建立了以下几种支持性连接或服务策略，即个人支持网络策略或连接、自愿连接策略、相互援助网络策略、邻里辅助和社区支持策略或支持。

① 个人支持网络策略或连接

社会工作者的服务是：第一，安排专业护理人员为“护老者”提供护理技能训练；第二，基于提升服务对象的信心、减轻沉重的照顾压力以及增加服务对象的社会交往的服务目标，为“护老者”开展了为期两个月的“护老者”小组工作；第三，开通“护老者电话热线”，随时解答与解决“护老者”的各类问题。

② 自愿连接策略

社会工作者把社区志愿者尤其是年轻的老人以及医生、白领等专业人士与“护老者”连接起来，经常为服务对象提供各类实质性的支持和情感性的支持。

③ 相互援助网络策略

社会工作者的服务是，首先，本着社会工作“服务对象自决”的专业原则，组织开展"护老者"沙龙活动,初步建立起同伴支持;在此基础上,建立"护老者心情屋"社区服务平台,为"护老者"相互交流、相互帮助提供便利。

④ 邻里辅助和社区支持策略

社会工作者的服务安排是:第一,运用社区工作的手法,大力宣传与倡导,在社区层面开展多次社区居民互相关爱的主题活动;第二,让"护老者"参观福利院,体验福利院一日生活并且为"护老者"提供短期的暂托服务,建立起社区专业机构对"护老者"的支持;第三,组织与安排社区专业机构的工作人员,如护士、护理员、康复治疗师、社会工作者等各种人员为"护老者"及被照顾者提供上门指导服务;

由此,暖心社工服务社的社工为"护老者"逐渐建立起了从个人到社区层面的多层次、多类型的社会支持网络。

(二) 社区照顾理论及其运用与分析

社区照顾的概念与做法源于英国,如英国 1989 年的《社区照顾白皮书》指出:"社区照顾"是指给因老年、心理疾病、心理障碍或身体及感觉机能障碍问题所困者提供服务和支持,让他们能够尽可能在自己家中或社区中"类似家庭"的环境下过着独立的生活。经过一段时间的实践,然后推广至北美及部分发展中国家。

1. 社区照顾的分类与范围

英国学者沃克(A. Walker)指出,社区照顾的主要实施策略有三种:在社区内照顾(care in the community)、由社区来照顾(care by the community)和与社区一起照顾(care for the community)。应该说,这三种含义都只反映了社区照顾总体含义的一部分,社区照顾应是上述三种含义的综合。

(1) 在社区内照顾

① 含义:不使被照顾者离开他所熟悉的社区,而是在本社区内对其提供生活服务。社区照顾的核心强调服务的"非机构化",发展以社区为基础的治疗与服务设施、技术和计划,将照顾者放回社区内进行照顾,在他们熟悉的社区环境中生活,从而避免了过去大型照顾机构那种冷漠、没有人情味和与世隔绝的程式化的专业照顾带来的负面后果。如社区活动中心、老人之家、妇女之家、托老所、爱心吧等。

② 服务形式:在社区内照顾的服务形式主要有以下几种,一是将被照顾者迁回他们熟悉的社区中的家庭里生活,并辅以社区支援性服务,如家务助理、社区护士及社区中心等。二是将社区内的大型机构改造为更接近社区的小型机构,如老人庇护所、小型儿童之家等。三是将远离市区的大型机构迁回社区内,使服务对象有机会接触社区,方便亲友探访见面。

(2) 由社区来照顾

① 含义:动员本社区的人力和物力资源,如家庭、亲友、邻里及社区内的志愿者等,运用社区非正式支持系统开展照顾服务。由社区照顾的核心是强调动员社区内的资源,在社区中重新建立支持网络。网络大致可以分为三类:一是提供直接服务的网络;二是服务对象自身的互助网络;三是社区紧急支援网络。

② 介入策略:社会工作者在建立支持网络时,可以从三大类的网络入手:一是提供直接服务的网络,如在社区内动员家人、亲友、邻里或志愿者等,借此建立一个支援系统去关怀社区内有需要的人。二是服务对象自身的互助网络,如建立服务对象本身的互助团体,使他们能够以助人自助的方式互相支持。这类服务是以同一类型的服务对象为主体。三是社区紧急支援网络,如帮助个人及家庭预防突发事故或危机而建立的支持网络。

(3) 与社区一起照顾(care for the community)

① 含义:将一些服务对象留在社区内开展的服务,即指有需要及依赖外来照顾的弱势人士,在社区的小型服务机构或住所中获得专业人员的照顾。与社区一起照顾的核心强调正规照顾和非正规照顾相辅相成、互为补充的重要性。

② 服务形式主要包括:日间医院、日间护理中心、家务护理、康复护理、多元化的老人社区服务中心、暂托服务、关怀访问及定期的电话慰问等。

2. 社区照顾的特点与目标

从以上的概念界定中,可以看出社区照顾模式的特点包括:

第一,协助服务对象正常地融入社区,以服务对象原来熟悉的正常化的环境和方式向其提供照顾,修正机构院舍照顾引起的对服务对象的负面影响。

第二,强调社区责任,注重利用社区中存在的非正式的自然关系网络和正式网络的结合,向服务对象提供帮助和服务。

第三,强调非正式照顾的作用,发挥社会支持网络中正面的社会资本作用,避免由此引起的社会排斥。

第四,注意现代社会变迁引起的社会非正式关系网络的破损,一方面尽量修补个人的社会关系网络,另一方面也强调正式组织在社区中的扎根和延伸。

第五,提倡建立相互关怀的社区。社区照顾不仅仅是要减少福利院的数量,也不是要用非正规服务来填补服务需求缺口,而是要重新确立社区地位,发扬社区互助精神,建设互尊互爱的社群生活。

第六,不能以社会非正式网络的存在为借口就减轻政府和机构等正式网络对社区提供的服务。

社区照顾模式的任务目标是为社区内有需要照顾的人士提供照顾和支援。其过程目标是健全社区关系网络,提升社区居民的归属感,建立一个具有关怀性的社区。具体目标包括:a. 促进互助互爱意识的形成;b. 提高社区成员的参与意识,及服务使用者的参与和增权;c. 唤起社区居民的社区融入意识;d. 建立政府机构和社区组织的合作伙伴关系;e. 善用社区资源;f. 建立社区支持网络。

3. 社区照顾的服务对象与社会工作者的角色

社区照顾通常为社会中有需要的一群人提供照顾和支援服务,促进社区中的居民对有困难对象的关怀,从多方面为他们提供协助,同时也直接支援处于危机时期需要援助的任何个人和家庭。具体来说,社区照顾的服务对象包括:

(1) 社会公众——包括政策制定者、专业人员、邻居、朋友等。

(2) 严重老弱伤残——社区中存在着需要被照顾的弱势群体,如老年人、儿童、精神病人等。

(3) 处于危机境况的人及家庭——包括独居老人、单亲家庭、慢性病人、轻度及中度弱智人士、精神病康复者等。他们长期处于危机困境,随时可能恶化,需要社会的援助。

(4) 照顾者——长期的照顾工作使其处于很大的压力当中,身心疲惫,生理和心理都受到影响,也需要社会的援助。

社区照顾模式中社会工作者的角色主要有以下几方面:

(1) 治疗者。社会工作者帮助案主将其困难和需要加以分类分析,协助案主消除情绪困扰,帮助案主实现他们所追求的改变。

(2) 辅导者。社会工作者以辅导者或教师的角色介入到有需要的家庭,为家庭成员提供辅导服务,也可以为社区有共同需要的多个家庭提供团体训练课程。

(3) 经纪人。经纪人角色是指社会工作者为服务对象寻找有关的服务,如为智障儿童寻找特殊教育学校,协助其接受文化教育;为照顾者团体的活动寻找社区资源,如活动场地等。

(4) 倡议者。倡议者的角色是社会工作者与案主一起或作为他们的代表抵制或增进一个有目的的行为,为有需要的个人与群体争取权益和尊严,通过改进社区制度、社区规范来保护和促进这些新的权利。

(5) 建议者。社会工作者就服务对象的情况向有关服务机构提供意见。

社区照顾模式的优点在于:

第一,对服务对象人性化的关怀。社区照顾强调以发挥照顾的功能,增强人性化的关怀,密切社区居民之间的关系。

第二,调动社区民众参与社区照顾。社区参与和社区民主是社区照顾的核心原则,调动社区居民的参与和互助意识,鼓励社区居民对一些有特殊需要的服务对象加以关心和接纳,为社区中有需求的人建立一个社区互助网络,这样有助于建立一个关怀互助的社区环境,促进社区发展。

第三,促进服务资源整合。社区照顾注重利用社区中存在的非正式的自然关系网络,使其和正式网络相结合,向服务对象提供帮助,从而建立一个关怀性社区。

4. 社区照顾模式在本案例中的具体运用

虽然,截至2013年的统计,上海的60岁以上的老年人口已占总人口的24%左右,但是,囿于各方面条件的限制,上海从20世纪中后期开始就实施"9073"的养老模式,即90%的老人居家养老,仅有3%的老年人能够获得机构养老,因此,老龄化与高龄化的态势与趋势迫切需要给予在家中和社区养老的老人与家庭以有力、有效的支持,本案例就基于这样的思考来推展专业服务。

(1) 对社区照顾的支持

通过本项目实施之前的社区分析与服务对象需求调查,社会工作者发现,100%的"护老者"家庭都采用的是居家养老(事实上社会中及社区内也并没有能力提供那么多的养老机构和养老床位),因此,暖心社工服务社的社工们集中设计或提供的服务就是对那些在社区照顾或居家养老的"护老者"及其家庭提供必要的支持,它们包括:

① 护理能力支持,为"护老者"提供护理技能训练、组织与安排社区专业机构的工作人员,为"护老者"及被照顾者提供上门指导服务;

② 信息支持,主要通过"护老者电话热线",解答与解决"护老者"提出的各类问题;

③ 情感性支持,组织开展"护老者"沙龙活动、建立"护老者心情屋"社区服务平台,促进"护老者"相互交流、相互扶助和彼此支持;

④ 专业服务与社会交往支持,主要为"护老者"开展了为期两个月的护老者小组工作,增进服务对象的生活信心与人际沟通;

⑤ 社区环境改善支持,主要在社区层面开展多次社区居民互相关爱的主题活动,宣传与倡导对"护老者"及其家庭的关爱与援助;

⑥ 生活支持,组织社区志愿者上门慰问并提供居家服务、安排专业福利院提

供暂托服务,等等。

(2) 社会工作者角色

在上述服务提供过程中,暖心社的社工主要担当了以下几个重要角色:

① 直接服务者。社会工作者为"护老者"及其家庭开展面对面的个案辅导、小组工作以及社区工作。

② 组织者。社会工作者发动与组织"护老者"、社区志愿者及社区居民组成相互扶助与相互支持的联盟。

③ 个案管理者。社会工作者收集、分析与管理"护老者"及其家庭的相关资料,然后把社区内外的相关资源与服务对象的需求连接起来,并进行督促与评估。

④ 协调者。社会工作者在面向"护老者"及其家庭的各个服务机构与各种服务项目之间以及服务输送中进行规划、推动、协调。

(三) 平克斯和米纳汉的四个基本系统理论及其运用与分析

系统理论关注个人与环境的互动以及系统的相互连接问题。环境是一个所有因素互相渗透和互相影响的运作过程,系统的交互过程重新关注环境的因素。换而言之,人不能独立而存在,人们是相互依赖的。人们必须在社会环境中依靠他人、依靠社会系统以获得满意的生活。基此,平克斯(Pincus)与米纳汉(Minahan)利用系统的概念提出了一个社会工作运作方法。

1. 四个基本系统的核心思想

在系统理论的指引下,平克斯与米纳汉进一步将社会工作的行动分析成四个体系,从这个架构,可以协助社会工作者认识其应扮演的角色。这四个基本的社会工作系统是:

(1) 改变媒介系统(change agent system):协助、推动及联系整个改变计划的个人或团体,包括社会工作者和所属机构。

无论是在公共或志愿的还是在营利的机构,也不管社会工作者扮演的角色是被批准的还是强迫的,凡是一个社会工作者或者是社会工作机构,都将运用其能力,促使案主发生改变,以达到目标。

(2) 案主系统(client system):要求协助或需要帮助的个人、团体、家庭或社区。

在案主系统里,案主在接受社会工作者的服务时,彼此之间建立一个协定或契约,通过社会工作者的努力,使个人、家庭、团体以及组织或社区得到相应的利益。案主系统必须和改变媒介系统一起共同努力才能达到目标。案主系统是社会工作者展开工作时首先要接触的部分,这个部分是社会工作者必须干预的目标,但有时为了服务于这个案主系统,社会工作者必须影响另一个案主系统产生改变。也就是说,案主系统包括两类:一类是明确的直接的案主,已经同意接受协助并同意参与者;另一类是潜在的间接的案主,社会工作者试着协助的对象。

(3) 目标系统(target system):改变媒介系统为达成目标所需要改变的个人、团体或社区成员,包括要求服务的对象本身,也包括其他成员。

一般说来,社会工作者和案主系统互相沟通,建立改变的目标,以及决定为达到目标所必须影响的人。对社会工作者来说,这是一件重要的诊断工作,在这里需要强调的是,案主系统未必就是所要改变的以达成目标的系统。

(4) 行动系统(action system):改变系统为达成目标而共同合作的其他个人、团体或社区。

经过上述四个系统互动之后,改变媒介者并不是单独地努力去改变案主,往往和其他人一起工作,形成其行动系统。需要强调的是,案主系统、目标系统和行动系统可能相同也可能不同。

2. 四个基本系统理论在本案例中的具体运用

在实际的服务提供与发展过程中,暖心社社工很清楚自己是"改变媒介系统",而"护老者"是直接的案主系统,"护老者"照料的对象是间接的案主系统。暖心社社工也认识到,他们的服务面对两个目标系统,直接的目标系统是减轻"护老者"的照料负担,提高"护老者"的照顾技能,减缓"护老者"生活困境;而间接的目标系统有两个方面,一方面是帮助"护老者"的照顾对象,提高他们的生活质量;另一方面是服务于"护老者"所在的社区,倡导社区形成居民互相关怀、互相扶助的社会氛围。

在上述目标系统的引领下,暖心社社工与社区居民、社区志愿者、专业服务机构及服务人员、居委会、街道主管部门等等,共同形成一个行动系统,一起为达成目标而对"护老者"提供有效和切实的支持与协助。

五、关键要点

本案例分析关键以及教学中的关键要点包括:

(1)"护老者"服务设计的背景与专业服务提供的社会工作价值理念。

(2) 专业社会工作服务的实施与微观环境因素、资源因素、服务对象问题和需求因素、专业服务人员团队组成因素以及专业社会工作人员能力因素的相互匹配。

(3) 社会支持理论、社区照顾理论、系统理论及思想在服务项目及实施过程中的运用、体现、融合,以及在本土化环境下的反思与改善。

(4) 专业社会工作服务成效的评估以及未来改善的可能性或方向。

(5) 服务对象能力的激发及其主要途径。

六、建议的课堂计划

本案例主要按照3—4学时进行设计。课前要求研究生事先预习到位,需要一定时间量保证阅读相关资料和文献,然后在课堂上进行小组讨论、案例分析、提问和回答,以及知识归纳与总结等环节。课堂教学详细安排计划如下:

(1) 课堂教学安排(200分钟):

案例回顾:10分钟;

分组讨论:50分钟;

集体分享小组讨论成果:30分钟;

知识梳理总结:30分钟;

学生提问和教师解答:20分钟;

教师提问:20分钟;

课堂练习:相似社会工作服务项目设计、实施与管理(只需呈现服务项目的主要思路、基本框架以及社会工作介入的方向、方法与途径)(30分钟);

机动安排:10分钟。

(2) 课前阅读(至少1小时)。

本文作者:范明林,上海大学社会学院教授。

乐龄老年人社区照顾的发展路径

北京市石景山区乐龄老年社会工作服务中心（简称乐龄）位于北京市石景山区，成立于2006年，前身为老年志愿者组织乐龄合作社，是一家关注中国人口老龄化问题的民间公益机构，致力于推动中国社区居家养老服务的发展。在2006年年底筹备阶段由于无法突破民间机构的注册难题，先是以乐龄合作社的志愿组织身份在社区开展工作，在2008年注册了北京乐龄老年文化发展有限公司，取得法人身份，以非营利的身份开展工作，2011年年底获得了正式的民办非营利身份。乐龄将机构的愿景描述为“让每一位老人在家中享受乐龄年华”。支持老人居家养老，在熟悉的环境中安度晚年，是乐龄始终坚持的机构工作方向，但在发展社区为老服务的历程中，乐龄的道路并非一帆风顺。乐龄对于老人社区照顾的认识经历了不断摸索的过程。

一、服务缘起与最初的探索

乐龄的创办人进入社区提供居家养老服务是认识到了中国人口老龄化的严峻现实和服务需求方面的挑战。

中国在进入新千年之际同时也步入老龄社会，人口老龄化的同时还有一个突出特点是高龄化。2000年人口普查显示，我国80岁以上高龄老人已达1199万人，预计2031年会达到4000万左右。在相当长的一段时间内，高龄老人的数量将位于世界第一位。① 就一般情况而言，年龄增加势必会使老年人面临更多的健康问

---

① 王琳：《中国老年人口高龄化趋势及原因的国际比较分析》，《人口与经济》2004年第1期。

题。① 有关研究显示，近四成的中国高龄老人有不同程度的残障，需要政府部门高度重视因日常生活功能丧失及其引发的护理需求问题。②

虽然中国的人口寿命已与世界高收入国家比肩，但是中国却是未富先老。传统家庭养老模式面临着来自家庭结构、人口迁移、文化价值观念等方面变化的挑战。在北京、上海、南京等大城市，空巢老人的家庭数持续增长，家庭照顾资源缩减。而从生活质量和国际经验也可以看出，老人在熟悉的社区和家中度过晚年才是真正符合其身心需求的选择。

乐龄的创办人发现，一方面社会对于养老服务的需求日益增长，另一方面社区为老服务功能单一、缺乏专业性，难以提供照料护理、医疗康复、精神慰藉等多方面的服务，为老服务供需矛盾突出，是亟待解决的问题。乐龄的创办人认识到了巨大的老年人社会服务需求，同时看到了国家支持发展老年人居家养老服务的社会支持性氛围。基于对上述状况的研究，乐龄创办人尝试从社区入手向老人提供近在身边的照护服务。

2006 年年底机构的创办人王艳蕊和志愿者们准备启动以居家老人为对象的公益机构，如何开始第一步？大家都是没有任何想法的。基于创办人之前在公益机构的经验，为区别于社会上为老服务就是组织志愿者去养老院一说，决定在社区开展服务。

王艳蕊有近十年的公益机构管理经验，分别在环保机构、社区发展机构工作过，又先后前往美国、日本、中国香港等地学习过志愿者管理和养老服务，有过社区动员的经验，同时与一些一线社区有过合作。初期启动阶段乐龄就与一些基层的社区居委会主任进行讨论，看社区是否有意愿来合作开展工作，并最终选定了北京市石景山区天翔社区作为最早的试点社区。选择天翔为试点社区主要有两个原因。一是天翔社区的主任非常有意愿作为试点，引入乐龄开展工作；二是天翔社区位于北京西部城区属于中低收入比较集中、老龄比例比较高的社区，老人对于社区为老服务需求比较大。

在提供服务之前，乐龄的负责人做了调研工作。乐龄的负责人先对社区主任进行了访谈，了解了社区的基本情况。天翔社区位于石景山区古城北路，面积约

---

① 吉珂、周王艳、陈家应：《我国农村地区老年人生命质量调查与分析》，《中国卫生政策研究》2011 年第 5 期。

② 尹德挺、陆杰华：《中国高龄老人日常生活自理能力的个体因素和区域因素分析——HLM 模型在老年健康领域中的应用》，《人口研究》2007 年第 2 期。

0.8 平方公里。整个社区内有 610 户,约 1500 人,其中大约 230 户为人户分离,有将近 600 人。社区内有 40 个单位,其中特种行业 2 个,文娱场所 1 家,要害部位 1 处,低保 16 户,60 岁以上老人 200 余人,超过总人口的 13.3%。

天翔社区的居民有很大一部分是原来各种商业部门的员工,随着单位的转产、整改与并购,许多人成为下岗失业人员,因此,本社区内低收入人群相对集中。小区内下岗人员多,待在家里,火气大,纠纷多。

接着,乐龄的负责人和社区主任一起设计了社区居民需求调查表,对于社区的部分特殊困难群体,特别是老年群体进行了走访,了解需求。在需求调查阶段,乐龄工作人员发现困难群体对于现金、物资的需求非常高,而对于志愿者的服务大多没有需求。而乐龄作为一个初创的志愿者组织没有财力物力予以长期支持,当时只有志愿者这个资源。有一位提出陪伴需求的老人是刚刚丧亲不久的奶奶。经与社区居委会讨论后,乐龄选择了两位老人,一位是这位奶奶,另一位是社区的孤寡老人(自己没有子女,有一养女),准备招募志愿者进行定期的上门探访。

乐龄在网站上发布了招募启事,招募了部分志愿者,第一批招募到十多位志愿者,对志愿者进行了培训,还特别邀请了有多年为老志愿服务经验的志愿者为志愿者们进行岗前培训,主要培训内容为老年人的生理和心理特点、如何与老人沟通、入户服务注意事项。第一批志愿者主要来自于在校学生和年轻的白领阶层,都在 30 岁以下。我们将志愿者分为两组,每组 3—5 人,要求每组志愿者每两周去老人家中进行一次探访,每次探访不少于两人。

虽然是很有限的服务,在持续了不到半年的探访后,乐龄的探访只能终止,原因是志愿者更换频繁。这是当时一位志愿者的体会:“作为志愿者,我第一次来到天翔社区的屈大妈家做志愿者。主要有以下几点感想:(1)我能做什么?(2)老年人需要什么?屈奶奶虽然自己没有子女,但是养女对她还不错,经济上没有困难,最主要的问题是寂寞。而我这样的志愿者,由于年龄原因、生活经历和感兴趣的话题跟屈大妈差距太大。仅仅是从聊天角度考虑,我跟她没有什么共同话题。靠热情,恐怕很难持续下去。那么,如何才能在自己有兴趣的情况下,而不是仅仅依靠热情,跟她持续地谈话呢?我能为她做些什么?这些问题还没有想明白。”

机构也面临着志愿者队伍的可持续性问题。一些志愿者住在城市的东边,如果每周跑到城市的西边,来回路上花四个小时,很难持续下去。如果由不同的志愿者轮流去屈大妈家,可能能够持续下去,因为每个人都会间隔很长时间才去。但这又带来另一个问题——无法与服务对象有深层次的交流。很可能隔了两个月以后再见，上一次培养起来的信任基础已经没有了。

志愿者的频繁更换导致我们并不能真正支持到空巢老人，而老人们还需要来接待志愿者，这就使这种探访变成了一种打扰，最终我们决定停止。

二、建立社区老年小组

在社区到底该怎么做呢？虽然最初的这种方式没做下来，但是因为创办人王艳蕊与社区居委会之前有良好的个人关系，获得了信任，在一开始建立了非常好的合作关系，尽管使用志愿者提供服务的模式不成功，但双方仍有意愿寻求新的服务切入口，继续合作下去。

乐龄的创办人开始了新一轮的调研。乐龄和居委会开始开会，组织社区老人们开会，一个楼门一个楼门地开会，了解他们的需求，这次来开会的以社区中的健康老人为主。运用参与式会议的方法带领老人们一起列需求，进行排序。在排列顺序的过程中，医疗需求、健康需求、文化娱乐需求排在前三位。可是对于乐龄这样的机构，当时没有什么医疗资源，只能偶尔邀请医疗志愿者来社区义诊，这似乎还是不能解决老人们的医疗需求。当时一位老人的话最终帮我们找到了方法，“我们看不起病，那就让我们别得病，天天多活动多动，聊聊健康，心情好了，知道怎么健康生活，身体也就健康了”。

乐龄的工作人员和社区居委会讨论，拿出一间活动室准备让社区老人们自主来开展社区小组活动。社会工作者和老人们一起讨论这间活动室叫什么名字？应该有哪些规则？有哪些小组？机构的工作人员当时是想让这个活动室叫“乐龄家园”。乐龄这个名词源自新加坡，它不仅重新诠释了人生的老年阶段，更提倡了一种全新的生活态度，那就是——健康快乐，积极自主的老年新生活，在现代老年人身上表现出更多超越传统的精神气质。机构工作者认为，“银发族”显得过于平淡，“夕阳红”不免有几分消沉，“桑榆”映照在晚霞下，“金秋”却正是落叶时……乐龄——享受快乐的年龄——一个简单的词，望文即可生义。不仅如此，老年人除了享受快乐，还能传递快乐，“放大”快乐。因为快乐既属于他们自己，也属于他们的子孙，他们的家庭，属于整个社会。这也是机构为什么要取“乐龄”这个名字的用意。但是老人们当时并不理解乐龄的含义，感觉听不懂，最终老人们自己选择了“天翔社区夕阳红乐园”这个名字，并做了“夕阳红乐园”这个牌子挂在了房间里。

2007 年 3 月，“夕阳红乐园”正式启动，根据老年人的兴趣和爱好，于周一至周五下午根据老人们的意愿选出了唱歌、编织、聊天、保健、棋牌五个兴趣小组,社区老年人自选小组长,自己制定管理规则,开始了自主活动。

乐龄的另一个考虑是如何帮助社区中的贫困老人。在最开始的调研中,乐龄就发现社区的困难老年群体对于经济收入和物资还是有需求的,天翔社区当时有这样一批老人因为国家政策属于无经济收入老年妇女,没有退休金又没有低保,只能靠子女生活,而他们的子女很多是下岗群体,家庭整体收入也很低。乐龄没有能力给予这些老人定期的现金援助,就启动了一个手工小组,组织了五位社区中这样的老年妇女开始做手工产品,希望将来可以通过售卖让她们有一定的收入。可刚开始的时候这些老人都说"不会做,做不好"。乐龄定出了鼓励措施,只要每周来参加小组活动,每月就有一点手工费,不管做得好或不好。最开始的时候几位老人一点都不会做,从手工编珠的最简单的小球开始学起,其实第一年她们的很多手工品都是次品也无法卖出去,基本是每个月有一位志愿者去社区给几位老人发补贴收产品,每月几百元的补贴是由创办人捐助的。这样坚持了一年,慢慢地,几位老人才开始越做越好。

2007 年 3 月,社区老人公益互助小组和贫困老年妇女的手工援助正式启动了。

三、构建社区居家养老支持平台

2007—2008 年,在社区老人兴趣小组启动的第一年里,乐龄还是以志愿者身份在工作,没有专职人员负责。老年公益小组运作一年左右,老人们感觉没人关注,没有太大的动力了。而手工援助也积累了不少产品,但一直没有销售。乐龄的社区为老服务又一次进入了瓶颈期。

2008 年 3 月,创办人开始向基金会申请项目运作的资金,2008 年 7 月,老年公益小组申请到了一个基金会的几万元的资助,开始了项目化运作。乐龄在原有老年兴趣小组的基础上对几个老年小组进行了规范和重组,进一步明确了项目目标和产出,将它们转化为社区居家养老支持平台项目。该项目以社区老人为受益对象,以提高社区老年人晚年生活质量为目标,旨在通过小额项目资助,在天翔社区组建扶持带有自治性质的社区公益小组,扩大社区现有助老活动规模,扩展社区参与群体,从中发现社区非正式领袖,搭建夕阳红乐园自治管理小组,进而推动社区家居养老支持网络的建立。

2008 年 10 月,乐龄通过社区动员和培训辅导,从社区居民中酝酿产生了 9 个公益项目，经项目评审小组评审，对其中8个项目给予了资助。2008年11月——2009年3月，获得资助的8个公益项目小组已基本实现小组活动的常态化，各小组每周安排有1—2次的定期活动，每次活动不少于2小时；各公益小组或独立或联合推出了多个社区主题活动，如：社区80岁以上老人生日会、天翔社区百家宴活动、小草艺术团小组联谊活动、20栋楼门邻里互助组楼门联谊活动等。公益小组活动丰富了天翔社区老人的公共生活，从精神和生活两个方面满足了社区老人们的需求。

通过本项目的实施，乐龄培育出了真正意义上的社区自组织：8个公益小组。通过社区居民自愿发起，在项目资助之下，各小组实现了自我运行，自我管理。根据项目要求，由小组长牵头，核心团队管理，设正副小组长各1人、财务1人、出纳1人、物管1人，共计5人。各公益小组核心组织成员近40位，他们既是受益者同时也是社区助老服务的提供者。这些小组分别是：

热心人帮扶队：帮助社区高龄、空巢、困难老人。定期上门和电话探访，给困难老人留有每个小组成员联系方式的联系卡。

纤巧手工艺组：每周一下午进行编珠、刺绣、绢花等手工艺品的制作。

健康聊斋：每周二下午定期进行血压测量，组织健康讲座及活动。

风采书画社：每周二下午、周六上午组织书法绘画爱好者活动。

棋牌组：每周三下午各类棋牌活动定期组织比赛。

小草艺术团：每周四、周五下午组织文艺爱好者进行唱歌、跳舞各类活动。

社区宣传组：每定期出社区黑板报及社区报纸，并配合各小组进行活动报道。

20栋楼门互助组，以本楼栋30户居民为服务对象，针对邻居间的困难互帮互助。

根据项目实际，乐龄合作社还先后于2008年10月和2009年1月，邀请专家，分别举办了社区公益项目申请辅导培训、社区领导力培训，对于社区创新项目的推出、提升项目骨干能力起到了积极作用。

2009年3月2—6日，由项目评审小组牵头，组织了8个公益项目的中期评审会议。项目总体进度与计划基本一致，举办的社区主题活动次数、培训活动次数、活动参与人数等指标均达到设计要求。同时，项目管理较为完善，组建了多方参与的项目评审小组，项目评审委员会的组成包括：社区居民代表、居委会、外部公益组织（乐龄），定期召开会议，督导项目运作，为项目目标的实现提供了组织保证。乐龄合作社以民间公益组织的身份通过与社区居委会的合作，对社区工作模式进行探讨:社区合作—需求调研—整合资源—专业培训—解决问题,也在基层社区层面对社区居民参与治理进行了尝试(如图1)。

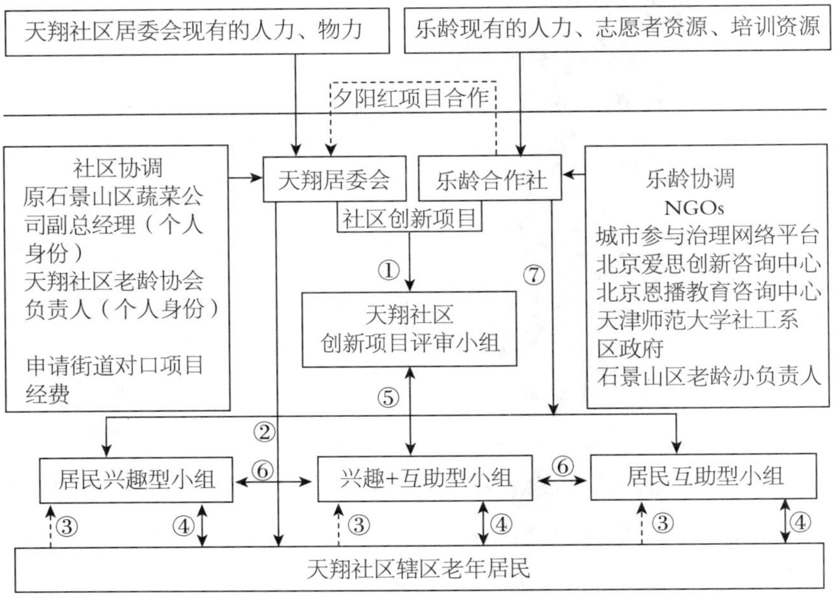

图1　天翔社区养老服务项目运作流程

运作步骤:

① 乐龄合作社与天翔居委会邀请执行机构代表、政府相关部门代表、社区居民代表(社区非正式领袖)、CCPG支持团队成员等7人,共同组建天翔社区创新项目评审小组,负责项目评审、项目管理等核心工作;

② 以社区居委会名义向社区全体居民发布通知,在天翔辖区内,征集社区公益项目;

③ 社区居民内部酝酿产生多个公益项目,根据社区创新项目申请要求,组建小组工作团队;

④ 时有社区居民进入/退出各公益项目小组及其工作团队;时有受益居民或积极分子有选择地支持某个公益小组;

⑤ 项目评审小组成员与各公益小组工作团队保持互动,评审小组起着答疑解惑、提供支持、平息争议、检查监督等作用;

⑥ 公益小组意识到自身的不足,小组间逐步形成合作,共同推出多个社区主题活动;

⑦ 乐龄面向公益小组骨干实施能力培训。

2008—2009 年社区老年公益小组在项目化运作过程中取得了初步成果。

第一，基于社区创新项目的资助原则，成功地推动了天翔社区活动从单纯兴趣型，向兴趣+互助型的转变。社区活动小组由 5 个增加到 9 个（其中小额资助组，由乐龄合作社单独资助），活动内容由手工、健康娱乐、棋牌、文艺，扩大到社区宣传、书法绘画、社区互助、邻里互助等多个方面。

第二，以社区居委会主导为前提，通过活动组织方式的创新，推动社区居委会的角色转换，小组活动由社区居委会组织、居民被动参与，转变社区居民自我组织、社区居委会监督服务、NGOs 提供志愿服务，初步实现了社区公益活动的居民自我管理与自我服务。

第三，发现多位热心社区老年事务的社区非正式领袖，借力社区创新项目的实施，形成了各自的工作团队和拥护群。以社区非正式领袖为核心组建的社区公益小组在组织管理方面已具有一定的自治特征。

第四，通过近 5 个月的项目运转，初步形成了以社区老人为服务目标，以社区创新项目为载体，社区居委会主导，社区居委会与乐龄机构合作共同推动，NGOs 协同支持，居民广泛参与的项目运作模式。

第五，乐龄合作社与社区居委会建立了良好的工作伙伴关系，乐龄进入天翔社区，从人力、财力、理念、方法等方面充实和完善了社区居委会的为老服务，逐步显现出乐龄合作社在社区的多重角色：社区志愿服务的提供者、参与理念和方法的实践者和倡导者、社区照顾的充权者、外部资源的整合和链接者等。

在这个阶段，乐龄的贫困老年援助项目通过参加公益展会、企业义卖、校园义卖等方式也开始有了销售额。但乐龄作为专门从事社区居家养老服务的专业服务机构，应该是社区居家养老专业服务的提供者，在项目中尚没有得到更多的体现。这一点，也受到多位社区居民的质疑，成为影响乐龄在社区开展工作的不稳定因素。这促使乐龄进一步厘清组织发展目标，加快推出机构的专业服务产品。

四、延伸与拓展社区居家养老支持平台

2009 年 10 月起乐龄基于社区居家养老支持平台一期项目，启动了二期项目，开始了社区居家养老服务的扩展，从原有的一个社区扩展到了五个社区。在本阶段二期项目强调通过能力建设培训引导的方式进行机制的完善，与原有体制的融合，对社区非正式领袖的培养以及对政府的影响，在深化试点的基础上进行推广。

2009 年 12 月,乐龄利用“世界咖啡馆会话法”在天翔社区夕阳红乐园举办“社区茶馆”活动,邀请到 33 位社区非正式领袖参加会议,会议总结了社区居家养老支持平台项目一期的开展情况(如图 2),提出了很多好的建议和意见,起到了承上启下的作用,为开始二期项目做了良好的铺垫。

与此同时,乐龄在扩展项目社区的过程中进一步加强调研,最终完成了新启动社区的需求调研报告。项目期内,乐龄按照项目计划在天翔社区,继续支持 4 支公益小组日常活动,组织相关社区间参观交流 3 次,举办社区非正式领袖即社区居民能力建设培训 1 次;同时在原资助方对项目二期支持的基础上,此项目又得到了北京团市委(BYL)、北京市志愿者联合会(BVF)、联合国志愿人员组织(UNV)、联合执行的奥运会志愿者转化项目春芽计划的支持,更好地推动了社区居家养老支持项目向其他社区推广,最终在 5 个社区开展了相关工作,引导支持成立了 18 支老年公益小组,共发动社区老年志愿者 337 人,开展活动不少于 1812 次,参与以及受益人次为 31307 人次。

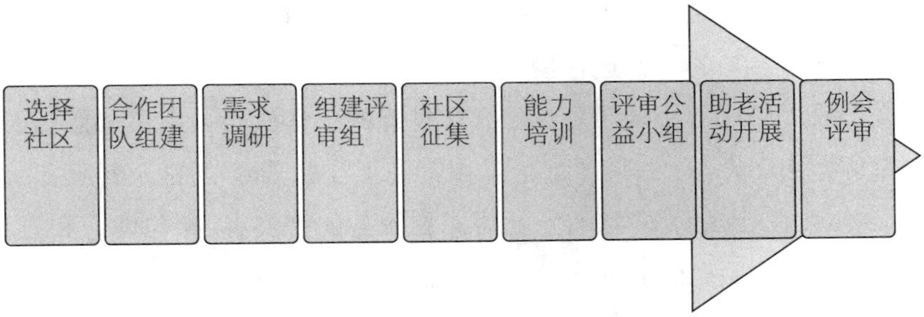

图 2　社区居家养老支持平台工作流程

社区居家养老支持平台是典型的由社区照顾,由社区老年志愿者组织起来,建立社区支持网络和紧急支持网络,从而实现社区照顾的终极目标,弘扬以人为本的社区精神,创造相互尊重、相互关怀的社区生活。乐龄将理论与现实相结合,并形成规范制度,进行了复制化的尝试,从而使社区照顾更系统化、规模化地推广。与此同时乐龄的老年手工援助项目也开始在新扩展的 4 个社区启动。

而在 2009 年 3 月,乐龄创办人参加了国内首次以社会企业家为主题的培训,培训主题与机构一直在考虑的专业化服务相贴合,在此次培训中,乐龄创办人获得了一个小奖金,在 2010 年年底开始招募专业的护老员,开始启动专业老年居家护理的收费服务,开始社会企业的探索。此时乐龄的全职员工达到 7 人。

五、发展专业性社区照顾

乐龄的社区为老服务模式的完善主要是指专业照顾部分的工作,民间组织的发展受资金限制很难发展,而乐龄的专业照顾部分其实也是社会企业化的尝试,也希望借此能够让机构完成自我造血功能,实现可持续发展,从而能帮助到更多的社区老年群体。

而这部分工作的启动和社区需求也是密切相连,在前面第五部分的最后我们在社区调研中也发现社区高龄空巢老人对于护理照顾有迫切需求,特别是有失能老人的家庭,对老无所依感到恐惧。这些都推动着乐龄最终启动社区老人专业照顾工作。

乐龄首先启动的是居家照顾,后来与街道合作开办了社区日间照料中心,最终在 2013 年 3 启动社区全托的服务。乐龄通过招聘和培训,建立一支多人拥有中级社工师、助理社工师、心理咨询师、中级护老员、初级护老员、康复师等从业资格的专业服务队伍。积极开展专业化的特色服务,针对社区内空巢、高龄的老年人进行前期评估,制定个性化服务菜单,培训具有专业技能的专职护老员,为老人提供健康管理、生活照顾、精神陪伴、康复支持、保健咨询等方面的专业特色上门、日托、全托服务,帮助老年人安度晚年。

乐龄的日间照料中心设在石景山区的广宁街道,主要辐射周边两个社区,新立街社区 80 岁以上老人 128 人,东山社区 80 岁以上老人 100 人,2011 年 4 月 22 日,石景山区广宁街道乐龄日间照料中心在广宁村正式揭牌。该照料中心的建成得到了各方的大力支持,为了进一步地推动照料中心专业服务的发展,同时也为了进一步发展社区照顾,探索其在社区养老服务中的应用,日间照料中心设计了多项方案来探索为老年服务项目。

首先每月中旬和月末,通过打电话的形式,了解日托所周边老人的生活和健康情况,让老人感受到温暖、建立联系的同时,收集相关信息,掌握老人的健康状况。其次由社工协助老人开展社会支持小组活动,以兴趣活动为基础,借助社工的理念和手法帮助老人在娱乐的同时,建立起更广的社会支持网络,增强与其他老人之间的联系与支持。除此之外,每个月在中心举办健康宣传、老年慢性病预防等讲座和活动,并且向周边社区的老人开放。同时还根据不同的节日,为中心老人举办相应的主题活动。以日间照料所为中心,辐射到周边社区,开展敬老爱老助老系列活动。

日间照料中心还每天为老人测量生命体征并建立健康档案,指导老人服药,并根据老人需要,由专业的护理人员提供洗澡、修脚、剪指甲、理发等护理服务,并完善康复设施,通过指导和帮助老人进行康复功能锻炼,帮助老人恢复行走、语言、吞咽、听力、呼吸、自我照顾等能力。还定期为老人的照顾者开展培训,教授居家养老照护技巧、与老人互动的技巧,并根据实际情况提供个性化指导。2013 年根据社区老人的需求,还推出了短期托管 24 小时照顾服务。

乐龄在开展社区为老服务过程中将家政、护理、社工、精神慰藉融合在一起。许多老人从乐龄的专业服务中受益。乐龄还特别为一些特殊老人提供了量体裁衣式的服务。

王阿姨是乐龄服务的一位老人,她脾气暴躁,与家人有矛盾,同时和社区邻居也关系不好。她对于乐龄的服务总是很挑剔,乐龄的工作人员就经常性地家访,在一次家访中,王阿姨情绪有些激动地向工作人员介绍了上次家政人员为她服务,让她不太满意的地方,老人反映家政人员卫生做得不彻底,干活时没有出汗,觉得不卖力。王阿姨先讲了她特别满意的过去某家政公司一位小时工,老人用了很久,觉得之前的家政人员干活时很卖力,后因家庭原因回老家了,不能再为她服务。那位家政人员干活的样子,已经成了王阿姨心里的服务标准了。

接着阿姨讲述了她八十年的人生经历,凄惨的童年,三岁父母双亡,辗转寄居各亲戚家,历经白眼,殴打。五六岁独自流浪到上海,讨饭为生。八岁左右被好心人家收养,最后成了这家的儿媳妇。之后,丈夫去当兵,一走就是十几年,后来再次相聚,才过上了安定的生活。老人在贵州生活工作了很多年,有一个女儿,现在杭州工作,老伴前两年去世。现一个人生活,生活能自理,养了一只名叫圆圆的博美。老人特别喜爱这只陪伴她多年的狗,老人常说它已经八十多了,它一年相当于人的七八年,如今十几年了,八十多了。老人每天遛狗三次,这也是老人的一个安慰,一个伴儿。阿姨早年与亲戚因种种原因断绝往来,并对周围邻居的素质有些不同看法,不愿与之交往,有一位她信任的片警也调走了,使得她更加孤寂。在乐龄的工作人员临走前,阿姨展示了她吃的保健品,购物金卡,打开冰箱给工作人员看圆圆的罐头、鸡肝。告诉工作者她每个月的退休金数目。她是想让工作者放心她在经济方面没有后顾之忧。出门时老人对工作者依依不舍地告别。工作人员感受到了老人生活中的孤寂。

针对王阿姨的个案,乐龄组成工作小组进行讨论,对上门服务的家政服务员特别交代,注意工作方式和态度,同时也联系社区,让社区互助小组给予老人更多的关怀,也把老人纳入乐龄的爱心热线,定期与老人联系聊天,并支持老人参与乐龄更多的走出社区的活动。老人慢慢与乐龄建立了非常好的信任关系,有问题总是会第一时间找乐龄的家政服务员,也参与了乐龄组织的春游活动。在这个案例中,乐龄的工作人员发现虽然不可能改变老人的状态,但通过具体的关怀服务,是可以让老人的情绪有所纾解,更加开心满意。

乐龄还有一对特别的服务对象王爷爷和丁奶奶,他们服务了这两位老人三年。王爷爷 93 岁,他有一个智障的儿子 53 岁和一个瘫痪的老伴儿 84 岁。50 多年来儿子每天的做饭、倒水、端饭、伺候大小便等都是王爷爷一个人的事,三年前丁奶奶因为脑出血住院,虽说送医比较及时,但出院后还是卧床不起,大小便失禁。王爷爷找到了乐龄,他们家庭收入不高,奶奶属于没有退休金的,每个月只有 200 元补贴,爷爷 70 年代就退休了,工资也不高,残疾儿子也只有些补助。乐龄帮助王爷爷设计了一个服务计划,每天上午提供 2 人 2 小时的服务,服务计划包括家政:打扫卫生、洗衣、做午饭(含晚饭);护理:为卧床老人清洗、擦身、换衣、换纸尿裤、简单按摩、康复指导。在服务半年后,奶奶的状况有了很大好转,慢慢已经可以自己挪动到轮椅上了。同时乐龄也联系了社区居委会,让社区老年互助小组定期派志愿者给予支持,同时联系社会爱心人士给予捐助。在三年中,乐龄陪老人经历了很多,家庭的纠纷、儿子的离世、爷爷的突发大病,他们第一个想到的都是乐龄,乐龄除了提供陪伴服务,在陪伴过程中还整合更多的社会资源给予支持。乐龄长期扎根社区,与老人有非常好的信任关系,对困难老人提供了实实在在的支持作用。

乐龄在实践过程,提出了社区为老服务的理想框架,并希望通过不断努力为此做出贡献(如图 3)。

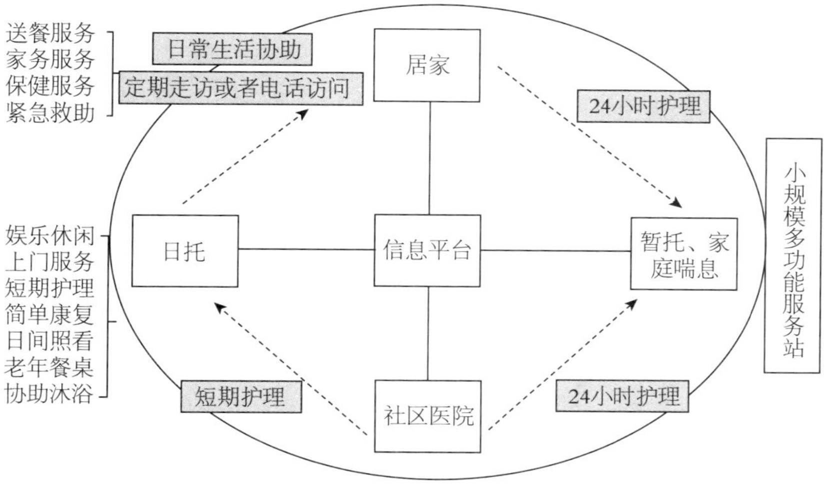

图 3 居家养老社区照顾体系

案例使用说明

一、教学目的与用途

本案例教学使用说明是以将此案例应用于“高级社会工作实务”课程中的老年社会工作部分的教学为基础撰写，用于讲解社区照顾方面的内容，案例的编写以此为出发点组织相关内容，对案例的分析和总结也是基于这一目的。若将本案例用于其他课程，则需做调整，本案例使用说明可作参考。

(一) 适用的课程

本案例适用于“高级社会工作实务”，也可以作“非营利组织管理”“社会服务项目设计”“老年社会工作”等课程的辅助案例。

(二) 适用的对象

本案例适用对象包括高年级社会工作专业本科生、社会工作硕士专业学位研究生。

(三) 本案例教学目标规划

1. 覆盖知识点

本案例在“高级社会工作实务课程”中应用主要覆盖的知识点有：

(1) 老年人的社区照顾需求；

(2) 由社区照顾与在社区照顾概念；

(3) 发展由社区照顾的途径；

(4) 社会支持网络与社区居家养老服务体系。

2. 能力训练点

本案例在“高级社会工作实务”课程中规划的主要能力训练点有：

(1) 学会分析社区照顾需求；

(2) 学会策划有不同照顾需求的老人的服务方案；

(3) 学会识别社区照顾服务体系建构中的要素；

(4) 学会发展契合社区老人需求的社区照顾体系。

二、启发思考题

本案例的启发思考题主要对应的是案例教学目标的知识传递目标，启发思考题与案例同时布置，另外要让学生尽量在课前阅读熟悉相关知识点。因此，在案例讨论前需要布置学生阅读教材中有关老年人社区照顾的内容，包括社区照顾的基本理念、形式和特点；在社区照顾和由社区照顾的服务设计、社区照顾体系构建等方面的内容。

（1）你认为乐龄最初的志愿者服务是由社区照顾还是在社区照顾？

（2）与志愿者入户探访老人相比，乐龄建立的社区老年小组体现了社区照顾的哪些理念？

（3）社区居家养老平台整合了社区照顾的哪些主要照顾方式？

（4）社区居家养老平台汇集了哪些社区支持网络？

（5）专业性社区照顾服务在哪些方面完善了社区照顾体系？

三、分析思路

案例分析的思路是将案例相关情景材料通过教师事先设计好的提问逻辑引导和控制案例讨论过程。因此，本案例分析设计的本质是提问逻辑的设计，案例的服务定位和服务体系构建是案例分析的关键路线，服务体系构建背后潜在的建构理念和建构原则是教学目标。

本案例的主要服务体系建构点有：

（1）乐龄应该如何定位社区照顾？

（2）社区照顾体系的构成要素。

围绕主要服务体系建构点，相关的辅助服务体系建构要点有：

（1）如何确定老人的社会支持需求？

（2）如何运用长期照护的“4A”原则选定社区照顾方案？

（3）由社区照顾和在社区照顾的主体怎么界定？如何发挥各自的作用？

（4）个人网络、志愿者联系网络、互助网络、邻里协助网络和社区充权网络在社区照顾体系中应如何建立？

因此，案例分析的基本逻辑是：

首先，对比分析乐龄四次服务需求分析、定位和服务体系建构调整的背景。可以从每一次调整时的内外部因素变化来思考。第一次的服务设计的出发点，带来了哪些问题？乐龄负责人试图运用社区外部志愿者提供社区照顾的努力没有成功。服务资源的可获得性较弱，导致了服务不具有可持续性。在服务的设计上更多是基于组织本身的力量，而没有考虑老人自身和社区中蕴含的照顾力量。第一次调整，乐龄从老人之中发掘社区照顾力量，特别是通过建立老人之间的社会支持网络，发展了社区照顾力量，使乐龄找到了发展社区照顾的立足点。第二次调整，乐龄培育了社区自治组织，通过这些自治组织使由社区照顾的社会支持网络不仅得到了扩展,而且具有了可持续性。第三次调整,乐龄使非正式照顾和正式照顾实现了资源上的整合,服务上的对接。特别是把社区照顾网络中领袖人才的培养和能力建设放在首位,夯实社区照顾体系发挥作用的基础,工作运行也更加有效。第四次调整,乐龄特别增加了由社区照顾的院舍照顾部分,使社区照顾体系更加完善。从乐龄社区照顾发展的路径可以看到老人社会支持需求调查的深入、照顾网络的拓展、社区照顾内容的丰富、社区照顾体系的完善。

其次,分析老年社区工作原则对于乐龄建立社区照顾体系的意义。老年社区工作的十项原则,特别是其中的注重以老年人为中心的发展目标;积极地从正面看待老年人的形象,尽可能多地找出老年人的优点和长处,肯定他们在社会上的价值和地位,相信老年人有自己的潜能去发展;与老年人建立起一个互相支持、信任及平等权利的工作关系;建立更多的社区关系及发掘更多的社区资源等,对于乐龄社区照顾网络的建构至关重要。正是因为秉持了这些原则,才使乐龄能从志愿服务开始,逐步在社区扎根,并使服务不断拓展。而长期照护中的“4A”原则对于服务的成败也意义重大。乐龄志愿服务项目之后的项目都秉持了这些原则,因而,也受到了老人的欢迎。

最后,分析思考乐龄社区照顾体系中的社会支持网络建构要素,特别是其中的过程性要素。乐龄如何通过建立兴趣小组等扩大了个人网络,通过公益性小组丰富了志愿者联系网络、通过组织互助性组织建立了互助网络、通过楼门活动培育了邻里协助网络,通过对社区非正式领袖的系统培训强化了社区充权网络。思考在社会支持的个人网络、志愿者联系网络、互助网络、邻里协助网络和社区充权网络建设方面乐龄还可以考虑哪些方式。

四、理论依据与分析

(一) 老年社区工作的目标与原则

罗夫曼将社区工作的目标归纳为两大类,即任务目标与过程目标①。参照这一分类,根据老年人问题的特殊性,老年社区工作的目标具体表现在以下五个方面:

第一,降低老年人的社会疏离,促进老年人的社区参与,增进老年人对社区的归属感。

第二,消除老年人自卑、无能及无助的心态,改善老年人与社区其他成员的关

---

① 甘炳光、梁祖彬等:《社区工作——理论与实践》,香港中文大学出版社 1998 年版,第 13—14 页。

系，促进老年人及其他社区成员的自助与互助，积极地参与解决自己的问题。

第三，发挥老年人的潜能，争取及巩固老年人的权益，促进老年人善用社区资源，参与改善社区生活环境，提高老年人的生活质量。

第四，改变社会上对老年人的负面形象的认识和歧视，帮助老年人树立积极的人生观。

第五，努力提升老年人社区居民的社会意识，提高老年人的政治意识，加强老年人的社会与政治影响力。

从乐龄的案例中，我们可以看到乐龄从开办老年人小组入手，吸引老年人参与社区活动，避免社会隔离。在助人和互助之中，帮助老年人消除自卑、无能和无助的心态。诸如楼门互助的形式，改善了老年人与社区其他成员的关系，促进了与社区其他成员的自助与互助。公益小组的活动对于改变社会上对老年人的负面形象的认识，提升老年人的社会意识具有积极的作用。

老年社区工作的原则具体表现为以下几个方面：

第一，注重以老年人为中心的发展目标。老年人社区工作的理想是要帮助社区中的老年人建立起自己的集体力量，从而改善社区中老年人的生活状况，因此，以老年人为中心的发展目标的确定就非常重要。

第二，积极地从正面看待老年人的形象，尽可能多地找出老年人的优点和长处，肯定他们在社会上的价值和地位，相信老年人有自己的潜能去发展。

第三，要有足够的耐心去发展老年人，不要期望有即时的效果，要按部就班地协助和引导老年人的参与，要强调转变的程度多于完全的改变。

第四，对老年人要有深入的认知和分析，了解个别老年人的兴趣及能力，要有计划地逐步将老年人的参与度提高。

第五，多给予老年人亲身参与的机会，不要过分地保护老年人。要充分认识到老年人只有通过更多的参与和实践，才能从中学习和得到改变。

第六，除了积极带动老年人的社区参与外，还要足够地重视老年人的基本需求和兴趣，并为他们提供相应的服务。

第七，社区工作方法会对老年人有较高的要求，因此，需要不时地给予老年人适当的支持和鼓励，以增强他们的动力和积极性。

第八，要与老年人建立起一个互相支持、信任及平等权利的工作关系。

第九，不要将资源和注意力只集中在个别的核心老年人身上，以免使得工作过分的精英化，要多与其他老人接触，发掘他们的参与潜力。

第十,要建立更多的社区关系及发掘更多的社区资源。①

在乐龄的个案中,我们看到了社区照顾的中心是老年人,依托的力量主要也是老年人,特别是动员健康、低龄的老年人帮助其他困境老人,激发老人的互助,并有耐心陪伴老人逐步进行能力建设。这在贫困老人手工小组的建立和运作上表现得最为明显。乐龄也通过社区走访,发掘有特殊才干的老人,并给予其机会发挥才干。老年小组组长的选拔和使用便是例证。乐龄通过引入外部资源,不断给参与社区照顾的老人激励,使他们能保持持续动力。在社区照顾项目设计和执行过程中,乐龄始终吸引老人参与,并把老人作为工作伙伴。它的组织工作不仅仅局限于少数老人领袖,而是发动了尽可能多的老人参与。随着工作的推展,我们也看到乐龄不断拓展社区关系,发掘社区资源,使社区照顾由志愿者活动逐步完善成了社区居家养老服务体系,并在专业性上不断提升。

(二)社区照顾理论

社区照顾是政府和社会力量提供不同的服务协助老人延长留在家中生活的一种方法,也是为了提高他们在社区生活的机会。它通常是指通过非制度性的方式对老年人进行照护和安置,它产生的初衷是由政府及非政府组织在社区里建立小型化、专业化的服务机构,发展以社区为基础的服务设施,以提供更贴近人们正常生活的养老服务。但在发展过程中,社区照顾的服务的本质变化却经历了三个发展阶段:第一阶段的由专业服务人员提供的社区照顾服务;第二阶段的以非正规人员为主体的社区照顾服务;第三阶段的专业服务人员与非正规人员相结合、协调发展的社区照顾服务。

社区照顾的核心是"正常化"以及独立自主的自由选择,其内涵包括长期护理照料、去机构化、减少公共依赖、非正式照顾、选择与参与、需求导向的服务,以及成本效益七个方面。② 它倡导的是老年人不脱离家庭与熟悉的社区环境接受照顾服务,使其尽可能过着正常的社会生活。"非正式照顾"资源和"正式照顾"资源共同构成老年人社区照顾的支持网络,通过充分发挥社区照顾中的决定性因素——家庭成员、亲朋好友、邻居及志愿者等"非正式照顾"资源的积极性,再由"正式照顾"资源中的专业人员通过多样化的服务方案形成对"非正式照顾"的必要补充和支援,在一定程度上既满足了老年人的照顾需求,增加了老年人对服务计划的参与和选择机会,又可以减少其公共依赖,降低长期护理照料的成本,从而最终达到老年

---

① 关锐煊、颜文雄:《老人小组、社区、行政工作》,香港集贤社 1993 年版,第 207 页。

② 林万亿:《当代社会工作——理论与方法》,五南图书出版有限公司(台湾)2002 年版,第 490—491 页。

人社区照顾的目的——“正常化”和积极的老年生活。

按照巴利(M. Bayley)的分类,根据被照顾老年人的身体、心理、社会等状况,社区照顾被分为“由社区照顾”(care by the community)和“社区内照顾”(care in the community)两种模式。“由社区照顾”主要是非机构、非住宿、非隔离式的照顾方式,是受助人在家接受政府、社会、家人等社区内专业、非专业的服务人员所组成的综合性照顾,是一系列的支援性服务。“社区内照顾”主要是指机构形式的照顾,是指受助人需要依赖社区内的专业机构或获得受过训练的专业工作人员的照顾。①

在“由社区照顾”中,有以家庭为中心的家庭照顾(非正式照顾)、居家照顾与日托照顾三种形式,其中以居家照顾与日托照顾为“由社区照顾”的主要模式。图4显示了老人社区照顾的分类:

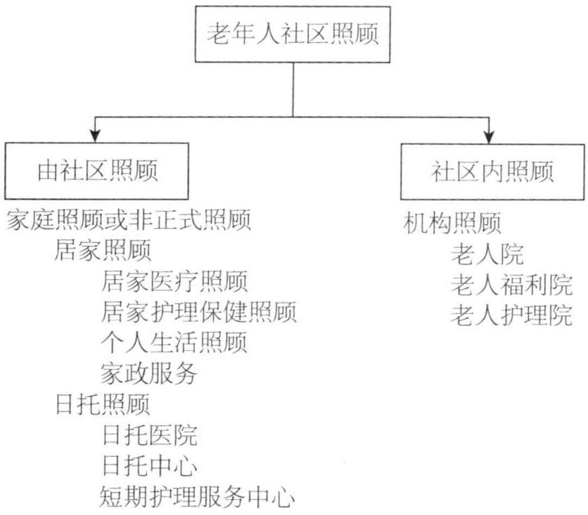

图4 老年人社区照顾

1. 家庭照顾

家庭照顾是以非正式资源为主的照顾方式。接受家庭照顾的老人一般是居住在家中,家庭成员是老人的主要照顾者。其中非正式资源包括老人、亲戚、朋友、邻居和志愿者等。家庭照顾主要包括情感支持、问题的商谈、相关信息的提供等方面;家人及子女除了提供情感支持外,老人生活的照顾、经济和实物方面的提供也是很重要的方面,而且对长期卧床不起的老年人还需要一定的护理照料,如洗澡、穿衣、喂食、饮食的准备、陪同就医、购物等内容。

① 谢美娥:《老人长期照护的相关论题》,桂冠图书股份有限公司(台湾)1993年版,第22页。

2. 居家照顾

居家照顾是正式照顾与非正式照顾相结合的综合服务项目。非正式照顾的内容与以上所述的家庭照顾内容大致相同。正式照顾是指由专业人员提供的服务,主要分为居家医疗照顾、居家护理保健照顾、个人生活照顾和家务服务等方面的服务。居家医疗照顾主要由医师、护士为有病在家的老年人作医疗诊断和医疗服务。居家护理保健照顾主要是由医护人员(医生、护士、物理治疗师和康复保健师等)到老人的家中提供照顾和指导服务。目的是增进、维持或恢复个人健康,或将个人的疾病和残疾程度减至最低影响程度,使其达到生活上的独立自主。个人生活照顾是指对一些卧床不起,或一些病情较稳定但日常生活仍需照顾的老人提供生活上的照顾,以继续维持居家养老。家务服务主要是家政方面的服务。

3. 日托照顾

老年人的日托照顾主要是一种开放式的小型机构照顾,属于正式照顾。可以分为两大类:一类是与医疗照顾相关的,如日托医院;一类是与社会服务相关的,如日托中心和短期护理服务中心。日托照顾服务的目的在于尽可能使老人生活在社区中;尽可能使老人能与家人生活在一起;尽可能使老人能够继续过独立自主的生活。

乐龄所开展的社区照顾工作主要推行"由社区照顾",即发掘非正式照顾资源,完善社区照顾服务体系,通过发挥社区支持网络的作用补充家庭照顾的不足,使受照顾者的权利和尊严得到体现,需求得到满足。乐龄的工作使非正式照顾的体系更加完整,功能也更加完善。

(三) 社会支持理论

社会支持的概念来源于20世纪60年代的精神病学的研究,早期研究者将社会支持作为个人从他人或社会网络中获得的一般或特定的支持性资源,这种资源可以帮助个人应付工作生活中的问题与危机,后来开始探讨社会支持与个人身心健康和主观幸福感的关系。大量研究表明,社会支持与个人的社会技能、工作绩效、自我概念和身心健康有着显著正相关,社会支持的缺乏则与社会惰性、焦虑、担忧、压抑、毒品使用有着显著负相关。社会支持的定义可以分为三大类:社会嵌入(social embeddedness)、知觉到的支持(perceived support)和行动化的支持(enacted support)。①

---

① 王雁飞:《社会支持与身心健康关系研究述评》,《心理科学》2004年第5期。

社会支持的社会嵌入观是从社区心理学与生态学的角度出发，重视个人与社会情境的相互作用，认为社会支持是个人与社会环境中其他个体的联结，这种社会联结是心理上的社区感(psychological sense of community)的核心成分，缺乏社会联结会引起孤独与寂寞，进而导致心理异常。这种定义的测量方式主要有两种。第一，广泛使用表示个体社会联结的指标。例如，婚姻状况、参与社区组织的情况，与朋友的接触等。第二，分析社会网络，以结构化方式反映与目标个体有重要关系的人际结构。一般常采用社会网络的大小(size)、密度(density)、多元性(multiplicity)、叠合度(congruence)等变量作为指标。知觉到的社会支持观点认为，社会支持应该由个体主观认识和评价来确认。强调社会支持是一种主观体验。这种定义的测量方式包括：社会支持的可获得性与社会支持的适当性。行动化的社会支持观认为，社会支持应该用具体的行动来衡量，并作为测量与评价的指标。这种观点受到广泛的支持。①

根据文献研究，社会支持的内容可以分为以下五种：

物质性支持，即提供服务或物质帮助他人解决实际的问题和困难。研究表明，这种社会支持对于低收入者与老年人群尤其重要。

情绪性支持，即向他人提供情感支持、鼓励，表达关心与爱意，使人感到温暖、同情与信任。

尊重性支持，即相互了解，肯定他人，在态度与价值观上给予支持。

信息性支持，即给予或提供信息、建议或指导。

同伴性支持，即与他人接触，满足人际关系的需要，缓解压力，促进积极心态的产生，这是一种通过正向社会互动达到个体身心健康的支持。

这五种支持可以归结为两类：一种是客观的，可见的或实际的支持，包括物质上的直接援助、社会网络、团体关系的实际参与，稳定或不稳定的社会联系的数量和获得的程度，这类社会支持独立于个体的感受，是客观存在的现实。另外一类指个体在社会中受尊重，被支持、理解的情感体验和满意程度，这类社会支持与个体的主观感受有着密切关系。还有的研究者认为，个体的社会支持还应包括个体对支持的利用情况。另外，人与人之间的支持是相互作用的过程，个体在支持他人的同时，也为获得别人的支持打下了基础。②

乐龄为社区老人提供的社会支持包括了社会嵌入性支持、知觉到的支持和行

---

① 王雁飞：《社会支持与身心健康关系研究述评》，《心理科学》2004 年第 5 期。

② 同上。

动化的支持多个方面。特别是行动化的支持,在物质性支持、情绪性支持、尊重性支持、信息性支持和同伴性支持方面都有相关的工作。比如,给贫困老人的物质性支持、给老人打电话问候的情绪性支持、项目开始阶段活动室命名“夕阳红”乐园的尊重性支持、保健咨询的信息性支持、楼门互助组的同伴性支持等。特别是在两个典型的老人个案中体现出的多方面的社会支持。

社会支持网络是指个人的社会的联系体系,通过这个体系,个人可以维持其社会身份,获得情绪及物质支持,并能够得到需要的信息及服务。[①] 它可以降低及中和老年人在老龄化过程中所面对的压力,对促进老年人的生活有极大的帮助。老年人如能有一个强有力的社区支持网络,就能够减少因孤寂而导致的生理及心理的不协调现象,能够使老年人感受到生命的价值,以及能够保持较正向的自我概念。具体而言,社区支持网络具有以下几个方面的功能:第一,提供及时、快捷和实质性的日常生活起居援助,包括起居生活的照顾、经济的支持、子女的照顾等;第二,提供情感的支持;第三,提供社区服务的资料和信息;第四,服务的转介。[②]

扩大社区支持网络可以有不同的方法,福兰德等人认为其中的五种网络策略应用最为普遍。这五种策略分别是个人网络、志愿者联系网络、互助网络、邻里协助网络和社区充权网络。[③]

(1) 个人网络(personal network)

个人网络通常包括家庭成员、朋友和邻居等成员。扩大个人网络的策略主要是集中老年人个人网络中现存的、有联系的、有支持作用的成员,工作者通过与老年人相关的重要人员或网络中的重要成员接触和商议,尽量动员这些重要人员提供相应的服务以帮助老年人解决问题。其中工作者需要给这些重要人员提供咨询及协助,以维持和扩大老年人的社交关系与联系。

(2) 志愿者联系网络(volunteer linking network)

志愿者联系网络主要是运用于那些个人支持系统较弱的老年服务对象,其主要目的是为这些服务对象寻找及分配可提供帮助的志愿者。工作方法一般是通过让志愿者与老年人发展一对一的支持及同伴关系,开展诸如定期探访、情绪及心理支持、护送或购物工作等服务。其中,工作者可以为志愿者提供训练,并给予其所需要的督导及支持。

---

① 关锐煊、颜文雄:《老人小组、社区、行政工作》,香港集贤社 1993 年版,第 207 页。

② 同上书,第 208 页。

③ 同上。

（3）互助网络（mutual aid network）

建立互助网络的重点是将面对共同问题或有共同背景及兴趣的老年人组织到一起，为他们建立同辈的支持系统或支持团体，这个策略可以加强网络成员的支持系统，增加同伴关系、信息及经验交流，并依靠集体力量加强共同解决问题的能力。

（4）邻里互助网络（neighbourhood helping network）

邻里互助网络主要协助老年服务对象与邻居建立支持性关系，召集及推动邻居为老年人提供帮助，特别是一些即时性、危急性或非长期性的援助服务。工作方法一般是通过鉴别社区内的自然协助者或核心人物及社区管理者等，如邻居、物业人员、保洁人员、保安人员、居委会人员、业主委员会人员等，强化他们与老年服务对象的联系。这个策略的优点是可达成性高，即时快捷，发挥相互性的帮助及非常少的标签效果。

（5）社区充权网络（community empowerment network）

社区充权网络主要是工作者为老年人建立起一个行动网络或团体，为网络中的成员反映其需求，争取资源去解决自身的问题，并提倡老年人的权益。工作者还需要协助他们与社区有关的代表或重要人员建立联系。

增强老年人社区支持网络的工作技巧表现在以下几个方面：

（1）推行老年人社区支持网络的理念，将照顾网络由个人网络层面扩大到整个社区网络照顾层面。

（2）推行网络照顾的评估方法，有效评估老年人现有的照顾网络的功能，使照顾的责任及工作不过分集中在某一个家庭成员的身上。

（3）帮助照顾者化解和应对长期照顾他人所承受的压力。

（4）积极维持老年人的社区志愿者网络，培养、激励和维护志愿者队伍。

（5）评估正式与非正式照护模式的最佳结合。通过链接老年人所需的支援性的社区服务、提供居家照顾辅导及训练、进行社区教育、组织互助团体、倡导老年人社区照顾的需求等促进正式照顾与非正式照顾模式的结合。

（6）促进被照顾老人的身心健康。①

在乐龄的案例中，我们可以看到个人网络、志愿者联系网络、互助网络、邻里协助网络和社区充权网络随着工作的拓展而得到发展。最初的工作主要是扩大了个人网络，而后逐渐形成了社区内多元化的支持网络。

---

① 关锐煊、颜文雄：《老人小组、社区、行政工作》，第208页。

(四) 长期照护

世界卫生组织将长期照护定义为“由非正式照料者(家庭、朋友或邻居)和专业人员(卫生和社会服务)进行的照料活动体系,以保证那些不具备完全自我照料能力的人能继续得到其个人喜欢的以及较高的生活质量,获得最大可能的独立程度、自主、参与、个人满足及人格尊严”①。

长期照护不等于长期的照料。它与我们传统的家庭照料有着重要的不同。“照料”一词更偏重日常生活起居方面的支持,而“护理”一词则偏重医疗保健服务方面。老年人所需要的常常是两者兼而有之。事实上,在长期照护服务体系或网络中,服务形式多样,既包括老人院、护理院提供的专业护理,也包括家庭、社区提供的多种照料和护理,因而,采用“照护”一词更能涵盖上述多重意义。长期照护是现代社会的一种制度性安排,与我们常说的家庭照料有着本质的区别。照护不等于照料,它强调需要运用专业的护理技术,长期照护也不是长期加照护,不是建基于传统的孝道以家庭成员为主体的家庭照料。它是考虑到特定的经济、政治、文化和社会背景,由不同的社会部门所构成的一种制度性安排。

长期照护是一个多方参与的、具有专业性和跨学科性的系统工程,老人院舍在这一系统工程中可以发挥重要作用,而且理应发挥重要作用。对于失能、失智的老人不仅可以提供直接的照护服务,为他们提供最后的安全网,而且能够将服务辐射到社区和家庭,起到引领和示范作用。从微观层面看,有学者提出长期照护质量的一般性原则可以归纳为“4A 原则”:

可接近性(accessibility):所提供的长期照护服务是老年人所需要,并且老年人具有使用这些服务的能力。

可获得性(availability):长期照护服务是可以得到的,并且能真正满足老年人的需求。

可负担性(affordability):长期照护服务的经济支出是老年人及其家属所能承受和负担得起的。

可接受性(acceptability):长期照护服务必须是有质量、让人保有尊严、人性化的。②

乐龄在发展社区支持网络的过程中,考虑到了高龄老人,特别是日常生活能力有损伤的老人的多种照护需求,发展了专业性更强的日间照料服务。服务点贴近

① 林艳:《构建中国老年人长期照料体系》,中国人民大学博士论文,2007 年。

② 伍小兰、曲佳瑶主编:《台湾老年人的长期照护》,中国社会出版社 2010 年版,第 37—38 页。

老人、服务项目能为有需求的老人提供服务、收费切合本地老人的经济状况并且在服务中非常注重尊重老人的意愿。这些都充分体现了长期照护的四个基本原则。

五、关键要点

本案例分析关键在于把握社区照顾服务体系建构的主导因素，发现每次变化的综合性影响因素，特别是老年人社区照顾需求分析、社区资源发掘与链接、组织能力提升等方面的要素。教学中的关键点包括：

（1）社区照顾理念的形成与完善；

（2）不同社区照顾载体的尝试；

（3）社区照顾服务体系建构的阶段性特点；

（4）社区照顾模式的选择；

（5）社区照顾服务体系中不同利益相关方的角色与责任。

六、建议的课堂计划

本案例课题计划可以根据学生的差异，尤其是对案例的阅读和课前对相应知识的掌握程度来进行有针对性的施教。本课程中案例主要按照 2 学时进行设计。

A 计划：学生事先预习到位，本科生和全日制研究生可以将小组讨论布置在课外进行，因为这类学生实际工作经验少，因此，案例讨论过程中需要教师引导的内容要相对多一些；

B 计划：在职 MSW 学生课前预习不一定完成得很好，或者学员间预习差异较大，因此，需要将小组讨论置于课堂讨论之中进行。

两种课堂教学详细安排计划如表 1：

表 1　课堂教学安排计划

A 计划	B 计划
课前阅读相关资料和文献 3 小时 小组讨论 1 小时 可虑到本科生的知识基础和对应用的理解要适当增加讨论后的知识总结时间 课堂安排：90 分钟 　　案例回顾：10 分钟 　　集体讨论：50 分钟 　　知识梳理总结：20 分钟 　　问答与机动：10 分钟	课前阅读至少 0.5 小时 考虑到在职 MSW 学生课前阅读和讨论的可行性，建议将小组讨论置于课堂中进行。 课堂安排：90 分钟 　　案例回顾：10 分钟 　　小组讨论：20 分钟 　　集体讨论：50 分钟 　　知识梳理：5 分钟 　　问答与机动：5 分钟

在课堂上讨论本案例前,应该要求学生至少读一遍案例全文,对案例启发思考进行回答。具备条件的还要以小组为单位围绕着所给的案例启示题目进行讨论。

本案例的教学课堂讨论提问逻辑为:

(1)乐龄最初的志愿者入户陪伴服务作为社区照顾项目为什么失败?

(2)乐龄第一次转型后的服务中增加了哪些社区照顾元素?成功之处和不足之处是什么?

(3)乐龄第二次至第四次转型增加了哪些社区照顾元素?

(4)乐龄发展的是由社区照顾还是在社区照顾?特点是什么?

(5)乐龄的社区照顾工作体现了怎样的老年社区工作原则?成功之处和不足之处是什么?

(6)乐龄当前的社区照顾服务为老人提供了哪些社会支持?是否足够?

(7)社区照顾需要发展的社区支持网络有哪些?在乐龄的个案里是如何发展这些支持网络的?工作的长处和不足是什么?

(8)乐龄搭建的社区照顾网络是否合理?

(9)乐龄今后的社区照顾应该如何发展?

本文作者:隋玉杰,中国人民大学社会与人口学院社会工作系副教授;王艳蕊,北京石景山区乐龄老年社会工作服务中心。

青少年社会工作

抗逆小童星：提升流动儿童抗逆力社会工作服务项目*

一、抗逆小童星项目的社会背景：流动儿童问题

20世纪90年代，随着我国经济的发展，农民工家庭迁移成为人口流动新的趋势，大批儿童也随其父母进入城市，成为流动儿童。本文的流动儿童是指随务工父母到户籍所在地以外生活学习半年以上的儿童。按照联合国《儿童权利公约》①年龄界定，18岁以下称为儿童。在我国相关政策中称0—14岁为儿童，18岁以下为未成年人。2012年中国人口计生委员会发布《中国流动人口发展报告2012》②指出，我国流动人口数量达到了有史以来最高，流动人口数量、方向、结构和权益要求已经发生翻天覆地的变化。根据国家统计局2010年第六次人口普查资料数据显示，0—17岁城乡流动儿童规模为3581万，在2005年基础上增加了41.37%，且有继续增长的趋势。在这些流动儿童中户口性质为农业户口的占80.35%，据此全国有农村流动儿童达2877万。③ 各年龄段城乡流动儿童的规模都在快速增加，大龄流动儿童增速最快。流动儿童在各年龄组分布比较均匀。学龄前流动儿童(0—5周岁)规模达到981万，占流动儿童总数的27.40%，小学(6—11周岁)和初中阶段(12—14周岁)学龄儿童在流动儿童中所占比例分别为27.89%和13.21%，规模分别为999万和473万。此外，大龄流动儿童(15—17周岁)占流动儿童比例为

---

* 本项目于2012年获民政部首届专业社会工作服务项目一等奖。

① 联合国：《儿童权利公约》(Convention on the Rights of the Child)，1989年。

② 国家人口计生委：《中国流动人口发展报告2012》，2012年。

③ 国家统计局：《第六次全国人口普查主要数据公报》，2011年。

31.51%,规模达1128万。多数流动儿童属于长期流动,平均流动时间3.74年。[①]

流动儿童的成长发展问题受到全社会的广泛关注。由于中国长期的城乡二元体制分割,导致了流动儿童成长环境不同程度地遭受破坏,他们在个性发展、学业成长、人际交往等方面都要落后于城市儿童。当他们面对诸如环境变化、疏于照顾、融入困难、交往障碍等问题时,若不加以帮助引导,他们更容易出现逃避、退缩、偏差行为等不良的社会行为方式。因此,以社会工作介入为路径探讨培养流动儿童的抗逆力方式,减少流动儿童成长中的风险因素,增加成长中的保护因素;激发他们内在潜能,提升他们的乐观感、归属感和效能感,培养流动儿童的抗逆力,促进他们在流入地社区里健康成长。

流动给儿童的成长和发展带来了新的风险和问题。学术界针对这一现象,展开了研究。学者们除了详实地描述流动儿童的困境生存状况外,还深入地探讨了流动儿童在教育住房、卫生健康、社会融合等方面的问题。然而这些数量庞大的研究,主要都是"问题取向"(deficit orientation),即将流动儿童本身视为一种"社会问题",无论是研究者、实践者还是社会政策制定者将注意力大多放在流动儿童面临的问题上。"问题取向"视角影响下的流动儿童研究大都聚焦于儿童及其家庭的劣势,与此相对应的干预实践和社会政策的焦点也在于如何帮助流动儿童解决他们的问题,解决其需要满足不足的问题。无论采取何种模式(社会服务、社会捐助或者政府帮扶),"问题取向"下的社会政策和行动实践的基本原则做法都是期望透过他者的救助和服务来实现流动儿童生活和学习环境的改善,从而实现流动儿童公平待遇、社会融合和个人发展。这种社会政策和行动干预一般是补缺型和补救型的;分散化和孤立化的;缺乏儿童主体性和主动性。因此,如何帮助流动儿童在城市中更好地生活和发展,仍然是社会极为关注的重大问题。

二、抗逆小童星项目的理论支持与价值意义

(一)抗逆力理论与服务取向的概念操作化

抗逆力(resilience)最开始作为一个物理学术语,其原意是指物体受到外力之后发生变形,若外力消失,物体能够恢复原来的形状。西方学者将抗逆力这一术语从物理学中借鉴过来,广泛应用于其他学科,主要是有心理问题的特殊人群的身心

---

① 全国妇联:《我国农村留守儿童、城乡流动儿童状况研究报告》,2013年,http://acwf.people.com.cn/n/2013/0510/c99013-21437965.html,2014年7月19日。

恢复和自信心的增强。抗逆力是人们在面对生活中的困难时，能够理性地做出正确的选择和介入策略的能力。① 抗逆力是每一个人都具有的特质和能力，使人们在困境时能做出正确决策；抗逆力又是一种适应能力，即使面对不幸也能够克服困难并且成长的能力。抗逆力理论后来与社会工作优势视角理论结合，成为社会工作优势视角基本信念的重要部分，它侧重对案主的内在保护性因素的挖掘。采用抗逆力理论开展服务的基本理念是：通过社工介入，个人和家庭面临困难或意外风险时，能够或者很快地做出有效策略应对危机的建设性能力。②

社会科学界对抗逆力的研究缘起于 20 世纪 50 年代，奥赛（Anthony）、沃纳（Werner）、如特（Rutter）、帕特森（Patterson）等一批北美心理学家通过对一些父母精神异常家庭的儿童和青少年的研究提出和拓展了抗逆力理论。③ 该理论不像问题视角那样认为儿童成长问题会成为不可逾越的障碍或者精神问题，而认为儿童可以发展出解决问题的有效策略和对问题环境的良好适应能力。除了儿童之外，生活在高危环境中的成人抵御逆境、缓解压力、应对问题的能力也称之为抗逆力。到了 20 世纪 70 年代前后，积极心理学走进公众视野，学界开始从问题视角转向优势视角，从矫正和治疗的实践取向转向对优势资源的关注。现在，社会工作开始以理论与实务结合来推进抗逆力服务。特别是在儿童青少年社会工作和学校社会工作领域，社会工作者也从对案主的问题关注转向挖掘案主的资源和生命潜能。④

抗逆力是一种能力，人们面对不幸，克服困难，可以做出有建设性的个人抉择。生活中并不是所有人都注意到自己的抗逆力，但是每个人都有一些抗逆力特质，并且可以发展出更多的抗逆力。抗逆力是每个儿童青少年都与生俱来的等待被激发的特质。抗逆力的形成是多方面的，是在先天遗传的基础上可以通过后天的培养去挖掘和提高的能力。那么这种特质如何通过外部环境因素和个体内部因素的相互作用，发展出抗逆力并作用于儿童青少年成长过程？抗逆力模型认为，人们在面对困难时，为了继续维持原本的身心平衡，会调动保护性因素来抗衡危险性因素，但也可能抗衡失败没有效果。个体也可能贪图一时的心理安逸不做任何改变，个体也可能积极应对挫折，重新达到身心平衡或者提升到高水平积极状态。因此，保护性因素和危险性因素是与抗逆力密切相关的一对概念。⑤

---

① 彭华民、刘玉兰：《抗逆力：一项低收入社区流动儿童的实证研究》，《广东青年职业学院学报》2012 年第 10 期。

② 王思斌、熊跃根等：《社会工作导论》，高等教育出版社 2004 年版，第 68 页。

③ 刘玉兰：《西方抗逆力理论：转型、演进、争辩和发展》，《国外社会科学》2011 年第 6 期。

④ E. J. Anthony, B. J. Cohler, *The Invulnerable Child*, New York: Guilford Press, 1987.

⑤ 沈之菲：《青少年抗逆力的解读和培养》，《思想理论教育》2006 年第 1 期。

目前,国内对于抗逆力的研究主要集中在三个方面,(1)对抗逆力西方理论的研究和推介;(2)心理学对抗逆力理论本土化和实践的反思;(3)基于抗逆力理论的社会工作研究和实践。具有代表性的研究有彭华民、刘玉兰①实地研究和服务农民工子弟学校儿童,将评估数据进行量化分析,系统地分析了低收入社区流动儿童抗逆力水平及其家庭、社区、学校系统中的风险和保护性因素,得出了低收入社区流动儿童抗逆力水平要远低于其他儿童,影响其抗逆力水平的因素较多的结论。田国秀②的研究中对抗逆力进行详细阐述,并将运作过程、目标模型等西方理论引入到国内研究中。杜立婕③的研究对抗逆力的本土实践进行思考,将抗逆力理论与我国实际相结合进行分析框架建构。在社会工作实务模式的探讨研究中,彭华民、刘玉兰④首先在中国内地将抗逆力理论本土化并通过小组社会工作方法运用到对流动儿童的服务中。钟慧宇⑤分析了抗逆力理论运用于香港青少年社会工作实务的过程。

根据文献回顾以及我们对 HY 社区流动儿童需要的评估,抗逆力概念在本项目中操作化为可以实施服务的指标(表 1)。

表 1 服务取向的抗逆力概念操作化

一级变项	二级变项	解 释
抗逆力	乐观感	自我价值感、对自我积极认知
	归属感	积极关系建立/维护、对学校/社区/城市的归属感
	效能感	解决问题能力、情绪管理、目标感、控制感、主动性

(二) 生态系统与优势视角的整合型社会工作

20 世纪 70 年代起,生态系统理论(Ecological Systems Theory)在社会工作领域中得到应用。社会工作领域对系统理论的应用始于全人或全方位理念。生态观点强调全方位(holistic)及人与环境之互动关系(transactional relation),透过人与环境间复杂的交流,考虑个人需要、能力、权力与人生目标的建立,并与其所处之社会与

---

① 彭华民、刘玉兰:《抗逆力:一项低收入社区流动儿童的实证研究》。

② 田国秀:《从“问题视角”转向“优势视角”——挖掘学生抗逆力的学校心理咨询工作模式浅析》,《中国教育学刊》2007 年第 1 期。

③ 杜立婕:《使用优势视角培养案主的抗逆力》,《华东理工大学学报》2007 年第 3 期。

④ 彭华民、刘玉兰:《抗逆力:一项低收入社区流动儿童的实证研究》。

⑤ 钟宇慧:《香港抗逆力辅导工作及其启示——以“成长的天空”计划为例》,《广东青年干部学院学报》2009 年第 8 期。

物质环境系统兼容(fit),并经由此实现生命过程(life course)的正向改变。社会工作的生态模型强调社会工作实务的干预焦点应将个人置于其生活的场域中,重视人的生活经验、发展时期、生活空间和生态资源分布等关于人与环境的交流活动,并从生活变迁、环境特性与调和度三个层面的互动来引导社会工作的实施。生态系统理论对个体和环境系统双重聚焦的整合视角,挑战了传统社会工作实践中个体心理聚焦的视角。生态系统理论是强调个体和社会系统之间相互依赖、相互联系的知识系统,人和生态系统的互动发展有赖于服务提供者和使用者的参与和分享。① 该理论认为个体发展的生态系统共分为微观系统(micro-system)、中观系统(meso-system)、外系统(exo-system)和宏观系统(macro-system)。② 生态系统理论使得"人在环境中"的核心概念得以复苏和强化,为抗逆力社会工作服务中系统—环境/风险—保护因素两维四象限服务框架提供了理论支持,为整合型的、通用的社会工作实践模式奠定了基础。

20 世纪 80 年代以后,社会工作领域中优势视角成为新的范式③,其被广泛应用于儿童福利、家庭和老年人服务中。优势视角聚焦于服务对象的资产(asset)或优势,关注社会工作者与服务对象在问题解决过程中的相互协作,而不是社会工作者作为专家的角色来主导干预活动,同时干预任务也转变为协助服务对象发现和增强他们潜在的能力,从而在逆境中成功地获得发展。④ 抗逆力作为优势视角的基本信念之一,自然也成为社会工作实践的主题。

20 世纪 90 年代,社会工作者将生态系统理论和优势视角整合在一起,其成为社会工作实践的主流理论和实务模式⑤,此时期兴起的抗逆力提升社会工作实务工作就是生态系统理论和优势视角结合的产物。这一时期的儿童抗逆力研究者开始尝试将研究成果用于高危儿童或青少年的干预和预防计划,如抗逆力在学校教育和精神健康服务中的应用等。抗逆力研究是对教育、儿童青少年服务、以优势为本的社会工作的真正回馈,它给那些为儿童青少年和家庭服务的工作者提供了以

---

① C. B. Germain & A. Gitterman, "Ecological Perspective", in A. Minahan, ed., *Encyclopedia of Social Work*, Silver Springs, MD: National Association of Social Workers, 1987, pp. 488-499.

② 韩晓燕、朱晨海:《人类行为与社会环境》,格致出版社 2009 年版,第 49 页。

③ D. Saleebey:《优势视角:社会工作实践的新模式》,李亚文、杜立婕译,华东理工大学出版社 2004 年版。

④ H. Goldstein, "Joe the King: A Study of Strengths and Morality", *Families in Society*, Vol. 81, No. 4, 1990, pp. 347-353.

⑤ W. C. K. Chu & M. S. Tsui, "The Nature of Practice Wisdom in Social Work Revisited", *International Social Work*, Vol. 51, No. 1, 2008, pp. 47-54.

研究为本的支持:找出能够儿童青少年的保护性因素,即可以在儿童青少年在面对压力、不利和创伤之时,提供给他们健康发展的发展性支持,提供给他们健康发展的更多机会。①

受这一阶段社会工作实践理念的启发,本项目将流动儿童问题置于广阔的社会文化和制度背景下予以审视,将流动儿童抗逆力视为特定环境中各种力量互动的结果。优势视角下的流动儿童生态系统一方面认为流动儿童抗逆力直接受到微观系统中家庭、学校和邻里的影响,宏观系统中的社会文化、社会制度和政治经济状况以及外系统中社会服务组织、基层政府、社工高校也会间接的影响流动儿童;另一方面,流动儿童抗逆力还是各种力量互动的结果,如系统之间的互动或者是系统内部的互动。无论是系统本身还是系统内部或系统之间的互动,均包含影响流动儿童抗逆力水平的保护因素和危险因素(表2)。

生态系统理论和优势视角结合下的整合型社会工作包括两方面的整合:一是系统整合,充分考虑宏观系统、外系统、中观系统和微观系统对流动儿童的影响以及各组成部分的优势/劣势,发现流动儿童及其环境系统的主体性;二是方法整合,从流动儿童及其系统的优势/劣势出发,综合应用个案工作、小组工作、社区工作等专业社会工作方法,而不是专注于外部干预,割裂三大社会工作方法。

表2 基于服务取向的提升抗逆力的环境系统影响因素操作化

一级变项	二级变项	解释
家庭因素	家庭结构和地位	家庭规模、父母教育水平、家庭经济条件
	家庭仪式	庆祝活动、家庭成员信念、家庭程序(固定吃饭时间等)
	家庭照顾	父母照顾、父母参与子女活动、父母指导
	家庭关系	父母关系、大家庭团结、亲子关系
	家庭事件	个人生活中的压力事件、其他压力事件
	家庭成员健康	父母健康程度、其他亲人的健康程度
社区因素	社区支持	社区关系网络、和谐的邻里关系
	社区参与	参加社会组织、参与社区活动
	社区资源	是否贫困、可使用或调动的资源
学校因素	学校质量	学校师资、学校设置、学习氛围
	同辈关系	朋友数量、是否有好朋友、支持性的同辈关系
	师生关系	积极的教师影响、教师的爱心

① D. Saleebey:《优势视角:社会工作实践的新模式》,李亚文、杜立婕译,第194页。

（三）流动儿童风险—保护两维四象限分析框架

在抗逆力研究和干预过程中，对服务对象及其环境系统危险——保护因素的界定和评估是至关重要的。本项目将流动儿童宏观系统作为其成长和发展的背景，基于个体维度的脆弱性（vulnerability）——抗逆力，系统维度的风险—保护因素两个维度，建立了两个维度四个象限的分析框架（图1）评估流动儿童个体及其外系统、中观系统、微观系统的优势和劣势。① 具体结论如下：

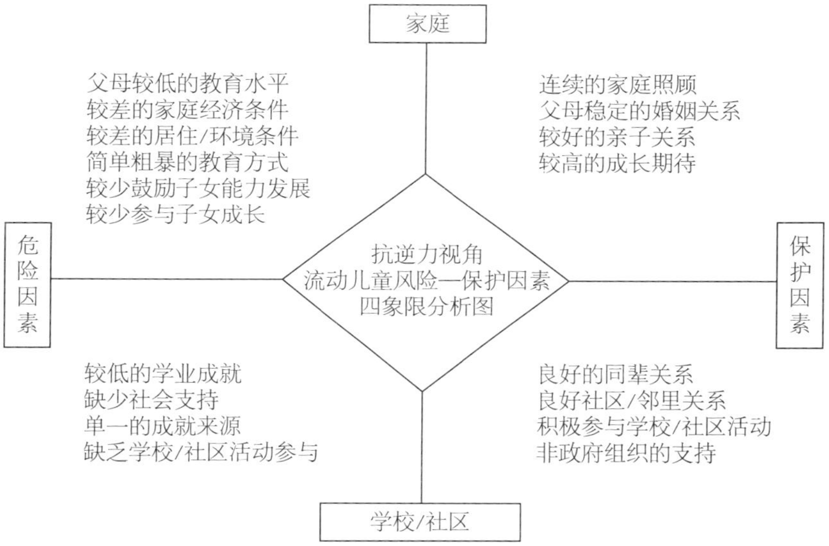

图1　抗逆力视角下流动儿童风险—保护因素两维四象限分析图

（1）个体脆弱性——抗逆力方面。流动儿童在面对风险时具备一定程度的抗逆力，但是54.3%的流动儿童的抗逆力水平较低，也就是说超过一半的流动儿童抵抗风险的能力较差，具有明显的脆弱性。具体而言，流动儿童的乐观感明显好于归属感和效能感，低水平乐观感的流动儿童占9.1%，而归属感的低水平率为26.8%，效能感为34.8%。这说明流动儿童对自我和周围现状积极的认知能力，明显高于其对环境的归属感，而流动儿童对自我生活的管理能力是最差的。

（2）系统风险—保护因素方面。流动儿童生活系统中保护因素较少，风险因素较多。流动儿童生活系统中风险—保护因素主要集中于微观系统，中观系统和

① 此次服务方案设计将儿童抗逆力操作化为乐观感、效能感和归属感三个二级指标。详细分析见彭华民、刘玉兰：《抗逆力：一项低收入社区流动儿童的实证研究》。

外系统的作用不够明显,系统之间的互动和连接也较少,这更恶化了流动儿童的生态系统。流动儿童的直接保护因素包括:连续的家庭照顾、父母稳定的婚姻关系、较好的亲子关系、较高的成长期待、良好的同辈关系等等;直接的风险因素包括:父母较低的文化水平、较差的家庭经济条件、较差的居住方式、简单粗暴的教育方式、父母较少鼓励子女能力发展、父母较少参与子女成长等;潜在的组织保护因素有:社会服务组织、社区居委会、高校社会工作;潜在的风险因素有:较低的学业成就、缺乏社会支持、缺乏社会活动参与等。

三、项目前期:流动儿童需要前评估和社区资源分析

(一)抗逆小童星项目进入 HY 社区

抗逆小童星是南京大学社会工作硕士(MSW)教育中心开展的提升儿童抗逆力社会工作服务项目。通过对南京市建邺区民政局社会工作项目的竞争性投标,我们获得南京市建邺区民政局的政策和资金支持。在民政局的支持下,我们进入多个社区开展前期走访,最后确定在 HY 社区外来工子女学校开展第一期增强儿童抗逆力社会工作服务。外来工子弟学校内流动儿童为我们的服务对象,服务时间为 2010 年 10 月—2011 年 10 月。此后于 2012 年、2013 年分别得到江苏省妇联、南京市公益创投基金的支持,以 YN 社区内流动儿童和 ZZL 社区困境儿童为服务对象,开展了第二期和第三期服务活动。本案例主要针对第一期项目进行分析。

项目主持人彭华民教授从事儿童抗逆力研究多年。她带领三个大学的社会工作教师在国家人口计生委的支持下,和美国北卡大学社会工作学院开展"做出选择"(making choice)儿童社会工作实务项目多年(2006—2011 年),积累了开展本项目需要的社会工作理论和实务经验。参加项目服务的工作员由社会工作方向的博士生和硕士生、MSW 学生组成,高年级社会工作本科学生加入了二期和三期服务。通过多次培训以及督导,他们掌握了抗逆力小童星服务的技能。流动儿童学校老师和社区工作人员也参加了部分服务。本案例主要以第一期服务为主要内容。

(二)流动儿童需要和社区资源评估方法

需要不仅是心理学范畴,也是社会科学诸多学科如哲学、经济学、政治学、社会

学、社会工作和社会福利的重要概念。社会服务视角下的需要含义可以表述为：人类为了生存、福祉和自我实现的生理、心理、经济、文化和社会要求。① 从某种意义上说，需要可以看成是人类一切活动的出发点和归宿。需要是人脑对生理和社会需求的反应，是个体对内部环境和外部生活条件的稳定要求。② 当个人、家庭或者群体因受到环境及其他因素的限制，在面对一些社会、经济或健康方面的问题时，未能发挥他们的内在潜能，他们就会表现出某种需要。而社会工作的目标，正是要透过不同的服务及程序，发掘社区的资源，协助受助对象消除心理上或环境上的障碍，发挥他们的潜能，从而满足他们的需要。

我们通过对流动儿童相关研究文献的回顾，通过对抗逆力理论、系统理论和相关理论的回顾，建立了服务取向的分析框架。通过对南京市建邺区多个社区的走访以及对 HY 外来工子弟小学的前期调研，将外来工子弟小学内五年级流动儿童作为抗逆小童星社会工作实务项目的服务对象。通过进一步的需要评估，全面了解其需要，从而为更好地设计社会工作服务方案打下基础。流动儿童需要评估包括两个部分，一是了解社区的资源分布情况；二是明确服务的目标对象的需要。我们为了更好地了解 HY 外来工子弟学校儿童的需要和社区资源，主要采取了社区观察、个案访谈、座谈会和问卷调查四种方式进行前期评估。

（1）社区观察是为了更好地了解流动儿童所生活的环境和系统。社会工作在服务的过程中特别关注人所生活的环境，认为要提升服务对象的能力，必须从改变其生活系统开始。同时，社区观察能够有效认知服务对象所生活的系统有哪些优势资源，这对于服务项目的开展比较有利。抗逆小童星社会工作实务项目在活动前期开展了五次社区观察，以此全面了解 HY 社区和 HY 外来工子弟学校物理环境，以及流动儿童保护政策实施的情况。

（2）个案访谈主要以半结构式访谈为主，以此进一步了解社区情况和服务对象的需要。抗逆小童星项目访谈的对象主要包括社区工作人员、学校工作人员、流动儿童、社区居民四类。抗逆小童星项目组工作员共访谈了 4 位社区工作人员，7 位学校工作人员，8 位流动儿童和 4 位社区居民。

（3）座谈会主要以半结构式小组访谈为主。通过访谈，工作员收集到更全面和多样化的资料。抗逆小童星社会工作实务项目通过与建邺区民政局工作人员、HY 社区工作人员和外来工子弟学校教师的座谈，较好地了解了社区、学校以及儿

---

① D. Macarov, *Social Welfare: Structure and Practice*, Thousand Oaks: Sage Publications, 1995.

② 彭华民：《人类行为与社会环境》，高等教育出版社 2014 年版，第 28—35 页。

童的基本情况。项目组共举行了三场座谈会,分别是政府工作人员组、学校—社区工作人员组和流动儿童组。

(4) 问卷调查。项目组采用对 HY 小学学生全覆盖进行问卷调查的方式,共发放调查问卷 600 份,有效问卷回收率为 94.7%。调查对象基本情况是:男生占 58.2%,女生占 41.8%;61.1%的来自安徽,19.6%的来自江苏;父亲和母亲文化水平在高中及以上的分别为 16%、9.2%,父母文化水平较低;通过儿童对家庭经济条件的自评,发现总体上家庭经济条件较差,比较好或者好的学生仅占 15.5%。

抗逆小童星社会工作实务项目组通过前期评估,选取五年级同学中 100 名流动儿童参加提升抗逆力活动。他们被分为十个小组,每组安排 2—3 个工作员带领。服务对象的基本情况为:男生占 64.0%,女生占 36.0%;平均年龄为 12 岁;农村户口占 84.2%,非农户口为15.8%;父母文化水平较低,在高中及以上的分别为 19.1%、8.5%;家庭经济条件较差,比较好或者好的仅占 16.1%;流动儿童父母职业等级相对较低,大多数都是非正式就业,职业类型主要是卖菜、清洁工、卸货工等。

(三) 外来工子弟学校流动儿童的多元需要

通过社区观察、个案访谈、座谈会和问卷调查等方法收集资料并进行分析,抗逆小童星社会工作实务项目组发现,HY 社区外来工子弟学校儿童有以下六个方面的需要:

第一,环境安全的需要。流动儿童从农村进入城市,面对城市陌生的环境和不同的行动规则,其往往缺乏必要的保护性措施和安全意识。通过调查发现,HY 社区外来工子弟学校儿童在上学和放学途中存在一定的安全风险,与城市孩子相比,他们往往独自或者与小伙伴结伴而行,同时缺乏相应的通讯工具和家人、老师保持联系,对可求助的公共资源也不清楚(如不知道 110、120 电话功能),家长对其何时回家也缺乏管理。基于此,项目组认为流动儿童有安全的需要。

第二,目标建立的需要。由于流动儿童家庭往往对其未来缺乏规划,使得流动儿童对未来缺少规划,对未来缺乏合适的期望,目标感较缺乏。在调查中很多流动儿童对自己小学六年级毕业之后究竟是在哪里读书、应该怎么努力,表示不清楚。

第三,能力提升的需要。流动儿童的学习普遍依靠自己和学校的教育,由于外来工子弟学校教学资源相对比较缺乏,所以进一步影响了儿童的学习能力。在调查中一些流动儿童表示,对学习不感兴趣,学习成绩也不理想。

第四，关系建立的需要。流动儿童的父母普遍工作比较繁忙，缺乏合适的亲子沟通技巧，所以亲子关系往往比较紧张，流动儿童和父母之间的交流比较少。通过调查，流动儿童男女同学之间的关系建立不是很好，特别是男生对于如何正确建立同辈关系面临一定的问题。HY 社区流动儿童具有亲子关系和同辈关系建立的需要。

第五，社区归属的需要。项目组在对流动儿童的访谈中，获知流动儿童的业余时间活动普遍比较少，很多儿童都表示回家一般做作业，除此之外就是看电视（部分人上网玩游戏），没有任何属于青少年的活动或者社会参与的机会，对城市的了解也比较少，缺乏归属感。

第六，情绪管理的需要。情绪管理主要包括情绪的认知和合适的自我表达。通过调查发现，流动儿童在情绪的认知和表达上存在一定的问题，特别表现在一些男生往往以暴力的形式对待其他同学，一些学生对父母的暴力行为不知如何表达自己的感受。

（四）流动儿童集中居住的 HY 社区资源分析

抗逆小童星社会工作实务项目组从 2010 年 12 月至 2011 年 3 月，通过前期社区观察、座谈会、个案访谈和问卷调查，较全面地了解了 HY 社区和 HY 外来工子弟学校的情况。

抗逆小童星服务实施地点 HY 社区现有居民 4015 户，10562 人，该社区主要是失地农民安置社区，居民整体收入水平偏低。HY 社区内有一所外来工子弟小学，兴办于 1999 年，校舍在 HY 社区居委会楼上，共两层楼，整个学校没有操场、图书室等基础设施，只有一间活动室，供学生课间休息使用。该校共有学生 600 名，教师 11 人。由于南京市 2005 年逐步实施将流动儿童纳入公办教育学校的政策，该校规模不断缩小，且将于 2012 年上半年停办。对于在这一学校就读的流动儿童而言，他们面临的困境更突出，因此，我们选取该校作为抗逆小童星项目的实施地。

HY 社区资源其资源情况如下：

（1）抗逆小童星社会工作实务项目目标社区硬件资源：项目组有可利用的活动场所。HY 外来工子弟学校位于 HY 社区居委会的楼上，一方面可以利用社区的青少年活动室，另一方面其本身有一个可以容纳 100 多人的活动室，而且教室也比较多。项目组有可利用的活动资源。HY 社区新建了一个青少年图书室，里面藏书有 400 册左右，对于缺少课外读物的流动儿童而言，也是可以充分利用的资源。

(2) 抗逆小童星社会工作实务项目目标社区软件资源:项目组得到 HY 社区负责人的支持。HY 社区每年的活动中,专门针对外来工子弟学校儿童的活动比较少,所以,社区负责人认为能够有专门的活动来帮助这些儿童,对社区的管理也是有很大帮助的。项目组得到 HY 外来工子弟学校负责人的支持。HY 社区外来工子弟学校的校长对通过社会力量来协助流动儿童的服务有理解有支持,认为外来的服务可以有效地弥补学校教学和管理资源的不足。

项目组通过前期的基线调查,为社会工作介入的顺利展开建立了初步的基础,一方面硬件设施为服务的展开提供了物质可能,另一方面社区权威人物的认可,为项目服务的开展打下了关系基础。

四、项目中期:抗逆小童星项目服务设计与介入行动

(一) 服务策略:风险聚焦/资产聚焦/过程聚焦

父母从农村到城市的流动给儿童成长带来了一系列的风险因素和压力事件。如果儿童面临的风险较大,保护因素不能很好地消除风险因素的影响,则儿童有可能出现情绪失调、行为失范,反社会行为等问题;相反,如果儿童有的保护因素能够有效地消除风险因素的负面影响,则儿童即使是在逆境下,同样能够获得良好的适应结果。流动儿童抗逆力提升项目的主要目标就是:增加增强儿童个体和系统的保护因素,提升儿童抗逆力;减少或消除儿童个体和系统的风险因素,降低儿童成长中的脆弱性。

抗逆力为本的儿童社会工作干预实践,为儿童健康成长提供了一个干预的替代性框架。抗逆力提升的社会工作干预策略有三种:风险聚焦策略(risk-focused strategies)、资产聚焦策略(asset-focused strategies)、过程聚焦策略(process-focused strategies)。[①] 本项目综合应用了这三种策略来开展社会工作干预,聚焦到儿童生活系统中的危险和劣势,发现和聚焦到儿童的优势,聚焦到儿童风险和成长过程,通过提升儿童抗逆力,最大化儿童良性发展的可能性(图 2)。

(1) 危险聚焦策略,聚焦到减少或预防风险及其影响,主要涉及微观系统的干预。这是指减少儿童暴露在风险中的经验,针对流动儿童而言,主要是减少流动儿

---

① Ann S. Masten, "Children Who Overcome Adversity to Succeed in Life", http://www.extension.umn.edu/distribution/familydevelopment/components/7565_06.html, 2000.

童家庭风险因素（亲子关系链接不够、父母投入子女成长的时间精力较少等）、流动儿童学校和社区风险因素（较低的学业成就、单一的成就来源、社会支持缺乏等）。本项目采取的干预方法有：针对家庭风险因素，实施的方法有推动儿童亲密关系的建立、增加父母投入子女生活的机会，如通过布置家庭作业的形式，让子女和父母共同完成；在项目开始和结束时举办庆典活动，邀请家长参加，共同见证子女的成长；针对学校和社区风险因素，则是增加儿童的学业成就，扩大其成就来源，如让儿童加入英语课外学习班、增加儿童上台表演的机会、扩大其资源网络。

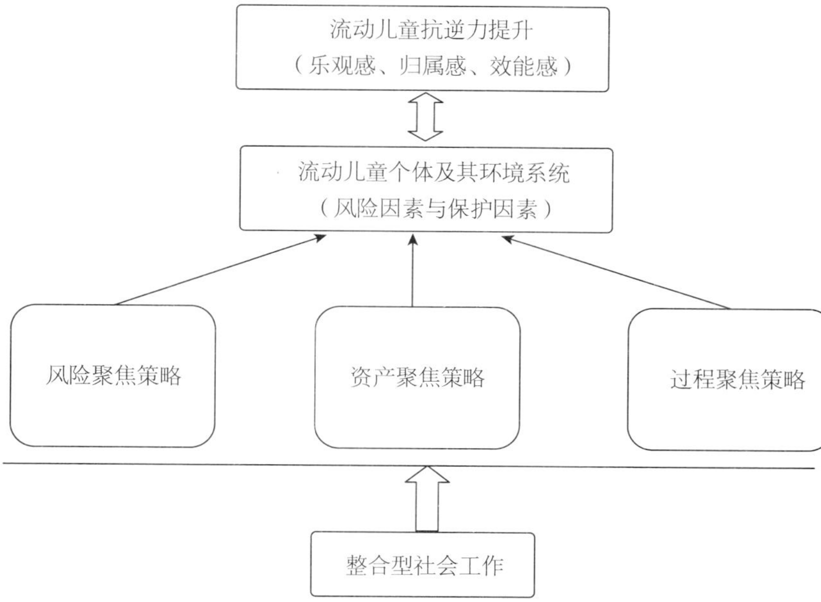

图 2　提升流动儿童抗逆力的社会工作介入策略

（2）资产聚焦策略，是指增加儿童能力发展所需要的资源的数量、质量和使用权力，发挥其资产的作用，从而有效地对抗危险因素，主要涉及微观系统、中观系统、外系统和系统互动的干预。首先，扩大流动儿童资源的数量，如推动社区建立儿童图书馆、积极和其他社会服务组织和社会工作高校合作，增加儿童和其他社会资源链接的机会；其次，增强儿童现有资源的质量，如教授儿童关系建立技巧，提升同辈关系、师生关系、亲子关系的亲密度等；最后，扩充儿童资源使用权力，如扩大参加社会服务组织服务的儿童的数量、给教师提供更多的培训和资源从而使其更有效的管理教学过程。

（3）过程聚焦策略，是指动员流动儿童，发展他们的基本保护体系，如培养正面的依恋关系、激活儿童动力系统、提升自我管理技能等，干预对象是儿童本身。

还包括提供儿童体验成功经验的机会,如编排剧目让儿童公开表演,体验成功感;建立儿童的自我管理技能,如传授儿童制定目标的方法和解决问题的能力;情绪认知和管理能力,如协助儿童认识情绪,并习得合适的行为表达方式;提升识别和利用资源的能力,如协助儿童认识自身和环境的优势和资源,并习得利用的方式和情景等等。

(二)服务实施:整合方法中的小组工作介入行动

抗逆小童星作为专业社会工作服务项目,服务过程严格按照社会工作实务的通用过程模式进行,即接案——预估——计划——介入——评估——结案——跟进。其中预估、计划、介入、评估对于研究的开展进行占了重要地位,根据服务开展过程,抗逆小童星项目的各个实施阶段都蕴含了发现问题、评估需要、目的和目标、服务方案、执行计划、活动评估这一逻辑思路。基于前面的需要评估,抗逆小童星项目组工作员采取整合性的服务方式,即综合利用多种方式来共同推动流动儿童抗逆力的提升。这些方式不是分割的,而是根据需要交叉开展。

抗逆小童星项目服务实施中的小组社会工作是主要的工作方法之一,它是通过社会工作者的参与,组织小组活动及小组成员的互动,使得参与小组的成员获得行为改变、社会功能的恢复与发展并达到小组目标。抗逆小童星社会工作实务项目组根据流动儿童的特点和需要,设计并实施了八次内容丰富的小组活动单元(表3)。我们在三期抗逆力小童星服务中的经验是:这八次小组活动单元可以根据流动儿童实际情况进行扩展。每一个单元的活动内容也可以进行调整,以适应流动儿童的需要。小组社会工作的推行有多种方式,本项目组主要采用的形式有:工作员讲授、小组组员发言分享、角色扮演、家庭作业、小组讨论、唱歌等多样化的形式,符合流动儿童的发展阶段,从而使得流动儿童对活动的投入积极性很高(图3—4)。项目后期评估结果显示,随着活动的逐步展开,流动儿童的抗逆力正在得到逐步提升。

表3　抗逆小童星活动单元列表(实施时可根据具体对象需要进行微调)

小组活动单元	小组活动目标	主要活动内容
1. 我是小童星	了解活动内容和目标;建立关系;培养团队合作	(1)捉虫虫 (2)规则制定 (3)制定目标

续表

小组活动单元	小组活动目标	主要活动内容
2. 情绪连连看	学会识别正面和负面情绪，判断自己的情绪，正确认识自己	(1)情绪连连看 (2)小乌龟的故事
3. 情绪秘籍	学习人际交往方式，学习如何处理生气等情绪的方式	(1)情绪秘籍 (2)喜怒哀乐 (3)夺宝奇兵
4. 小乌龟的一天	解决问题的技巧和步骤，情绪的认知和管理，寻找快乐，提升自信	(1)放松训练 (2)小乌龟的一天 (3)"智者的武器"
5. 目标进行时	认识生活目标的重要性，学习如何设定目标	(1)同舟共济 (2)千千结 (3)制胜法宝 (4)排排站
6. 沟通大作战	习得人际沟通技巧，检讨已有沟通模式，学习如何建立良好关系	(1)"棒棒棒"鼓励活动 (2)我的一天旅途 (3)我的角色扮演
7. 资源大搜索	重新认识自我，认识环境资源，学习如何利用公共资源	(1)资源大搜查 (2)温暖大家心 (3)我的资源树
8. 我们的梦想	巩固活动成果，发现优点，增强信心，规划未来	(1)回顾成长秘籍 (2)优点大轰炸 (3)我们的梦想 (4)告别仪式

注：每一次小组活动都有前期、中期和后期的活动计划以及分析。见附录。

图 3　外来工子女学校抗逆力小组活动

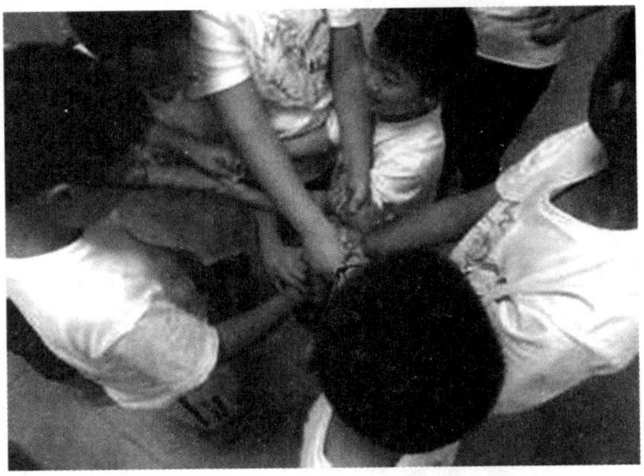

图4　沟通大作战小组活动

(三)服务实施:整合方法中的社区与个案介入行动

抗逆小童星项目社区大型活动。社区活动也是社会工作方法之一,它通过动员社区资源,以促进服务对象与社区之间的整合,从而加强社区的凝聚力,增强服务对象的个人权能。抗逆小童星社会工作实务项目组认为流动儿童抗逆力持续的提升,需要流动儿童所处系统环境的改善和协助。基于此,项目组策划了两次大型的社区活动:抗逆小童星社会工作实务项目启动典礼和结束典礼,邀请流动儿童家长和社区居民参加,促进其对流动儿童的了解和对项目实务活动的支持,从而推动亲子关系、社区居民和儿童关系的建立。在两次大型社区活动中,为了增加流动儿童对活动的自主性,项目组编排了“小乌龟的一天”的话剧,全部演员和道具均是流动儿童承担,编排并集体演出了抗逆小童星主题歌“团结抗逆冲冲冲”,设计并发给每个参加活动的儿童印有抗逆小童星 LOGO 的 T 恤衫,一方面提供机会让流动儿童展示自己,增强其自信心,另一方面也有利于流动儿童建立社会支持网络,增加项目的可持续性和有效性(图5)。

抗逆小童星项目个案社会工作。个案社会工作也是社会工作的基本方法之一,它以个人或家庭为服务对象,通过专业关系的建立和发展,针对个人的特殊情况和需要,了解个人内在的心理特性和问题,以激发个人潜能,增强和发展个人或家庭的社会适应能力。抗逆小童星社会工作实务项目对在前期评估、过程评估、小组活动和社区大型互动中表现出独特需要的流动儿童特别是活动中的破坏者、垄断者和沉默者,在活动后专门采取个案辅导的方式跟进。我们在三期的抗逆力小童星服务中,每期都开展了个案服务,持续跟进有需要的个案,提供更进一步的服务。

图5 抗逆小童星LOGO和第三期南大暖冬游活动

（四）服务实施：介入行动中的专业督导

对抗逆小童星服务的社会工作督导不仅使服务更加专业化，也能使社会工作实务过程中的问题和偏差得到及时回应和纠正，还能够使实务和理论相结合，培养工作者专业伦理，圆满地满足服务对象的需要。

社会工作督导是社会工作间接服务方法的一种，主要为支持、管理和教育的功能。在抗逆小童星服务中有重要地位。项目组内负责老师和有实务经验的博士生担任项目督导，项目组外由资助方南京市建邺区民政局安排社区工作者和其他大学老师担任项目组外督导，由有经验地督导者对一线工作员定期和持续地督导，传授专业的方法和技巧，确保社会工作服务质量。①

抗逆小童星社会工作服务项目运用的督导方式有针对专业基础不扎实工作者的个别督导、定期持续的团体督导、每次活动之后的同事督导、老师—社工学生—非社工学生的服务学习督导等等。近些年来兴起了一种新的社会工作督导模式——服务学习——也用在了项目服务开展过程中。其基本理念是社工带动义工共同服务社会。服务学习的基本模式是“课程教师（社工专业老师）+种子同学

① 吴增强：《当代青少年心理辅导》，上海科学技术文献出版社2003年版。

(社工专业高年级学生)+社会福利机构督导(社会工作者和社区管理者)"①。通过这样的多级督导制度,不仅提升了服务质量,也能够充分发挥工作员(社会工作学生)的潜能。

五、项目后期:服务评估及效果

评估的作用在于确定活动是否达到目标,并找出日后改进的意见。评估工作对社会工作实务的帮助很大。通过对参加者的分析、目标达成度评估和参加者满意度评估,社会工作者可以了解到实务活动是否达到原定目标、参加者对活动的意见等。抗逆小童星社会工作实务项目采取过程评估和目标达成度评估两种形式,其中过程评估是指评估者着重搜集阶段性资料,对活动开展的每一步骤都进行评估,从而改善服务的提供。本项目制定了八套小组活动效果评估问卷,对每一次小组活动的开展都实施评估,了解儿童接受服务的情况,为下一步的服务方案改善提供资料。目标达成度评估主要是对活动目标是否达成做最终的评估,本项目设计了流动儿童抗逆力前测问卷和后测问卷,通过测量流动儿童在活动前后抗逆力的情况,来衡量实务活动在促进流动儿童抗逆力提升过程中所发挥的作用。

(一)抗逆小童星服务过程和目标的评估方法

过程评估方法即是每一次活动之后,评估参加者对安排的满意程度。我们采用了两种方法:一种是观察法,即通过观察小组组员在活动中的投入度来了解活动的合适性;一种是问卷调查法,根据每次活动的形式和活动的内容,编制相应的问卷,此次活动中共编制八份小组活动过程评估问卷。问卷的内容包括以下几个部分:(1)你认为活动中采取的形式(小组讨论、工作员讲授、课堂练习、角色扮演、家庭作业)哪一种对你的帮助有多大?(2)你对工作员的评价包括:工作员是否给了我很大的鼓励?工作员是否协助我做出改变?工作员是否协助我处理自己的问题?工作员是否让我有机会说出我的困难?工作员是否协助我学习有关的内容?(3)你对活动安排的意见:包括评估小组活动节数、每节时间、人数等。(4)你对活动的评价:包括活动满意度、哪些最有帮助、学习到的内容、是否愿意继续参加后期活动等等。

---

① 彭华民:《论志愿服务的社会工作督导模式》,《中国青年研究》2010年第4期。

目标达成度评估即是评估目标的实现情况。了解活动是否达到预期目标是评估工作的主要任务之一。目标达成度的资料,对反省活动设计有很大作用。活动设计者可以就那些没有达成的目标,反省活动设计,做出改进。抗逆小童星项目对于活动的展开是否有效提升了流动儿童抗逆力也做了目标达成度的评估,主要包括两部分:活动前的前测和活动结束后的后测。通过前测和后测问卷来评估流动儿童抗逆力提升的程度。问卷编制的主要内容有:(1)流动儿童基本情况:性别、年龄等;(2)流动儿童抗逆力水平即乐观感、效能感、归属感;等等。

(二)抗逆小童星服务效果评估结果分析

抗逆小童星社会工作实务项目组从流动儿童(服务对象)参与度、目标达成度、对社会工作者和活动的满意度、对活动形式的满意度四个方面分别进行了评估,结果如下:

(1)服务对象参与度。整个项目过程中,每次组员都是准时参加活动的,服务对象参与度为100%,如果从投入度来看,仅有一个小组的四名组员在某些小组活动中的投入有些消极。服务对象整体投入度达到96%。

(2)目标达成度。流动儿童认为通过活动他们习得了增强抗逆力的技巧,对其未来的成长和发展有很大帮助。具体来看,每一目标中比较同意和十分同意的比率分别是:76%的儿童认为其习得了相应的沟通技巧,76.9%的表示知道能够在哪里寻找资源,79.6%的儿童对情绪了解得更加清楚,79.9%的儿童知道了处理生气的方法,74.2%的儿童能够认识到自己的优点,75.8%的儿童能更加积极地看待自己,79.4%的儿童能够澄清自己的梦想(表4)。

表4 抗逆小童星项目目标达成度评估表(%)

$N=98$

分目标	十分不同意	比较不同意	一般	比较同意	十分同意
我了解了相应的沟通技巧	5.2	3.1	15.6	25.0	51.1
我知道能够在哪里寻找资源	4.2	2.1	16.8	25.3	51.6
我对情绪的了解更加清楚	1.0	2.0	17.3	19.4	60.3
我知道了处理生气的方法	2.2	4.4	14.4	23.3	55.7
我知道了如何设定目标	—	2.1	23.7	21.6	52.6
通过活动,我认识到自己的优点	2.1	5.3	26.3	22.1	44.2
通过活动,我更加积极看待自己	3.3	1.1	19.8	20.9	54.9
我现在有自己的梦想了	2.2	1.0	17.5	9.8	69.5

(3) 对社会工作者和活动的满意度方面。流动儿童服务对象对活动的满意度高达81.0%,对社会工作者的满意度也达到78.4%。具体而言,74.5%的儿童认为工作员给了他很大的鼓励,77.3%的儿童认为工作员协助其做出改变,81.3%的儿童认为工作员协助其处理自己的问题,82.6%的儿童认为工作员让其有机会说出自己的困难,80.0%的儿童认为工作员对其帮助很大(表5)。

表5 抗逆小童星项目工作员满意度评估表(%)

$N=98$

分目标	十分不满意	比较不满意	一般	比较满意	十分满意
你对工作人员的评价	6.2	3.1	12.4	9.3	69.0
工作员给了我很大的鼓励	1.0	2.1	12.4	27.8	56.7
工作员协助我做出改变	3.1	3.1	16.5	19.6	57.7
工作员协助我处理自己的问题	2.1	4.2	12.5	21.8	59.4
工作员让我有机会说出我的困难	1.0	3.1	13.3	17.3	65.3
工作员对我的帮助很大	4.2	—	15.8	21.1	58.9
你对抗逆小童星活动评价	7.4	1.1	10.5	12.6	68.4

(4) 对活动形式的满意度方面。流动儿童服务对象对工作员讲授、个人发言分享、角色扮演、小组讨论和家庭作业这五项小组活动中采用的形式都比较满意。具体而言,82.6%的儿童认为工作员讲授对其帮助很大,73.2%的儿童认为个人发言分享的形式对其帮助很大,78.5%的儿童认为角色扮演的形式对其帮助很大,77.5%的儿童认为小组讨论的形式对其帮助很大,对家庭作业这种形式有72.5%的儿童认为帮助很大(表6)。

表6 抗逆小童星社会工作实务项目活动形式满意度评估表(%)

$N=98$

活动形式	很少帮助	一点帮助	一般	比较大帮助	很大的帮助
工作员讲授	—	3.1	14.3	17.3	65.3
个人发言分享	1.0	4.1	21.6	20.6	52.7
角色扮演	1.0	6.1	14.3	26.5	52.1
小组讨论	2.0	5.1	15.3	22.4	55.2
家庭作业	6.1	2.0	19.4	19.4	53.1

抗逆小童星项目组为期一年多的持续服务中，项目设计方案1份，项目具体活动方案14份，共开展了4种类型的前期调查评估，10个小组的共8 * 10 =80次小组活动，2次大型活动，适时的个案服务，4次大型宣传活动以及后期持续的回访跟进服务，服务前后的2 * 14 =28次小组督导以及多次现场督导，小组督导记录28份，回收小组过程评估问卷8 * 98 =784份，回收前后整体评估问卷568 +98 =666份。从评估结果分析来看，项目预期目标得到实现：(1)有效地协助HY社区外来工子弟小学儿童认识自我和社区资源，提升了其安全意识和利用资源的能力，使得他们能够有效地运用身边的资源去处理各种困难，提升问题解决技能。(2)有效地协助流动儿童提升社交技巧，能与家长、同辈、教师建立正面的社交关系，懂得与人相处和沟通的技巧。(3)有效地协助流动儿童认识自我的情绪，懂得合适的情绪表达，能有效地控制不恰当的情绪表达，习得相应的情绪表达技巧。(4)有效地协助流动儿童认识目标制定的相应规则，从而提升其目标感，进一步促进其学习能力的提升。

六、项目反思：服务可持续性和社会工作重构

（一）抗逆小童星项目的可持续性

流动儿童抗逆小童星项目具有很强的可持续性，这主要与项目服务意义、活动形式、社会工作者、活动模式等因素有关：

项目服务的意义在于，我们协助流动儿童提升了抗逆力，建立了流动儿童抗逆力的持续提升的环境系统基础。本项目立足于流动儿童所生活的环境系统和资源优势，为流动儿童构建一个良好的可以提升其抗逆力的环境，这包括四个方面：提升外来工子弟学校的抗逆文化；增进社区管理，促进流动儿童和城市社区的融合；推动流动儿童家庭抗逆力文化；强调从流动儿童和社区的优势出发，有效提升流动儿童的抗逆力。这种“学校—社区—家庭”加上“儿童优势资源”的服务模式，可以保证在社会工作者结束活动之后，仍然有利于儿童能力的提升，这是项目可持续性的关键。

项目服务活动形式具有合适性，可以有效地使流动儿童内化活动的理念和内容。本项目采用符合儿童年龄和发展阶段的多样活动形式，如：工作员讲授、个人发言分享、角色扮演、小组讨论和家庭作业等形式，从而有利于提高儿童对活动的投入度，对项目目标的实现是比较有利的。同时，合适的活动形式可以保证活动结

束之后,流动儿童仍然能够清楚记得相关的知识要点,以保证在现实生活中推广应用。

项目工作员具有专业性,能最大化地提升活动的服务质量,保证服务效果,这对项目本身的可持续性有积极的促进作用。本项目所有的工作人员均是社会工作专业的博士和硕士研究生,这保证了服务的专业性,而这种专业性使得项目中小组社会工作、个案社会工作和社区社会工作相结合的整合型的服务模式,可以最大化地发挥作用,同时也能够保证项目结束后的服务跟进,从而提升流动儿童的抗逆力,保证服务的可持续性。督导团队的专业性。本项目有高校专业的社会工作教师作为督导,可以给予工作员专业的服务技巧、服务理念和情绪支持,从而有效保证服务质量。

项目建立了多方合作模式。本项目是建邺区民政局、南京社会学院 MSW 教育中心、HY 社区外来工子弟小学、HY 社区共同合作的实务项目,这种高校和政府合作模式可以有效提升资源的整合能力,同时无论哪一方由于某种原因撤离项目,其他服务主体仍然可以继续保持对流动儿童抗逆力提升的关注和介入,也有效地提升了项目的可持续性。

(二) 抗逆小童星项目的局限性与调整建议

抗逆小童星社会工作实务项目在实施过程中遇到的问题即局限性主要体现在以下两个方面:(1)活动对象的局限性。本项目实施过程中,由于受到活动周期和经费的限制,仅向 HY 社区中在外来务工人员子女学校学习的流动儿童提供了抗逆力提升服务,对 HY 社区中的困境儿童特别是 138 户低保家庭的贫困儿童,并没有做服务的跟进。(2)活动整合的局限性。由于项目是在流动儿童学校开展的,为了不破坏学校原有的课堂秩序,不推迟学生回家的时间,只能利用学生副课的时间开展活动,这限制了活动开展的时间以及服务跟踪的时间。如何将抗逆力项目和现有学校课程整合,形成一个制度化的服务提供机制,这应该是未来流动儿童提升抗逆力服务发展的方向。

基于以上两个方面的问题,我们认为要想提高社会工作实务项目的介入效果,需要在以下几个方面做进一步的调整:

(1) 实务社会工作者的角色定位。针对流动儿童能力提升的社会工作实务项目,社会工作者的角色除了是活动领导者之外,还应该承担起政策倡导者的角色。

中国流动儿童现象的产生来自于家庭和社会两个方面。一方面,家庭的贫困,使孩子的父母不得不走出农村到城市务工;另一方面,中国长期的城乡二元体制以及社会对农民工不公平的待遇,使广大农民工没有足够的精力关注儿童的成长。基于上面两个原因,社会工作者应该从推动政府的政策改善入手,极力推动流动儿童福利政策的建立与完善,尽力消除一切对他们经济上的歧视,或者不公平的对待。

(2)社会工作实务模式的多元整合。目前中国流动儿童社会工作实务模式仍然处于探索阶段,如何发展出适合服务对象需要、学校—社区—政府需要的多元整合实务模式,是当前工作的重点。从抗逆小童星社会工作实务项目的实践中,我们认为应该建立政府、高校社会工作、学校—社区、社会工作机构多元整合的服务模式,唯有此方法能够保证服务的持续性和有效性,单纯依靠某一方均不能达到提升服务对象能力的目的。

附录

"情绪的秘籍"小组活动记录及评估报告

(一)"情绪的秘籍"小组活动背景资料

(1)活动名称:情绪的秘籍;

(2)活动时间:2013年7月16日15:00—17:00;

(3)活动次数:小组活动第三次;

(4)活动对象:YN路社区二到五年级9名流动儿童学生;

(5)活动地点:社区活动室;

(6)活动性质:小组活动,辅以个案跟进;

(7)工作人员:MSW研究生,社会工作本科高年级同学;督导由社会工作专业教师和有抗逆小童星实务经验的博士生担任;

(8)出席"情绪的秘籍"小组活动组员(见表7)。

表7 "情绪的秘籍"小组成员

姓名	性别	年级
X同学	女	三
Y同学	女	四
X同学	女	四

续表

姓名	性别	年级
H 同学	男	五
Z3 同学	男	五
L 同学	女	三
Z1 同学	女·	二
Z2 同学	男	四
Y2 同学	男	四

(二) 活动目的

(1) 让组员学习与人交往的正确方式;

(2) 建立组员对自我情绪类型、正面负面情绪的认知;

(3) 协助组员学习疏导负面情绪、平复心情的方法。

(三) 预备工作

(1) 7 月 12 日下午召开关于上次小组活动的反思会,同时我们对于本次活动的活动方案进行讨论,分配了工作任务,以及下次小组活动需要注意的问题,本次活动的后续讨论要在所建的 QQ 群进行。

(2) 7 月 15 日晚上小组负责同学在 QQ 群里列出来了"情绪的秘籍"小组活动注意事项,项目组同学们一个个地认领任务,小组长发了信息进行工作任务的确认:W 同学带上次新进组同学的活动笔记本,Z 同学带好新进组同学的活动 T 恤,上次小组活动的新闻稿的提交,每次的活动记录和活动评估等记录的提交。

(3) 7 月 16 日中午 1:30 出发到社区,对"情绪的秘籍"中的活动进行预演,并对突发状况做好充足准备。

(四) 活动前的观察

(1) 工作员于 2:40 到达社区,发现 L、Z1、Z2 已经在活动室等候,见到工作人员,他们热情地打招呼,并告知工作员他们两点钟就来到社区等候,在夸奖三人活动积极性高之后,告知三人以后在两点半到两点四十之间来就行了,否则社区可能不开门。这三位组员每次都表现出对活动的极大兴趣,积极踊跃,聪明机敏。他们提前来到活动室之后,三人都在写作业,能够团结友爱,互相帮助。种种现象都说明了小组成员的成长和小组凝聚力的初步形成。

(2) 三点钟活动开始前,小组成员都按时到达,穿了活动服装抗逆小童星 T

恤，小组长进行了点名签到，小组能够按照一定规则契约有效运行。

（五）“情绪的秘籍”小组活动过程

表 8 “情绪的秘籍”小组活动实录

“情绪的秘籍”小组活动过程	工作员感受、介入技巧
1. 15:00 小组活动正式开始 首先，工作员向组员问好，询问大家的成长秘籍有没有按时完成，对完成得好的同学进行表扬。 引导组员回顾上次活动内容，上节课了解了人的情绪可以通过表情和肢体语言来表达，我们要正确认识我们的情绪。这次活动叫做“情绪秘籍”同学们可以在认识了自己的情绪之后，了解如何处理情绪、平复心情、学习与人交往的正确方式。 工作员向组员介绍本次活动的主要内容包括“喜怒哀乐”“夺宝奇兵”“情绪处理三原则”等。活动时间为 50—60 分钟，活动中希望大家能够积极参与。	(1) 通过表扬建立了标准，大家都认识到好好完成“成长秘籍”的重要性。 (2) 引导组员回顾上次内容，逐渐使同学们进入状态，同时也使活动能够串联起来。 (3) 介绍本次活动的主要内容，吸引同学们参与，了解本次活动目的，能够对活动有一个心理预期。
2. 15:10 左右，展开破冰游戏——喜怒哀乐 首先让同学们从桌子旁边来到空地，工作员介绍游戏规则，紧接着让同学们按照 1、2 循环报数，将组员分为 1 组和 2 组，第一轮是 1 组表演 2 组猜，1 组抽到了“捧腹大笑”，由 L 第一个表演，传到最后是由 H 表演，L 同学本身性格活泼，可以用肢体很好地表达出来，在传导的过程中也没有出现差错，一组表演成功。2 组抽到的是“挤眉弄眼”，由 Z 同学第一个表演，Y 来猜，这一成语稍有难度，但是 Y 脱口而出，之后，1 组说 Z 同学私下偷偷告诉 Y 同学，所以他才猜了出来结果。为了公平起见，工作员决定：第一组成语是大家热身，下面的两组开始比赛，同学们开始认真地表演，1 组猜出了“哭笑不得”“怒气冲天”，2 组猜出了“愁眉苦脸”，还在 1 组的帮助下猜出了“喜极而泣”。之后，工作员及时引导组员做了分享。我们可以根据表情来猜想某人的情绪，但有时候每个人表达同一个情绪的方法是不一样的。因此，我们要具体问题具体分析，不能一概而论。	(1) 活动不仅考察同学们对成语的理解能力，大家还必须通过演绎的方式表达自己对情绪的理解。 (2) 规则是每个人都必须遵守的，对于不能遵守规则的行为，工作员不能严加斥责，会打消大家参与的热情，只有变通方法，予以警告，将之前的一组作为练习。 (3) 对于 2—5 年级的孩子来说，活动过后的反思尤为重要，这个年龄段的孩子很少进行自我反思、自我探索，这就需要工作员加以引导，只有这样，活动才能达到效果。

续表

“情绪的秘籍”小组活动过程	工作员感受、介入技巧
3. 15:30左右,展开主题活动——夺宝奇兵 小组成员的活动气氛越来越活跃,工作员在这一环节首先强调了规则操,组员们表示都很清楚规则操的做法和含义。 组员回到桌子旁边坐下,工作者从破冰游戏出发,让大家回忆有哪些表示愤怒的词语,并问组员什么时候会生气,生气的时候大家都采取什么方法。 之后,工作员引导同学,正确处理情绪的原则和方法就藏在我们“夺宝奇兵”的游戏里,紧接着介绍“夺宝奇兵”游戏,将组员分成四组,每组三人,工作员分发拼图,看哪组最快拼出拼图。 三分钟过去了,同学们都知道拼出来应该是灰太狼,最后,X、X1、Y同学分工合作,最快拼好。相反,平时动作最快的Z1、Z2、L同学组直到最后在工作人员的帮助下才完成,这对好胜心强的三人打击很大,导致三人一直闷闷不乐。之后工作员让三人进行反思,三人把原因归于拼图中的一张掉在了地上,在工作员的引导下,三人才开始明白是由于他们中的每一个都想自己把拼图拼好,而没有彼此合作。 之后,工作员让大家把拼好的拼图翻到背面,这是灰太狼为什么每次都吃不到羊,但是却天天开心,愈挫愈勇的原因。让同学们朗读快乐三大原则,之后工作员进行了讲解。 紧接着,工作员分发给每组五张纸条,上面写有不同的情绪处理办法,组员逐一根据处理情绪三原则看拿到的纸条是否是处理生气的正确办法,如果不是、违反了哪条原则。大部分同学都很踊跃地回答,讲得也很正确,只有Z1、Z2、L同学三人组不仅受上个环节游戏的影响,这组分发到的纸条也全部是不对的处理情绪的方法,三人显得很消极,破坏小组契约,交头接耳,不理会工作人员。无奈之下,只好以小组契约的惩罚措施让Z1和L同学起立靠边罚站。稍作惩戒之后,工作员让两人坐下。又结合组员意见,加重了以后违反活动规则后的惩罚力度。希望同学们都能够遵守小组契约,遵守活动规则,结合我们本环节处理情绪的三原则,希望大家正确处理消极情绪,而不能像三人一样,交头接耳,消极处事,不顾他人感受。	(1)强调小组规则,小组气氛活跃但又在工作员的控制范围内。 (2)破冰游戏中大家都很积极,从破冰游戏引出夺宝奇兵,进而让大家思考情绪三原则,同学们会更有兴趣。 (3)对于组员的表现工作员首先要肯定,之后让组员反思存在的问题,L同学组一直很活跃,但是每个人的自我意识都很强,很少考虑到集体协作;而且韧性不够,一次失败就让三人气馁,这就需要工作员加以引导,告诉他们每一个环节都会有比赛,如果因这一次的失败而消极,接下来的比赛注定还要失败。 (4)正好结合我们的情绪处理三原则,让L三人组了解应该如何处理自己的消极情绪。 (5)L等三人的行为已经影响到其他组员,必须加以惩戒,否则会使小组契约变成一纸空文,从而让今后小组的开展面临更多问题。

续表

“情绪的秘籍”小组活动过程	工作员感受、介入技巧
4. 15:50 左右，进行“情绪的秘籍”小组活动回顾 启发组员回想一些面对愤怒时平复心情的方法，询问组员曾经因为哪些事情生气，以前自己都是怎么面对生气的。有的同学说可以写日记，看电视，去自己的秘密基地。还有的同学说会撕书、打弟弟妹妹。 紧接着回忆了正确处理生气愤怒的三原则，对同学们说的方法一一比对，让同学们知道哪些是正确的，哪些又是错误的。 最后，工作员结合同学们平复心情的例子，加上处理生气的三原则，系统地介绍了消极情绪的平复方法。由于时间不多，只介绍了同学们能够实现、感兴趣的方法。	组员都回顾自己平复心情的方法，大家都踊跃分享，由于是自己的亲身经历，结合今天学到的处理情绪的三原则，同学们更容易分辨哪些正确哪些错误，并进行改正。
5. 15:56 左右，进行“情绪的秘籍”小组活动总结 工作员带领同学回顾本次内容，和孩子一起朗读处理情绪的三原则，并让孩子写在成长秘籍上，提醒组员下次活动时间，告诉大家下次活动内容，填写本次活动评估表。 工作员让同学们离开桌子，来到活动场地，再一次强化小组名称、小组口号、小组队形。对于大家今天的表现，每个人给自己“爱的鼓励”的掌声。 组员通过手指指的方法选出下次组长为 X 同学。 最后，工作员有请本次小组组长组织同学带走桌子上的垃圾。	(1)由于所剩时间不多，只能带大家回顾本次活动的重要内容。 (2)小组得以建立，希望通过一次次强化，使他们对小组的认同加深，凝聚力增加。 (3)每次更换组长，大家能给自己一个约束，小组也可以除了工作员之外有自己的领袖。 (4)组长负责一些工作，培养了责任感。

（六）“情绪的秘籍”小组活动评估

1. “情绪的秘籍”小组活动目的达成之情况

表 9 “情绪的秘籍”小组活动目的达成情况

目的	达成情况	衡量的指标	指标完成情况
让组员学习与人交往的正确方式	达成	组员能够正确表达自己的情绪，在和他人的团体协作中能够积极高效，团结友爱	组员在破冰游戏和主题活动中都能够正确表达自己的情绪，团结协作
协助组员习得平复心情的方法	达成	组员能够认识到哪些处理情绪的方法是错误的，熟练掌握处理情绪的原则	大家能够根据情绪处理的原则，回顾自己平时在处理情绪问题时哪些是正确的，哪些是应该改正的

续表

目的	达成情况	衡量的指标	指标完成情况
协助组员对自我情绪的认知	大部分达成	组员是否能够及时辨识自己的情绪，并找到合适的处理方法	组员可以辨识自己的情绪，在工作员的帮助下可以根据情绪处理三原则找到正确的处理方法

2.“情绪的秘籍”小组活动内容及形式之适合性

表 10 “情绪的秘籍”小组活动内容与形式情况

活动名称	内容适合性	形式适合性
喜怒哀乐	与主题相关，能够帮助我们判断组员对情绪的分辨状况和情绪的演绎	能够调动成员的参与积极性 能够看出他们的表现力，加深我们对组员的了解 活动的愉悦性很适合我们服务对象的年纪
夺宝奇兵	承接了上一环节的“喜怒哀乐” 紧扣活动主题，由组员自己努力拼出的活动三原则印象更深刻 处理情绪的三原则贯穿整个活动，同学们易于理解	拼图的形式适合同学们的年龄，增加活动的趣味性 三人一组协作帮助同学们建立归属感、团体协作 一面是灰太狼，一面是情绪处理三原则，能够寓教于乐
平复心情方法介绍	根据每个人生气时的处理方法，按照情绪处理三原则，紧扣本次活动内容系统地介绍平复心情的方法，既总结了活动内容，又对本次活动进行回顾 根据自己的亲身经历回顾，对同学们的帮助更大	轮流发言，最后工作者总结，同学们在活动过后可以稍作休息

3.“情绪的秘籍”小组员之参与程度、角色及与上次小组活动的区别

L 同学：活泼的孩子。领悟能力强，能够很快地完成工作员布置的任务，但是喜欢打闹，不太遵守纪律，有时会影响其他同学。

Q 同学：五年级学生。配合度不高，不能很快融入群体，不怎么说话，有种疏离感。

X 同学：三年级的乖女孩。很安静、做事很认真。

Z1 同学：性格偏内向，和 D2、L 是好朋友，是他俩眼中的乖孩子。

Z2 同学：调皮的孩子，注意力不集中。但是思维很活跃，做事积极主动。本次活动略显消极。

H 同学：年龄稍大，思想比其他同学成熟很多，以前活动不怎么融入，喜欢嘲笑年纪小的同学，这次活动开始融入，和 Z2 有较多交流，对其他同学团结友爱。

4. “情绪的秘籍”小组动力

（1）沟通及互动模式：在这次小组活动中，组员都比较积极，所以在这次活动中，很多时候是多对多的沟通模式，主要让小组成员讨论，工作员民主汇总小组意见。

（2）小组氛围：在小组活动的过程中，组员之间不时地打闹，使得小组氛围一直很活泼，组员之间虽然偶尔发生点小摩擦，但是他们自己相视一笑就过去了，总体感觉很融洽。

（3）小组规范：小组规范得以建立，大部分同学都能够很好遵守，极个别同学发言不举手，不注意纪律，小组规则意识得以形成，但是组长没有发挥应有的作用。

（4）凝聚力：小组凝聚力逐渐增强，归属感和小组意识逐渐形成，上次存在的几个小团体，工作员也通过调换座位得以打破。

（5）领导模式：一直贯彻民主的领导模式。但是在小组出现一些不是很顺利难以统一意见的情况下，工作员会考虑大家的意见，作为最终的裁决者。

（6）问题及解决办法：a. 组员在写小组契约时，Y 没有带笔，D1 表示不愿意借给他，会弄脏，而 H 则表示我们的小组契约中写道应该团结友爱，自己的笔可以给他用，工作员带领大家表扬了 H 互帮互助的行为，并给予“爱的鼓励”。D1 也意识到自己错误，稍后的活动中，组内出现了互帮互助的热潮。b. L、D1、D2 在工作员的再三警告下仍然交头接耳，不遵守纪律，为了不影响其他同学，最后运用小组契约进行惩罚。

5. “情绪的秘籍”小组发展阶段

这个阶段属于小组的发展初期阶段。组员之间有了的信任感，小组凝聚力和归属感逐步形成。小组中除了工作员自己还出现了其他的领袖，能够脱离工作员完成一些简单事情。组员的意见也能够通过民主方式自由表达。

（七）遇到的困难及解决办法

（1）场地和活动的强度都受到限制，因此既要调动气氛又要保持秩序很是困难。以后的话可以选择一种与小组成员更为亲和的交流方式，学习借用小组潜在领袖的力量。

(2) 时间紧张,活动的效果不能充分发挥。以后做活动前充分考虑所需时间,合理安排活动数目,并且最好能留出一定的机动时间来更深入地对活动进行总结和反思,这样活动才能有效果。

(3) 组员会因为小组比赛而产生消极情绪。以后活动中,要充分考虑比赛可能给组员情绪带来的后果,鼓励重视过程,尽量避免重视结果,让组员享受比赛的过程。

(4) 部分组员年龄小,分享不够。以后每次活动的每个环节,都应该由工作员及时引导,对活动进行反思,组员做出不同分享,从而避免仅仅为了玩耍而做活动,应该寓教于乐。

(八) 抗逆小童星服务对象基本情况调查问卷

抗逆小童星基本情况调查问卷

问卷编号____________　　　　　　调查员____________

各位小朋友:

你们好!

抗逆小童星项目是我们开展的一项帮助儿童提高自己抗逆力的服务,目的在于帮助你积极面对生活和学习上的困难,希望通过我们的活动使你能够更快乐地学习和生活。此份调查问卷是为了了解你和你家庭的基本情况和看法。所有的调查资料我们仅作为内部资料保存和使用。我们将严格按照保密原则执行。请放心填写,谢谢你的配合。

抗逆小童星服务小组

填写注意事项:

1. 填写要求:请在相应的横线上根据你具体的情况,填写相应的信息。

2. 答案并没有对错之分,请大家根据自己的具体情况填写。

A. 基本情况

A1. 你的性别是________　1. 男　　2. 女

A2. 年龄________岁

A3. 你在哪个社区居住________

A4. 你在哪个学校上学________? 你上几年级________?

A5. 家庭人口________人,成员________

A6. 你是独生子女吗? ________1. 是　　2. 不是

A7. 你知道爸爸在做什么工作吗? ________

1. 知道　　2. 不知道

A8. 你知道妈妈在做什么工作吗？________

1. 知道　　2. 不知道

A9. 你爸爸和妈妈的文化程度分别是：

父亲的文化程度________　　母亲的文化程度________

1. 小学及以下　2. 初中　3. 高中(含中专、职业学校等)　4. 大专及以上

5. 不知道

A10. 你觉得你家的经济条件是________

1. 很不好　　2. 比较不好　　3. 一般　　4. 比较好　　5. 很好

B. 日常生活及感受

B11. 你对自己身体健康的评价是________

1. 很健康　2. 比较健康　3. 一般　4. 比较不健康　5. 很不健康

B12. 你对自己现在生活的感受是________

1. 很快乐　2. 比较快乐　3. 一般　4. 比较不快乐　5. 很不快乐

B13. 请在下面符合你情况的部分画"√"

对自己的描述/选择	完全不同意	不同意	不知道	同意	完全同意
我觉得我是有用的人，至少不比别人差					
我做什么事情都很努力					
我觉得自己有许多优点					
我认为自己是一个失败者					
我可以和其他人一样做好事情					
我觉得自己值得自豪的地方不多					
总的来说，我对自己是满意的					
我希望我可以获得更多的尊重					
我经常认为自己没有一点用处					
我可以控制发生在我身上的事情					
我在生活中经常感到无助					

B14. 你平时在家空余时间(除了学习)，主要还做什么呢？(请按照你做的次数多少选择两项)第一________；　第二________

1. 帮爸妈干活　　2. 看电视　　3. 看报纸或课外书

4. 自己玩玩具　　5. 跟朋友玩　　6. 玩电子游戏

7. 上网　　8. 不干什么

9. 其他(请注明)________

B15. 你是否参加过或正在参加某种课外辅导班、活动? ________

1. 是　　2. 否(请跳答第23题)

B16. 请问你参加的活动是________

B17. 你参加社区活动的频率是________

1. 很少　　2. 比较少　　3. 一般

4. 比较多　　5. 很多

B18. 你是怎样上学和回家的呢?(选经常用的方式)

1. 自己一个人坐公交车或地铁

2. 自己一个人走路或骑自行车

3. 亲人送

4. 和同学一起坐公交车(或地铁)、走路或者骑自行车

5. 其他________

C. 居住和学校情况

C19. 你目前居住在什么地方________

1. 爸妈购买的房子　　2. 出租屋(楼房)

3. 出租屋(平房)　　4. 爸妈的工作场所

5. 借住亲友家　　6. 其他(请注明)________

C20. 你目前所居住的地方的面积大约是________平方米(和活动室比有多大?)

C21. 现在居住的地方有________间房;卧室有________间(没有就填写"0")

C22. 你自己有独立的房间吗? ________

1. 是　　2. 不是(请注明)________

C23. 你觉得现在居住的地方怎么样? ________

1. 很舒适　　2. 比较舒适

3. 一般　　4. 比较糟糕

5. 很糟糕

C24. 你觉得你居住的地方周围的卫生状况怎么样? ________

1. 很干净　　2. 比较干净

3. 一般　　4. 比较脏

5. 很脏

C25. 你为什么要上学________

1. 爸妈要求的　　2. 大家都上，所以我也上

3. 上大学　　4. 赚钱

5. 不知道　　6. 其他（请注明）________

C26. 你的学习成绩怎么样？________

1. 优秀　　2. 良好　　3. 一般　　4. 比较差

C27. 和你最要好的同学，他的学习成绩怎么样？________

1. 优秀　　2. 良好　　3. 一般　　4. 比较差

C28. 你爸妈对你学习的期望是________

1. 读得越高越好，上大学甚至读研究生

2. 能读到什么时候就读到什么时候

3. 早点工作　　4. 没期望　　5. 无所谓

6. 不知道　　7. 其他（请注明）________

C29. 你对上学的态度是________

1. 很喜欢　　2. 比较喜欢　　3. 一般

4. 比较不喜欢　　5. 很不喜欢

C30. 你对学校的环境（如教室、操场等）满意吗？________

1. 很满意　　2. 比较满意　　3. 一般

4. 不太满意　　5. 很不满意

C31. 你对学校的老师满意吗？________

1. 很满意　　2. 比较满意　　3. 一般

4. 不太满意　　5. 很不满意

C32. 你是否担任过班级或者学校的学生干部？________

1. 是（担任学生干部的时间________个学期）　　2. 否

C33. 平时除了老师，谁辅导你功课？________

1. 爸爸　　2. 妈妈　　3. 兄弟姐妹　　4. 其他人

5. 没有

C34. 你家人每个星期花几个小时辅导你做作业？________小时（没有的填0）

C35. 你长大后最希望从事的职业是________

C36. 你期望在哪个方面家人需要进一步改善，更加关注你________

1. 物质生活　　2. 学习帮助　　3. 情感关怀

4. 社会交往　　5. 没有

D. 关系情况

D37. 你有没有无话不说的朋友？________

1. 有　　2. 没有

D38 可以和你无话不说的人是你的________

1. 同学　　2. 父亲　　3. 母亲　　4. 兄弟姐妹

5. 其他亲人　　6. 一起长大的伙伴

7. 其他(请注明)________

D39 你有没有年龄相近的好朋友？________

1. 有　　2. 没有(请跳答到 D41 题)

D40 这些朋友中,有多少是男孩？多少是女孩？男________;女________

D41. 当你遇到烦恼时,一般向谁诉说？(按照选择的顺序填写)

第一________;第二________;第三________

1. 从不向他人诉说　　2. 父亲　　3. 母亲　　4. 兄弟姐妹

5. 家里其他人　　6. 老师　　7. 同学　　8. 从小玩到大的伙伴　　9. 网友

10. 心理辅导人员　　11. 在日记里倾诉

12. 其他(请注明)________

D42. 你知道《儿童权利公约》吗？________

1. 知道　　2. 不知道

D43. 爸妈对你的教育方式是________

1. 很粗暴　　2. 比较粗暴　　3. 一般

4. 比较好　　5. 很好

D44. 爸妈批评乃至动手打你的原因主要是________

1. 学习方面　　2. 家务劳动方面

3. 自己做了错事　　4. 爸妈工作不顺利导致

5. 爸妈之间吵架　　6. 其他(请注明)________

D45. 爸妈最近一个月动手打你的次数是________次(如没有,请填 0)

D46. 被爸妈批评后感觉________

1. 很委屈　　2. 比较委屈　　3. 一般

4. 不太委屈　　5. 一点也不委屈

D47. 被老师和爸妈批评之后，你一般怎么办呢？________

1. 离家出走　　2. 不讲话　　3. 和他们争吵

4. 其他（请注明）________

D48. 和你沟通得比较多的是________

1. 爸爸　　2. 妈妈

D49. 爸爸和你聊天的情况是________

1. 每天都会　　2. 有时会、有时不会

3. 很少　　4. 说不清

D50. 妈妈和你聊天的情况是________

1. 每天都会　　2. 有时会、有时不会

3. 很少　　4. 说不清

D51. 昨天你和爸妈谈话的内容是什么？（请按照主要程度排序）

第一________；第二________；第三________

1. 学习　　2. 学校的事情

3. 同学之间发生的事情　　4. 吃、穿等事情

5. 讨论新闻　　6. 家里的事

7. 我的零花钱　　8. 身体健康

9. 电视节目　　10. 其他（请注明）________

D52. 下面是一些家长对待孩子的方式，请在符合你的情况的空格里，画“√”

家长对待孩子的方式	不是	很少	有时	经常	是	说不清
当你做得不对时，家长会问清楚原因并与你讨论该怎样做吗？						
家长鼓励你努力去做事情						
家长鼓励你独立思考问题						
家长要你做事时，会跟你讲这样做的原因						
家长询问你关于学校的情况						
家长给你讲故事						
家长和你一起玩乐（如下棋、游玩）						
家长表扬你						
爸妈参加学校召开的家长会						

E. 自我评价与未来期望

E53. 下面有一些对人们精神状态的描述，请根据你最近一个月内的情况填写，请在符合你的情况的空格里，画“√”

情绪状况	几乎每天	经常	偶尔	从不	说不清
感到情绪沮丧，郁闷，做什么事情都不能振奋					
感到精神紧张					
感到坐卧不安，难以保持平静					
感到未来没有希望					
做任何事情都感到困难					
认为生活没有意义					

E54. 人们在生活中会追求不同的目标。对于下述每一目标，请告诉我们你的看法，请在符合你的情况的空格里，画“√”

生活目标	十分不同意	不同意	一般	同意	十分同意
我生活的主要目标之一就是让我爸妈觉得自豪					
我比较有主见					
我会付出很大的努力让朋友们喜欢我					
我自己决定我的生活目标					
我学习很努力					
我会在完成家庭作业后核对数遍，看看是否正确					
我遵守校规校纪					
我一旦开始去做某个事情，无论如何都必须完成它					
我只在完成家庭作业后才玩					
一旦做错了事，就几乎无法改正					
处理问题的最好方式就是不去想它们					
预先做计划会使事情做得更好					

（九）抗逆小童星服务过程评估情况

1．“情绪连连看”活动过程评估表

“情绪连连看”活动过程评估表

小组：__________　　　　　　日期：__________

以下是本活动采取的一些形式，对于每种形式对你的帮助，你的看法是怎样的，在相应的空格内打“√”。

	很少帮助	一点儿帮助	一般	帮助较大	帮助很大
（1）向大家分享自己的情绪					
（2）讲授小乌龟的故事					
（3）小组讨论					
（4）工作员的引导					

对于工作员的表现，你的看法是怎样的，在相应的空格内打“√”。

	十分不同意	比较不同意	一般	比较同意	十分同意
（1）工作员给了我很大的鼓励					
（2）工作员协助我做出改变					
（3）工作员协助我处理自己的问题					
（4）工作员让我有机会说出我的困难					
（5）工作员协助我学习到有关东西					

你对活动的安排有什么意见，请在相应的序号上打“√”。

	太少	适中	太多	建议
（1）活动时间				
（3）小组人数				

在活动“制作名片卡、写给自己的信、订立小组契约”“晴雨表”“情绪大家知”中，你认为哪一部分的内容对你最有帮助？

在活动“制作名片卡、写给自己的信、订立小组契约”“晴雨表”“情绪大家知”中，你认为哪一部分的内容对你的帮助最小？

总的来说，你对本次活动的满意度怎样，请在相应的序号上打“√”。

（1）十分不满意　　（2）比较不满意　　（3）一般　　（4）比较满意　　（5）十分满意

总的来说，通过本次活动，你学到了什么，请在相应的序号上打“√”。

续表

(1)与人相处的技巧 (2)目标设定的技巧 (3)解决问题的技巧 (4)情绪认识
总的来说,你对工作员的满意度怎样,请在相应的序号上打"√"。
(1)十分不满意 (2)比较不满意 (3)一般 (4)比较满意 (5)十分满意
你是否还想继续参加下一次的活动,请在相应的序号上打"√"。
(1)是 (2)否

2."情绪的秘籍"活动过程评估表

"情绪的秘籍"活动过程评估表

小组:__________ 日期:__________

以下是本活动采取的一些形式,对于每种形式对你的帮助,你的看法是怎样的,在相应的空格内打"√"。

	很少帮助	一点儿帮助	一般	帮助较大	帮助很大
(1)学习处理生气三大原则					
(2)学习平复情绪的方法					
(3)小组讨论					
(4)工作员的引导					

对于工作员的表现你的看法是怎样的,在相应的空格内打"√"。

	十分不同意	比较不同意	一般	比较同意	十分同意
(1)工作员给了我很大的鼓励					
(2)工作员协助我做出改变					
(3)工作员协助我处理自己的问题					
(4)工作员让我有机会说出我的困难					
(5)工作员协助我学习到有关东西					

你对活动的安排有什么意见,请在相应的序号上打"√"。

	太少	适中	太多	建议
(1)活动时间				
(3)小组人数				

在活动"破冰游戏——喜怒哀乐""夺宝奇兵(处理生气三大原则)""平复情绪的方法"中,你认为哪一部分的内容对你最有帮助?

在活动"破冰游戏——喜怒哀乐""夺宝奇兵(处理生气三大原则)""平复情绪的方法"中,你认为哪一部分的内容对你的帮助最小?

续表

总的来说，你对本次活动的满意度怎样，请在相应的序号上打"√"。
(1)十分不满意　(2)比较不满意　(3)一般　(4)比较满意　(5)十分满意
总的来说，通过本次活动，你学到了什么，请在相应的序号上打"√"。
(1)与人相处的技巧　(2)目标设定的技巧　(3)解决问题的技巧　(4)情绪认识
总的来说，你对工作员的满意度怎样，请在相应的序号上打"√"。
(1)十分不满意　(2)比较不满意　(3)一般　(4)比较满意　(5)十分满意
你是否还想继续参加下一次的活动，请在相应的序号上打"√"。
(1)是　(2)否

3. "小乌龟一天"活动过程评估表

"小乌龟一天"活动过程评估表

小组：＿＿＿＿＿＿　　日期：＿＿＿＿＿＿

以下是本活动采取的一些形式，对于每种形式对你的帮助，你的看法是怎样的，在相应的空格内打"√"。

	很少帮助	一点儿帮助	一般	帮助较大	帮助很大
(1)放松训练					
(2)小乌龟的一天					
(3)智者的武器					
(4)小组讨论					
(5)工作员的引导					

对于以下的句子，你的看法是怎样的，在相应的空格内打"√"。

	十分不同意	比较不同意	一般	比较同意	十分同意
(1)工作员给了我很大的鼓励					
(2)工作员协助我做出改变					
(3)工作员协助我处理自己的问题					
(4)工作员让我有机会说出我的困难					
(5)工作员协助我学习到有关东西					

你对活动的安排有什么意见，请在相应的序号上打"√"。

	太少	适中	太多	建议
(1)活动时间				
(3)小组人数				

在活动"放松训练""小乌龟的一天""智者武器"中，你认为哪一部分的内容对你最有帮助？

续表

在活动“放松训练”“小乌龟的一天”“智者武器”中,你认为哪一部分的内容对你的帮助最小?
总的来说,你对本次活动的满意度怎样,请在相应的序号上打“√”。
(1)十分不满意　(2)比较不满意　(3)一般　(4)比较满意　(5)十分满意
总的来说,通过本次活动,你学到了什么,请在相应的序号上打“√”。
(1)与人相处的技巧　(2)目标设定的技巧　(3)解决问题的技巧　(4)情绪认识
总的来说,你对工作员的满意度怎样,请在相应的序号上打“√”。
(1)十分不满意　(2)比较不满意　(3)一般　(4)比较满意　(5)十分满意
你是否还想继续参加下一次的活动,请在相应的序号上打“√”。
(1)是　(2)否

4. “目标进行时”活动过程评估表

“目标进行时”活动过程评估表

小组:__________　日期:__________

以下是本活动采取的一些形式,对于每种形式对你的帮助,你的看法是怎样的,在相应的空格内打“√”。

	很少帮助	一点帮助	一般	帮助较大	帮助很大
(1)游戏“千千结”或者“同舟共济”					
(2)目标设定原则——“制胜法宝”					
(3)“排排站”					
(4)小组讨论					
(5)工作员的引导					

对于以下的句子,你的看法是怎样的,在相应的空格内打“√”。

	十分不同意	比较不同意	一般	比较同意	十分同意
(1)工作员给了我很大的鼓励					
(2)工作员协助我做出改变					
(3)工作员协助我处理自己的问题					
(4)工作员让我有机会说出困难					
(5)工作员协助我学习到有关东西					

你对活动的安排有什么意见,请在相应的序号上打“√”。

	太少	适中	太多	建议
(1)活动时间				
(2)小组人数				

续表

在以下三项活动中，你认为哪一部分的内容对你最有帮助？将你要选择的活动序号写在横线上________。
(1)游戏“千千结”或“同舟共济”(2)设定目标的原则——“制胜法宝”(3)“排排站”的讨论
在以下三项活动中，你认为哪一部分的内容对你帮助最小？将你要选择的活动序号写在横线上________。
(1)游戏“千千结”或“同舟共济”(2)设定目标的原则——“制胜法宝”(3)“排排站”的讨论
总的来说，你对本次活动的满意度怎样，请在相应的序号上打“√”。
(1)十分不满意　(2)比较不满意　(3)一般　(4)比较满意　(5)十分满意
总的来说，通过本次活动，你学到了什么，请在相应的序号上打“√”。
(1)与人相处的技巧　(2)目标设定的技巧　(3)解决问题的技巧　(4)情绪认识
总的来说，你对工作员的满意度怎样，请在相应的序号上打“√”。
(1)十分不满意　(2)比较不满意　(3)一般　(4)比较满意　(5)十分满意
你是否还想继续参加下一次的活动，请在相应的序号上打“√”。
(1)是　(2)否

5.“沟通大作战”活动过程评估表

“沟通大作战”活动过程评估表

小组：__________　　日期：__________

以下是本活动采取的一些形式，对于每种形式对你的帮助，你的看法是怎样的，在相应的空格内打“√”。

	很少帮助	一点儿帮助	一般	帮助较大	帮助很大
(1)棒棒棒鼓励					
(2)我的一天旅途					
(3)角色扮演					
(4)小组讨论					
(5)工作员的引导					

对于以下的句子，你的看法是怎样的，在相应的空格内打“√”。

	十分不同意	比较不同意	一般	比较同意	十分同意
(1)工作员给了我很大的鼓励					
(2)工作员协助我做出改变					
(3)工作员协助我处理自己的问题					
(4)工作员让我有机会说出我的困难					
(5)工作员协助我学习到有关东西					

续表

你对活动的安排有什么意见,请在相应的序号上打"√"。				
	太少	适中	太多	建议
(1)活动时间				
(2)小组人数				
在以下三项活动中,你认为哪一部分的内容对你最有帮助?将你要选择的活动序号写在横线上________。 (1)游戏"棒棒棒鼓励"　(2)我的一天旅途　(3)角色扮演				
在以下三项活动中,你认为哪一部分的内容对你帮助最小?将你要选择的活动序号写在横线上________。 (1)游戏"棒棒棒鼓励"　(2)我的一天旅途　(3)角色扮演				
总的来说,你对本次活动的满意度怎样,请在相应的序号上打"√"。				
(1)十分不满意　(2)比较不满意　(3)一般　(4)比较满意　(5)十分满意				
总的来说,通过本次活动,你学到了什么,请在相应的序号上打"√"。				
(1)对人际交往有基本的认识,学会赞美别人和自己 (2)学会怎样正确处理人际沟通的技巧 (3)通过角色扮演,练习了基本的与人沟通的技巧,了解了沟通包括语言和非语言的沟通两种类型				
总的来说,你对工作员的满意度怎样,请在相应的序号上打"√"。				
(1)十分不满意　(2)比较不满意　(3)一般　(4)比较满意　(5)十分满意				
你是否还想继续参加下一次的活动,请在相应的序号上打"√"。				
(1)是　(2)否				

6. 抗逆小童星社会工作实务项目总评估表

抗逆小童星社会工作实务项目总评估表

以下是本活动常采取的一些形式,你认为每种形式对你的帮助有多大?在相应空格打"√"。					
活动形式/评价	很少帮助	一点帮助	一般	帮助较大	很有帮助
(1)工作员讲授					
(2)个人发言/分享					
(3)小组讨论					
(4)角色扮演/游戏					
(5)家庭作业					
对于以下的说法,你有同意的程度是怎样的呢?在相应空格打"√"。					
	十分不同意	比较不同意	一般	比较同意	十分同意
(1)工作员给了我很大的鼓励					

续表

(2)工作员协助我做出改变					
(3)工作员协助我处理自己的问题					
(4)工作员让我有机会说出我的困难					
(5)工作员协助我学习到有关的东西					
(6)工作员对我的帮助很大					
(7)工作员很喜欢我					
(8)同学对我的支持很大					
(9)我和同学的关系很好					
(10)没有人能够帮助我					
(11)通过活动,我对情绪的了解更加清楚					
(12)我生气的时候,我知道怎么去处理					
(13)我生气的时候,我会运用平复不良情绪的方法和步骤					
(14)我知道了如何合理设定目标					
(15)我会经常为自己制定学习目标					
(16)我决定我自己的生活理想					
(17)预先做好计划,会使得事情更好					
(18)我每天回家之后,在做完作业之后才会玩					
(19)我知道了遇到困难之后,怎么去解决的办法					
(20)遇到困难,我常常退缩,不知道怎么办					
(21)我做什么事情都很努力					
(22)一旦做错了事情,就无法改正					
(23)处理问题的最好方式就是不去想它们					
(24)我会付出很多努力让大家喜欢我					
(25)我了解了说话的语气、语调等沟通技能					
(26)我知道了怎么和父母和谐相处					
(27)我知道了怎么和同学和谐相处					
(28)我知道了怎么和老师和谐相处					
(29)我知道能够寻找到哪些支持我的资源					
(30)我觉得自己有很多优点					

续表

(31)我认为自己是一个失败者					
(32)通过活动,我更喜欢我周围的同学了					
(33)通过活动,我仍然不知道怎么和同学处理关系					
(34)我学会了更加积极地看待自己					
(35)我对未来有更多的信心					
(36)我现在有自己的梦想					

你对活动的安排有什么意见?在相应空格打“√”。

活动安排/评价	太少	适中	太多	建议
(1)活动节数(8节)				
(2)每节时间(40分钟)				
(3)小组人数(12人左右)				

你认为以下哪一节的内容对你最有帮助?在后面相应空格打“√”。

第一次活动:“我是小童星”	
第二次活动:“情绪连连看”	
第三次活动:“情绪秘籍”	
第四次活动:“小乌龟的一天”	
第五次活动:“目标进行时”	
第六次活动:“沟通大作战”	
第七次活动:“资源大搜查”	
第八次活动:“我们的梦想”	

你认为以下哪一节的内容对你的帮助最小?在后面相应空格打“√”。

第一次活动:“我是小童星”	
第二次活动:“情绪连连看”	
第三次活动:“情绪秘籍”	
第四次活动:“小乌龟的一天”	
第五次活动:“目标进行时”	
第六次活动:“沟通大作战”	
第七次活动:“资源大搜查”	
第八次活动:“我们的梦想”	

总的来说,通过“抗逆力小童星”活动,你获得了什么?在相应序号上打“√”(可多选)。

续表

(1)认识情绪的方法　　(2)处理不良情绪的技巧 (3)解决问题、克服困难的能力　　(4)与人沟通、相处的技巧 (5)设定目标、计划的技巧　　(6)获得支持性资源的能力 (7)认识到自己的优势、自信心增强　　(8)给自己定下了目标,有了自己的梦想	
总的来说,你对工作员的评价是？在相应序号上打“√”。	
(1)十分不满意　(2)比较不满意　(3)一般　(4)比较满意　(5)十分满意	
总的来说,你“抗逆小童星”整个活动的评价是？在相应序号上打“√”。	
(1)十分不满意　(2)比较不满意　(3)一般　(4)比较满意　(5)十分满意	
以下列出的“成长秘籍”,你认为对你最有帮助的是哪些？请在后面空格里打“√”。	
(1)情绪秘籍 情绪多微妙,起起又落落; 我们不惧怕,勇敢面对它; 分清好与坏,正确去对待。	
(2)处理生气三原则 ①人人都会生气,可以选择不同方式表达发泄 ②既不能伤害别人,也不要伤害自己,更不可破坏任何东西 ③不用指责、谩骂、侮辱、踢打等方式表达	
(3)发泄不良情绪,可选择的合理方式是 ①大哭一场　②睡大觉　③唱歌/听音乐　④到公园散步 ⑤捶打枕头　⑥找好友倾诉　⑦写在日记里 ⑧看自己喜欢的电视/动画　⑨跑步或打一场球 ⑩到没人的地方大喊	
(4)智者的武器——通往快乐生活的秘诀 ①说出你现在的感受,认清自己的情绪 ②走到你的“壳”里去,放松自己 ③思考你能做什么,可以帮助自己 ④然后去做	
(5)设定目标五原则 ①具有挑战性的　②能够达到的　③明确可量化的 ④有时间限制的　⑤针对个人情况而定的	
(6)沟通秘诀 生活常常变,生气人人有; 与人打交道,沟通最重要; 表达要清晰,真诚和礼貌; 肢体和语言,得体才有效; 表扬与称赞,积极效果好。	

续表

(7)资源秘籍 有困难,先自己;难解决,问同学;再不行,找长辈; 老师家长是靠山;学校社区有资源。	
(8)安全秘诀 有火情,119;遇伤病,120;找警察,110; 小小口诀要牢记,安全保障属于你。	
(9)梦想宣言 抗争中成长,我们最坚强; 逆境里向上,我们要飞翔; 小小的我们,有大大梦想; 童年要努力,希望在远方; 星光伴我行,梦想助飞扬。	

案例使用说明

一、教学目的与用途

本案例教学使用说明是以将此案例应用于MSW"高级社会工作实务""儿童青少年社会工作"等课程中的高风险的儿童和青少年群体的实务干预部分的教学为基础撰写的,如将本案例应用于其他课程,教学安排需要做相应调整,本案例使用说明可做参考。

(一)适用的课程

本案例适用于MSW"高级社会工作实务""儿童青少年社会工作"课程,也可以将本案例作为"学校社会工作""小组社会工作""社区社会工作"课程的辅助案例。

(二)适用的对象

本案例适用对象包括高年级社会工作专业本科生、社会工作硕士专业学位研究生。

(三)本案例教学目标规划

1. 覆盖知识点

本案例在MSW"高级社会工作实务""儿童青少年社会工作"课程中应用主要覆盖的知识点有:

(1)儿童青少年成长和发展的需要及分析方法;

(2)儿童青少年成长和发展的生态系统和优势视角;

（3）抗逆力理论与儿童青少年成长中的逆境、需要和成长；

（4）儿童青少年社会工作服务项目的计划和推行；

（5）儿童青少年服务的反思与服务中的文化议题。

2. 能力训练点

本案例在 MSW“高级社会工作实务”“儿童青少年社会工作”课程中规划的能力训练点有：

（1）学会分析儿童成长和发展的需要，特别是困境儿童的独特需要；

（2）学会从生态系统和优势视角，分析儿童成长和发展的生态环境，识别出环境系统的保护因素和风险因素；

（3）建立基于抗逆力理论和实务双重视角的分析框架；

（4）基于案例中流动儿童服务困境的例子，培养同学设计通用社会工作方案并实施；

（5）如何在儿童青少年服务中提升工作者的能力；

（6）如何结合本土经验开展儿童青少年社会工作服务项目。

3. 观念改变点：本案例在 MSW“高级社会工作实务”“儿童青少年社会工作”课程中规划的社会工作服务理念有：

（1）儿童的需要是社会工作服务项目开展的基础要素；

（2）抗逆力是儿童青少年社会工作实务的核心价值和支持理论之一；

（3）从儿童所处的生态系统出发，整合型的社会工作干预是儿童服务项目可持续发展的关键；

（4）社会工作者需要不断地提升自我的反思能力，才能有效地回应社会工作服务项目中的文化问题；

（5）本土化项目计划是儿童青少年社会工作服务项目成功推行的关键。

二、启发思考题

本案例的启发思考题主要对应的是案例教学目标，启发思考题与案例同时布置，另外要让学生尽量在课前阅读熟悉相关知识点。因此在案例讨论前需要布置学生阅读教材中项目前期、中期、后期、总结和反思四个阶段的内容，主要包括服务对象需要评估和社区资源分析、社会工作介入的理念和策略、服务效果评估、服务可持续性和局限性、服务的困境和重构等内容。

（1）你认为抗逆小童星项目的服务是为了满足流动儿童哪些方面的需要？

（2）儿童抗逆力包含哪些要素？

(3) 如何通过社会工作方案设计和社会工作介入行动提升儿童抗逆力?

(4) 抗逆小童星项目坚持整合型的社会工作干预方法,其中“整合”主要体现在哪些方面?

(5) 抗逆小童星项目面临的困境是什么? 为什么会造成这些困境?

(6) 根据抗逆小童星项目的相关内容,请举例说明社会工作者的反思能力的重要性。

(7) 抗逆小童星可复制、可持续的开展的关键性因素是什么?

三、分析思路

案例分析的基本思路是将案例相关情景材料通过教师事先设计好的提问逻辑引导和控制案例讨论过程。因此本案例分析设计的本质是提问逻辑的设计,案例的社会工作项目实施过程是案例分析的关键路线,社会工作介入背后隐藏的需要评估、服务介入、服务困境、服务反思也是教学目标。

本案例的社会工作项目实施过程主要有:

(1) 社会工作服务项目的计划和实施的主要理念是什么?

(2) 社会工作服务项目包含哪些实施步骤?

(3) 服务理念、服务策略、服务方法、服务评估等内容对于项目的成功实施的作用是什么?

围绕社会工作介入,相关的内容有:

(1) 社会工作服务项目的需要评估和资源分析的方法有哪些?

(2) 社会工作服务中如何增强社会工作者的文化敏感性和文化能力?

(3) 社会工作者如何将服务理念贯穿于整个具体的服务过程?

(4) 社会工作服务项目的可持续性的基础是什么?

因此,案例分析的基本逻辑是:

首先,对比分析抗逆小童星项目原来的服务模式与重构后的服务模式的区别。抗逆小童星项目带来了哪些思考,挖掘项目最初时理念设计的背景,流动儿童的需要评估和困境产生的背景和根源。为了满足案主的需要,抗逆小童星项目组选择了生态系统和优势视角相结合的整合型服务理念,以抗逆力为核心,建立了多维度分析/实务框架,但是在项目实施过程中,项目组遇到了一系列的困境,有些影响了服务的效果。项目组深入的分析了现存的困境,完善了项目的服务理念和服务方案。

其次,分析在社会工作服务项目中如何将服务理念与服务策略匹配。梳理抗逆小童星三次项目实施推进的主要内容,抓住服务理念、服务策略、服务方法、服务主体等问题,分析伴随着服务的反思,服务项目在这些方面的不同表现,探讨如何通过对项目的反思，如何提升社会工作者的反思能力，调整与完善规划社会服务项目的相关内容。最后通过开放式的讨论，提出如果将抗逆力的服务推广到其他的困境儿童如贫困儿童、边缘青少年等，应该在服务理念和服务策略匹配方面如何调整？

最后，引导思考社会工作服务项目中社会工作者的反思能力与项目的可持续性之间的关系。从抗逆小童星项目的实施和反思中总结出社会工作者的反思能力的重要性，可以重点从项目的可持续性方面去做思考。最后，启发思考社会工作者如何提升自我的反思能力？

四、理论依据与分析

（一）儿童抗逆力理论与社会工作实践

抗逆力（resilience，又翻译为弹性、复原力、心理韧性）研究的兴起与学者对风险（risk）的关注有关。20 世纪 80 年代，儿童抗逆力研究者开始尝试将研究成果用于推动高危儿童或青少年的干预和预防计划，如：抗逆力在学校教育和精神健康服务传递中的应用等。有学者就提出抗逆力研究是对教育、青少年服务和以优势为本的社会工作的真正回馈，它给那些为儿童、青少年和家庭服务的工作者提供了以研究为本的答案：找出能够促使青少年的保护性因素，即可以促进青少年在面对压力、不利和创伤之时健康和成功发展的发展性支持和机会。①

在青少年的抗逆力提升服务项目中，强调对儿童自身能力、资产的关注，直接回应了儿童时期的发展性任务，这同减少儿童暴露在逆境中的危险一样，都可以有效地帮助儿童克服发展中的挑战。同时，这一类型的服务成功的实践的关键因素是充分考虑儿童的需要与实践地点的优势和劣势，制定出整合传递系统。

综上所述，儿童或青少年抗逆力提升的社会工作实践，应该充分的认知案主及其环境系统的优势和劣势，然后根据评估内容，制定合适的干预方案。本案例中，抗逆小童星项目组通过服务对象的需要评估和社区资源分析，了解了流动儿童在情绪处理、安全等方面的需要，然后基于生态系统和优势视角（抗逆力）的理论基础，设计并实施了流动儿童抗逆力提升方案，基于抗逆力提升策略，最终达至儿童抗逆力的提升。本案例完整地展示了一个儿童青少年抗逆力提升的社会工作服务项目的整个过程。

（二）社会工作中的文化问题与实践

在社会科学领域，文化是众多学科共同关注的研究议题。一般而言，文化是指个体所归属的群体、种族、阶层、社区或国家的与众不同的生活方式，文化组成了个

① D. Saleebey：《优势视角——社会工作实践的新模式》，李亚文、杜立婕译，第 194 页。

体对其所生活的世界的知识和理解。① 社会工作一直有服务于不同文化背景的案主的传统,但是在主流的儿童照顾和儿童保护领域,文化问题并没有引起学者足够的重视。20世纪90年代,多元文化主义的兴起,其特别强调所有群体应该共存,维持其文化传统,鼓励发展并推崇多元文化主义模式,普及对不同文化的知识、经历和理解。② 这一思想引起了社会实践巨大的变化。在社会工作实务领域,其要求研究多元文化,保持案主文化的多样性。

社会工作对文化问题的关注与批判理论或社会建构论范式引入社会工作实务领域有关,在“意识醒觉”“能力取向”“充权”等概念在社会工作领域内被人重视的时候,“文化”因素才为人所重视起来,从而在方法论上实现了方法论上的转向。③ 社会工作专业实践也越来越重视对案主所处文化环境的认知。社会工作对文化问题的讨论,主要集中于探讨如何服务于不同的文化群体,如何在服务中避免社会工作者对案主文化的侵入。社会工作者被要求应具备文化识能,而后需要培养文化敏感度,最近则需要达成文化能力,具备文化能力者则不仅具有文化敏感度,且能在不同文化情境中有效地以该文化的方式来进行工作,也就是以该文化可以接受的方式开展干预。

社会工作中的文化问题并不是仅仅存在于异文化中,在同种文化群体中同样存在文化敏感性问题,因此社会工作者应该增强自我的反思能力,关注服务中的文化议题。本案例在服务进行过程中,在遇到服务困境时,社会工作者不断地反思,从文化的角度,重构流动儿童服务模式,完整地展示了社会工作服务项目中的反思过程。

(三) 社会工作项目的计划和实施

社会工作是一个协助服务对象满足需要、解决问题的专业。无论服务对象面临什么问题,要有效地协助服务对象,达至服务对象增权,社会工作者均需要按步骤有系统地计划、介入和评估。服务项目的计划和实施程序在社会工作专业中,占十分重要的位置。无论是哪一种社会工作方法的干预,工作者都需要设计和执行程序,以达到介入的目标。社会工作服务项目的程序计划模式一般分为社会问题取向模式和个人需求取向模式两类。无论采取何种程序设计模式,一般都需要考

---

① Kieran O'Hagan, “Culture, Cultural Identity, and Cultural Sensitivity in Child and Family Social Work”, *Child and Family Social Work*, 1999, No.4, pp.269-281.

② 马尔科姆·派恩:《现代社会工作理论》,冯亚丽、叶鹏飞译,中国人民大学出版社2008年版。

③ 葛忠明:《经验研究中的“文化问题”——以社会工作理论与实务为例》,《江苏社会科学》2006年第6期。

虑机构的宗旨、服务对象的需要、资源情况、参加者的能力与兴趣、活动设计的理论基础、服务对象的参与等原则。社会工作服务项目程序计划的基本步骤包括：评估需要、目的和目标、方案、时间规划、财政预算、评估方法七个步骤，接着则是执行计划和活动评估。

本案例包含了一个完整的社会工作服务项目的计划和实施，从最初通过社区观察、个案访谈、座谈会、问卷调查的方式，识别出流动儿童当前的需要和社区资源，在此基础上确定了项目服务理念、服务方法和服务策略，项目进行中采用过程评估和目标达成度评估方法，对项目服务效果进行了评估，最后做了总结和反思。

五、方法分析

抗逆小童星采取整合性的服务方式，即综合利用多种方式来共同推动流动儿童抗逆力的提升。以往的流动儿童保护实践往往将流动儿童作为单独的个体来考虑，所以服务方法上就仅仅从方法本身出发，割裂地考虑哪些适合个案工作，哪些适合小组工作，哪些适合社区工作。本项目个人化的方法选择，认为应该采用整合的社会工作方法，一方面强调从流动儿童及其系统的优势/劣势出发，综合应用个案工作、小组工作、社区工作等专业社会工作方法，而不是专注于外部干预；另一方面让流动儿童家庭、亲属、社区能参与社会服务的决策过程，从家庭/支持系统整体出发，系统改变流动儿童所面临的问题。抗逆小童星项目主要综合了小组社会工作、社区社会工作、个案社会工作几种社会工作方法：

（1）小组社会工作方面：抗逆小童星项目组根据流动儿童的特点和需要，设计了八次专业的小组活动，如：我是小童星、情绪连连看等。随着活动的逐步展开，流动儿童的抗逆力得到逐步提升。

（2）社区社会工作方面：项目组策划了两次大型的社区活动——抗逆小童星实务项目启动典礼和结束典礼，邀请流动儿童家长和社区居民参加，促进其对流动儿童的了解和对项目实务活动的支持。

（3）个案社会工作：抗逆小童星项目对在小组活动和社区大型互动中表现出独特需要的流动儿童，特别是活动中的破坏者、垄断者和沉默者，在活动后专门采取个案辅导的方式跟进。在为期一年的服务周期中，共持续跟进多个个案。

六、关键要点

本案例分析关键在于把握社会工作服务项目实施过程，厘清抗逆小童星项目推进背后所实施的步骤：需要和资源评估、社会工作介入、效果评估、反思和重构，以及每一个步骤后面涉及的方法等重要构成。教学中的关键要点包括：

(1) 寻找社会工作服务项目的理论和理念支持;

(2) 建立社会工作理论与社会工作实务的有效整合框架;

(3) 在社会工作理论与实务整合框架下发展服务方案和步骤;

(4) 链接开展服务需要的资源,建立关系,进入服务区域。

(5) 社会工作服务对象需要和资源评估方法;

(6) 社会工作服务介入的要素;

(7) 社会工作服务的效果评估方法和内容;

(8) 社会工作服务中的文化议题;

(9) 社会工作者的反思能力的重要性。

七、建议的课堂计划

本案例课堂计划可以根据学生的差异,尤其是对案例的阅读和课前对相关知识的掌握程度来进行有针对性的设计。本课程中案例主要按照2学时进行设计。

A计划:适用于两种情况,学生事先预习到位,但是实务经验不够丰富;学生课前预习不一定完成得很好,或者学生之间实务经验的差异较大。因此,在这两种情况下,案例讨论过程中需要教师引导的内容相对多一些,将重点放在社会工作服务项目推行程序和步骤部分。

B计划:学生有相对比较丰富的实务经验,教师可以将小组讨论置于课堂讨论之中进行,将重点放在社会工作者的反思部分。

两种课堂教学详细安排计划如表11:

表11 课堂教学安排计划

A计划	B计划
课前阅读相关资料和文献3小时 小组讨论1小时 可虑到学生的知识基础和对应用的理解要适当增加讨论后知识总结的时间。 课堂安排:90分钟 案例回顾:10分钟 集体讨论:50分钟 知识梳理总结:20分钟 问答与机动:10分钟	课前阅读至少0.5小时 考虑到学生课前阅读和讨论的可行性,建议将小组讨论置于课堂中进行。 课堂安排:90分钟 案例回顾:10分钟 小组讨论:20分钟 集体讨论:50分钟 知识梳理:5分钟 问答与机动:5分钟

在课堂上讨论本案例前,应该要求学生至少读一遍案例全文,对案例启发思考

进行回答。具备条件的还要以小组为单位围绕着所给的案例启示题目进行讨论。

本案例的教学课堂讨论提问逻辑为：

（1）为了调动大家的思考，可以在讨论前先调查一下学生的实务经验主要涉及哪些领域？将曾经从事过儿童青少年社会工作实务的同学分为一组，从事过其他服务的同学为一组。

（2）抗逆小童星项目的推行步骤有哪些？和以往同学参加的服务有哪些异同？

（3）社会工作实务项目中的服务理念与服务策略、服务方法等的关系是什么呢？怎样将服务理念贯穿于整个服务过程中呢？

（4）针对抗逆小童星和其他流动儿童服务项目中出现的困境，原因是什么呢？在以往的服务中是否遇到类似的问题？

（5）社会工作实务项目中社会工作者的反思能力的重要性在哪里？结合案例，你认为社会工作者应该如何在介入过程中进行反思呢？如何才能提升社会工作者的反思能力呢？

本文作者：彭华民，南京大学社会学院教授；刘玉兰，常州大学社会工作系副教授。

学校社会工作

广域临床取向的学校社会工作探索
——以北京 S 中学的“问题学生”为目标群体

一、问题背景

中学生厌学逃学、校园暴力、网络成瘾、违法犯罪、自杀轻生等事件不绝于耳，影响到整个社会的和谐与安宁，使人们对学校教育忧心忡忡。加强青少年教育，预防青少年犯罪，提高青少年思想道德水平一直是党和政府高度重视的问题，学校教育工作者从未忽视过，但效果始终不尽如人意。伴随着转变教育观念、协调教育关系、创新教育方法等呼声的日益强烈，学校社会工作逐渐进入人们的视野，受到关注。

内地学校社会工作的发展可以用“起步”两个字概括，一则表现在理论研究领域，基本以介绍、借鉴美英、港台的经验为主，在此基础上对内地学校社会工作的发展提出启示与建议。如政府要发挥主导作用；民间社会组织是重要推动力量；培养专业工作者队伍是关键；高校学生工作领域具有推动学校社会工作的需要与空间；学校社会工作介入校园欺凌、“非主流”学生帮教、班主任活动等。二则表现在实务探索领域，结合本地区情况积极尝试，有所突破，挑战不少。如 2002 年 5 月，在上海浦东新区社会发展局教育处的推动下，浦东 38 所学校开始试行学校社会工作试点，推行“一校一社工”制度，学校社会工作作为“学校德育工作的一项有益补充”添加到现有学校体制中。① 2007 年，中共深圳市委和深圳市人民政府发布了深圳社工“1 +7”文件，在深圳展开了较为全面的社会工作试点工作，学校社会工作

---

① 蔡屹：《浦东新区学校社会工作本土化发展历程及经验反思》，《华东理工大学学报》（社会科学版）2006 年第 2 期。

亦包括其中,它“以一种非正规的,灵活的,具有亲和力的方式积极回应各种问题和挑战”①。2008 年汶川地震之后,作为灾区援助的志愿行动,中国社会工作教育协会与中国青少年发展基金会联合发起组织了“希望学校社会工作志愿服务”。全国十多所高校的社会工作专业师生,进入四川广元和德阳的十所中小学开展专业社会工作服务。“希望学校社会工作在三年项目制服务的基础上,已经具备了向制度转化的条件和时机”②。应该说,内地学校社会工作在理论研究与实务探索两方面的推进是喜人的,但尚没有一套行之有效的实务运行策略,用于解决社工与校方的分歧,明确学校社会工作者的功能定位与实践空间,协调改变个体与改变生态的偏差,促进微观介入与宏观引领的整合。

二、研究背景

(一) 西方发达国家的经验

美国是世界上最早开始学校社会工作的国家。1906 年,纽约、波士顿、哈特福德等地的社区组织出于帮助学校保证学生出勤率的目的派出了家庭访问教师(visiting teacher)(学校社会工作者的前称),通过鼓励、说服、协调、援助等方式,督促学生上学。这是学校社会工作的开端,扮演了融通社区——家庭——学校,扶助困难群体,促进青少年积极成长的社会角色。20 世纪初的美国,种族问题严重,贫富差距悬殊,妇女就业引发孩子疏于照管,离婚率升高,集中导致了青少年问题的多发与恶化,如厌学逃学、药物滥用、校园暴力、少女怀孕、违法犯罪等,成为制约学校教育的严重问题。针对青少年出现的“失调”(child maladjust-ment)状况,社区工作者、妇女联合会和儿童福利人员都认为学校是最好的介入青少年问题的场所。20 世纪 20 年代,精神卫生运动得到社会各界的积极响应,心理治疗、心理咨询被大量移植到学校,成为青少年矫正的主流趋势。50 年代以后,也有其他取向的呼声与实务,如 60 年代强调从社区赋权入手,通过改变弱势家庭的社会处境,帮助学生顺利完成学业。70 年代强调学校自身改造,通过消除不合理的学校制度,为学生成长提供多种可能。80 年代号召社会与学校融合,双向夹击,综合努力,为学生积极

---

① 葛俊、施碧钰:《我国学校社会工作开展中面临的困境初探:以深圳市学校社工试点为例》,《传承》2010 年第 7 期。

② 史柏年:《学校社会工作:从项目试点到制度建设——以四川希望学校社会工作实践为例》,《学海》2012 年第 1 期。

成长创造机会。美国学者将上述各时期的学校社会工作概括为四种模式:传统临床模式、社区学校模式、学校变迁模式和社会互动模式。学界公认的结论是,传统临床模式始终占据核心位置,即使有过其他三种模式的推进与实践,时至今日的美国学校社会工作,专家权威、心理取向、医患关系的痕迹依旧浓重,越来越多的人开始反思和变革。20 世纪 90 年代以来,一种生态的、整合的、发展性取向的社会工作模式开始在学校出现——广域临床取向。①

英国的学校社会工作伴随着 19 世纪末政府推行强制入学制度而产生。一个多世纪以来,先后经历了三种角色:"学校入学官员"(school attendance officer)、"教育福利官员"(education welfare officer)和"教育社会工作"(education social work)。目前全英大约有 5500 名"教育福利官员",受雇于英国地方学校委员会,不直接受学校雇佣,相对独立于学校管理人员,是学校教育的重要组成部分。② 英国教育福利官员的角色与任务多种多样,从学前儿童的看护安排,到禁止雇佣童工、为保护儿童权益出庭辩护;从失学儿童安排,到学校配餐服务、校园人际关系处理;从家庭搬迁影响入学,到怀孕女生照顾、校园教育公正;从禁止毒品滥用,到学业困难辅导、关心青少年成长,等等。有时候几所学校共用一名教育福利官员,也有若干教育福利官员服务于一所学校的情况,视学校状况与学生需要而定。

(二)港台地区的经验

香港的学校社会工作可以概括为社会力量启动——政府大力支持——专业化制度化保障三个阶段。1971 年世界信义宗社会服务处、香港明爱等八家服务机构面对青少年问题严重化的社会现实,联合开展学校社会工作试验,向学校派驻专业社工,帮助学校解决青少年失学、暴力、滥药、自杀等棘手问题。参考民间组织的做法,香港政府在 1974 年支持了一项涉及部分学校的试验,由社会福利署管辖下的家庭服务中心将个案工作延伸到学校。1977 年的评估显示,学校社会工作试验有利于青少年健康成长。香港政府于 1979 年发表的《香港社会福利白皮书——进入 80 年代的社会福利》和发表于 1991 年的《跨越 90 年代香港社会福利白皮书》都充分肯定了学校社会工作服务的意义与价值,并制定了提供学校社会工作服务的政策,表明由政府和非政府机构的专业人士提供服务。到 2000 年全香港所有学校实

---

① Andy J. Frey & David R. Dupper, "A Broader Conceptual Approach to Clinical Practice for the 21st Century", *Children and Schools*, Vol. 27, 2005, p. 1.

② 程晋宽:《信息社会英国、美国、加拿大学校社会工作的比较》,《外国中小学教育》2011 年第 10 期。

现了“一校一社工”的目标。①

台湾社会工作的开展达到了政府主导、民间响应、制度保证、本土模式的水平。1974年颁布了“政府社会工作试验计划”，要求一个乡镇配备一名社工人员，独立完成工作，推动当地开展团体工作和社区工作。1997年颁布实施了《社工师法》，规定社工师必须通过考试，取得证照，才有资格进入机构或政府部门应聘工作岗位。并要求专业社工机构必须配备督导，保证社会工作从业者有机会保持充电状态。上述规定为台湾社会工作的发展与专业化过程提供了法律保障，使得台湾的学校社会工作形成了一些独特性，比如三种运作模式：内部派驻、外部支援与整合服务。内部派驻是指政府提供编制和经费，将专业社工派驻到学校或区县。分为驻校社工和驻区社工，前者大多配备到中途学校②、矫治学校或特殊学校，后者多配备到区县，一名社工负责几所学校。外部支援是指由学校以外的民间机构派人员进入学校或由民间机构承接学校转介的个案。政府不负责编制和经费，社工对学校情况相对陌生。整合服务专门针对高风险青少年，由校外机构接收，协助教育系统，提供多元教育课程③，这一模式的专业性、针对性最强。

回顾发达国家与港台地区学校社会工作的发展历程，几点值得关注：第一，政府推动是关键，特别是在学校社会工作发展的初期与早期，政府的政策支持与制度安排，意味着为萌芽状态的学校社会工作撑起了一把“保护伞”，对社会注入一支“强行针”，对学校社会工作的开启与扩展意义重大。第二，专业资格是保证，社会工作源于人们的爱心与责任感，但毕竟是一种专业化的服务模式，必须依托于完备的专业训练与强烈的价值引导，才能保证服务质量与社会效应的持续与稳定。第三，岗位设置是前提，学校社会工作开展的水平取决于社工以何种角色进入学校。西方国家与港台地区探索了内置式、外设式、联合式以及协会式，各有利弊。针对内地学校教育的特点与状况，社工角色定位甚为关键。第四，优化生态是必然，青少年成长离不开家庭、学校、社区与社会，在改变青少年的同时，对其生存环境加以改造，优化组合，形成个体与环境双向优化，建构式发展，是学校社会工作的发展方向。

---

① 管向梅：《香港学校社会工作制度及其启示》，《社会》2004年第4期。

② 中途学校是一种矫正的过渡环节，违法青少年接受公安、司法等部门的法律惩罚之后，不直接回到家庭或原先就读的学校，而是先到中途学校，经过一定的适应训练、回归训练，再回到家庭或学校。这是巩固矫正效果的举措之一。

③ 黄韵如：《台湾学校社会工作实务运作模式初探》，《学生辅导》(台北)2003年第9期。

三、机构情况与介入缘起

S中学地处北京市海淀区，是一所有着一百多年历史的老校。初中生、高中生合计近3000人。初中以划片招生为主，生源参差不齐，高中采取考试选拔制招生，生源状况比较好。S中学的地理位置属于海淀区比较中心地带，周围有知名高校，商业设施十分齐全，新楼盘与老旧小区共存，人员成分比较复杂。既有大学教授、高校学生，也有流商摊贩、商家食客；既有封闭管理的高档住宅的业主，也有破旧混乱的老旧小区的租客。

学校周边复杂多元的人员环境使得S中学初中部的生源不容乐观。有的学生父母双双下岗，长期无业，家庭经济状况岌岌可危。有的学生因父母婚姻多变，无人监管，寄居在爷爷奶奶家聊以度日。有的学生父母来北京打拼，早出晚归，忙于应酬，无暇顾及孩子。有的学生父母事业成功，长期忙于工作，错过了与孩子交流沟通的机会。根据学校老师的反映，初中生特殊的年龄阶段与发展需要，如果没有家校双方密切合作、互通有无的合力，面对日益复杂的学生问题，学校已经感到力不从心，危机四伏。

2009年进入北京S中学之初，校长、德育副校长、三个初中年级主任、心理咨询中心主任与我们召开过3次协调会，最后一致同意以初一、初二两个年级的41名"问题学生"作为探索学校社会工作的突破口。

（一）"问题学生"严重干扰学校秩序，以他们为突破口符合学校需求

在我们服务的41名学生中，近一半学生严重厌倦学习，没有任何学习动机，课堂上说话、吵闹、玩手机、出怪声；不记笔记、不写作业、不答卷、学习习惯差、放弃学习；经常打架、欺负同学、拉帮结派、替人"铲事"、"炫坏"张扬；顶撞老师、报复老师、屡教屡犯、欺骗老师；追逐异性、热衷于性话题、对男女交往兴趣盎然。这样的学生每班都有，少则一两个，多则三四个，尽管不是班级的主流，但影响力不小，成为干扰教育教学的重要隐患。很多班主任反映，即使班里只有一个这样的学生，90%的时间和精力就要全部花在他的身上，难以安心教学，专心研究。

"问题学生"已经对学校教育教学构成威胁，成为学校最棘手、最为难的人群。以这些学生作为工作重点，意味着雪中送炭，化解燃眉之急，是学校求之不得的帮助与支援。能否形成良好的专业关系是决定社会工作成败的关键所在，符合学校需求，急学校之所急，想学校之所想，有利于赢得学校的接纳与认可，是我们开展学

校社会工作不可或缺的基础。

(二)原有德育对“问题学生”实效不高,学校渴望寻找新理念和新方法

《未成年人保护法》明确规定,义务教育阶段学校不许随意开除学生。现行校规校纪的最高处罚级别是留校察看,犯了严重错误的学生,也要留在学校进行教育。大多数学校出于保护毕业率、升学率的需要,即使学生有过处分记录,也会在学生毕业时删除。当然,这也是出于对青少年未来负责的理念。这些现实情况一定程度上导致了学生对学校处分的有恃无恐,使得教育的震慑作用减弱,惩罚效果打折。

惩罚、震慑只是教育手段的一端,表明原有学校教育习惯于采用高压的、强硬的、自上而下的控制方式管理教育学生。随着中国社会政治民主建设的不断深化,青少年学生的主体意识在增强,人本主义观念在普及,需要学校管理与教育更新观念,变换思路,创新手法。学校社会工作理念与技术的进入与学校的需要刚好吻合,有利于双方在观念、思路、路径、方法等方面达成共识,形成合作。

(三)“问题学生”在学校处境不利,是社会工作服务与帮助的重点对象

“问题学生”也是学校中处境不利的学生。41 名学生之所以被老师指定为“问题学生”,有几种表现:“行为问题”“不学习”“人际关系紧张”“性格行为怪异”或“智力低下”。经过我们的观察与了解,发现行为问题和不学习基本是并存的,不学习缘于学习基础差,跟不上,不得不放弃学习。但又不甘心一无是处,一事无成,行为问题成为他们争面子、维护身份的手段。在应试教育主导、分数为王的学校机制中,学习差必然导致处境不利。人际关系紧张的学生往往是班级的众矢之的,同学讨厌,老师无奈,处于被孤立、被排斥的不利境地。性格行为怪异肯定遭遇同学耻笑,甚至被欺负,被侮辱,也是处境不利的表现。个别学生之所以被冠以“智力低下”的名号,大多是前面几种表现的综合体,学习差,性格古怪难缠,行为出格,引致同学反感,影响班级和谐,实在找不到原因,归类为“智力低下”。

帮助弱势群体恢复社会功能,享有公平的权利与待遇,获得尊重与意义,是社会工作最核心的价值宗旨。学校是社会的缩影,也存在着社会分层现象,那些处于底层、不利地位的学生刚好是社会工作扶持的对象。从学校制度与个人特征两方面,改变处境不利学生的生存状态与发展空间,是社会工作不可推卸的责任。

(四)“问题学生”面临多种需要,社工有必要提供专业帮助

学习状态、考试成绩是学校评价的核心指标,绝大多数“问题学生”存在学习问题。但深入了解会发现，导致学生学业不良的原因是多种多样的，父母离异，对孩子关心管教不够；夫妻矛盾，孩子长期生活在吵闹冲突的生活氛围中，无心向学；隔代养育，沟通不畅，情感淤积，影响学习心态；结交不良伙伴，参与问题团伙，严重干扰学习；陷入不当情感，难以自拔，无法学习。

上述情况表明，学业不良是“果”不是“因”。学校教育以智育为主，主知识取向，课堂教学、作业考试、补课辅导指向的都是学生的学习需要，难以适应学生自我认识、人际关系、情感纾解、行为调整、家庭矛盾、亲情冷漠等多样化、多层面的诉求与困扰，需要学校在坚持教学首位的同时，开辟专门的渠道、人员、时间、空间回应学生的特殊需求。这不是对教学的干扰，反而有利于促进教学。个人发展必然是从解决紧迫需求开始的，也是学校坚持正确办学方向的应有之义。学校社会工作通过专业性的社会服务，回应学生多样化的需求，补充、完善学校教育的缺失与偏颇。

四、理念基础与价值取向

到20世纪80年代，美国先后出现过四种学校社会工作运作模式，传统临床模式、社区学校模式、学校变迁模式与社会互动模式。但四种模式的影响程度极不平衡，无论是产生的契机、理论基础、与学校需求的契合还是工作者队伍的庞大与稳定，传统临床模式都占据着核心地位。随着时间的推移，传统临床模式的问题逐渐凸显出来。“如个人归因，多从个人角度探寻问题的原因，很少考虑生态系统、社会制度对个人发展的阻碍与剥夺。补救视角，工作思路侧重于应急、矫治和干预，关注学生存在哪些缺陷，而忽略学生具有哪些能力或资源。导致工作对象的低能认同、无能自我。专家本位，强调心理辅导的专家地位，捍卫心理专家的权威身份，参照医患关系建立社工关系，导致工作对象的依赖、消极、被动与推卸，不符合社会工作的价值宗旨”①。其他三种模式是对传统临床模式的补充与完善，社区学校模式看到了学生生态系统的重要影响力，试图通过改变家庭、优化社区达到对青少年成长的促进与帮助。学校变迁模式深入到学校内部推动变革，因为学校是影响学生发展的关键生态，脱离学校生态的优化与完善，是一种舍本求末，避实就虚的做法。促进学校变革制度，转换教育理念，更新教育方法是学校社会工作无法回避的使

---

① Andy J. Frey & David R. Dupper, “A Broader Conceptual Approach to Clinical Practice for the 21st Century”, *Children and Schools*, Vol. 27, 2005, p. 1.

命。如果说社区学校模式开启了学校社会工作的外围思路,学校变迁模式探索了学校社会工作的内在关键,那么社会互动模式则是一种里应外合的整合思路。表明完整学校社会工作的建构与发展,既离不开外在环境的配合,也离不开自身机制的变革,既离不开个人的觉醒与改变,也离不开社会的公正与关怀。广域临床取向属于一种典型的整合融通模式,一方面试图超越传统临床模式过于微观、单向改变、补救思路的狭隘与偏颇,另一方面意在融通社区学校模式侧重于外围、学校变迁模式纠缠于内在而形成的片面与割裂,再一方面是推动社会互动模式含有的整合取向、融通机制变为现实。它是对 20 世纪 80 年代之前四种学校社会工作运作模式的高度提炼与再构,被一些学者视为“21 世纪学校社会工作实践的基本取向”。①

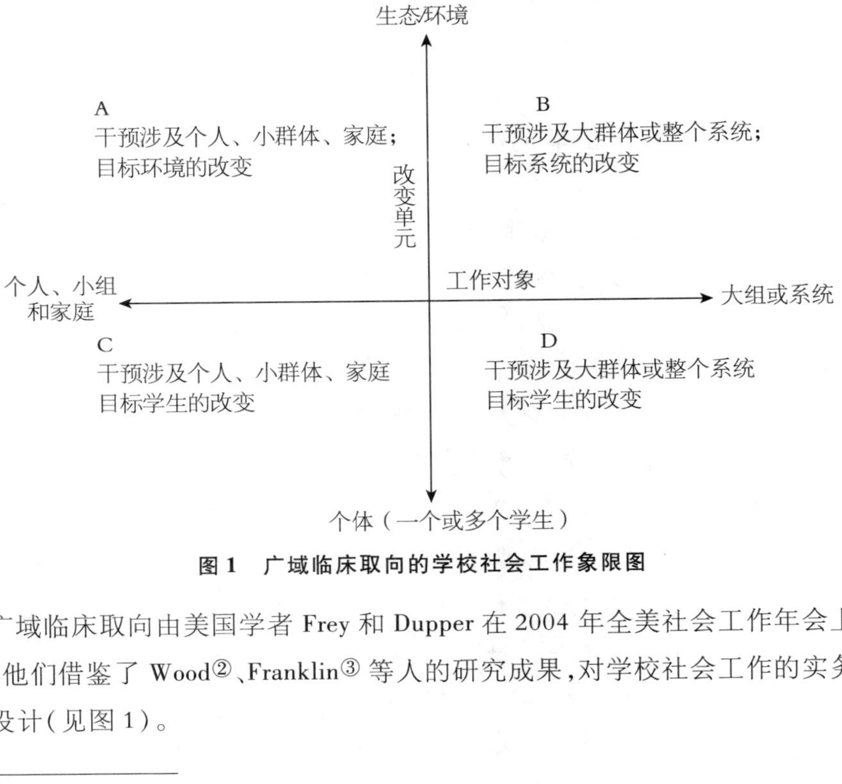

图 1 广域临床取向的学校社会工作象限图

广域临床取向由美国学者 Frey 和 Dupper 在 2004 年全美社会工作年会上首次提出,他们借鉴了 Wood②、Franklin③ 等人的研究成果,对学校社会工作的实务运作作出设计(见图 1)。

---

① 袁琳:《临床象限:21 世纪一种新的学校社会工作实务模式简介》,《社会工作》(学术版)2006 年第 7 期。

② G. G. Wood & R. B. Middleman, *The Structural Approach to Direct Practice in Social Work*, New York: Columbia University Press, 1989.

③ C. G. Franklin, "Predicting the Future of School Social Work Practice in the New Millennium" [Editorial], *Social Work in Education*, Vol. 22, No. 1, 2000, pp. 3-7.

这是一个由横坐标与纵坐标区分而成的象限图。横坐标是工作对象,纵坐标是改变单元。横坐标的左端针对的是个人、小组和家庭,右端指向的是大组或系统,由此区分出学校社会工作的目标群体是学生个人还是学生群体乃至学校系统。纵坐标的上端聚焦的是生态与环境,下端是个体,包括一个学生或多个学生,由此区分出学校社会工作的改变重点是外在生态还是学生个体。为此,学校社会工作的实务重点呈现出四个象限:A、B、C 和 D。

象限 A:通过改变环境,促进个人、小组及家庭改变。改变环境是手段,改变个人是目的。这一实务取向涉及学生的父母、老师、学校行政人员、相关服务人员、社区伙伴等,工作重点从改变学生周边的生态环境入手,通过环境的改善与优化,为青少年提供支持与服务。具体工作方式可以有:学生领导力培养、生存能力培训、为老师或父母咨询、促进学校与社区合作、为一线教师提供督导、学生伙伴督导等。

象限 B:通过改变环境,促进学校系统发生改变。改变环境是手段,改变学校系统是目的。这一实务取向涉及学校经营者、学校管理者、政策制定者、政府工作人员、社区领袖等,工作重点是通过政策引导敦促学校变革管理体制,转变教育理念,更新教育方法,达到学校系统的更新与改变。具体方式可以有:项目运作与推广、倡导政策改变、项目评估与传播、建立社区组织等。需要多学科合作,形成促进学校系统发生改变的舆论与风气。

象限 C:通过面向个人或小组的深入工作,改变个人及其家庭成员的心理状态。这一实务取向较多使用微观社会工作技术,“临床”特征最为明显。主要涉及人员有心理咨询师、社会工作者、矫正官或家庭治疗师。具体方式可以有:心理治疗、家庭治疗、小组工作、危机干预等。

象限 D:通过学校系统的改变,寻求学生个人改变。工作重点指向的是学校系统,目的是学生个体的转化。涉及学校管理者、任课教师、学校社会工作者、心理老师、学校服务人员等。具体方式可以有:预防儿童虐待的课程、人际关系能力训练、吸毒行为预防、注意力训练、逃学干预、改变父母与学生的视角与态度等。

需要指出的是,学校社会工作的具体运作很少出现针对单一象限开展工作的状况,往往是几个象限之间的交互推进,彼此协同。以反对校园暴力为例,一方面要改善学校风气,校园文化(象限 B),同时要引导学生学会管理情绪,处理愤怒(象限 D)。再如自我控制与人际交往能力的训练,一方面要向学生提供心理咨询,情绪辅导(象限 A),同时在学校与学区营造和谐、尊重、关爱的风气与环境(象限 D)。

面对日益复杂的学生问题及其家庭困境,学校社会工作者必须适应微观干预(指向个体的改变)与宏观介入(学校风气与文化的改变)的平衡。A、B、D 象限意味着学校社会工作从传统临床模式转向了广域临床实务。这一转变的意义在于，学校社会工作者有责任、有义务关注宏观政策对学校工作的影响，主动参与政策的制定与出台，推动社会工作发挥更加积极的社会意义。

五、介入方法与实施策略

(一) C象限：侧重于学生个人的帮助与服务

之所以从C象限开始，是因为S学校有比较完备的心理辅导员队伍与设施，学校上下对学生心理健康教育的关注程度在北京地区处于领先。学校共有6名专职心理老师，初一到高三一个年级一个。学校将音体楼的一层开辟为心理健康教育中心，个案室、小组室、团体室、心理放松室、心理测评室、心理活动室一应俱全。为我们开展针对个人、小组或群体的个案工作、小组工作提供了充沛的基础。

1. 成长导师陪伴

成长偏差与困惑是“问题学生”普遍具有的状态，具体表现为自我认识混乱、情绪情感障碍、人际关系不良、亲子关系紧张、行为习惯失范或社会功能受阻等。这些情形在每个学生身上表现程度不同，反应方式不同，针对每个学生实施个性化的方案与步骤是我们运行策略的重点。为此，我们采用了“成长导师陪伴”模式。选配大学里社会工作专业的研究生、高年级本科生，以1∶4的比例与中学生组成固定小组，双方建立长期陪伴关系。通过面谈、QQ、短信、邮件等方式，帮助中学生化解情绪困扰，解决棘手问题，疏导亲子矛盾，提供学习辅导。

为保证“成长导师陪伴”模式的落实与效果，时间安排上既固定又灵活。每周2小时见面时间，固定在某一天下午的选修课时段，41名学生全部到场，团体辅导与个别面谈交叉进行。了解学生近期状态，与有需求的学生单独会谈。两次见面之间的时间，导师借助网络、手机、电话与学生保持联系，随时关注，及时回应求助。

2. 心理锦囊

每位学生配备一个心理锦囊①，鼓励学生将自己的困惑、想法、求助、委屈、心

---

① 一种便于携带、保存、保密的软性袋子，将学生与导师之间传递的信件、便条、信笺放在里面，流动，往返。每个学生独有一只锦囊，传递给谁由学生自己选择、自己决定。收到学生锦囊的导师必须及时回复，内容保密。是师生双方交流、陪伴的一种途径。建议选用白色的手套、袜子或笔袋，外观、色彩、造型由学生自己设计，设计本身就是一种表达，传递学生的心声。

理秘密写成文字放在锦囊中，传递给自己的导师，也可以选择其他导师。收到锦囊的导师务必在一周内回复学生，针对学生的委屈、困惑、想法、求助，做出反应，给以回音，提供建议，分担痛苦。

“心理锦囊”的私密性与亲密性，成为学生特别看重的一种方式，当中反映的情况与问题比较全面、比较真实，有利于我们进行整理、分类，作为向学校沟通信息、表达诉求的重要依据，也是一种帮助学生向学校争取权益的途径。如很多学生在“心理锦囊”中反映老师惩罚学生现象极其普遍，不仅罚站、罚做值日，甚至罚钱，引起学生强烈不满，成为引发师生冲突的导火索。我们将这些情况反映到年级和学校，并围绕着惩罚教育法的适用范围、效用边界、注意事项等内容组织了小型讨论会，在老师中产生强烈反响。

3. 个案管理

多数“问题学生”面临着诸多成长问题，学业荒废、行为出格、性格怪异、人际紧张、家教脱节、无能认同等。帮助和改变一个问题学生需要协调校内校外各方力量，协同作战。为此，我们建立了“个案管理联动网”，由负责社工牵头，联系德育校长、年级主任、班主任、任课教师、心理老师、学生家长、关系伙伴等，随时沟通信息，交换意见。社工以协调人、辩护人、联络人、成长向导等身份，对“问题学生”给予保护与服务，将各方资源组合起来，输送给“问题学生”。使“问题学生”感到身边的老师与同学不再嫌弃他、排斥他、孤立他，而是以各自的方式与能力帮助他、支持他、服务他。学生小 P 因有计算机特长极其傲慢，对老师出言不逊，对同学评头论足，遭致全班同学反感乃至嫌弃，人际关系极其紧张。小 P 为此十分苦恼，但仍然从别人身上找毛病，认识不到自己的问题。通过一个学期的个案管理，社工深入细致的倾听与理解，了解了小 P 的心理过程，通过年级主任向班干部沟通，通过班主任向任课老师解释，并与父母达成教育默契，同时为小 P 创造为同学服务、为班级争光的机会。小 P 的行为习惯与人际关系大为改善，已经成为班里受欢迎的人。

（二）D 象限：侧重于群体学生的活动与辅导

1. 团体辅导

针对“问题学生”的一些共性特征，团体辅导是一种经常采用的方法。学习能力辅导、情绪管理训练、行为控制训练、人际交往演练等，帮助学生在体验中感知自己、认识自己、提高自己。为了使“问题学生”有机会展现优势与特长，证明自己的能力与价值，我们组织了“街舞竞技”“贺卡设计”“运动天赋展示”“电脑游戏 PK”等活动，强化学生的优势面，增强他们的自信与自尊，并鼓励他们扬长避短，优势成长。学生小 M 一直被大家认为头脑迟钝、智力低下，在一次“贺卡设计”活动中，他以军事设施为题材，绘制的军用机场、军用飞机、地对空导弹、空中防御体系，考虑之严密，设想之周到，绘图之精细令在场的所有导师和同学叹为观止。从此之后，他在同学中的形象极大改观，成为学校兴趣小组的活跃分子，周围凝聚了一群“军事迷”。

2. 学生成长秀

团体辅导的基础上，鼓励“问题学生”将自己参加团体辅导的所思所想、观念变化、行为改善编成小品、心理剧、歌舞组合、三句半等，以汇报演出的形式组合成晚会，邀请学校领导、年级主任、班主任、家长代表、同学代表前来观看。学生用自己的舞蹈、歌声、泪水表达成长的努力，呼出理解的渴望，传递内心的苦闷与困惑。2012 年新年的汇报演出中，4 位初一学生表演的小品《我也是您的学生》，强烈表达出希望老师公平、客观、宽容的内心期盼，同时也表明了自己渴望成功、难以如愿、自卑自怨的内心挣扎。对在场的老师产生强烈震动。

3. 教师观摩组

对学生开展团体辅导的同时，安排一个由八名教师组成的观摩组参与活动。八名教师来自不同年级、不同学科和不同处室，主要负责学生教育工作。老师组参与活动，观察学生，参与分享和讨论，但不进入学生小组，不能对学生表现当场表态，现场处置，目的在于防止因为老师的过多介入影响学生的真实状态。教师们投入地参与活动，真实地表达自己，消除了学生的防御与戒备，学生们也将自己的真实状态予以呈现与表达。师生双方增进了沟通，加深了了解，消除了误会，获得了谅解。

学生小 Z 是一个令老师头疼至极的孩子，张嘴骂人、出手打人、破坏公物、扰乱课堂，没有一天不出事。年级主任说起他就眉头紧锁，一脸焦虑，学校的各种处罚措施已经用遍了，无济于事。团体辅导中，我们看到了小 Z 身上突出的承担意识、责任感、感恩心和影响力，并了解到他想走体育特长生之路。当我们将这些信息转达给年级主任、班主任的时候，她们一脸狐疑，不屑一顾。教师观摩组实行之后，老师们看到了小 Z 的表现和状态，开始与我们讨论看待小 Z 的视角与态度，并将我们的建议引进年级管理与班级评价,小 Z 的优势与能力得到认可。

(三) A 象限:疏通学生个体与学校制度的协调

1. 反映学生疾苦

成长陪伴、小组工作的开展,使学生对我们的信任感日渐加强,基于此我们了解和掌握了学生们内心的疾苦、对学校老师的意见、对学习的无力与纠结、对父母关系的痛苦与无奈、对异性情感的渴望与恐惧、对社会生活的向往与困惑。我们将各种信息分类整理,提炼为意见和建议,定期向学校提交和汇报,促进了学校制度的完善与改进。如学生反映有老师在课堂上讽刺挖苦学生,甚至诅咒中伤,令学生无地自容,公开对骂,为此学校出台了《教师课堂用语管理条例》。学生反映学校做出的处分处理过多、过滥,根本达不到震慑警示的作用,为此学校修改完善了原有的《违反校规校纪处罚规定》,增加了"补充说明"。

多年来,管理主义风气弥漫校园,学校对学生形成了根深蒂固的行政化作风,控制、管制、处罚做法过多,服务、支持、协调功能不足,造成学生与学校利益对立,关系扭曲。实际上,学生与学校是利益共同体,促进学生健康成长是学校的根本职责,"一切为了学生,为了一切学生"一定是通过支持、援助、服务等关系实现的。

2. 开展教师团体辅导

传递学生疾苦但不能否认教师疾苦,教师挖苦学生、师生矛盾频发、师生冲突加剧等现象的出现,也是教师心态不良、心理焦虑的表现。只帮助学生改善心态,却无视教师发展需求的存在,无益于形成真正的良性循环。在我们的建议与协助下,教师团体辅导开展起来,先后组织了"情绪纾解辅导""心理减压训练""瑜伽健身小组""教师网羽俱乐部"等。以前,学校心理健康教育中心只接待学生的求助和咨询,老师们有困惑、有委屈无处表达,无法化解。即便学校心理老师提供面向教师的心理咨询,也因为同事关系难以推行。我们作为校外人员协助学校处理发展问题,不介入学校内部人员的关系与利益,反而为开展教师心理辅导提供了便利。为此,学校心理服务专门增设了教师心理辅导,每周固定两个半天,由来自高校的带队老师负责接待。

3. 开设与扩充校本课程

为了保证团体辅导的持续发展,学校将针对"问题学生"矫治的辅导活动进行了扩展和规范。一是以“发展辅导”进入校本课程,保证每周固定时间、固定教室开展活动,任课教师由来自大学社会工作专业的师生担任。二是将辅导对象扩大到所有有需要的学生,以选修校本课程的方式固定班级人员,一学期一选,计入选修课学分。将“问题学生”与一般学生混合编班,既消除了“问题学生”因为污名化而产生的自卑与逃避,也增加了各类学生相互学习、彼此合作的机会,更符合社会工作预防性、发展性的价值取向。

在帮助与陪伴“问题学生”的过程中,我们发现不少学生表现出良好的音乐、绘画、体育天赋,并对三维动画、化妆、服装设计、足球解说等表现出浓厚的兴趣与追逐。不是所有学生都能在文化课学习上崭露头角,也不是在文化课上成绩不出众的学生就前途渺茫,学校有责任为这类学生创造发展的平台与机会。为此学校在调研与挖潜的基础上,开设了“绘画技法”“体育与传媒”等校本课程,为学生们提供了更多的发展可能。

(四) B象限:推动学校变革,优化教育观念

1. 政策推动

S中学重视学生心理健康教育,全员动员关注学生心理健康,这一做法在北京市乃至全国基础教育领域已经获得了不错的口碑,2011年学校被国家教委批准为“国家级心理健康教育示范校”。如何进一步创新和发挥示范校的影响,成为学校领导班子思考的主要课题。在总结与反思多年心理健康教育的基础上,学校已经看到了单纯重视心理教育的局限与问题——单方面改造学生,学生并没有成为教育的受益者。双向改变,学生与学校共同成长是推动教育创新的必由之路,学校社会工作的理念与价值观符合这一目标,需要在政策层面加以宣传与推动。

2011年年底,S中学发起主办了“积极心理学与学生积极发展”研讨会,推动学生积极发展成为研讨会的核心主题。校长向与会者介绍了学校将在未来五年内将工作重点转向教师队伍、校园生态的变革,形成与学生更新的吻合,创造“校生双向成长”的新格局,并借此探索示范校办学的新模式与新平台。2012年5月,S中学校长受邀在全国青少年社会工作研讨会上做主题发言,又一次阐明了学校的目标与定位,呼吁有条件的学校实施学校社会工作,共同为政策推动身先士卒。

2. 强化学校的社会责任

S中学包括初中与高中,初中执行划片招生,高中采取选拔录取。由于学校良

好的办学声誉和重视心理健康教育的做法，很多非片区管辖的生源，甚至外来务工人员子女申请来校就读，造成生源质量参差不齐，家长背景复杂多元。学校将参与社区建设、影响家庭教育纳入自己的工作。学校身处繁华地区，周围居民区、商业区、办公公寓集中，为此，学校将体育馆、运动场、游泳馆、大礼堂全部对外开放，只收取少量的维护经费，供周围居民和公众使用。利用此机会，学校各类运动队、鼓乐队、军乐团、升旗班经常受邀参加演出、比赛或表演，为学生参加社会实践，体验社会生活提供了丰富的机会。一些参与团体辅导的“问题学生”正是在此类活动中崭露头角，获得成长改变的契机。学生小 K 属于篮球发烧友，在学校历次篮球比赛中都十分抢眼。为此，学校选派他进入校队，参加校际联赛，小 K 表现出众，可圈可点。现在已经成为学校篮球队的主力，其他各方面的表现改观显著。

3. 推动教育理念变革

学校教育中问题视角根深蒂固，教育者习惯于盯着学生身上的问题，迟到的、说谎的、打架的、骂人的，抓住问题，作出处理，却不愿意将思考往前推进一步——学生为什么出问题？问题背后有没有力量、需求或生机？现代心理学研究表明，问题只是心理情绪的外显，人们处理心理情绪时，可能使用建设性方式，也可能使用破坏性方式。如果只关注结果，破坏性方式导致的问题肯定是人们深恶痛绝的。但如果我们还关注原因、关注过程，就能意识到，破坏性方式也是一种纾解能量的方式，表明学生是富有能量的，关键在于如何引导他们将能量以积极、建设的方式表达出来。这就是“问题视角”向“优势视角”的转变。

以“问题视角”看待学生延续了几十年，教育效果与管理成效已经被事实证明是微弱的、低水平的。改变学生观，突破单纯以“问题视角”教育学生的惯习与传统，接受并尝试以“优势视角”分析、判断学生，是我们开启学校社会工作的切入点。在 S 中学的实践中，我们通过班主任培训、学生案例会诊、师生专题对话、教师研讨会、学生成长秀、心理锦囊、成长月报等形式，充分呈现学生渴望成长、盼望理解的心情与力量，搭建师生无缝沟通的平台与机会，使教育理念的变革落到实处。

六、介入过程的综合思考

（一）社会工作者与校方在目标定位上存在分歧

学校社会工作的目标定位大致可以归纳为三种：补救性、预防性和发展性。补救性以修补救急为主,往往是在问题出现后紧急干预,给予矫治。虽然也能挽救和帮助学生,但因为就事论事,应急补漏,难以从根本上解决问题。预防性以预先防范为主,将对问题学生的干预与帮助前移,面向全体学生筛查、摸排,提前开展工作,防止和杜绝问题发生。发展性完全摆脱了问题视角,工作取向不是防范问题,而是促进发展,将学生问题视为发展的探索,从服务与支持学生发展的角度设计与开展学校社会工作。

校方与社会工作者在三者的排序上存在分歧,校方希望社会工作者以"问题学生"为重点,对他们进行矫治、帮扶、控制,使他们不影响正常教学,不扰乱班级秩序,有余力的条件下适度关注预防性问题和发展性需求。学校社会工作者认为学生之所以出现这样那样的问题,是他们的发展性需求没有解决好,应该以引领和回应学生的发展性需求为重点,设计和安排学校工作。可以看出,学校坚持的是补救性—预防性—发展性的顺序,社会工作者坚持的是发展性—预防性—补救性的顺序。看似是工作顺序的差异,实质是教育取向与培养目标的分歧。没有学校否认自己要培养全面发展的、德才兼备的有用人才,但在安排具体工作时,是着眼于解决问题,还是促进发展,谁为目的,谁为手段,经常是校方与社会工作者产生分歧,出现摩擦的地方。

(二)时空安排上冲突严重

"应试教育,升学为本"是当前学校教育不可能回避的状态,即使受到多方批评仍然没有实质性改变。抓教学、抓分数、抓考试、抓升学构成了校园生活的主流,形成了学校的基本场域。社会工作并不背离学习,但其视角与途径有所不同。社会工作把学生心理成长、人格养成、人际和谐放在首位,希望通过整体人格的提升促进学习、考试、分数等具体行为的完善。面对升学应试的主战场,社会工作经常面临没有时间、没有场地、不被理解、遭人质疑的尴尬。

学校场域中,学生的大部分时间用来应对学业安排,课时是刚性的、时间是严格的、场地是确定的,学生几乎没有任何空闲时间参加个案辅导、小组辅导。即使内心很想参加,也会因为与课程冲突,担心老师讲新课心神不宁。例如经过与学校反复协调,我们选择每周二下午两节课后的校本课程时间开展小组辅导,学生踊跃报名,渴望参与。辅导过程中我们发现很多学生心不在焉、瞻前顾后。经过了解得知要么是担心老师给留在班里的同学讲新课、要么是对下节课的考试放心不下、要么是担心做作业的时间被占了。总之,听课、作业、考试是学校工作的主体,学生在校时间几乎被安排到“秒”。出于安全的考虑，学校不希望学生放学后滞留在校园，为此，社会工作者只能利用中午时间开展活动，即使这样也经常受到午间自习、临时补课、团队工作、班级开会等事情的挤压，学校社会工作因为学生没有时间、挤不出时间大打折扣。

（三）社会工作者与学校内部其他部门的关系

社会工作是一项新兴事物，专业社会工作引进之前，学校存在着行政化的社会工作，共青团、少先队、教导处、生活部、后勤组、心理中心等都在各自的职能范围内履行着不同的社会工作内容。从长远目标看，社工应该成为组合社会资源、协调学校资源，全方位服务学生成长的重要角色。但就现行学校体制而言，社会工作只能以“嵌入式发展”①的路径进入学校开展工作。处理与其他部门的关系既是无法回避的课题，也是推进学校社会工作的应有内容。以与心理中心的关系为例，心理中心是很多学校已经设置的部门，以为学生提供心理咨询、心理干预、心理教育为主。学校社会工作者也会碰到学生提出心理需求，甚至在辅导自我认知、人际关系、学习能力等内容时，面对的是学生心理困惑、心理误区的问题。学校社工应该主动与心理老师沟通，交流学生心理方面的困惑与需要，推动学生主动寻求心理帮助，在心理与成长两个层面上同时改善。这样，既保持了心理老师与社工各司其职，又达到了对学生微观与宏观的双向支持。

动员力量、协调关系、整合资源是社会工作的特色。学校内部各部门都是资源的载体，存在着职能重叠、结构重复、资源分散、效率低下等问题，恰好需要社会工作以协调、架设、疏通、组合为思路，将分散的资源整合，将重叠的人员理顺，清理已有服务的类别与功效，拓展新的服务内容与服务空间。比如共青团、少先队、教导处要加大对学生的理解与关怀，由自上而下的指挥，变为自下而上的服务。不能停留于给学生布置任务，指挥学生完成任务，而要倾听、回应学生的困难与求助，推动行政性社会工作向专业性社会工作转轨。②

（四）学校社会工作的目标群体

学校社会工作的工作目标到底指向谁？这是一个值得深思的问题。人们想当

---

① 王思斌：《中国社会工作的嵌入性发展》，《社会科学战线》2011 年第 2 期。

② 王思斌、阮曾媛琪：《和谐社会建设背景下中国社会工作的发展》，《中国社会科学》2009 年第 5 期。

然地认为,社工的工作对象必定指向学生,因为学校是教育学生的专门机构,协助学校管理与服务学生当然是社工的责任。然而,学校社会工作的发展史已经证明,这种单一指向不但不利于从根本上改善学生,反而导致了适得其反的后果。美国学者研究表明,以单向改变学生为目标的学校社会工作实践,造成了学生自信心、自我效能的明显受损,出现低能认同和“污名”认同①的不良结果。② 学生生活在特定的社会环境中,学生个人出问题,他的家庭、学校、社区是脱不了干系的。要想改变学生,必须从学生及其环境双向入手,促进个体与生态的双向改变,才能达成培育学生成长的目的。

我们的工作实践表明,绝大多数学校邀请或接受社会工作者进入学校,首要的需要是要求社工协助学校干预、矫正问题学生,辅导、指导适应不良学生(学习、人际关系、心理等)。很少有学校意识到,学校自身的理念、规范、机制、文化存在问题,甚至是导致学生出现问题的原因之一。当学校社工建议学校变革理念,或者在工作实践中试图变革学校的某些方面时,往往遭致学校的质疑、抵制乃至反感,合作关系由此变得微妙或不畅。

社会工作应重视人与环境的双向改变,否则可能导致服务对象无法从服务中真正受益。③ 双向改变是学校社会工作的正确方向,矫正学生的同时,启动与强化学校的服务意识、人本意识、赋权意识也是学校社会工作的重要内容。

案例使用说明

一、教学目的与用途

引导学生深刻了解当前我国学校社会工作开展的背景与进展情况,对学校教育面临的需求与挑战,能够从社会工作的视角给予思考和解读。案例通过呈现一项学校社会工作的介入过程,试图全景性展示学校社会工作可以进入、能够进入、进入障碍、进入挑战、价值分歧等一系列实践层面的问题。帮助学生认识学校制度安排的特征与乱象,理解引进学校社会工作必将面对的文化、传统、机制、认识、价

---

① 低能认同和“污名”认同,将问题学生单纯归因为学生个人的顽劣、无德或缺陷,学校社会工作实践聚焦于矫治、干预学生,片面强调学生个人的改邪归正,而忽略或淡化作为学生生存环境的学校、社会的变革与创新。导致的结果是学生接受并认同自己就是低能,甘愿以“污名”自居。

② Lynn Bye, Micbelle Alvarez, *School Social Work: Theory to Practice*, Belmont, CA: Thomson Brooks/Cole, c2007, p.3.

③ 郑广怀、刘炎:《“扩展的临床视角”下企业社会工作的干预策略:以广东D厂的新员工为目标群体》,《社会学研究》2011年第6期。

值观等诸多方面的错位，做好充分的思想准备，做好丰富的理论、理念方面的储备。

本案例可以用于学校社会工作课程的案例教学、实务模拟、案例分析或场景设计。也可以在青少年社会工作、社会工作实务、社会工作行政等课程上作为案例进行讨论、模拟或角色扮演。

二、启发思考题

（1）适合当前学校体制的学校社会工作者的角色定位是什么？

（2）如何处理学校社会工作与学校相关工作（德育工作、心理健康教育、班主任工作、共青团工作等）的边界与关系？

（3）推进学校社会工作，学生观、教育观、师生关系观等方面需要做出怎样的调整与改进？

（4）学校社会工作的价值取向与学校教育目标的价值取向，存在哪些分歧？具有哪些共识？在分歧与共识之间具有怎样的平衡可行性？

（5）在内地学校社会工作的几种探索中，你认为哪种更适合中国国情？为什么？

（6）西方学校社会工作走过的几种模式与怎样的社会时代背景相吻合？

（7）广域临床取向的学校社会工作，其核心理念是什么？你对这样的理念有怎样的分析或评论？

（8）A、B、C、D 四个象限，可以针对不同的学校状况加以实验或推进，你有怎样的建议和意见？

（9）针对学校问题学生的改变，学校社会工作者可以具有几种介入思路？其现实依据、理论依据分别是什么？

（10）你认为当前学校社会工作面临的最大挑战是什么？为什么？

三、理论依据

以美国为代表的西方国家，其学校社会工作走过了半个多世纪的历史。历史表明，不同国家，不同社会发展阶段，即使是同一国家在不同的经济文化背景下，采纳学校社会工作的思路与方式都会有所不同。与特定的思路和方式相对应，人们一定要努力从理论上、学理上选择并确立适度与合理的理论基础。

美国学者 Betsy L. Hancock、Arthur E. Fink、John C. Alderson 以及 P. Allen-Meares 等人都在自己的研究中梳理过学校社会工作运作模式。综合他们的分类与讨论，可以提炼出四种学校社会工作运作模式。

表 1 学校社会工作运作模式对比

对比项	传统临床模式	社区学校模式	学校变迁模式	社会互动模式
发生时间	20 世纪 20 年代	20 世纪 60 年代	20 世纪 70 年代	20 世纪 70、80 年代
目标群体	存在情绪困扰与适应问题的学生	不了解、不信任学校的弱势社区	学校规范、管理、设施方面的问题	学生与社会的良性互动
工作焦点	帮助"问题"学生解决困难,恢复社会功能	帮助身处弱势社区的学生及家庭,协助他们了解学校,信任学校	促进学校变革,维护学生权益	找准互动中的问题,消除互动障碍,建设互动机制
问题归因	家庭关系不良或亲子关系有问题	弱势社区的经济地位低下、组织关系松散和功能欠佳	学校教育观念、教育体制的僵化与偏颇	青少年学生与其他社会成员之间的互动困难,互动不良
工作内容	对个别学生开展个案工作; 对学生家长开展个案工作; 协助学校各方力量帮助个别学生; 侧重于从心理层面、个人层面解决困难	参与社区活动,倾听社区呼声; 促进社区与学校积极互动,彼此支持; 创造条件鼓励社区参与学校建设	深入学生,倾听意见; 深入教师和校工,了解学校情况; 师生团体辅导; 面向学校行政人员和教师的咨询;成立师生团体,推动学校变革	挖掘学生与社会的共同利益; 疏通学生与社会的沟通渠道; 建构健康、积极的沟通机制与模式; 推进学生与社会资源共享,发展共赢
社工角色	咨询师、教育者、辅导员、支持者、矫正官	协调人、调查员、家访人员、宣传员、联络员	倡导者、辩护人、使能者、调停人、仲裁人、协调员	倡导者、鼓动者、协调人、联络员、推动者
理论基础	心理分析理论、心理咨询理论、家庭治疗理论	社会资本理论、社会融合理论、沟通理论	标签理论、偏差理论、赋权理论	积极青少年发展理论、建构理论

通过表 1 的对比,我们可以发现以下几个特点:

(1) 传统临床模式持续时间最久,对学校社会工作影响深远。

20 世纪 20 年代的美国,南美移民潮蜂拥而至,带来一系列社会问题,如经济艰难、政治冲突、文化冲撞、家庭解体等,随之产生的就是青少年犯罪的攀升与严峻。青少年生活动荡,青少年问题增多,是学校教育无法回避的挑战。学校社会工作适应这样一种社会状况应运而生,"访问教师"的工作重点就是到移民家庭、困难家庭、问题青少年家庭入户访问,从中了解青少年的生活状况,掌握他们的成长需要,解决他们的发展困难，帮助学校化解教育矛盾，提高教育效果。

20 年代的美国，心理学发展方兴未艾。新流派层出不穷，新理论不断涌现，精神分析、认知治疗、行为疗法等心理干预方式相继进入人们的生活。心理干预针对的是个人内在心理活动，以挖掘人的深层心理为取向，力求通过心理的改变达到问题的解决与生活的改善。基本工作方式是一对一的、面对面的谈话或治疗，对个体本身关注较多，而对个体的生存环境、生态背景触及不多。这是传统临床模式的基本取向。

传统临床模式以个别学生、问题学生为工作对象，重点是帮助他们化解情绪困扰，矫正行为问题，优化人际关系，使其回归良好的学习状态，恢复社会功能。这样的工作目标与工作重点，对学校犹如雪中送炭，帮助学校解决困难，缓解矛盾，促进教育教学，获得学校的极大认可与接纳。时至今日，传统临床模式仍然是学校社会工作的基本运作形式，在矫治学生偏差行为、处理学生情绪困境、缓和师生矛盾激化等方面具有不可替代的功能。

（2）社区学校模式凸显社会工作的特点，对学校社会工作意义重大。

传统临床模式以学生个体为工作重点，但学生背后的家庭影响日益凸显出来。导致学生出现问题的往往是困难的家庭环境、扭曲的家庭关系、不利的家庭处境。家庭状态如何与他们所处的社区关系密切。20 年代的移民潮、30 年代的经济危机、40 年代的战争阴影，导致美国出现了明显的贫富悬殊与社会分化。那些身处弱势社区的家庭，社会地位低下，父母忙于生计，无暇顾及孩子，与学校关系疏冷，难于形成与学校同心同德的教育关系。针对此，学校社会工作的范围扩展了，不但关注学生本身，还要帮助孩子的家庭、孩子的父母。社区学校模式是这一理念的实践体现。

社区学校模式意味着社会工作对学校支持范围、支持力度的扩展，不但改变学生个体，还要影响孩子们的父母，通过对学校周边社区的改造与优化，帮助学校营造优质的社会环境。学校社会工作这样的定位与努力是对学校工作的巨大支持，容易赢得学校的好感与认可，是学校社会工作成功运转的模式之一，仍然是当代学校社会工作的重要途径。

社区学校模式更大的意义在于开启了当代学校社会工作的两种价值转向，其一是生态视角，其二是双向改变思维。生态视角意味着从生态共生的角度看待学生，学生出现问题不仅是学生自己的原因，一定与其生长的环境有关。环境是学生得以存在发展的资源基础，社会工作者不但要从环境中寻找导致学生问题原因，更要从环境中挖掘学生成长进步的资源与动力,这是当代社会工作价值观的重大转向。双向改变思维针对单向改变思维而言,传统临床模式侧重于从学生个体入手,将社会工作的着力点单纯指向学生,导致的后果是学生被刻板印象、“标签化”,改变效果昙花一现,难以持续。试想一下,只有学生个人痛改前非,而学生周遭的家庭、同辈、生活环境一如既往地充斥着问题,学生自身的努力又能持续多久呢?

(3) 学校变迁模式触及学校利益,是学校社会工作的难点所在。

传统临床模式帮助学校改变学生,社区学校模式帮助学校优化环境,学校都是明显的受益者,容易赢得学校人员的好感与认可,在处理社会工作与学校主体的关系问题上顺利、平静,进展喜人。生态视角、双向改变的价值转向提醒人们,学校是学生生活环境的一部分,双向改变不能忽视学校自身的变革与改造。20 世纪 70 年代以来,学校社会工作开始了针对学校自身问题的反思与变革,效果不尽如人意。由于其触动学校自身利益,引发社会工作者与原有学校人员的关系纠结,使学校变迁模式遭遇到制度瓶颈。

学业不良、厌学逃学、打架斗殴、破坏纪律、顶撞教师、校园暴力,是老师、学校最头疼的现象。改变这类学生,杜绝此类现象是学校人员对社会工作的最大渴望。但是,当社会工作者指出,此类学生的存在与学校制度关系密切,如不公正的教育选拔机制导致某些学生被排斥、边缘化;中产阶级文化控制的校园风气导致少数族裔学生地位低下、身份尴尬;僵化传统的教育评价导致某些学生被“标签”、遭“污名”;等等。改变学校理念,变革学校体制成为无法回避的主题。

社会工作与某些学校的理念存在差异,社会工作者的介入也会与原有体制中的人员产生矛盾,比如心理辅导员、生活管理员、教导人员、行政人员等。社会工作者是内设还是外置?内设的社会工作者如何保持客观中立的专业价值?外置的社会工作者如何对学校产生实质性作用?仍然没有达到清晰合理的解释,仍然是摆在目前学校社会面前的困难之一。

(4) 社会互动模式是对前三种模式的整合,是广域临床模式的观念准备。

到 20 世纪 70 年代,美国的学校社会工作经历了三种各具影响力的运作方式,它们在各自领域、不同历史时期产生过不容置疑的功能与意义,但局限与问题也显露出来。传统临床模式焦点过窄,社区学校模式流连于外围,学校变迁模式阻力重重。如何既发挥各自的优势又克服各自的短板,摸索并建构一种新的学校社会工作运作路径,是推动学校社会工作走向历史新阶段的必然要求。整合与融通成为一种思路。

社会互动模式就是这种整合思路的产物。将个体(学生)与社会视为有机整体,个体是社会中的个体,社会是个体的集合,二者你中有我,我中有你。消除青少年与社会的隔阂,改变社会对青少年的偏见与误解,强调双方互为资源关系,双向改变才是解决问题的根本。

社会互动模式作为一种理念在20世纪80年代初见端倪,它的丰富与完善,直至被提炼为一种观点明确,元素清晰、结构合理、具有操作性的运作模式是在20世纪90年代至新世纪初,即“广域临床模式”的出现。

四、方法分析

我们在S中学开展的社会工作实践,涉及社会工作四大基本方法:个案工作、小组工作、社区工作和社会行政。正如上文中介入策略部分介绍的:

C象限以学生个性化需求为主,针对学生个体面对的学业困难、家庭矛盾、情感问题、人际紧张等,以个案工作给予帮助和跟进。

D象限聚焦的是学生相对共性的发展主题,比如团队合作、提升学习方法、交往技巧、职业规划、自信心训练等。通过小组工作的方法与技术,利用团体动力,激发学生相互学习、彼此激发的热情。帮助学生构建支持系统,形成自我发展的资源供给,以健康、积极的人生状态投入生活。

A象限的工作重心指向学校生态与教育环境的推进。问题学生的转化绝不仅仅是学生一方改变就能奏效的,需要教师和学校观念的改变,这就是我们特别强调的“双改变”。推动教育管理者与教师的改变,我们使用的社区工作方法有:架设学生诉求反映通道,及时客观地向学校反映学生的意见和建议;加强教师培训,不断渗透与倡导创新性教育理念,推动教师改变观念,创新教育教学方法;开发并承担校本课程,大力倡导服务观念、人本理念,开设体验学习、学生中心、经验中心的校本课程,通过课程渗透推进学校文化更新。

B象限目的在于将推进学校社会工作的触角向更广阔的时空延展,通过必要的社会宣传、社会倡导、政策推动与行政措施,为学校社会工作的起步与推广创设有利的社会舆论环境,这是一个行政建构的过程。

五、建议的课堂计划

至少安排6课时。

2课时讲解与分析学校社会工作发展与研究的状况,帮助学生建立一个比较清晰的知识脉络与框架结构,明确讨论与实施学校社会工作的历史背景和理论背景。

2 课时引导学生结合案例中介绍的资料与情况，深入体察当前我国开展与实施学校社会工作现实状况，包括切入点、有利条件、挑战与问题、分歧与矛盾、现实需求、理想设计等，使学生建立并形成必要的本土化视角与自觉。

2 课时针对案例中展示的问题、探索方案、实践策略进行讨论、交流、场景模拟与策略再造，以案例为靶子但不拘泥于此，力争提炼与升华学习者对学校社会社会工作的创新性认识、创造性思考。

本文作者：田国秀，首都师范大学社会学与社会工作系教授。

卓越计划：促进大学生学习倦怠行为改变的社会工作服务项目

一、项目简介

自2011年9月开始，南京大学外语教学部国际教育HND中心①与南京大学社会学院经过前期接洽、沟通，双方达成合作意向，共同开展学校社会工作合作项目，项目负责人为南京大学社会学院副院长彭华民教授。该项目借助南京大学社会学院在社会工作实务方面的专业优势以及实践经验，通过南京大学外语部HND中心的“安行工作室”，以师生能力建设为目标，提供社会工作服务。2012卓越计划则是该项目中的重要组成部分。

2012卓越计划是南京大学社会学院受南京大学外语部HND中心委托，为该中心的学生提供的专业社会工作服务项目，包括个案工作服务和小组工作服务。从2012年3月启动卓越计划，至服务的正式实施开展与评估，整个项目共历时4个月。南京大学社会学院21名社会工作专业硕士研究生、16名社会工作与社会政

---

① 英国国家高等教育文凭（Higher Educational Diploma，简称HND）项目，是在英国苏格兰政府和英国文化委员会（BC）、人力资源和社会保障部职业技能鉴定中心、中国企业联合会等多家机构的支持下，于2003年由中国留学服务中心（CSCSE）与苏格兰学历管理委员会（SQA）共同引入中国的一项中外合作办学项目。国内已有25所大学和学院承办该项目，共计开设商科、计算机、旅游酒店管理、物流、工程等5大类15个专业的课程。参加该项目学生不受高考录取分数线限制，满足高中毕业及同等学力（包括中等职业学校毕业）即可。项目学生在国内学习期间，分别在中国留学服务中心和苏格兰学历管理委员会进行注册。截至目前，SQA-HND项目在校学生11000余人。已有7届计16500余名毕业生获得了HND证书，其中近60%获得HND证书的学生赴英国、美国、加拿大等13个国家的百余所高校留学续本，其余学生已在国内就业或继续深造。南京大学外语部是系级建制的教学部门，作为CSCSE-SQA HND项目的承办单位其与中国留学服务中心合作成立南京大学国际教育HND中心。南京大学国际教育HND中心成立于2005年，主要负责英国高等教育文凭项目在南京大学的运行及日常管理工作。

策系本科三年级学生、4位社会工作与社会政策系的专业老师督导,共同投入到此次项目的开展中,服务了南京大学HND中心的120名学生。

2012卓越计划目的在于帮助中心学生增强学习动力、提高学习积极性,促进他们形成积极的生活态度,养成健康的生活习惯,不断发挥潜能,从而更好地实现目标与理想。

2012卓越计划的个案工作服务由2011级MSW(社会工作专业硕士研究生)担任工作者,社会学院副院长彭华民教授、翟进博士担任督导,通过一对一或一对二的方式,服务了40位HND中心的学生,通过会谈的方式,了解其问题与需求,开展了有针对性的平均每周1小时的个案面谈。

2012卓越计划的小组工作服务由社会学院社会工作与社会政策系2009级本科生担任工作者,社会学院社会工作与社会政策系徐愫副教授、肖萍副教授担任督导。经过3月到4月初的前期沟通交流,HND中心进入小组工作的同学被分为8个小组。每组各10位成员,由两位社会工作学生担任工作者,负责活动的设计与组织实施,完成了活动计划的初步设计与制订。并于4月中旬,与所有成员完成了一对一面谈,了解了成员的大致情况。持续8周的活动于4月下旬正式启动,各组通过暖身游戏、情景模拟、分享交流等环节,将活动目标蕴含于丰富多样的形式中。其间,督导老师通过每周一次的督导会议向学生提供指导与帮助。至6月上旬,各组均根据实际情况完成活动,并进行了总结及项目评估。

通过2012卓越计划的社会工作服务过程,HND中心的学生对自我、目标及未来的生活有了更具体的认识,逐步树立了更为积极向上的生活观念。

二、案例背景

近年来HND中心留学项目发展蒸蒸日上,然而学生数量持续增长,学生需求呈现多元化趋势,一部分学生学习倦怠问题突出。

南京大学HND中心的教学主要任务是授予学生专业知识、使其通过雅思考试从而能顺利出国留学完成学业,就读于南京大学HND中心的学生,前三年在HND中心学习英语及部分专业课程,然后到英、美、澳、加拿大等他们申请的大学继续深造一年。这些学生中的多数在国内学习成绩不甚理想,通过传统高考途径难以考入国内较好的大学,因此选择出国以求一纸文凭。

HND中心的分管学生工作的负责人通过观察和评估发现,中心的一部分学生存在严重的学习倦怠问题，常出现缺课、不按时完成作业、上课不认真听讲等情况。学生们的家境大多不错，但学生普遍不爱读书，对学校教育持否定和批判的态度，较难融入学校的教学环境及配合教师正常的教育教学。在与家庭的关系方面，部分学生与父母关系冷淡，对父母的管教消极抵制或明显抵抗。

就解决学生的学习态度和行为问题，中心负责人尝试过单独访谈、跟家长沟通、辅导员强制管理、请心理咨询老师进行辅导等方法，均未能取得实际的成效。2010 年，HND 中心负责人 L 老师参加北京大学质性研究研讨班时，了解到社会工作专业，并通过自己看书和研究对专业有了一定的了解，经过相关人士介绍，与社会学院社会工作系领导和老师主动取得联系，经过多次与社会工作系的领导、专业老师就具体的实务工作进行沟通，包括亲自参观了社会工作系所开展的“成长小组”工作，对社会工作的介入形式、工作方法、理念、服务效果等作了详细的考察后，主动要求针对 HND 中心学生的学习倦怠问题与社会工作系合作建立一个学校社会工作项目。

HND 中心方面想将学校社会工作项目作为一个新的帮助学生解决学习倦怠问题的尝试，主要的目的是提高学生学习的积极性，既改变学生的厌学情绪，又能改变学习行为问题，从而让他们可以通过科目考试和雅思考试从而顺利出国留学，提升机构的升学率和招生率。

该项目的主要内容包括针对 HND 中心的学生的个案工作与小组工作（该部分的服务被称为“卓越计划”）、校园活动、调研与倡导、辅导员能力建设工作坊。

为了推动项目顺利开展，南京大学 HND 中心和社会工作与社会政策系共同发起，在南京大学外语部成立了安行工作室作为项目的运作机构。

安行工作室向社会学院的社会工作专业学生招募社会工作者，主要是 MSW 一年级学生以及社会工作专业本科三年级学生，他们都已经完成社会工作专业本科阶段的知识的学习，而且已经拥有了一定的社会工作专业实习经验，最终选择了 21 名社会工作专业硕士研究生、16 名社会工作与社会政策系本科三年级学生。南京大学社会工作与社会政策系的 4 位专业老师作为督导，督导一线服务过程和整个项目发展过程。

卓越计划的服务对象主要为大一年级学习成绩中下，英语学习吃力的“后进生”和部分专业学习不适应、英语基础薄弱的大二学生。HND 中心辅导员作为项目的支持人员也参与到项目之中。

三、服务对象的核心问题确定

卓越计划通过宣传招募以及辅导员推荐的形式,选择了120位学生参与到服务之中。根据HND中心转介服务对象时提供的相关资料,我们了解到服务对象的学习倦怠主要表现为以下五个方面:(1)出勤率低;(2)学业成绩差;(3)社会交往不足;(4)沉溺网络;(5)健康和精神状况较差。以下是其中一部分比较典型的服务对象的问题描述(表1)。

表1 对部分服务对象的问题描述(HND中心辅导员评价)

学生姓名	性别	辅导员评价
GMY	男	上课不太认真,但也不违反纪律,英语差,对于学校布置的任务总是不能完成。
HYS	男	有正义感,认真负责,但偏激,不会变通,容易引起同学的不满。
HDR	男	学生上学期只有两门课通过,比较懒,虽认错态度好,但没有行动,旷课多。
LZG	男	学生在国外上的高中,回国后念金融专业,学生很聪明,但由于没有找到未来的目标,同时又很有想法,在学习上没有努力的动力。选专业很随意,学起来也不认真。与同龄、同班学生相比,想法比较成熟,比较多。
WXY	女	该生活泼开朗,乐意帮助别人,但英语基础较差,上课不能认真听讲,成绩较差。
ZZY	男	尚能遵守校规章制度,热爱集体,学习目的不明确,听课的质量不高,作业马虎,成绩较差,属于离异家庭。
ZCX	男	学习态度有问题,学习方法需改进,人比较正直,其他方面也有问题,上课走神严重。有点过于单纯。
DYF	男	父母离异,受影响,性格温和,学习态度有问题。喜欢给别人讲自己的家事。
XQQ	女	性格中性,想象力丰富,中学时代被父母老师监管,效果不大。聪明,但不用在学习上,与男生关系好,容易打成一片。
CL	女	英语基础差,比较认真,性格内向。家庭条件不好,因为是女生也不被家里重视,目前上学的费用全部是叔叔资助的。但其父亲不让她花叔叔的钱,平时很节省。
LT	女	英语基础较好,上课注意听讲,成绩良好,平时不能和同学友好相处,小心眼。

通过社会工作者对服务对象进行预估会谈，结果表明，大多数服务对象家庭条件较好，没有经济压力；然而良好的家庭条件也导致学生责任意识不足。大多数服务对象对于学校学习环境和资源比较满意；基本没有明显的人际关系紧张。多数学生自身目标较明确，有未来专业意向和职业期望。但是，从中学到中外合作教学的转变使学生对外教或英语授课不适应，成绩不理想，因此产生挫败感，自我效能感低。同学或朋友圈中不良作息习惯和厌学风气干扰严重。由于 HND 项目生源为非统招生，大部分学生基础较差，因此部分学生表示在学校中遭到歧视和排斥。

根据预估会谈结果，可以了解到服务对象的复杂的社会生态系统。图 1 反映了 HND 中心学生的社会生态系统。微观系统层面，服务对象的发展直接受到家庭、朋辈群体、学校专业老师和辅导员的影响。中观系统层面，服务对象不仅与国际学院发生联系，同时受到其他院系和整个学校科层组织的影响。外部系统层面，由于中外联合培养的特殊性，SQA-HND 项目的主办方、国内承办机构和管理机构等虽然不能直接影响学生的发展，但是它们通过制订教学计划，规定课程设置及教材，评估审核教学成果等方式，作用于中观系统，影响、限定甚至决定学生何去何从。宏观系统的经济政治状况、社会文化、社会制度和国际背景也会间接影响 HND 中心学生目前在校学习情况和未来发展规划。

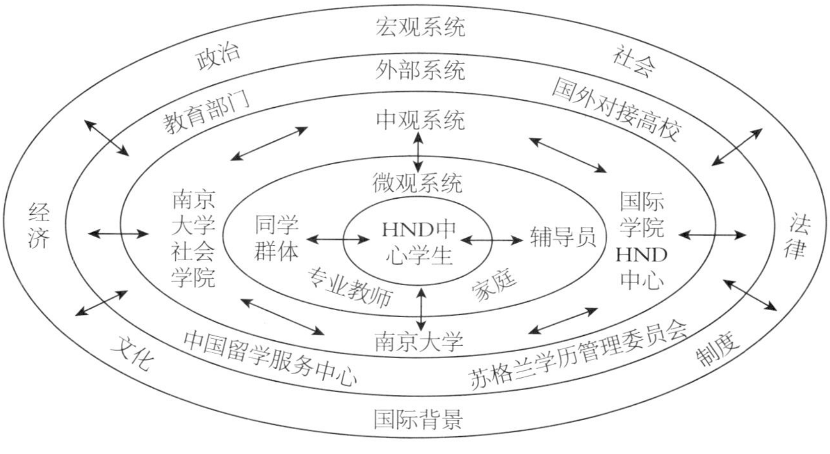

图 1　HND 中心学生的社会生态系统图

在图 1 中，可以看到服务对象的系统内部和系统之间都存在密切的互动，其中都包含影响服务对象面对学习困境时发展抗逆力的保护性因素和危险性因素，其中微观系统和中观系统中这两种影响因素最为集中。良好的师生互动关系、足够的家庭经济支持、舒适的学习生活环境、同学群体的外部支持等为学生个人适应或克服弱点和风险提供保护性因素。然而课业压力过大;老师管理方式落后;不良的朋辈群体压力等成为阻碍学生克服学习倦怠的直接危险因素。

四、理念和价值观

在接案时,HND中心的老师们传递的信息一直把服务对象看作问题学生,将所有关注的焦点放在服务对象形成学习倦怠行为的原因上,或者是学习倦怠行为这个现象上,忽略了服务对象主体的主观感受,以及服务对象本身所具有的有利资源,没有从积极的角度看待服务对象及其问题。

通过与服务对象以及相关老师的接案会谈之后,项目的社会工作服务团队达成一致共识,决定从服务对象或服务对象系统的优势出发,从一个与服务对象合作的专业关系出发,进行社会工作服务。

通过把关注焦点从服务对象的学习倦怠的类似行为表现转移到其自身的优势与潜能方面,并不直接聚焦于服务对象问题原因的分析和对问题的治疗,而注重服务对象及其家庭、周围的环境中的优势的、可利用的资源,淡化问题对于服务对象的影响,更加注重服务对象自尊的维护与支持,信心的建立,个人能力的自我培养。

卓越计划中的基本理念是:能力为本的青年正向发展(strength-based positive youth development),相对于问题取向,采用发展取向;相对于事后问题矫治,更强调事先危机预防。

这种工作理念的理论基础来自于优势视角(strength perspective/model)。该理论的重点是通过创造有利的环境(包括机会和资源),促使青年学习建立抱负,提升能力及信息,达到发觉他们正面潜能及优势的目标。优势视角强调把焦点从"问题"转移到"强调个人能力、重视个人长处和潜能的发掘",有助于参加者制定目标及追寻梦想,建立正面自我概念。优势视角的社会工作服务力图发现服务对象本身的优势与资源,其周边环境所拥有的资源与潜能,让服务对象自己也发现自己所拥有的潜能,并不断强化这些优势资源,经过长时间认识了解自己的优势资源,不断地改变自己身上的问题行为。

青年的正向发展包括自我意识(明白本身的感受,并对本身能力做出合乎现实的评估)、社交意识(能够洞察他人感受及了解他人观点)、自我管理(能够处理情绪及延迟满足,并在面对挫折时保持坚忍)、人际关系技巧(能够维持人际关系及处理情绪问题,处理人际压力及冲突)以及负责任的行动(能够以合乎现实的方式评估风险、订立其他解决方法及就本身的决定承担个人责任）。促进自尊、善用探索（exploration）和投入（commitment），以及减少自我差距等策略，都能帮助青年正向发展。

“能力为本的青年正向发展”的工作理念强调赋权（empowerment），认为聚焦于发展青年的能力和潜质比强调他们的问题更加有效，强调整体地看待青年发展的问题，采用人在情境中的观点，把焦点放在青年的发展以及改变。

五、介入方法

考虑到项目合作方要求和社会工作普及程度较低的客观因素，成员招募由HND中心完成，再以修习“社会实践”课程的方式将学生转介参与“卓越计划”。

在综合预估成员基本特质，了解学生面对的困境类别和需求后，项目组的社会工作专业服务团队共同讨论服务方式并拟订服务计划。然后，根据服务对象需求分别开展为期两个月的个案辅导或小组工作服务。“卓越计划”学校社会工作服务流程如图2所示。

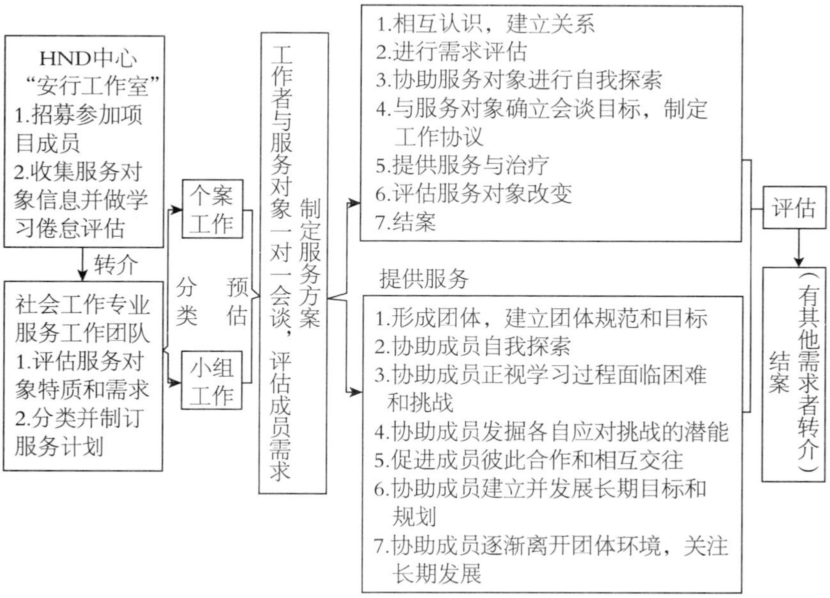

图2　卓越计划社会工作服务流程

在能力为本的青年正向发展的理念基础上，卓越计划着重从认知发展和技能培养方面进行介入，主要有：

(1) 培养学生情绪调节、自我管理技能,比如:提供温馨保密的倾诉环境,增加服务对象社会支持;分享情绪调节技巧;改变服务对象不良生活习惯,提高出勤率等。

(2) 直接增加学生的学业成就,如:分享英语学习技巧、制订学习计划、扩展学习资源等。

(3) 丰富服务对象的成功体验,如:将部分活动交由服务对象带领,提供服务对象发挥自身才能并体验成功的机会。

(4) 强化学生现有资源质量,如:分享关系建立技巧,推动师生良性关系建立,提升同辈关系,增加亲子互动。

(5) 提升服务对象识别和利用系统资源的能力,如:协助学生认识自身和HND中心的优势和资源,学习并模拟寻求帮助的方式和情境等。

(一) 个案工作服务

卓越计划中的个案工作服务以会谈的方式了解服务对象需求,界定其心理及行为问题。通过介入个人及其学校生活环境提升服务对象的自尊和认同感,激发其学习兴趣和热情,进而协助学生建立积极的学习态度,培养良好学习习惯,以达到促进学生不良学习行为改变,协助其正向发展的服务目标。个案工作服务采取一对一会谈辅导的形式进行,社会学院社会工作专业21名硕士一年级学生担任个案工作者,在专业老师的督导下,服务于34名HND中心学习或生活遇到困难的大一或大二年级学生。个案工作服务中的服务对象的问题都比较个别化,适合一对一的服务方式。

卓越计划的个案工作着重于将问题外在化并理性分析,在服务过程中关注社会工作者与服务对象的联结,同时关注服务对象自身的优势,增强服务对象做出改变的动机和能力。

图3显示,优势视角的个案工作服务中,社会工作者在与服务对象建立了充满关怀、真诚的专业关系之后,与服务对象一起评估服务对象个人及其周围环境中的优势资源,并帮助服务对象掌握在自己身上和身边最有利的优势资源,然后制定服务对象要实现的计划与目标,社会工作者通过与服务对象的多次的合作强化服务对象的优势资源,达到改变服务对象状态的目的。表2选取了部分服务对象的服务中的需求预估、具体目标制定以及介入行动。

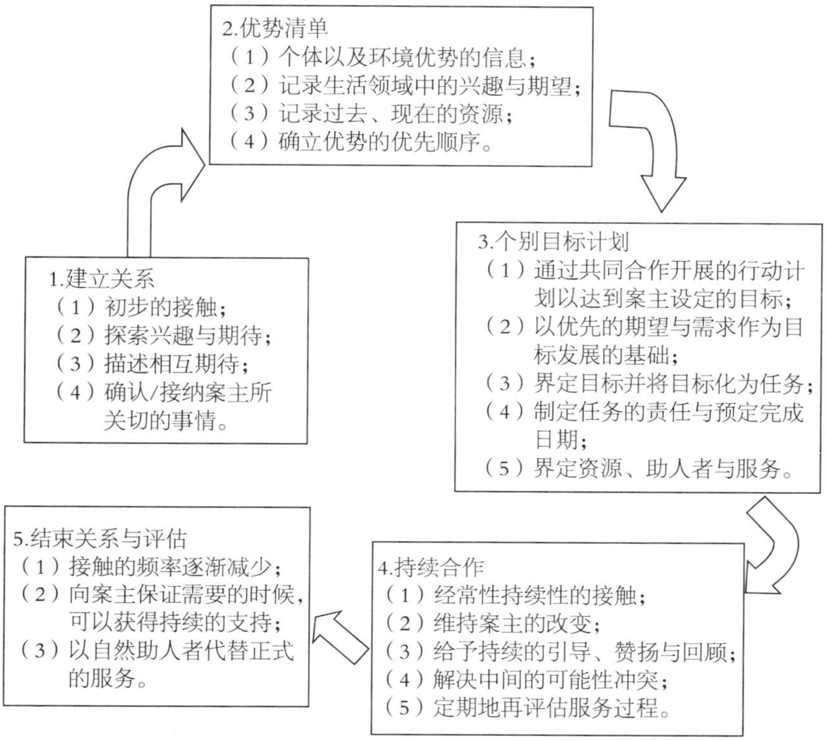

图 3　优势视角的个案工作服务框架

表 2　部分服务对象的需求预估、具体目标和介入行动

服务对象	面谈次数	需求预估	具体目标	介入行动
TYY	7	坚持和拥有恒心。 自我探索。 培养自信。	坚持参加卓越计划每周的活动，每周保证不迟到，请假要及时联系，面谈过程不玩手机。 探索自己交友方式、和老师的互动关系、与家人的关系。 认识自己的优势和不足。	促使服务对象不断回顾和确认自己在与周围建立关系中的态度和行为。 和服务对象一起分享服务对象的成长，帮助服务对象学会发现自己的优点，建立自信心。

续表

服务对象	面谈次数	需求预估	具体目标	介入行动
WBA	8	时间管理。 压力管理。	寻找到兴趣点，激发生活动力。 对校园活动给予关注，充分利用资源。 积极拓展朋友圈。	通过生命线及生态图等工作方法了解到服务对象的人生重要事件的影响及其社会支持网络情况。 工作者有意识地分享自己参加校园及南京同城活动或者与朋友交往带来的精彩经历，让其对生活的乐趣重拾信心。 以暑期为例安排时间计划，服务对象在工作者的协助下制定了诸如与亲戚俩家人出行、打工、继续英语学习和练习爵士舞等的规划。 鼓励服务对象对新室友抱有希望，并积极在宿舍之外的圈子拓展自己的朋友从而发展良好的人际关系网络。
SJ	7	顺利出国拿到大学文凭。 想成功继承父亲的产业，并将家族产业延续和发展下去。	通过雅思考试和学校的课程考核。 每周一至周四晚7—8点，在教室或图书馆自习一小时，看英语和数学。	针对服务对象的学习现状、学习习惯做深入的了解，与服务对象共同制定学习计划和行动方案。 了解服务对象学习计划和行动方案的执行情况，引导服务对象进一步探讨了影响其计划实施的阻碍因素，并提出初步的解决方案，探索更适合有效的学习计划。 与服务对象探讨其生活中所关心的正向或负向，引导其从更多的角度来看待他人、看待世界。 与服务对象探讨其生活中所关心的其他重要事件，帮助其解决生活中的情绪问题。 鼓励积极表达寻求情感支持和帮助的行为，巩固服务对象的已有行为。
LHN	8	提高自控能力。 学习成绩的提高。	上课认真听课。 减少旷课次数。 了解自己，规划未来。	通过服务对象的家庭结构图和家庭生态系统图，发现其家庭关系和谐。 与服务对象一起制订了上课听课多听几分钟的计划，主要是利用行为治疗的方法，循序渐进。 检查服务对象计划实施的情况，分享坚持的结果和感受，探讨怎么样才能更好地坚持下去。 鼓励服务对象继续坚持下去。 运用人生高低谷的方法，了解自己的过去，挖掘自己克服困难的能力以及潜力，通过过去的事件来找到改变的良好的介入面和支撑的动力。 协助服务对象深入了解自己，规划自己未来的职业生涯。

续表

服务对象	面谈次数	需求预估	具体目标	介入行动
GMY	6	学习英语的习惯养成，每天背单词，每周写作文，英语成绩提高。 主动性加强，个人自信心提升。 健康的生活习惯，少熬夜，作息规律，按时吃饭。	建立背单词计划，坚持每周写英语作文；每天上课有一次课不玩手机认真听课。 积极发言，锻炼自己的主动性。 每天自我鼓励，提高自信心。	工作者与服务对象建立信任关系，开始治疗性的会谈，改变服务对象对学习的认知，挖掘服务对象改变的动力。 工作者运用 SWOT 分析法，与服务对象共同探讨服务对象的 SWOT，让服务对象进行自我探索，加深对自我的了解和认知从而更好地自我定位。 工作者运用了“树木人格画”“人生高低路”“目标金字塔”评估等方法，帮助服务对象完成自我探索与整合。
STT	7	雅思获得好成绩。 参加志愿者活动，结交朋友。	阅读每周 3 篇，听力 4 次，作文练习。 加入基督教青年会 QQ 群，在有志愿者活动时积极参加。	制订学习计划，之后的一个星期服务对象开始实行计划。 跟踪调整英语学习计划，与服务对象讨论在实行上周所制订的学习计划过程当中所碰到的问题，对计划加以调整，之后予以实施。社会工作者通过短信、电话的方式监督服务对象对于计划的实行情况。 以填写目标金字塔的方式，将服务对象的需求具体化，并且签订较为简单的行动承诺书。 分享服务对象的感受，鼓励服务对象继续完成之前制定的学习任务，实现目标。
GMY	7	“拖延症”的处理，学习态度的改变。 学习方法的改变，有计划地安排学习生活。	学会合理安排学习、休息计划，做到两不误。 期末取得好成绩，做到不挂科。 顺利通过雅思。	从家庭、人际关系、兴趣等，分列目标（总目标和具体目标、短期目标和长期目标）。 澄清当前最大困扰——拖延症及其带来的后果。 探索更为合适有效的学习方法。 处理室友之间的矛盾，分析原因、过程、处理方式并反思。 强化学习效果、鼓励继续坚持。

续表

服务对象	面谈次数	需求预估	具体目标	介入行动
HDR	6	提高自控力。 拓展交友圈。 充实每天的生活。	改变上课状态。 多参加校园等有意义的活动。 学习沟通交往的技巧,学会主动发展友谊关系。 合理安排生活与学习的时间。	建立工作者与服务对象的信任关系。 讨论服务对象最迫切、感到最困扰的需求;把需求分解为几个具体事件,并按最需要改变排出优先顺序排序。 围绕“上课不够认真”这一具体事件展开讨论可以尝试的改变方法。 分享和讨论尝试改变的感受,以及陈述自己的进步和不足,需要改善的地方。 讨论如何保持上课认真听讲的其他更适合服务对象的方式并尝试;巩固行为改变。
XXJ	6	提升自制力,自觉学习,自觉达成各学习目标。 提升自制力,强大自我,形成成熟人格。	养成上课记重要单词的习惯。 学会自我鼓励与自我暗示。 学会遇事理性思考的思维模式; 尝试从外界(父母,老师,朋友)获取能量,并乐于为之。	罗列与自制力相关的事件,选择最易改变事件,设定具体的、可测量的目标,通过家庭作业的形式完成目标表,每日记录。 讨论家庭作业的完成情况,并分享过程(成果+感受+经验)。 分享“我最成功的/最有成就感的事”,以为进一步的行动提供信心与力量。 引导服务对象思考遇事理性思考的思维模式,并帮助服务对象将自制力的培养运用其中。 通过邀请服务对象“请画一棵树”——“现在的树/我”——“未来的树/我”,协助服务对象加深自我认识,为改变提供动力及方向。
TD	7	学习成绩,人际沟通,心理压力。	全面提高听说读写能力,提高考试成绩。 搞好与室友及周边同学的关系,与人沟通交流更顺利。 寻找适合自己的减压方式,以应对各种压力和挫折。 树立正确的恋爱观。	一起制定了详细的英语听说读写学习计划和作息时间表,每周定期检查并继续督促和鼓励服务对象执行计划。 训练服务对象的领导力和沟通力,克制情绪,不要轻易动怒,学会与室友和平相处。

续表

服务对象	面谈次数	需求预估	具体目标	介入行动
HZK	8	人际沟通，排减压力。	可以与人沟通交流更顺利。 可以清晰表达自己的想法。 遇见各种压力时，可以成功减压。	利用人际沟通的相关量表对服务对象进行初步的测试，结果呈现，服务对象是冷静思考、很有想法但是谨言慎行的类型。工作者和服务对象一起仔细分析后，认为这是在社会中对自己的适当保护，并不是人际沟通上的问题。 帮助服务对象分析了压力源，并且让服务对象学会正确对待这些压力，学会把压力变成动力，去支持自己在学习上的动力。

表3呈现了卓越计划中的一位服务对象JHD的个案工作服务过程。

表3　服务对象JHD的个案工作服务过程

一、个人资料（姓名、年龄、性别、年级）

JHD，19岁，女，大二。

二、背景资料

1. 家庭情况

家庭成员主要包括：父亲、母亲、弟弟。父母和弟弟现在均居住在南京，父亲和母亲共同经营一家酒店宾馆，家庭经济较富裕。弟弟2004年出生，现在读小学二年级。目前父母70%的照顾精力在弟弟身上。

父女关系：案主平日里与父亲沟通较少，认为自己与父亲的关系一般，主要是因为小时候，父母教养方式的不当，对案主过于苛刻和严厉，使案主心里对父亲有些不满。

母女关系：案主平日里和母亲沟通的比较多，认为自己和母亲的关系比较好，虽然在其小时候母亲对她的管教方式不当，但母亲现在已经尽力弥补，在给予其物质支持外，会给予案主更多的精神支持。

姐弟关系：案主在面谈过程中，提到弟弟的次数并不多，主要是提到了弟弟目前学习压力比较大、父母对弟弟的关注表较多等。

父母关系：案主认为父亲和母亲的感情比较好，主要归功于母亲比较懂得包容和忍让。

2. 个人经历

JHD，安徽人，现随家人居住在南京。小时候，父母忙于工作，疏于对其的日常照顾，主要是由奶奶带大。但父母对其的家教比较严格，对学习要求也比较高，在上大学以前，学业基本上是在安徽马鞍山完成的。2011年全家才全部搬到南京居住。现就读于南京大学HND中心，因成绩符合条件，可以不读大一，直接读大二，目前主修酒店管理专业。

三、主要需求分析

1. 学习。JHD认为自己现在最大的问题就是没有学习压力和动力。认为自己受环境的影响上课不想听讲，下课也不想看书，虽然面临出国要通过雅思考试的压力，仍不能激发其看书的紧迫感。希望能激发自己学习的兴趣，感受到学习的压力，并顺利通过雅思考试。

续表

2. 家庭关系。JHD 认为基本维持现状就好，或逐步改善其与父亲和母亲不良的沟通方式。 3. 人际交往。JHD 表示与朋友交往占据其日常生活的大部分时间，形容自己认识的人很多，南大中十个有七八个人都认识她，但真正的知心朋友没几个。她认为身边大多数同学的交往都有目的性，为了丰富自己的人脉资源，她形容自己是“冤大头”，和她在一起的人多少有些想沾她的光，认为在交往过程中，自己的付出总是大于回报，她很困惑，无法判断但又急于想知道哪些是真心且值得交的朋友；对于朋友或学姐学长的求助，碍于情面，无法拒绝，同时又会占据自己的大量时间；和知心朋友交往过程中也会产生一些不快和误会，无论孰对孰错，自己都从不愿主动做出让步，希望顺其自然，但却念念不忘，无法释怀；这些交往过程中发生的事情对她的情绪产生了很大的影响。 4. 心理方面。感觉自己对于情绪的控制能力不强，常常会被不良情绪困扰，希望能增强情绪自控能力。 四、服务计划 1. 双方一致认可的需求目标。提高其学习动力，帮助其逐渐寻找到学习的压力。情绪疏导，缓解其不良情绪。 2. 具体目标。将看书提上议事日程。顺利通过雅思考试。倾诉与宣泄，情绪的疏导。 五、服务过程 1. 接案及预估过程 第一次接案会面（2012 年 4 月 19 日），社工第一次与案主见面，并通过观察案主在小组中的表现，给予其关注，并初步了解案主的性格特点、表达和沟通方式。并通过“我的三样”的活动，了解了案主的初步需求。活动后通过和案主交换人人网的信息，从网络这一平台更多了解到其平日里的生活、作息时间、兴趣爱好等。与案主建立初步的工作关系。 第一次面谈（2012 年 4 月 24 日），深入探讨案主在之前活动中所提出的三个需求：学习压力、人际交往、情绪管理。并同案主进一步探讨得出，其目前最迫切要解决学习无压力、无动力的问题。并通过交流为案主营造一种信任、温暖、关怀、支持的氛围。 2. 计划及行动过程 第二次面谈（2012 年 5 月 2 日），针对服务对象的学习现状、学习习惯做深入的了解，并根据按住的现实情况，与案主共同制定学习计划和行动方案。 第三次面谈（2012 年 5 月 8 日），案主因奶奶住院的事情缺席了此次面谈，但社工仍通过短信和电话的形式，了解其状况，向其表达温暖和关怀。 第四次面谈（2012 年 5 月 15 日），了解案主学习计划和行动方案的执行情况，案主虽未如约执行学习计划，但也确实表现出了想学习的想法和动机，这一行为是值得鼓励的。社工引导案主进一步探讨了影响其计划实施的阻碍因素，并提出初步的解决方案，探索更适合有效的学习计划。 第五次面谈（2012 年 5 月 22 日），了解案主学习计划和行动方案的执行情况，并回顾前四次的面谈，进一步调整和明确案主的需求，并征询对前几次面谈的意见和建议。与案主保持良好的双向沟通，确保双方一致认可的目标都能顺利达成。 第六次面谈（2012 年 5 月 30 日），了解案主学习计划和行动方案的执行情况，巩固其已有成绩的同时，与案主探讨其生活中所关心的其他重要事件，从更多层面来了解案主，多角度理解案主，更好地帮助案主。

续表

第七次面谈（2012 年 6 月 6 日），了解案主学习计划和行动方案的执行情况，巩固其已有成绩的同时，与案主探讨其生活中所关心的正向或负向，引导其从更多的角度来看待他人、看待世界。 第八次面谈（2012 年 6 月 12 日），与案主一同回顾七次的面谈过程，分享七次面谈的成长与感受，鼓励积极表达寻求情感支持和帮助的行为，巩固案主日渐萌芽的学习动机，肯定案主的努力与付出，鼓励其继续坚持之前所制订的学习计划，并祝愿其早日实现目标。

（二）小组工作服务

在分析了服务对象的基本资料之后，发现大多数服务对象的问题表现比较具有共性，适合采用小组工作的形式进行服务。结合服务对象问题及其需求的相似性，同时根据不同班级、宿舍、性别的原则将 78 名服务对象分为 8 个小组，每个小组配备了 2 名社会工作者。小组工作者是社会工作专业大三年级学生，具有完整的社会工作专业知识背景和成长小组工作服务经验。在小组工作服务中工作者共同商议活动方案、确立并实施活动计划和评估计划，与督导和成员共同进行活动评估。社会工作专业教师作为督导指导工作者开展活动并对小组进行评估和反馈。

考虑到学习是 HND 中心学生学习生活最重要的组成部分，在“能力为本的青年正向发展”的理念基础上，卓越计划的小组工作服务从强调学习倦怠行为的改变转向树立“学有所成”的观念。小组性质属于讨论分享性成长小组，是封闭性、支持性的。

小组工作的总体目标有：通过让成员发现自己不同的能力，认同自身的能力，加强成员与他人的联系以及建立健康的信念和清晰的目标，以促进成员的全人发展；促进学生的社交能力，学习建立良好人际关系的态度、知识和技巧，以帮助学生与重要他人（significant others）发展联系；增强学生信心，提升学生建立个人目标能力、提升学生问题解决能力及自我效能感。每个小组将根据成员的组成以及需求，细化目标，各有侧重。

小组工作通过小组过程，注重同辈互助的辅导功能，发挥同辈群体的社会化功能，以协助成员提升自我效能感（self-efficacy），达成小组目标。自我效能感指个人对自己在不同情况下能有所表现的信念。它以一套多层面的信念形式运作，可影响人的感觉、思考、动机及行为。自我效能信念（self-efficacy belief）受个人亲历的成功经验（enactive attainment）、他人的成功经验（替代性经验，vicarious experience）、想象成功的经验（imaginal experience）、旁人的观点和意见（言语说服，social persuasion)以及身心情绪状态(physiological and emotional states)所影响。通过强调工作者与成员的共同成长、成员之间的互相分享讨论、小组带来的归属感、安全氛围以及尝试改变的机会,这些信念在小组过程中都能够得到发掘。

以下以S小组为例,呈现小组工作服务过程,见表4—5。

表4　S小组的服务对象信息及介入计划

小组成员	辅导员评价	预估会谈信息	介入计划
CQT	学习目的明确,但是学习基础较差。	每周末都会回家,陪爸爸看电视陪妈妈逛街。平时喜欢听歌看书,给人的感觉比较乖巧,对学习比较感兴趣,希望提升自己的学习成绩,目前的愿望是顺利通过雅思考试。	多提供学习方式方法上的建议和朋辈经验分享。
DQ	人很老实,学习也很踏实认真,能够对自己严格要求。	专业意向是会计,成绩不错。不太喜欢上晚自习。平时12点睡觉,闲暇时看书,周末在做兼职,参加过社团活动,如轮滑社,以及爱心包裹活动。自认是慢热的人。和父母聊天,不会谈烦心事,以免他们担心,有烦心事会找朋友倾诉。	帮助其尽快融入本小组,提供其他一般性支持。
DYF	父母离异,受影响,性格温和,学习态度有问题。喜欢给别人讲自己的家事。	看起来活泼外向但又有顾虑。学习成绩不错,但是自己觉得学习状态不太好,对专业认知不清晰。父母离异,与父母关系不错但是很少谈心。对于如何尽快促成大家熟识,提出了不少建议。考虑细致充分。	在小组中让DYF充分发挥其自身的优势,帮助小组的同时强化其对自我的肯定。提供各个专业的相关信息,促进学习状态的改善。小组活动时要照顾到离异家庭孩子可能会出现的敏感心理。
HQ	英语基础较差,上课不注意听讲,作业不能独立完成。	来南大HND是自己选择的,因为高考没考好。现在想努力学好雅思。对未来有自己的规划,不是抱着过一天是一天的态度,不想过按部就班的生活,感觉是个有主见的姑娘。成绩中上。	希望能够积极参与,分享自己的观点。
LYB	父母离异,12岁受打击,妈妈不管,爸爸忙,学生较懂事,有网瘾。	给工作者的印象就是心智比较成熟,性格随和,不善言谈。平时不喜欢学习,缺乏学习的动力,几乎不参加学校的社团及其活动。经常去网吧玩游戏,有时候会在网吧通宵。	在时间管理方面需要调整,希望能帮助LYB减轻对网游的过分沉溺状态。

续表

小组成员	辅导员评价	预估会谈信息	介入计划
LYX	学习认真，成绩稳定。	对自己目前的学习和生活状况都很随意，生活平淡；学习方面，因为周围人的学习状态都跟她差不多，所以她认为自己现在的状态算是正常，无须改变。	从谈话中我们可以感觉到，LYX 不够自信，缺乏明确的目标和动力。希望在活动中，能够帮助其找到自信，明确目标。
ML	高三学生，英语基础差，上学期性格奇怪不说话只要有东西忘带必定回宿舍拿，上一对一小课跟老师没有任何互动，现在状态越来越好。	英语基础差，现在高中语法还没上完，考的是四级难度的试卷，觉得吃力，参加一对一辅导已经一个多月了，觉得有些进步。平时不回家，寒暑假才回。父母打电话问学习的事时会回答说很好，因为讲不好会被批评为不用功。之前报过几个社团但没去。经常在宿舍看电影。周末会和朋友去新街口逛街，打球或者在宿舍睡觉。还没想过专业问题，可能会选择国贸或金融。	帮助其树立良好的学习态度，提供一些英语学习方面的指导。善于发现其进步并及时鼓励。
MRR	高三学生，英语基础还可以，忙着谈恋爱，贪玩。	跟家人关系和睦，性格活泼开朗。英语基础不错，但是很贪玩，忙着谈恋爱。	希望其能平衡学习和恋爱。
XYC	学习目的不明确，上课不注意听讲。	平时会跟朋友打桌球，唱歌，朋友多为初高中及大学同学。在校上课会听，作业会做，像个乖学生。自认是个随和的人。曾经报名过几个社团但因为时间问题没去成。跟父母关系很好，有烦心事会跟父母讲。觉得现在班级的团体感不是很强，通常都是几个人一个小团体。对目前的学习模式适应良好，觉得比高中好些，成绩中等。整个面谈过程很少会主动提问，表情严肃，坦言以前参加过活动，可能会给人不太融入的感觉，但并非不想参与，担心我们会对他有点失望。	在小组中多关注鼓励其积极参与。

续表

小组成员	辅导员评价	预估会谈信息	介入计划
ZY	贪玩,经常请病假,家长都不相信他生病。	家庭氛围比较淡漠。跟父母沟通较少。爸爸忙于工作,脾气暴躁,时常会和父亲发生语言和肢体冲突。初中起随爸爸商业应酬,耳濡目染学习了很多商业和社会知识。对社会的认识老成,现实。周末还在补课,觉得学校学费很贵。在大学里重要的一点是结识了一些和自己家境和处境差不多的朋友。这些关系以后对自己会有用。周末回去泡吧,和朋友们保持联系。初中学美术,因为想当服装设计师。但父亲反对,想让他子承父业。现在想学金融,因为能赚很多钱。	引导其多与父母沟通,改善父母尤其是父亲在其心目中的形象,促进家庭关系好转。同时,希望其能积极参与小组活动,提升与人交往的兴趣和能力,能够理解不同的观念。

表5　S小组活动目标与内容一览表

	活动目标	活动内容
第一期 (2012.4.24)	成员相互认识,建立互动关系,促进小组形成; 订立小组活动规范; 小组成员共同探讨小组名称,口号,了解小组的性质,目标; 协助成员间及与工作者进一步交流认识,探讨关于专业分流的想法。	破冰活动:串名字; 纸牌游戏; 订立小组规范; 漫谈,包括成员想在小组中交流的话题、对小组有怎样的期待等; 小组工作者总结。
第二期 (2012.5.3)	促进团队凝聚力,增进彼此信任感; 帮助成员初步自我认识自我肯定,了解自己人际沟通习惯; 帮助成员相互之间加深了解。	安静的生日; 脑瓜大推断; 造句游戏; 工作者总结。
第三期 (2012.5.8)	促进团队凝聚力,增进彼此信任感; 帮助成员了解自己人际沟通习惯; 帮助成员适当地自我表露,更加开放自己。	传表情; 我的人际关系日志; 大侦探福尔摩斯; 情景表演(结合具体的纠结的人际关系情境); 工作者总结。

续表

	活动目标	活动内容
第四期 (2012.5.15)	成员间相互了解,营造安全的小组氛围; 了解成员对自己和他人家庭的看法以及对将来自己的家庭的期许; 了解成员的价值观。	暖身活动; 爱的问答; 我的家庭树; 小组工作者总结。
第五期 (2012.5.22)	进一步增强小组凝聚力; 让成员思考自己的价值观和人生态度,了解价值选择的多元性; 帮助成员澄清自己的时间管理。	听音乐抢座位; 价值大拍卖; 时间管理; 小组工作者总结。
第六期 (2012.5.28)	增强团体成员自主性与共同讨论决策的能力; 增强成员学习信心,促进成员反思自己学习状况。	暖身活动:大树与松鼠; 学习的意义; 我学习生涯的辉煌时刻; 智力大考问。
第七期 (2012.6.5)	协助成员反思自我成长过程,探索自我。	电影赏析《看上去很美》; 讨论话题: 在幼儿园有哪些让我们印象深刻的回忆? 觉得自己长大了么?从什么时候开始,我们不再是孩子? 觉得规矩和服从是必需的吗? 成人世界与儿童世界有哪些共通之处? 成长对于我来说,意味着什么?
第八期 (2012.6.12)	回顾小组的活动,了解小组对成员生活的影响; 进一步帮助成员了解自己; 宣布小组活动的结束。	暖身活动; 优点大轰炸; 小组回顾:我们一起走过; 小组成员评估; 结束。

六、介入过程的综合思考

卓越计划的介入过程围绕着服务对象,存在社会工作者、专业督导、HND 中心辅导员、HND 中心负责人以及安行工作室等互动主体,他们之间的关系错综复杂。

（一）服务对象

由于服务对象对社会工作和“卓越计划”的具体情况缺乏了解，对此类活动的参与兴致不高，因此如何接触服务对象以及吸引服务对象参加到项目之中，就成为一个首要解决的问题。为了调动学生参加项目的积极性，HND 中心决定通过修读“社会实践”课程学分的方式让学生自愿参与报名，对于问题严重的学生采取特殊的鼓励办法，同时合理地配置参与学生的比例构成，以防止所谓“后进生”的“污名效应”。在正式的服务工作开展前，HND 中心和社会学院联合举办了项目的启动仪式，通过一系列的趣味活动，让 HND 中心学生在游戏合作中与社会工作者初步地认识，而后社会工作者以与成员单独会谈的方式，向成员介绍项目的基本情况，获得对成员的基本了解，建立初步的信任友好关系。

课程载体的运用在学校社会工作中具有广泛的适用性。当然也会出现服务对象抱着获取学分的态度参与到服务之中的情况，但是通过社会工作者的专业服务建立起来的信任和理解的同盟关系，会增强服务对象的自我改变的参与动机。卓越计划的介入过程在学校社会工作服务中具有推广价值：

首先，服务对象呈现出来的学习倦怠的行为表现与青年社会化发展密切相关，在在校学生群体中具有普遍性。

其次，卓越计划的服务过程强调同辈群体的作用，不仅仅是服务对象之间的同辈群体关系，还包括社会工作者与服务对象的同辈群体关系，这也是为什么选择 MSW 一年级学生以及即将进入大四的社会工作专业学生担任社会工作者的主要原因。卓越计划的社会工作者同时也是同龄学生的角色，容易让服务对象产生亲切感和亲近感。由于 HND 中心的学生虽然学习和生活都在南京大学学校场域内，但是学生的生活和学习管理却是依照高中的班级管理体制。因此社会工作者的南京大学学生身份，为服务过程增加了一些融合的要素，也会减少他们在平时校园生活中的“被南京大学隔离”的感觉。

（二）社会工作者

卓越计划的社会工作者的挑选标准为具备完整的社会工作专业本科教育以及相关的实务经验的南京大学社会工作专业学生。从这个角度来看，这些社会工作者和社会工作机构初入职的社会工作者的地位角色是相同的。在专业老师的精心督导之下，这些社会工作者具备足够能力去完成服务。同时在 HND 中心的学生面前，这些社会工作者的南京大学学生身份还有利于服务顺利进行。面对服务对象，社会工作者时常会遭遇“专业服务关系与朋友关系并存”的困境：与服务对象的朋友关系，一方面可以帮助与其建立更好的专业关系，但同时也会让服务关系渗透到社会工作者的日常生活中，给社会工作者带来一定的压力。

社会工作者的多重身份有时会带来多重忠诚的伦理困境：个人价值观和专业价值观之间的差异问题？关注服务对象需求还是完成项目委托方要求？关心项目已有计划还是进行拓展提供超计划服务？关注服务过程还是注重服务成效？社会工作者在与HND中心老师和组织部门沟通过程中处于劣势。

（三）专业督导

虽然卓越计划是HND中心方面主动发起的，但在协商和会谈过程中，社会工作专业督导老师的主动沟通和介绍策略对项目的成功展开起着重要的作用。由于HND中心负责人和领导对社会工作实务的不了解和对自身问题需求的不明确，社会工作专业督导老师帮助澄清社会工作专业性质、理念，HND中心自身的需求和学生学习问题界定，详细介绍个案工作、小组工作等工作方法的内容和形式以及可以带来的效果，同时主动带领HND中心负责人参观实务工作，如“成长小组”，让HND中心负责人对实务工作的形式、流程有更亲身和具体的了解。

在专业督导层面，卓越计划为提升学生的专业能力以及推动社会工作教学与实务的结合提供了一个很好的契机。一方面可以获得足够的资金支持，另一方面在本校范围内的服务不仅节省资源并且方便可行，对学生的安全也更有保障。

在卓越计划中，专业督导老师成为项目运作的中心，教育性功能、行政性功能和支持性功能并重，秉持实务教学的精髓，对于如何开展社会工作实务教育，有一定的启发意义。但是，不可否认的是，社会工作者对于督导的依赖心理，是值得注意的因素。

（四）HND中心辅导员及相关工作人员

HND中心原有的学生服务体制主要是中心主任领导下的辅导员体制，组织架构包括分管学生工作的党委书记、主任、校区负责人以及辅导员四个层级，主要采取分班制辅导员管理制度，辅导员负责上课点名、学生的身心健康和德育教育、作业检查、与学生家长沟通等工作。在卓越计划的开展过程中，辅导员让渡部分学生工作管理权力给社会工作者，为具体服务实践过程的顺利进行提供了足够的资料和支持。

虽然在卓越计划开展过程中,与辅导员以及相关工作人员有过三次分享讨论,期间他们也相对比较支持(至少不反对)社会工作服务的实施,但是辅导员以及相关工作人员始终并未主动接受社会工作,只是把这个项目的开展当做他们平时的一项工作程序来完成。因此,在卓越计划之后,原本项目内容中的“辅导员能力工作坊”的开展显得非常重要。

(五) 安行工作室及负责人 L 老师

HND 中心党委书记级别的领导对项目的认可和协议的签订,为卓越计划的开展提供了合法性。安行工作室的建立对于项目的开展也非常重要。安行工作室承担着联结 HND 中心的工作人员、社会工作者、专业督导以及服务对象的功能。但是在实际开展过程中,安行工作室与这四个主体之间的互动都是单线性的,使得社会工作者和辅导员沟通较少,与任课教师没有沟通,与 HND 中心其他未参与“卓越计划”的学生也没有任何联系。这在某种程度上把安行工作室自己的功能给架空了,同时也给社会工作服务过程带来了不少困扰和障碍。

其中,安行工作负责人 L 老师的参与动机以及行为是关键性因素。L 老师一方面作为高校学生工作管理者,另一方面在开展高等教育学专业的博士研究生论文研究,试图通过卓越计划的开展探寻研究的新问题。

从学生工作管理者的动机来看,L 老师本身作为安行工作室的具体负责人,他的动机主要是,希望社会工作系师生可以帮助解决 HND 中心学生的学习倦怠和学习态度问题,以提高他们的学习成绩,促进学生的身心健康,使学生专注学习目标和内容以顺利通过相关考试,以保证机构的教学任务能够顺利达成,提高机构的升学率和招生率,维护和提升 HND 中心的办学地位及形象。为了监督项目的开展,L 老师提议服务过程中采取辅导员成员点名和实地观察的方式进行监督,后被专业督导拒绝。L 老师经常旁听督导老师与实务工作者的会谈,与社会工作者进行电话联系询问成员和活动的相关信息,多次与督导老师进行电话沟通询问活动开展情况,给服务过程增添了一些困扰。

从高等教育研究者的动机来看,L 老师在活动中期试图采取问卷的形式对学生进行服务的效果评估(被专业督导拒绝),要求实务工作者邮件发送每期活动流程、小组记录以及访谈报告,私下访谈参与项目的学生,在服务将要结束时,实施了部分学生参与工作效果的第三方评估。这种研究动机对于服务开展过程有着一定的阻碍作用，也产生了实务伦理与研究伦理的冲突。

七、服务效果

（一）评估过程

本项目评估邀请服务对象、HND 中心工作人员、社会工作者和相关专业人员一同参与；采用参与式监测评估的方式；注重过程评估和结果评估相联系，内部评估（服务对象评估和工作者自评）与外部评估（辅导员评估、家长评估、专家评估等）相结合；评估服务对象的能力成长、学习行为的改善情况以及服务计划的执行情况。

过程评估主要以内部评估为主，采用服务对象和工作者互评、督导评估、合作方评估等方式进行。通过个案和小组服务的工作记录、会议、接触交往以及观察，评估工作者方案设计和服务提供过程及成效，考察工作者和服务对象在服务过程中的参与程度和表现。

成效评估在项目服务结束阶段进行，内部评估和外部评估相结合。通过开放式问卷和访谈的方式评估服务对象的进步情况。工作者和服务对象填写评估表，评估他们对服务方案的满意度以及他们感受到的服务对象转变。督导、HND 中心工作人员及第三方评估人员参与焦点小组访谈或个别面谈进行评估。

（二）评估结果

“卓越计划”项目服务开始之后，共实际服务 HND 中心学生 112 名（有 8 名同学因故未接受服务或中途退出），其中个案服务 34 名，小组服务 78 名。接受服务的学生各自都有进步和发展，总体上学生自我认识程度加深，在未来规划、人际沟通和学习态度方面有所成长和改变，基本接近项目的目标要求。具体来看，评估结果主要有以下几个方面：

1. 项目活动参与情况

服务开展前期服务对象被动参与活动，投入程度较低。随着服务的开展，服务对象对社会工作有所了解，与工作者建立关系后服务对象参与活动的态度发生变化。这些变化主要表现在活动出勤率提高和自我表露程度加深两个方面。

2. 服务对象能力增长和满意度

通过开放式问卷和访谈,服务对象报告了在服务过程中的经验和收获。在评估报告中,服务对象反映通过参与活动朋友圈子有所扩大,学习并发展了人际交往、情绪调节、自我管理、时间规划、目标制定与执行等技能。在服务过程中,服务对象通过交流和尝试进行自我探索,在过程中获得归属感并提升自我效能感。总体上,项目过程中服务对象和工作者以及服务对象之间关系融洽,在服务过程中服务对象感觉亲切、信任,能大胆说出自己心中真实想法,通过讨论分享和游戏能在快乐中学到有意义的东西。

3. 需要倡导和改善服务对象的中观系统、外部系统甚至宏观系统,扩大服务对象的社会支持系统和资源体系

“卓越计划”客观上为服务对象提供了扩大社会交往的机会和条件,增加普通学生对 HND 中心及国际学院学生了解,有助于消除偏见从而减少对服务对象的排斥。然而,服务对象所处生态系统环境复杂,辅导员、朋辈群体、家庭以及学校大环境等因素对学生成长和学习带来巨大影响(见表 6)。

表 6　服务对象的社会支持系统和可利用的资源或服务

主要社会支持系统	可利用的资源或服务
朋辈系统	分享学习资源;提供情感支持;提供社交网络,锻炼社交技能
学生工作系统	思想政治教育;心理健康辅导;学生会及学生社团;辅导员或班主任
教育系统	提供课业辅导;考核学生学习情况;提供学校教学硬件设施
HND 行政系统	与外方学校接洽;“安行工作室”联络各种资源
家庭系统	提供求学经费;协助子女规划职业生涯
其他	隐形的或间接的社会支持,如商业性教育培训机构,关于教育及留学的政策制度等

在卓越计划的服务过程中发现,辅导员方面需要改善的观念有:学习成绩不是判断一位学生的唯一标准,建立多维度的评价体系;不先入为主,标签化学生的行为;发掘学生的优势比告诉他们应该在哪些方面有所改进更重要;主动了解学生的想法,倾听比给意见重要;给予学生充分“说”与“不说”的权利,了解的方式不是事无巨细的审问;关心新生的适应情况,关心的出发点不是“为了你好”,而应从尊重学生的选择开始;学生的行为问题可能与环境因素关系巨大,比如家庭,所以与学

生的家长沟通，促进家长的反思同样是做好学生工作的重中之重。原本在“卓越计划”之后要进行的“辅导员能力工作坊”，就是要将社会工作思维和方法引入 HND 中心学生工作，能够促进改善 HND 中心学生所处的学院环境。

此外，通过对这些服务对象的服务发现，HND 中心的学生虽然在南京大学这所高等院校学习，却未必有“南大人”的意识，相反他们可能会觉得自己不如南大的大学生，不知不觉会拒绝使用南大丰厚的教学资源，这对身处南大的他们来说是种资源浪费。再加上他们以后都要出国，如果不培养充分的组织意识，更难建立归属感。因此，HND 中心作为南京大学重要的一部分，应该适当组织活动，帮助同学融入南大，帮助他们发觉自身优势，而不是比较之后否认自己。

案例使用说明

一、教学目的与用途

本案例教学使用说明以将此案例应用于“高级社会工作实务”课程中的教学为基础撰写，如将本案例应用于其他课程教学安排需要做相应调整，本案例使用说明可做参考。

（一）适用的课程

本案例适用于“高级社会工作实务”“学校社会工作”和“青少年社会工作”，也可以将本案例作为“社会工作项目管理”课程的辅助案例。

（二）适用的对象

本案例适用对象包括高年级社会工作专业本科生、社会工作专业硕士和教育类研究生。

（三）本案例教学目标规划

1. 覆盖知识点

本案例在“高级社会工作实务”课程中应用主要覆盖的知识点有：社会工作实务通用过程模式；社会工作实务的通用过程；青少年社会工作的主要内容与方法；学校社会工作的主要内容与方法；个案工作技巧；小组工作技巧；社会工作服务方案设计；社会工作价值伦理等。

2. 能力训练点

本案例在“高级社会工作实务”课程中规划的能力训练点有：掌握社会工作实务通用模式的特点及其内容，分析案例中的社会工作实务过程的步骤和方法；通过分析本案例中服务对象的需求，明确社会工作服务的目标和思路；通过分析本案例的社会工作理念,学会如何将理论基础置身于社会工作服务过程之中;学会如何设计社会工作服务方案及项目评估;通过讨论对整个案例进展进行深入解析与评判,培养学生在社会工作实务中的综合分析能力和决策能力。

3. 观念改变点

本案例在"高级社会工作实务"课程中规划的社会工作理念有:青少年社会工作的开展要从青少年的特点和需求出发,谨慎对青少年社会现象做出问题解释;"人与环境互动"是青少年社会工作和学校社会工作的基本介入视角;基于每个人都是有能力的前提,社会工作服务要提供给服务对象一种正向发展和自我决定的积极文化和理念。

二、启发思考题

本案例的启发思考题主要对应的是案例教学目标的知识传递目标,启发思考题与案例同时布置,另外要让学生尽量在课前阅读熟悉相关知识点。因此在案例讨论前需要布置学生阅读社会工作实务的相关内容,主要包括社会工作实务通用过程、个案工作技巧、小组工作技巧、学校社会工作实务、青少年社会工作实务以及社会工作价值观等内容。

(1) 在本案例中,存在哪些重要的道德伦理问题? 出现了哪些伦理困境? 社会工作者是如何处理这些困境的? 你对于处理这些困境有什么建议?

(2) 在本案例中,社会工作者承担了哪些角色? 哪个角色最重要?

(3) 在本案例中,从接案、预估、计划、介入、评估到结案的服务过程中,你认为社会工作者在每个不同阶段分别使用了哪些服务技巧? 有哪些地方需要改进? 如果是你,你会如何处理?

(4) 在本案例中,社会工作者在哪些不同的系统层面实施了介入? 服务过程中,社会工作者是如何处理多个系统之间的关系的?

(5) 本案例中社会工作服务的理论基础是什么? 你认为还有哪些方面的理论可以用到本案例的实施过程中?

(6) 本案例揭示了哪些社会问题? 你学到了哪些实务方面的知识? 你从本案例的研究中,发现了哪些实务原则? 你将如何把这些原则应用到其他案例中?

三、理论依据与分析

在本案例中,"卓越计划"的基本理念是能力为本的青年正向发展(strength-based positive youth development)。这一工作理念强调赋权,认为聚焦于发展青年的能力和潜质比强调他们的问题更加有效,强调整体地看待青年发展的问题,采用人在情境中的观点，把焦点放在青年的发展以及改变。这一工作理念在个案辅导过程中体现为“积极学习”的观点，在小组工作服务中则体现为“学有所成”观念的传递。本案例中的理论依据在服务对象层面选择了青年正向发展理论，在介入方法的层面选择了优势视角理论，在实务模式方面则着重于社会生态学的理论框架的运用。

（一）青年正向发展理论

青少年时期是形成自我概念的时期，青春期是一个认同形成的时期。在获得认同的过程中，其中一个方面是寻求独立与家庭。在提升青少年自我概念这个问题上，有四个主要策略：鼓励成就；提升特定领域的能力；服务和同辈的支持；形成适应技能。

青年的正向发展包括自我意识（明白本身的感受，并对本身能力做出合乎现实的评估）、社交意识（能够洞察他人感受及了解他人观点）、自我管理（能够处理情绪及延迟满足，并在面对挫折时保持坚忍）、人际关系技巧（能够维持人际关系及处理情绪问题，处理人际压力及冲突）以及负责任的行动（能够以合乎现实的方式评估风险、订立其他解决方法及就本身的决定承担个人责任）。促进自尊、善用探索和投入，以及减少自我差距等策略，都能帮助青年正向发展。

（二）优势视角理论

优势视角（strength perspective/model）理论的重点，是通过创造有利的环境（包括机会和资源），促使青年学习建立抱负，提升能力及信息，达到发掘他们正面潜能及优势的目标。优势视角强调把焦点从“问题”转移到“强调个人能力、重视个人长处和潜能的发掘”，有助于参加者制定目标及追寻梦想，建立正面自我概念。优势视角的社会工作服务力图发现服务对象本身的优势与资源，其周边环境所拥有的资源与潜能，让服务对象自己也发现自己所拥有的潜能，并不断强化这些优势资源，经过长时间认识了解自己的优势资源，不断地改变自己身上的问题行为。

优势视角的社会工作实践立足于发现和寻求、探索和利用服务对象的优势和资源，协助他们达到自己的目标，实现他们的梦想。这是一个服务对象与社会工作者合作的过程。

有成效的青少年工作的理念是以青少年为本，利用青少年的优势、兴趣、目标和梦想作为学习和帮助的起点，调动青少年固有的动机以及现存的内在学习和自我成长的驱动力，帮助青少年发现自己所拥有的能力。

(三) 社会生态学理论框架

学校社会工作关注人们与其周边环境的互动,并将其作为计划和实行介入的首要分析因素。社会生态学的观点引导人们将注意力集中在整体上,而不是一个单个部分、系统或是对象环境的某一方面,其关注点在于社会互动的过程和学生与其周边环境之间的交流。

社会工作专业注重"人在环境中"这一理论,学校社会工作者同时关注课堂、学校、社会环境,不仅关注个人对环境的反应,同时也关注个人改变周围社会系统的能力,以及同时发生的子系统之间的关系、地理环境对社会进程的间接影响。

社会生态学的理论视角强调人的优点,强调人与人之间以及人与周围物理的、社会的、文化的环境之间的相互作用。人们努力争取与环境的适应,而且有一种自然的力量推动人们获得和掌握新的能力。由于社会环境、个人发展和生命事件的变化将会导致系统失去平衡,所以行为和情绪被看作应对、抵抗、改变或者适应压力以及能否适应环境的一种方式。学生整体都被视为他们自身周围的环境的参与者,并置身于他们自己的文化和宗教传统的背景之中。学校社会工作者通过与家庭、老师和学生环境中的社区资源一起工作,为学生提供充足的支持,维持功能必需的平衡状态。

四、方法分析

在本案例中,项目运作过程注重整合性社会工作服务的提供。

(一) 课程与服务的整合

本案例中,服务对象的选择是通过 HND 中心专门设置社会实践课程的选课过程来进行的,这一过程体现自主性和专业性的结合,同时避免污名化效应。

卓越计划通过社会实践课程为 HND 中心学生的参与和贡献创造机会。让他们通过发出自己的声音、积极参与问题的解决、表达自己的想象力、和他人共事或帮助他人、贡献自己的才能等机会,形成以健康发展和成功学习为特征的态度和能力(社交能力、问题解决、自我效能感和成就感),这是以优势视角进行实践的自然产物。

社会工作者在工作过程中,将做出选择和决定的权利融入其中,例如让服务对象参与计划制订和评估过程、小组规范和协议的制定等,持续邀请服务对象参与激发他们的行为动机。同时向服务对象提供持续的机会去与外界发展关系,利用他们优势激发他们的兴趣和想象力,帮助他人并作出决定,例如在社会实践课程中,在开展卓越计划的同时,HND 中心还提供机会给选课学生参与公益服务。

“卓越计划”把社会实践课程创造成为将关怀、尊敬和责任感作为行为标准的氛围，成为促进服务对象实现转变的场所。社会工作者帮助服务对象发现和利用他们的优势，赋予他们作为积极的决策者所承担的责任，让他们学习到同理心、尊敬、自我控制和责任感。在课程中，社会工作者与服务对象是一种同盟关系。尽管花费了较多的时间，让服务对象认识到社会工作者与自己站在同一阵营里，这种结盟过程对于社会工作实践而言是相当重要和有用的。

（二）服务方式的整合

南京大学社会学院与 HND 中心合作的学校社会工作服务项目的主要内容包括：针对 HND 中心的学生的个案工作与小组工作（该部分的服务被称为卓越计划）、校园活动、调研与倡导、辅导员能力建设工作坊，从内容层面就呈现出整合性的特点，既包括个案工作、小组工作、社区工作等直接服务，也包括倡导、咨询与研究方面的间接服务。卓越计划从微观系统、中观系统、外部系统和宏观系统考虑对服务对象发展的影响，发掘服务对象及其所处环境的主体性。

（三）资源整合

在本案例中，社会工作者充分发掘服务对象及其环境和社会工作本身系统的资源，以发挥社会工作助人自助的专业助人功能。学校社会工作服务往往在那些强调教育胜于社会工作的机构中开展，因此学校社会工作者必须和学校的人员相互合作才能达到教育的目的。

作为 HND 中心学校社会工作合作项目的一部分，卓越计划项目从策划到实施都体现了资源整合的思想。将社会学院社会工作专业服务引入 HND 中心学生管理中，社会工作专业学生以实习的方式参与项目为 HND 中心学生提供服务，实现了社会工作教育、实习、服务提供和专业研究相结合。而这种在开设社会工作专业的高校内部进行资源整合，以项目合作方式在校内其他院系开展社会工作服务的方式也是在目前专业社会工作服务机构较少、社会工作普及程度较低的背景下开展高校学校社会工作服务的有益尝试。

本案例中的资源整合也存在一些不足。卓越计划项目过程中除了合作双方协调部门“安行工作室”以外没有其他部门参与，工作者和所服务学生的辅导员沟通较少、与任课教师没有沟通，与 HND 中心其他未参与卓越计划的学生也没有任何联系。造成这种情况一方面由于 HND 中心老师和学生对社会工作概念比较模糊，对社会工作服务存在质疑。另一方面，由于 HND 中心学校社会工作合作项目由多个部分组成，卓越计划作为以服务学生为主的一个项目组成部分，其工作者为社会学院的学生群体,社会工作者在与 HND 中心老师和组织部门沟通过程中处于劣势。所以,在以后开展类似学生服务活动时,应增强各部门之间的合作和沟通,同时促进工作者增权,通过项目实施动员一切可以加入的力量共同合作开展项目。

五、说明关键点

从案例教学的角度,本案例可分析讨论之处有:社会工作者在项目中合法性的获得过程是怎样的,社会工作者如何得到 HND 中心师生的认同?项目开展中,以课程为载体提供服务的适切性如何?个案工作与小组工作如何融合以达至最佳服务效果?服务对象的环境改变的策略包含哪些?谁是服务对象?如何确认服务对象的问题?服务过程中何权衡和处理利益相关者之间的不同关系(人际关系、科层关系、专业关系等)?如何建立与服务对象的专业同盟关系?如何评判服务效果,通过研究的手段还是实务的手段?服务如何持续?学校社会工作与学生工作、学生管理的冲突和融合表现在哪些方面?研究伦理与实务伦理的冲突等等。

教学中的关键要点包括:

(一)如何界定服务对象的问题?

学习倦怠是一种消极的学习心理,指由于学习压力或缺乏学习兴趣而对学习感到厌倦的消极态度和行为,它具有以下几项特性:学习倦怠发生在学生个人身上,会引起学生情感与认知方面的负性改变,使学生明显地丧失学习的动机、热忱与活力;学习倦怠易使个人在学校的学习或活动上表现出疏离或退缩的行为,面对学校学习采取孤立、漠不关心和不在乎的反应,甚至迟到、早退、缺席或休学等情况;学习倦怠所表现的成就感低,主要在于学生对学习成效过度期望而引起的消极经验。

影响学习态度的外在环境因素主要源于与学习有关的超负荷情境,如科目繁多、课业繁重、教师要求严格、过分强调的升学压力、父母过高的期望等。影响学习倦怠的个人因素主要是与个人的特质有关的一些因素,如自我效能感、自我意象、内外控制信念、自尊、人格和焦虑等。

大学生学习倦怠的主要影响因素有:对所学专业缺乏兴趣、热情不高、动力不足等,对学习的专业积极性不高;对未来缺乏自我的规划和认知,依赖于学校、家长等的选择,缺乏自我选择的能力;学习的自我效能感低,对学习的态度沮丧或者焦虑,产生挫败心理。

大学生学习倦怠的主要表现在:大部分时间投身于网络世界,沉迷于网络游戏和网络社交之中;逃课、迟到、不听课、上课睡觉等;缺乏社会交往,情绪低落,自我封闭；生活作息不规律，饮食睡眠出现问题，健康受到影响，出现身体不适、无精打采等状态。

预估是一个过程，也是一个结果。基于优势视角，卓越计划并未采纳项目方的建议——首先基于问题—诊断视角对于学生的学习倦怠行为进行测量，而是针对服务对象的优势进行评估，帮助服务对象理解和认识他们的处境，明白他们需要帮助的原因，协助他们对影响其处境的因素作出评估并找到意义。社会工作者通过协助服务对象讲述自己的故事，优先考虑他们对情境的看法、对情景所赋予的意义，以及服务对象对情景所产生的情感或感觉，用一种关心的态度去面对服务对象，探求服务对象想要什么且期望得到什么服务，发现服务对象来自家庭网络、重要他人以及学校等的外在优势，这些优势可以为服务对象以自己的方式行事提供支持和机会。把这种优势评估当做社会工作者与服务对象之间的共同活动，并使其对评估达成一致意见，在评估的过程中，尽量减少因果解释。

从生态学的观点，本案例中的预估关注的是学生对他周围各种各样的环境的影响，以及它们之间的相互作用。学生对于课堂、同伴群体以及家庭的影响是什么？其他人是如何看待这一学生的，以及他们对他作出怎样的反应？该学生是如何影响这些相互之间的关系并受其影响的？

（二）如何识别服务对象及其系统？

在本案例中，出现了与服务对象相关的五种系统。

求助者，即识别出或感觉到有问题，要求帮助的人或系统，在本案例中是 HND 中心负责人及老师。

服务对象，即求助者与社会工作者建立起正式的、有契约约定的、有目标的关系，服务对象可以是个人、家庭、小组、团体，也可以是社区或组织。本案例中的服务对象是 HND 中心有学习倦怠行为表现的学生。

工作对象（目标系统），即服务对象和工作者共同认定要获得想要的结果必须改变的个人或系统，也就是为了达到改变服务对象系统的目的所需要改变和影响的系统。由于服务对象的问题及其解决，与服务对象生活的环境及其资源密切相关，这样工作过程就会涉及与服务对象有关的人与系统，与服务对象有关的人与系统的改变就是社会工作的目标。在本案例中，工作对象系统包括学生、家长、老师以及 HND 中心等。

行动系统，即那些与社会工作者一起工作，实现改变目标的人，即社会工作的同盟军，是与社会工作者一起进行改变努力的系统。为了实现社会工作目标，帮助服务对象达到改变的目标,社会工作者要通过各种与服务对象有关的人与系统一道工作,形成行动系统,实现真正的改变。在本案例中,行动系统包括服务对象、辅导员以及 HND 中心负责人等。

受益者,即成功实现目标会从中受益的个人或系统。在本案例中,直接受益者是 HND 中心接受服务的学生,间接受益者包括 HND 中心的老师以及学生家长等等。

(三)伦理困境有哪些,如何处理?

社会工作服务过程强调服务理念和平等理念,而在实际工作中保密的程度和情况,服务对象权利和工作者的专业技能,自由意志和环境限制以及工作者普通身份和专业身份等问题困扰工作者的抉择。

在本案例中,社会工作者面临双重身份和多重忠诚的伦理困境。社会工作者既是普通学生又具有提供专业社会工作服务的专业身份,个人价值观和专业价值观之间存在差异。即使工作者能够秉承专业伦理体现专业身份,其专业身份内部也存在伦理困境:关注服务对象需求还是满足项目委托方要求?关心项目已有计划还是进行拓展提供超计划服务?关注服务过程还是注重服务成效?在面临伦理困境时,社会工作者必须积极应对,形成伦理决策才能继续为服务对象提供服务。

面临伦理困境,社会工作者需要更广泛指导和培训。对于刚刚开始实务实习的社会工作者,在面临伦理困境进行抉择时不应完全独立自主,专业辅导和服务督导不可缺少。在本项目服务过程中,社会工作专业督导老师兼任督导和项目管理的职责,通过开展集体研讨,个案分析、个别指导等,增强社会工作者面对伦理困境的抉择能力。

(四)环境改变策略有哪些?

国内外学者普遍认为,学习倦怠的症状表现在人的行为和心理上的典型症状有:情绪衰竭、非人性化、成就感低。当较低的成就感与学习倦怠的前两种症状结合在一起时,学生就会丧失理想和学习动机,通过减少心理上的投入来抗拒改变,这时失败就会成为他的一种生活方式,这也就是心理学上所讲的习得性无助。

习得性无助理论也可以作为一个反观和反思性社会工作的有用视角。要解决这种习得性无助状况,就是要做到环境丰富化(environmental enrichment),改善服务对象的生活环境,让他们体验到可以主导自己生活、达致成功的生活经验。

根据社会生态学观点,学生和其所处的环境之间有着极大的关联性,不能割裂开来看,社会工作者的目标是增进个体的社会功能,这种功能既包括个人认知,也包括社会认知。改变环境是学校社会工作介入的目标之一，改变老师、家长的期望和信仰，以及同辈群体的行为会给学生带来更好的适应效果。社会工作者的职能是在个人和环境接触的层面上工作，从而给服务对象的需要或应对行为和环境资源之间带来平衡，以提升学生的自尊和学习表现。学校社会工作者在试图改变关系和社会生态系统中所能扮演的角色之一就是倡导者。

学校作为一个组织由许多群体组成，除学生群体外，教师、其他专业人员、管理团队、学院负责人、校长等都是学校环境的重要组成部分。学校内大多数活动发生在一个或几个小群体组成的群体范围内，其他群体与学生的互动对学生成长具有重要影响。

以本项目中服务对象所在学院为例，HND 中心的学生管理主要分为学籍管理、教学管理和日常生活管理三个部分。由于中外合作办学的特殊性，学生入学分别在南京大学外语部 HND 中心、中国（教育部）留学服务中心和苏格兰学历管理委员会三方进行注册。而授课教师为中心聘请的南京大学相关专业教师，仅负责按照 SQA-HND 课程设置和规定教材进行课程讲解和学生学业成绩考核。其他学生事务由 HND 中心聘请行政人员和专职辅导员进行处理。

HND 中心采用班级管理的方法，班主任是班级管理的主要承担者，并与中心职能部门、任课老师等共同维护班级环境。为便于管理，低年级学生按照入学成绩（以英语成绩为主）分班；高年级学生按其所学专业和学习成绩分班。

HND 中心学生生活管理涉及学生思想教育、安全教育、卫生健康教育和在校生日常生活等方面。从《学生手册》中相关规定可以看出 HND 中心以传统的管理主义方法制定统一标准，明确奖惩，将日常生活管理和学生考核挂钩。中心详细规定了学生参加早晚自习、上课表现、日常生活（个人作息、宿舍卫生、参加校园活动等）、学业考核各方面的奖惩措施。与南京大学统招生的学生管理相比，HND 中心学生自主空间小，在校生活相对单一。

学生的生活环境包括学校公寓、图书馆以及其他能够学习和娱乐的地方，这些物理特征对学生活动有深刻的影响。HND 中心学生尽管在南京大学校内学习生活，但是公寓、教室以及图书馆资源使用等，与在校统招生都是相互独立并完全不同的，由此带来的这一学生群体“住在南大的非南大人”的隔离感。

学生需要感受到被尊重并能够成功的课堂，也需要在校园社区中感受到被重视。在以上这种管理模式下，有以下五方面缺陷需要弥补：第一，师生关系不平等。老师和学生是一种领导和服从的关系，老师权威不可动摇，学生只能听从命令服从安排。第二,行政性强,对学生需求关注不足。老师以完成上级交给的任务为本,学生工作是一个自上而下完成上级下达所任务的过程。在工作中,工作者更多考虑的是上级的要求意愿和自己的工作业绩,而不是学生的需要。第三,问题取向。在处理工作过程中管理者主要关注学生负面行为,较少关注学生优势和资源。第四,管理主义,授权不足。学校环境中学生主要是被限制与被管理的角色,处于弱势的学生不能提出自己的要求,应有权利被剥夺。第五,各自为政,浪费资源。班主任和任课老师以及管理层在实际工作中常常互不相干,有时甚至发生冲突,从而导致学生权益受损或受益不均。

所以,在继续开展卓越计划的同时,改变学生所处学院环境的相关服务同样重要。其中,增强辅导员队伍的素质和学生事务管理能力,建立良好有效的辅导员工作机制,对于巩固学生接受社会工作服务效果,进而全面提升 HND 中心的办学形象和能力具有重要意义。在 HND 中心学校社会工作合作项目中落实辅导员能力建设工作坊,对辅导员老师进行心理咨询、学校社会工作以及其他相关知识的实务性具体指导,能够以服务理念弥补教育管理理念不足,以需求理念弥补任务为本的行政观念,以优势视角取代问题视角,增加授权减少管控,并促进教育工作和学生工作团队合作。

(五)学校社会工作与学生工作、学生管理的冲突与融合表现在哪些方面?

社会工作介入学生工作在欧美发展已有较长历史,中国港台地区也有许多可借鉴的成功经验。已有经验表明学校社会工作在服务学生和满足学生需求与福利方面扮演重要角色。社会工作进入学校开展服务的渠道主要有民间机构介入和政府政策干预两种。服务者为专业社会工作者,学校教育工作者或福利工作人员。

学生工作是学校教育中的一个重要环节,长期以来我国学校形成了一套以思想教育为核心,党委系统为主,行政为辅的学生工作模式。在高等教育大众化,学生需求多样化的发展背景下,传统的管理思想占主导,以控制和说教为主的学生工作手法并没有达到理想的工作效果。我国高校目前所实行的学生服务大多数都是以思想政治教育为核心的学生工作,除了少数由社会工作专业开展的学生成长小组、个案辅导外鲜有学校社会工作。专业社会工作者在协助处于困境的学生方面处于缺位状态,而学生工作服务人员大多没有接受专业的社会工作培训。

在内地高校中,学生工作和学校社会工作并存,相互补充,共同为学生提供服务,是一种好的方式。高等院校不同于中小学,一方面高校组织系统复杂,不能简单通过设立驻校社工岗位的方式引入学校社会工作者进行社会工作服务。充分利用高校内部社会工作专业资源，通过已有学生工作较完整的组织框架，借助项目合作、宣传倡导以及管理人员社会工作专业培训等方法，可以拓展学校社会工作的实践和理念覆盖面。

六、建议的课堂教学计划

（一）学生预习的知识

在本案例教学中，学生预习的知识包括：社会工作实务通用过程的模式与特点；青少年的发展特点；学校社会工作实务；青少年社会工作实务；社会工作理论；社会工作价值观与伦理；社会工作服务方案设计与项目评估。

（二）时间安排

本案例的课堂教学计划包括案例回顾，集体讨论，知识梳理及总结，问答几个部分。具体时间安排建议如下：

（1）课前阅读相关资料和文献 3 小时；

（2）课堂安排 90 分钟：案例回顾 10 分钟；集体讨论 50 分钟；知识梳理及总结 20 分钟；问答与互动 10 分钟。

本文作者：肖萍，南京大学社会学院副教授。

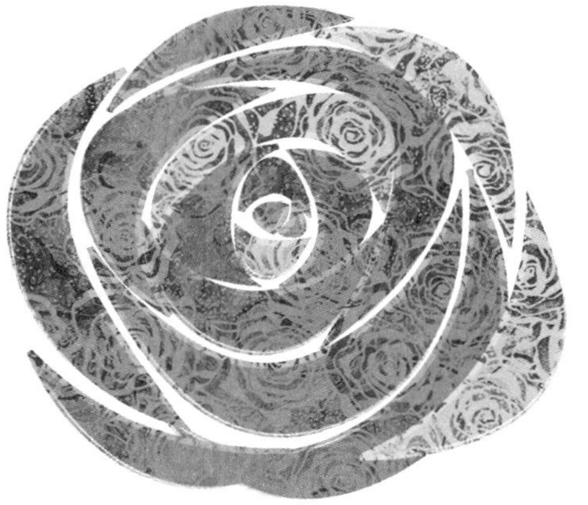

家庭社会工作

瞬间崩塌的家庭结构
——生态系统视角下的家庭危机应对

一、案例背景

家庭是社会的基本单位，是人最原始、最根本的环境，是人接触社会生活的基础。随着经济、政治等社会大环境的发展变化，现代社会的家庭无论在人员结构还是互动方式上与传统家族式的家庭均有了很大的不同。中国内地推行计划生育政策以来，由独生子女家庭组成的核心家庭也越来越多。而社会经济的发展，人口的频繁流动，活动地域的扩大，使得家庭规模趋向小型化、简单化。① 特别是随着社会节奏的加快，工作、经济压力的增加，晚婚、晚育现象越来越多，甚至还会出现单身家庭这一特殊的家庭形式。不过无论经济社会如何发展变化，不变的是家庭这一基本的社会单位始终是处于特定的社会脉络中的。对于人类行为而言，环境因素具有双重意义。一方面，人类行为是在漫长的生物进化过程中形成的，而其中很大部分是对环境的适应；另一方面，人作为社会的有机组成部分，几乎无时无刻不生活在社会环境中并与之展开积极互动，而正是在这一过程中，人类行为塑造成型。于是"人在环境中"成为社会工作的特殊术语。在家庭服务领域，探讨"人在社会脉络中"的结构取向家族治疗兴起于 1950 年之后。② 这个派别的产生呼应了 20 世纪初所流行的"人是环境中一部分"的概念。从这个角度看，家庭处在特定的社会脉络中，也就要去面对其在特定情境下的各种危机与挑战。在家庭内部，持续不断、重复发生的互动过程中，个人的作为影响到他的脉络，同时也受到脉络的影

① 史柏年、马凤芝等：《社会工作实务（中级）》，中国社会出版社 2007 年版，第 343 页。

② Salvador Minuchin：《结构派家庭治疗入门》，刘琼瑛译，心理出版社股份有限公司（台北）1996 年版，第 5 页。

响。[1] 因此,我们需要将家庭置于社会脉络中,也要将家庭成员置于家庭系统中,单纯强调个人而不注重家庭系统的调整和改变,常常会徒劳无效。下面,让我们从一个案例来深入了解个人与家庭、环境及其复杂的关系。

案主张先生(46 岁),潮州人,家住深圳市龙岗区。两个月前,就读布吉某中学高一年级的儿子(16 岁)因脑瘤突然病发去世。儿子去世后,张先生开始酗酒,两个月体重骤减 20 斤。而在儿子去世大概一个月的时间内,案主曾多次与妻子(43 岁)发生争吵,责备妻子未能照顾好儿子,并对其实施家庭暴力。随后妻子提出离婚经法院判决生效,案主遭受双重打击。此后,独居的案主在其侄女前来探望时,多次表达厌世、"不想活了"。案主亦多次向侄女提出要报复医生,认为救治儿子花了不少钱,但医生却给了错误的治疗建议,导致他晚年却一无所有。图 1 是案主的家庭结构图:

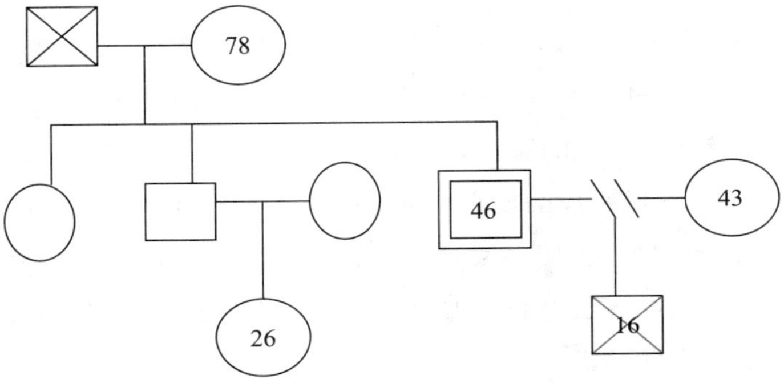

图 1　案主的家庭结构图

本个案的案主并非自己前来求助。而是案主的侄女从社区工作站了解到社工服务前来家庭服务中心求助。社工通过案主侄女的口述,进行前期资料收集,并通过其提供的联系方式主动联系案主,预约进行家访。社工首次赴案主家中是在其侄女的陪同下,时间约是上午十点,当时看到案主手拿酒瓶,双眼黑眼圈很大,精神极度萎靡。会谈中,案主多次落泪,并不停地喝酒。社工在一旁仅能作为陪伴者,给予情绪支持。通过会谈,进一步完善了案主的资料:

(1) 案主张先生和太太是个体户,两人一起经营餐饮店。在儿子去世前生意不错,日子也过得挺充实。但在儿子去世后,自己无心经营,开始酗酒,生计无从维系。

(2) 案主表示儿子是家人眼中的好孩子,尤其深得奶奶(78 岁)喜欢。也是老师和同学眼中的好学生,成绩优秀,也很懂得与人相处,大家都非常喜欢她。儿子去世

---

① Salvador Minuchin:《结构派家庭治疗入门》,第 11 页。

后自己实在太过悲伤，只要一闭上眼睛就会想到儿子。所以只能靠酒精麻痹自己。

(3) 案主表示儿子病发前一家人正准备吃午饭。当时儿子说有点头痛，并出了很多汗。案主和妻子都没有太在意。告诉儿子先去休息 10 分钟再出来吃饭。结果半小时后儿子仍不见出来，到房间发现时儿子已经休克。救护车来后马上就开始抢救。结果在去医院的路上儿子就去世了。

(4) 儿子之前有头痛的症状。但一般只要休息一下就没事了。两年前，在医院查出儿子长了脑瘤。医生表示没有办法进行手术。并告知案主，其儿子的生命大概还有 3—5 年。案主询问医生有何办法时，医生建议采取食疗的方式，并让儿子尽量保持良好的情绪以延长寿命。如今儿子突然离世，案主认为是医生给了错误的治疗建议，如果早点想其他办法，儿子不会这么早离世。

(5) 儿子去世后，因为责备妻子没有照顾好儿子，夫妻两人多次爆发激烈争吵，案主还动手打了妻子。有一次，妻子在两人都情绪激动时提出离婚，案主马上答应了。两人第二天就到民政局办理了离婚手续。社工询问案主若可以重新选择，他会不会选择离婚，案主表示不会。社工亦致电案主妻子询问重建家庭关系的可能，但案主妻子与案主的想法并不一致，案主妻子认为可以互相关心、问候，但不会考虑在一起生活，原因是“对又打又骂的日子受够了！”。

(6) 案主表示在过去一个月多次闪现自杀的念头。也构思过自杀的方法，比如吃安眠药、喝农药或者是放煤气。案主表示现在真正体会到什么叫家破人亡，认为没有理由再继续活下去。唯一的顾虑是如果家中老妈妈知道了一定无法承受，担心她在打击下会“挺不过来”。

二、案主家庭结构的崩塌与瓦解

案例中案主在较短的时间内经历了儿子离世、妻子离婚，“家破人亡”的创伤性事件。原本能够具有抗逆力的家庭更是因为家庭结构的瞬间崩塌而无比脆弱。家庭结构指的是一组无形的功能性需求，家庭成员藉此以建立互动方式。家庭是一个藉由互动模式运作的系统。① 在本案例中，家庭结构的崩塌是具有前后线性关系的，即在案主的核心家庭中，因为案主的儿子死亡，首先导致了亲子次系统的瓦解(见图 2)。

---

① Salvador Minuchin:《结构派家庭治疗入门》，第 63 页。

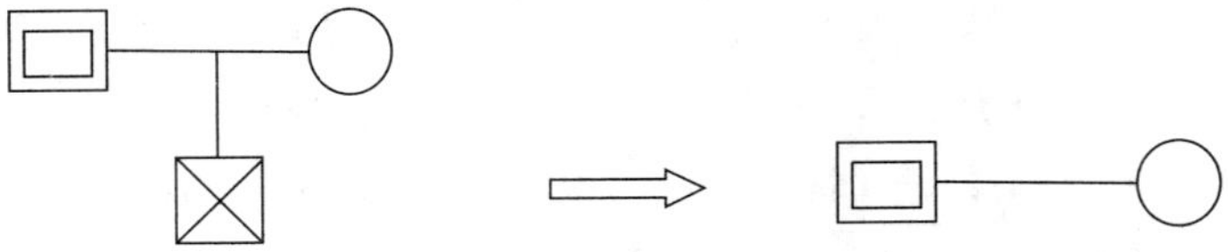

图 2　因儿子死亡导致亲子次系统的瓦解

当然,儿子作为曾经家庭中的一员,虽然因死亡而不存在于家庭结构中,但其在家庭功能的发挥上的影响力还是在的。但在本案例中,显而易见的是,儿子能够发挥的正面影响已不足以维系家庭功能的稳定,反而由于夫妻双方都聚焦于儿子意外死亡,成为引发夫妻次系统冲突的导火索。夫妻双方在掺杂着悲伤、痛苦和愤怒的情绪下,就"有没有照顾好儿子"的问题激烈争吵,甚至大打出手。在一个家庭关系中,夫妻次系统处于关系的核心位置,即便子女因意外事件死亡,如果夫妻次系统能够发挥互相支持的功能,共同应对危机,是不至于导致家庭处于失去功能状态的。该事件发展的最终结果却是因为离婚导致夫妻次系统亦瓦解了(见图 3)。

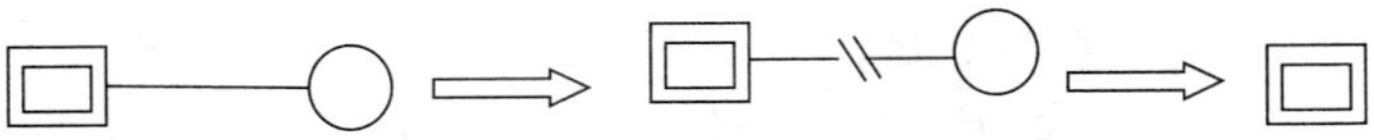

图 3　因离婚导致夫妻次系统的瓦解

其实,在本案例中夫妻次系统一直存在且潜藏着的危机因素因着儿子意外死亡事件被彻底激发。这个危机因素便是家庭暴力。"家庭暴力是指行为人以殴打、捆绑、残害、强行限制人身自由或者其他手段,给其家庭成员的身体、精神等方面造成一定伤害后果的行为。持续性、经常性的家庭暴力,构成虐待"①。家庭暴力是一个社会现象。而这种现象根植于许多因素,比如我国长期以来"男尊女卑"的传统父权思想。经济和社会过程的运作,是直接和间接地支持父权(男性掌控)的社会秩序和家庭结构。父权体制(社会)导致了女性的附属地位,并造成妻子遭受系统性暴力的历史模式。② 从社会角度来看,一是在我国妇女的地位存在事实上的不平等,二是社会上多数人认为"家庭暴力是家庭内部的事""清官难断家务事"。再者,我国现行法律尚无配套的比较完善的预防制止家庭暴力的措施,缺乏执法监督制度。除此之外,许多公民没有意识到家庭暴力是侵权行为,是违法行为,而社会舆论对此采取宽容态度而未能给予及时的、"大张旗鼓"的谴责,对致暴者没有威慑作用。因家庭暴力具有隐蔽性,故很难让家庭成员以外的人发现。而现实的

---

① 《最高人民法院关于适用〈中华人民共和国婚姻法〉若干问题的解释(一)》(2001)第 1 条规定。

② Richard J. Gelles & Claire Pedrick Cornell:《家庭暴力》,刘秀娟译,扬智文化事业股份有限公司(台北)1996 年版,第 157 页。

情况是,即便家人或邻里真的发现了家庭暴力的存在,往往也是劝和不劝离,大事化小、小事化了,以至于纵容了它的存在,以至于当它的危害真正发生时,往往是无法补救和弥补的。2011 年,全国妇联和国家统计局进行的第三次全国妇女地位调查显示,每四位妇女中有一人在整个婚姻生活中曾遭受过侮辱、谩骂、殴打、限制人身自由、经济控制、强迫性生活等不同形式的配偶暴力,比例高达 24.7%。每年约 40 万个解体家庭中,其中 25% 缘于家庭暴力。案例中,案主妻子发出"对又打又骂的日子受够了!"的呐喊竟是如此无助与无力。在家庭社会工作服务中,必须充分认识到家庭暴力的危害性,呼吁更多人参与到家庭暴力的防护工作中来。

三、生态系统理论对个案的分析

在运用系统理论对个案进行分析时,需要认识到一个个人,可以是一个次系统,或系统中的一部分,但绝对要把整个系统纳入思考范围。① 根据布朗芬布伦纳(Bronfenbrenner)的人类发展生态理论特色包括四个层次的内容:微观系统(microsystem)、中观系统(mesosystem)、外界系统(exosystem)和宏观系统(macrosystem)(见图 4)。

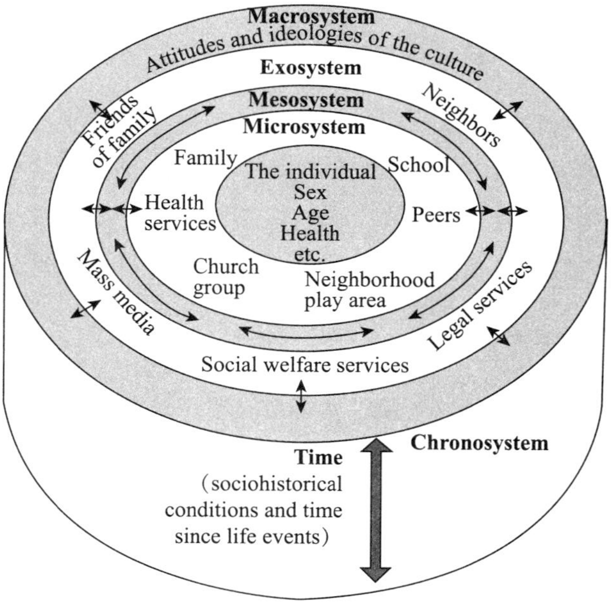

图 4 人类发展生态理论图

① Salvador Minuchin:《结构派家庭治疗入门》,第 11 页。

家庭系统藉由次系统来分化及执行功能。个人就是家庭中的次系统。丈夫与妻子或母亲与孩子的二人组织也是次系统。次系统可藉由代别、性别、兴趣或功能形成。①

(一) 微观系统

微观系统专注个人在场境中,在时间轴上建立关系的行为。在此个案中,微观系统包括:

1. 案主个人

生理方面由于酗酒体重骤减,严重影响生理和精神的健康。认知方面存在悲伤难过的情绪,但用酒精麻痹自己的方式来逃避,拒绝面对现实。情感方面,因儿子离世引发的悲伤难过情绪,同时对医院未能挽救儿子的性命感到愤怒,与妻子离婚加剧了悲伤和愤怒情绪。案主应对意外性危机事件的能力不足。行为上,由于无法有效辨识和管理自身情绪,转而将责任推向妻子和医院,并用暴力的方式来表达情绪。同时用酗酒的方式来应对困境,而酗酒亦增加了自杀的风险。

2. 案主与妻子的家庭(夫妻)系统

夫妻次系统具有特殊任务或功能,且是家庭功能中不可缺少的部分。②

案主与妻子的夫妻系统因意外性危机事件被破坏。但案主与妻子的关系并不像某些离婚夫妻一样变得水火不容。离婚是双方在情绪激动,缺乏理智的情况下做出的决定。夫妻之间离婚后仍有联络,彼此有相互支持的功能。

3. 案主与原生家庭系统

手足次系统是孩子学习与朋辈建立关系的第一个社会性实验场所,孩子从其中学习到彼此支持、被孤立、代人受罪以及互相学习。孩子透过兄弟姐妹的相处,学习如何妥协、合作与竞争。他们学习如何交朋友及结盟,受辱时如何保全面子以及自己的技巧、如何获得他人的认可。他们会互相争取不同的有利地位,而这些在孩提时代与手足相处时所争取的各种地位,对于个人未来的生命过程有很大的

---

① Salvador Minuchin:《结构派家庭治疗入门》,第 65 页。

② 同上书,第 69 页。

意义。①

案主从小就深受妈妈的喜爱。同时,因为是小儿子,所以家中的大姐、哥哥均十分关心案主。因为哥哥住的地方与案主较近。危机事件发生后,哥哥就要求案主一日三餐都到他家去吃。而侄女更是成为家族默认的介入此次案主家庭变故事件的联络人,与案主互动紧密。整个家族的亲人(除案主母亲,因其在潮州老家,对案主的家庭变故并不知情)对案主都十分支持。

4. 案主与邻里系统

案主属于从潮州移民到深圳的家庭,加上职业是个体户,因此与周边邻里的关系主要是商业行为。并无积极的资源和网络能够给予案主支持。

5. 案主与朋辈系统

从与案主面谈了解到,案主的主要朋辈支持在潮州老家。有几位朋友是可以诉诸心事的。

因此,微观系统的介入可以包括以下方面:

第一,案主应对危机的个人能力的提升,首先是协助案主疏导悲伤情绪,承认并接纳悲伤、难过的客观存在。其次是用更合理的方式来表达情绪,比如可以向第三方(家人、朋友、社工)倾诉,或者暂时离开触发感伤的情境。

第二,与案主的家人(除老妈妈之外)联系,让家人(包括已离婚的妻子)继续给予案主持续的支持和关心。尤其要做好案主随时可能采取自杀行为的防护措施。

第三,鼓励案主主动联系好友,向好友寻求情感的支持。

(二)中观系统

从理论可以了解到,中观系统重在微观系统在各主要场景之间的互动关系。在此个案中,系统与系统间的互动关系体现在案主夫妻系统与案主原生家庭系统以及案主朋辈系统的互动关系上。而破坏最严重的地方在于夫妻系统与其他两个系统的互动上。由于案主离婚,因此夫妻系统被破坏,案主妻子很可能不再与案主原生家庭的亲人互动,也不会和案主的朋辈互动。在案主存在自杀危机的情况下,

---

① Salvador Minuchin:《结构派家庭治疗入门》,第 72—73 页。

各系统能够携手建立支持网络,共同给予案主支持,让案主感受到存在感,重塑生活的希望是十分关键的。

因此,在中观系统的介入上,社工需扮演好协调者和联络人的角色,促成各系统成员的连接和互动,搭建案主的支持网络。

(三) 外界系统

外界系统在个人发展生态理论中指的是被影响的其他人和单位又同时影响该个人发展的生态系统。在此个案中,涉及案主微观系统以外的其他人和单位不多。由于事件涉及亲人离世,中国的传统文化中属“白事”,不可能广而告之。因此诸如家族中的朋友、其他与案主相关的同学,乃至小区中的邻里等都与事件没有直接的相关。而直接参与了危机介入的社工,乃至社工所属的机构(为了暂时离开容易触发感伤的环境,社工曾建议案主可以到中心参加服务)可以视为案主外界系统的重要组成部分。此外,由于案主存在的自杀可能,小区的医院、警务室等也会成为外界系统的组成部分。

因此,在外界系统的介入上,社工需要持续跟进事件的发展,整合有助于案主发展的机构资源提供给案主使用。同时,保持警惕性,除了鼓励案主家人的陪护,也提供小区医院、警务室等资源给案主的家人,以便在需要时可以及时使用。

(四) 宏观系统

根据布朗芬布伦纳的观点,宏观系统整体上容纳了文化及政府政策指导下的人类成长生态观。在此个案中,需要敏感地区文化对于事件介入的影响。比如社工为什么认为联系案主的妻子,让妻子给予案主支持是可能的? 一方面在事件中有案主与妻子私下仍有联系这一前提。另一方面给予社工信心去联系案主妻子的原因在于,潮汕地区本来具有较强的男权文化,男性在家庭中具有绝对的权威。那么责骂妻子或者儿女对于当地人来说是可以接受的。这也就意味着妻子对离婚前发生的冲突事件可能并不像西方社会或个人那样抗拒或无法容忍。另外,潮汕地区有较强的家族观念。至今,潮汕人还保留着儿女成婚后要和家中老人住在一起的传统。这又成为社工相信老妈妈对于案主会否采取自杀行为具有重要影响这一判断的原因所在。再者,要去同理案主为何如此伤心难过,若追述潮汕地区重男轻女文化的影响,也就容易得多了。从家谱图中可以了解到,对于案主这个家族而言,传宗接代、延续香火的重任系于案主一家。因此对于案主而言,儿子存在的意义绝非父子关系那般简单。儿子突然离世,案主的痛不欲生,心灰意冷也就可想而知了。

四、危机的介入

通过面谈收集的资料,社工对个案进行了如下分析:

(一)明确案主面临的危机

在危机的类型方面,根据卡普兰(Caplan)的危机分类:(1)发展性危机(developmental crisis),指人在生长过程中必须面对的各种转折阶段,如入学、异性交往、结婚、生产、大专联考、更年期、退休等。(2)意外性危机(accidental crisis),指无法预料的危机,如受暴力伤害、致命性疾病、失业、离婚、家庭遭遇灾难和亲人意外死亡等,这是随机、突然发生且具强烈性。因此,社工认为案主所经历的是意外性危机。

(二)判断案主危机的情境阶段

根据卡普兰指出危机发展的四个阶段,社工认为案主完整经历四个阶段的历程,处于情绪解组及情绪崩溃的边缘。

(三)结合分析的预判

社工认为应当以危机介入模式作为治疗的指导理论着手辅导工作,包括:

1. 限定目标

情绪疏导,协助案主承认和接纳自己的悲伤情绪;
减少喝酒的次数,设法以其他方式(喝茶)替代喝酒的方式;
转换环境,减少生活情境对案主影响。

2. 输入希望

辅导过程中,了解到案主作为家中的小儿子,深得家中年老妈妈的疼爱。案主十分担心妈妈知道孙子去世的噩耗会无法承受告别人世。社工以此为重要契机,说服案主不可轻易尝试过激的自杀行为。

3．提供支持

除了在辅导过程中充当陪伴者的角色，辅导过程中社工还发现案主的大哥和大姐都很关心案主的情况。尤其是案主的侄女更是作为家族的代表一直跟进案主的情况。社工鼓励其侄女要持续关注案主的情绪变化，积极给予支持。同时，社工还了解到，离婚后案主和其妻子不时也会有手机信息的往来。社工也致电案主的妻子，表达了希望她在这段特殊的时期能够持续给予案主支持的期望。面谈中还了解到案主在潮州老家有几位好友，能够让案主倾诉衷肠。社工鼓励案主近期多找他们谈谈心。

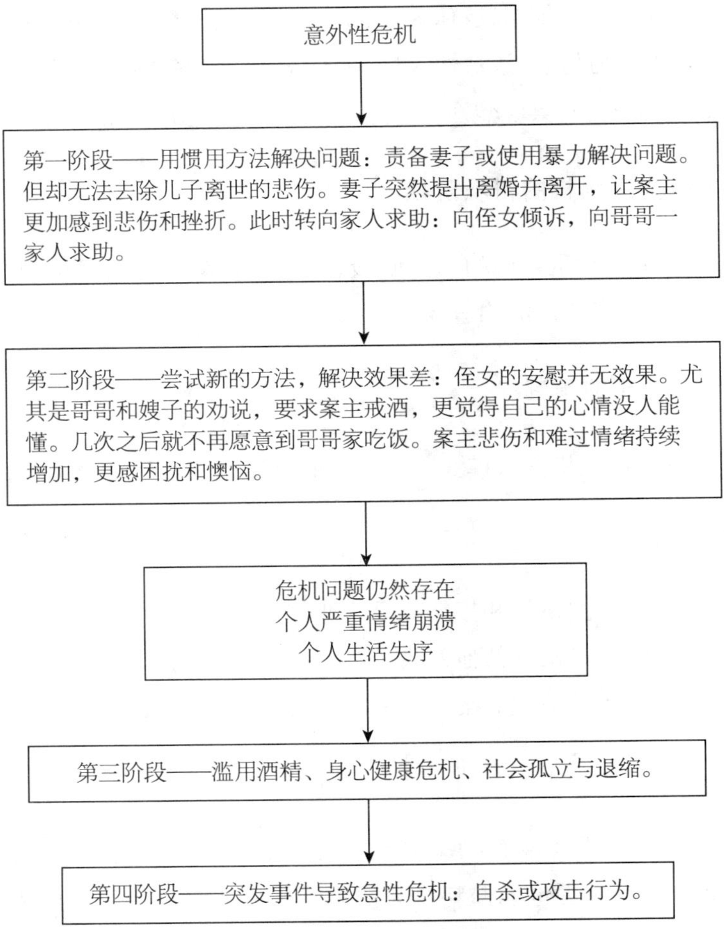

图 5　案主问题的发展过程

在辅导进行到第四次后，辅导进程面临中断（图 5）。案主令人意外地选择了返回潮州老家。但社工认为这是积极的信号,因为这符合早期制定的介入目标。而亲人与朋友的陪伴也会有助于案主逐步走出悲伤的阴影。

(四)结束与追踪

首次追踪:由于无法面谈,在案主回家一个月后,社工电话跟进案主的情况。案主回馈表示生活尚可。偶尔也会喝酒,但不敢多喝,怕妈妈知道。也提到计划在老家和朋友合伙重操旧业。暂无返回深圳的打算。社工认为案主的转变已经超出预期。

第二次追踪及结案:约又过了一个月的时间,社工再次致电案主。询问案主近况。案主告知社工自己在宝安(深圳的行政辖区之一,案主的大姐一家住在宝安,离婚后妻子也暂住宝安)。社工在电话中与案主回顾了三个月以来的历程,并告知案主预期目标已经达成,并且对案主目前的状态感到满意,也对案主走出困境充满信心。商议确定结案。

五、危机介入的成效

布朗芬布伦纳的人类发展生态理论认为人是处在社会情境的脉络之中。由此可见,要看待案主的转变,必须将案主置于其所处的系统脉络之中。也就是案主如何与微观系统、中观系统、外界系统和宏观系统进行互动。在此个案中,案主成功走出危机事件引发的急性危机,恰恰跟案主与不同系统的积极互动有关:

(1)微观系统:案主在认知上接受了儿子离世的客观事实,也能够控制过去以酗酒来处理情绪的偏差行为。暂时放弃了自杀的念头。经过危机事件,案主巩固了与家族成员乃至朋辈的关系,并能够适时使用关系,比如想与朋友合作开餐馆,能够根据需要在深圳、潮州的亲人之间做出互动选择。案主能够与微观系统良性互动,满足个人的需要也让中观系统和外界系统退居幕后。这是微观系统改变对于中观、外界系统的影响。由此可见,当家庭系统崩塌,必须设法寻找到其他的支持系统来发挥缓冲与支持的功能,而这再一次说明了家庭系统对于家庭成员而言具备极其重要的功能和地位。

(2)中观系统:继续发挥在系统互动中给予案主保护和支持的角色。根据案主需要随时发挥支持功能。

(3) 外界系统:社工和社工机构作为潜在的资源可供案主选择。案主新的生活状态将促成外界系统的转变,比如新的居住地将与新的成员产生互动,建立新的邻里关系和支持网络。

(4) 宏观系统:宏观系统将继续发挥作用影响外界、中观系统继而影响微观系统。比如在传统传宗接代文化以及独生子女政策的影响下(案主的哥哥在政策范围内不允许再养育多一个子女),案主有可能与前妻复合,并再养育儿女。虽然这只是假设的可能,但却体现了布朗芬布伦纳的人类发展生态理论的独到之处。人始终处在社会情境的脉络之中,人所在的复杂网络力量不断地影响个人与其行动的场域,关心、阻碍个人成长、健康与社会功能的发挥。

案例使用说明

一、教学目的与用途

本案例的使用说明是将此案例应用于“个案工作”或“家庭工作”的课程教学中。教学目的是希望学生在经历案例教学后能够:

(1) 了解现代社会家庭发展的变化和趋势;(2) 掌握有关婚姻、家庭的基本概念,如家庭结构、家庭系统、家庭功能以及与此有关的家庭治疗方法等;(3) 运用家庭图对家庭问题进行梳理及分析;(4) 运用系统理论、家庭治疗的方法和理论来分析和解决家庭遇到的实际问题;(5) 掌握及运用危机介入模式处理家庭问题。

(一) 适用课程

本案例适用于“个案工作”“家庭社会工作”课程教学。

(二) 适用对象

本案例适用对象包括社会工作专业本科生、硕士研究生。

(三) 本案例教学目标规划

1. 覆盖的知识点

(1) 家庭的种类;

(2) 家庭治疗的理论及流派;

(3) 家庭系统、家庭结构、家庭功能;

(4) 家庭图;

(5) 家庭暴力的知识、特点;

(6) 生态系统理论;

（7）危机介入模式。

2. 能力训练点

（1）运用家庭图对家庭脉络进行梳理；

（2）运用生态系统理论对家庭问题进行预估和分析；

（3）运用危机介入模式对家庭危机事件进行介入。

二、启发思考题

（1）中国内地家庭的种类有哪些？新形势下，家庭有哪些新的变化和趋势？

（2）家庭治疗的主要理论流派有哪些？

（3）什么是家庭系统、家庭次系统、家庭图？如何使用家庭图？

（4）什么是家庭功能？家庭系统对于家庭成员而言能够发挥哪些功能？

（5）什么是生态系统理论？如何运用生态系统理论对家庭问题进行分析？

（6）家庭治疗理论受到系统理论较大的影响，系统理论有哪些优点或不足？

（7）什么是家庭暴力？家庭暴力有哪些特点？在中国内地，对遭受家庭暴力的求助者的支持存在哪些不足？

（8）阐释自杀的基本概念，实务工作中如何判断案主的自杀风险？

（9）危机的种类、危机发展的阶段、危机介入的步骤有哪些？

三、分析思路

案例分析的基本思路是结合背景的真实案例，通过教师事先设计好的问题引导和控制案例讨论过程。本案例讨论的关键点包括：

（1）家庭结构与脉络的梳理；

（2）运用生态系统理论对家庭问题进行预估和分析；

（3）运用危机介入模式对家庭危机事件进行介入。

四、理论依据

（1）结构式家庭治疗理论；

（2）生态系统理论；

（3）危机介入模式。

五、建议的课堂计划

表1　课堂教学安排计划

内容	时长(分钟)
课前阅读资料和文献	180
课前小组讨论	60
课堂安排	120
案例回顾	10
分组讨论(可针对不同关键知识点设置不同时长的讨论时间)	60
知识梳理与总结	30
问题与机动	20

本文作者:易松国,深圳大学社会学系教授;韦宗均,深圳市鹏星社会工作服务社。

企业社会工作

自杀与应对

——一例企业社会工作危机介入个案探讨

20世纪90年代中期以来，随着珠江三角洲外向型工业的高速发展，引人注目的是，这一地区集聚了中国乃至世界上最大数量的新生代劳务工。据笔者调查发现，七成以上的新生代劳务工除了要忍受低工资、延长劳动时间、强迫加班及生活工作环境差，也面临着恋爱、结婚、生育、康乐、职业发展、压力应对、劳动和谐关系建立等一系列成长性的需求。[①] 近几年来，在全球化浪潮下，社会处于重大变革期，企业的发展方式面临着升级转型的巨大压力，新生代劳务工的职场适应、压力处理、生涯发展、劳动权益的维护更充满了困惑和迷茫，以深圳F公司坠楼事件为代表的员工危机事件受到了社会的极大关注。笔者认为，在这个关键时期，社会工作者进入企业服务领域，介入劳务工“公共危机事件”干预，这既是深圳社会工作发展的难得机遇，又是一个巨大的挑战。在此，笔者通过F公司一例新生代劳务工自杀危机的干预个案说明，在实施员工协助方案时，社会工作者是如何运用自己独特的专业视角、理念与工作手法等，平息震惊全国的“员工自杀危机事件”及挖掘企业社会工作的介入空间的，同时在“强资方弱劳工”的劳资冲突处理中，社会工作者又是如何自处、反思的。

一、问题背景

（一）个案背景

2010年4月深圳F公司频繁发生的员工自杀恶性事件被媒体大幅度报道后，

---

① 李晓凤、李羿琼:《新生代劳务工的现状及企业社会工作介入探索》,《社会工作》2012年第6期(人大复印资料)。

临床心理学家运用精神病学模式首先展开了危机干预,一些抑郁症患者被送进康宁精神病医院。不久,这家医院已没有空床位接收病人,但F公司的跳楼事件仍未得到根本的抑制。此时,笔者在深圳市政府召开的专家紧急协调会议上,第一次倡导从积极心理学角度并尝试运用企业社会工作员工协助方案(简称EAP)展开危机干预。2010年5月,深圳市社会工作者协会随即组织400名一线社会工作者进驻F公司,开始实施全面的危机介入行动。在此次危机介入中,社会工作者运用个案辅导、小组活动及社区宣传等形式,帮助员工疏导负面情绪,缓解工作压力,推动员工福利待遇的改善等,以此防止员工自杀事件的再度发生。

2010年5月笔者作为深圳温馨社工服务中心督导,正在F公司某部门开展“自杀危机干预”的个案指导。当时,某一线社会工作者(简称工作员)发现小A有自杀行为,笔者则以督导者身份,指导工作员展开了小A自杀危机的个案介入。

(二)呈现问题

小A,男,22岁,独生子,湖南某大专毕业,未婚,属于新生代劳务工。2010年1月,小A与其他30名同学一起,被分配到F公司。小A的工作是做流水线上的技工,已工作三个多月。工作员见到小A时,恰逢他感冒与工作状态不佳,并遭遇“线长”(即流水线管理人员)的辱骂与扣工资。当时,小A的工作台与宿舍十分凌乱,他的精神状态几乎接近崩溃、多次诉说想自杀,其郁闷焦虑的心情溢于言表。工作员对其表达了基本的接纳和同理后,小A的眼泪就止不住地留了下来,也慢慢地向工作员倾诉了近日心中的烦恼和苦闷。通过第一次面谈,工作员初步梳理了小A案例的问题背景。

(1)工作枯燥、紧张。小A在生产线上工作已有三个多月了,每天的工作就是安插一个零件到另一个部件上去,这样一个非常简单的动作每天要重复几千上万次,通常要工作十几个小时,一天下来大脑里一片空白,然后回宿舍睡觉,第二天再重复同样的过程。周而复始,循环往复,非常枯燥乏味。流水线的工作节奏非常快,以秒为单位,几乎是人所能承受的极限。这样,进入工厂就像钻进了一个巨大的压力锅内,全身都有透不过气来的感觉。由此,小A的神经一直处于紧绷的状态,稍有松懈他面前的零件就会堆积起来,就该听到线长的怒吼声了。

(2)业余生活单调。除了工作,小A渐渐地融入了F公司的工作生活节奏中,工作、吃饭、睡觉三点一线。于是,在这样的生活中他感到业余生活十分单调刻板,逐步变成了流水线中的一个零部件了。

（3）人际关系疏离。因公司管理人员担忧小A与大专同学联合窃取F公司的技术，他被插在不同的宿舍，相距甚远。小A是异乡人，在这里人生地不熟，下班后想找一个聊天的人都没有，宿舍里的人都爱理不理，人际关系十分冷漠。

（4）工作无前途感。小A告诉工作员，流水线上的许多同事已经在流水线的岗位上做了两三年了，不仅工资较低，并且加薪和升职的机会也很小。这样，他在流水线的岗位上看不到任何发展的希望。

（5）对未来生活的迷茫。小A出生在一个礼教严格、理性的、有秩序的农村知识分子家庭，从小父母对他要求严格并寄予很大的期望，也致使他对自己有很高的期待。但目前的这种生活工作状态让他感到十分的痛心、自责和迷茫。

（6）案主的问题是心理郁闷、生活工作没有前途感，试图自杀。

（7）自杀的导火线。几天前，小A因感冒突遇身体不适，在工作操作时动作有些迟钝，影响了流水线的进度，被线长辱骂及扣工钱。同时，这家公司近日已有员工跳楼死亡，致使公司的整个工作处于混乱中。面对目前的这种状态，小A感到愈加郁闷，更觉得这样活着真没意思，并试图跳楼自杀。

二、总体评估

（一）服务对象面临的困境主要是来自职业环境的压力

服务对象所在的单位是有着辉煌历史的台资企业，在深圳也算是本行业的龙头老大。但是，伴随社会节奏加快、企业外部环境复杂、组织变革迟缓及巨大的生存竞争压力，企业上至管理者下到员工普遍承受着巨大的工作压力，企业的文化变得野蛮和粗鲁。就像小A所说，进入公司就像进入到一个巨大的压力锅内。而压力是一把双刃剑，适度的压力可以激发人的潜能，产生积极的效应，但过度的压力会引发职业心理问题与心理疾病，也破坏了组织的健康。正如美国学者杰弗里·菲佛（Jeffrey Pfeifer）所批评：如此过量工作的组织，其实是创造了有毒的工作场所。①正是在这种“挤压式的、有毒的工作场所”中，小A感受了前所未有的困惑、压力及无助感，其心理问题也变得更加突出。

---

① 魏拴成：《压力的根源与组织压力管理机制的建构》，《上海管理科学》2006年第4期。

(二) 服务对象的迷失还因“流水线”工作环境而找不到自己的角色定位

在企业流水线作业的环境中,小 A 像越来越多的劳务工一样不得不成为大机器的“奴隶”或“螺丝钉”,失去了个人的“主体性”与工作的成就感。同时,企业中人际关系的恶化又成了他职业生活的压力源。而在这样的企业中工作,伴随着巨大的工作压力递增、个人成就感与精神家园的消失,小 A 会感到没有精神生活的远景与工作目标。[①] 渐渐地,他远离了最初到深圳打工的梦想与激情,找不到未来职业发展的角色定位,内心里充满着痛苦和迷茫,行为上则表现出工作的怠倦,尤其是目睹了同事一个个地“跳楼”,他也想以自杀方式进行抗争。

(三) 服务对象的问题在某种程度上折射了劳务工的利益诉求与劳动权益得不到保障

随着社会发展、劳务工权利意识的觉醒,小 A 也面临着劳动者的权利诉求与劳动权益的保障问题。比如工资低、加班费的计算不合法、福利待遇较低、工作环境较差等;同时,服务对象希望企业予以人性化关怀的心理、精神诉求则开始显现。对此,在“强资方、弱劳工”的劳动关系中如何加强员工的权利保护,则成为本个案介入的难点与挑战。

(四) 服务对象的问题也受到了自己早年经验的影响

心理动力学理论认为,人的当下行为主要是受到了早年生活经验的影响,小 A 出身于农村知识分子家庭,家教甚严,从小在有秩序的环境长大,常因品学兼优而受褒奖,所以有秩序、守规矩在其成长经历中被不断地强化进而成为习惯。然而,在企业目前这种坠楼事件不断发生,并存在诸多不确定性的动荡环境中,小 A 常常感到无所适从,会没有秩序感和成就感,非常不习惯,从而加剧了其自杀意识的形成。

(五) 服务对象的企图自杀行为说明了抗压的资源不足

根据 Mccubbin 与 Patterson 的双重 ABC-X 压力模型,小 A 的自杀行为表明,他已处在一个高压的生活工作状态中,但他的心理素质低、个人的心理抗压力资源严

---

① 李晓凤:《企业员工社会工作辅导介入模式初探》,《社会工作》2010 年第 9 期。

重不足，其家庭与社会支持系统也十分欠缺。本来，单个压力（如工作操作动作迟钝、遭到线长辱骂与扣钱）无足轻重，然而，当小A处在一个很高的压力水平上，而他的整个系统功能处于失调、其抗压资源严重不足时，单个压力则可能成为“压倒骆驼的最后一根稻草”。

三、核心问题的确定及介入目标

（一）核心问题的确定

根据工作员的上述分析，本案例的核心问题有：

（1）服务对象的郁闷、焦虑情绪的及时处理，以抑制其自杀行为；

（2）服务对象职业环境中的工作压力应对；

（3）服务对象的系统功能失调的调整；

（4）服务对象在“流水线”的工作环境中的角色定位及自我实现的满足感；

（5）服务对象的劳动权益维护与劳动和谐关系的建构。

（二）介入目标

综合以上资料，个案介入的目标有：

（1）降低服务对象焦虑与郁闷的情绪：透过各种支持技巧与服务对象建立信任的伙伴关系；并在提供负面情绪的宣泄、身心放松技巧及接纳中，减轻其焦虑、愤怒、郁闷及无助感，以抑制其自杀行为。

（2）提高服务对象职场压力的应对力：引导服务对象了解面临的工作环境、认识职场压力源；同时协助他在评估现有的抗压资源中开发新资源，以提高其应对职场压力的适应力与抗逆力。

（3）减低服务对象“人—环境”中系统的功能失调：建立积极的家庭支持系统以增强亲子关怀；有序调整宿舍以加强同厂的同学的支持；开展新生代劳务工的人际沟通小组与企业员工联谊活动等，以增强同事的了解、接纳及支持。

（4）协助服务对象完善自我、改变认知及增强其自我实现的满足感：协助服务对象领悟到自己目前的状态与潜意识中未满足的需求有关，以进一步自我了解和自我完善，建立起积极的职业生涯规划；同时，在改善其处境中协助他形成新的认知，灌注生活的希望、悉心培育其心理资本及增强他自我实现的满足感。

（5）改善企业环境，维护服务对象的劳动权益：组织各种讲座与培训来提高企业管理人员的素质;通过管理制度的人性化改革与干群沟通工作坊,来维护服务对象的劳动权益及促进劳动关系的和谐;运用"历奇为本的拓展训练"与企业文化建设等,间接协助服务对象与环境互动,并在此过程中促使其建设性地解决危机,达至企业与员工的共赢。

四、介入策略与方法

工作员依据企业社会工作 EAP 视角与扩展的临床视角下"双重的 ABC-X 压力模型"理论,立足于 EAP 的心理资本、社会资本、能力建设的介入路径,运用扩展的临床视角介入方法,来调适个人与社会环境的关系,见图 1。即在建立小 A 的个人、家庭、同学、同事、企业的各种抗压资源及打造企业新资本与维护劳工的福利保障中,协助服务对象回应个人需求、学会应付日常生活的危机事件,以此摆脱各种压力或困扰、促进其心理健康与能力建设。

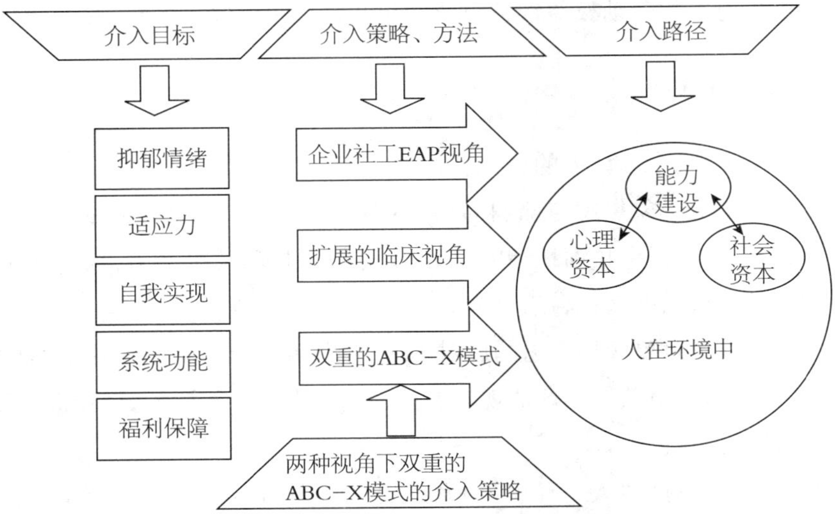

图 1 个案工作的介入策略与方法的示意图

社会学家 McCubbin 和 Patterson 以 Hill 的 ABC 模型为基础,加入"时间序列"的概念,将压力理论进行扩展,提出了"双重 ABC-X 模型",使其更加接近社会工作"人在情境中"的理念。在"双重的 ABC-X 压力模型"中,aA 因素指累积性的压力或需求,bB 因素指调适性资源,cC 因素指评估压力的状况与选择反应的策略,xX

因素指调节与适应的结果①,见图 2。

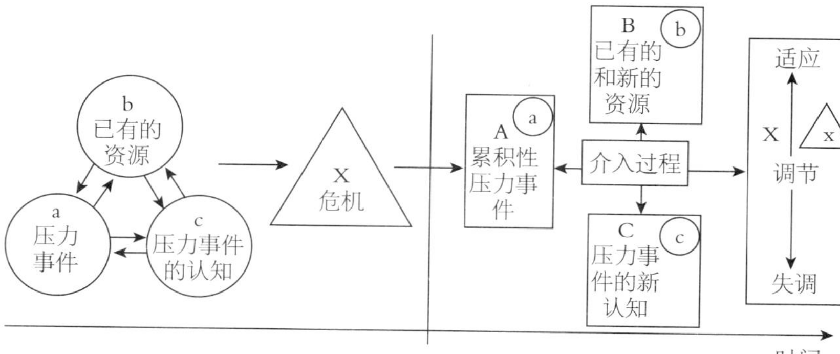

图 2　双重 ABC-X 压力模型

在本案例中,两种视角下"双重的 ABC-X 压力模型"的介入策略与介入方法的特点有:实施"人在环境中"的"综合介入"策略;从直接介入看,将从"心理分析"扩展至个人抗压资源、积极心理学视角下"心理资本"的打造;从间接介入看,将"系统功能失调的调整"发展至社会支持资源、"社会资本"的建构;从介入方法看,将运用扩展的临床视角下的社会工作实务方法(见图 3)。

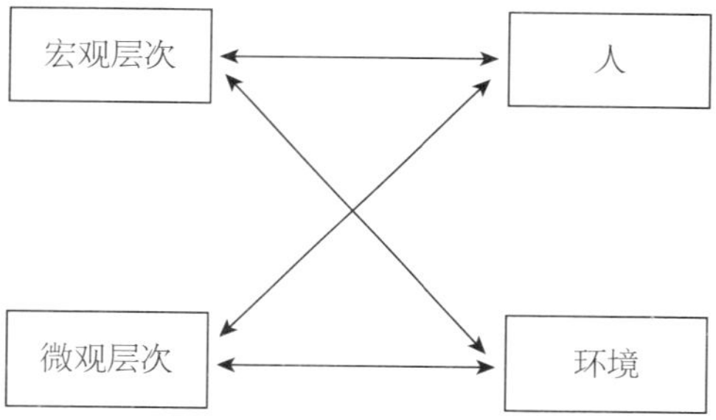

图 3　"扩展的临床视角"示意图②

(五)介入技巧:突显企业社会工作 EAP 视角下的技术

在本案例中,工作员主要采用了"综合介入""发掘积极的心理品质""注重辅导中的伙伴关系"三大技巧,以突显企业社会工作 EAP 视角下培育心理资本与社

---

① 马洪波:《双重 ABC-X 理论模型在企业员工危机干预的运用》,《社会工作》2012 年第 3 期(人大复印资料)。

② 刘焱:《以"扩展的临床视角"应对员工高流失率——以 D 厂新员工企业社会工作干预为例》,"2011 两岸社会福利学术研讨会"论文,2011 年。

会资本的技术。同时,在与服务对象的工作过程中,工作员也重视尊重、真诚、同理心三项基本条件,这也是协助案主建立专业关系的基本条件。需要说明的是,在积极心理学的视野下,通过对案主的权利、参与、兴趣、责任感、公平、合作、友谊等积极心理品质的打造,将有利于其个人的全面成长;同时,建立合作的"伙伴关系"也是打造案主积极心理品质与协助其获取各种助人资源的有效途径。

五、理念和价值观

在本案例中,工作员以生态系统理论、社会支持理论及积极心理学理论,作为个案工作的介入理念与价值观。而这些理念与价值观体现出了工作员的思考方式和人性假设。

(一)生态系统理论

生态系统理论由贝塔朗菲于1971年提出,是社会工作经典理论范式"人在情境中"的延伸和发展。① 生态系统理论以"系统视野"开启了本案例的全新思考,即个人并不是导致自身问题的唯一因素,其生存的环境也是导致个人问题的重要因素。如此,在实施案主"心理分析"的直接介入中,工作员应重视环境层面的间接介入,坚守"是个人的也是政治的"观点,警惕"人格就是命运"的心理治疗陷阱,更不能形成"完全责难受害者"的介入理路。换言之,在回应案主自杀问题的整个介入过程中,工作员应从案主特定的多系统出发进行危机干预。

(二)社会支持理论

社会支持作为一个科学的专业术语被正式提出始于20世纪70年代。从社会工作角度看,社会支持指在社会网络中运用一定的物质和精神手段对社会弱势群体进行无偿帮助的行为的总和。社会支持理论对工作员的启示是,在员工自杀危机的综合介入中,应帮助案主建立更具支持的社会环境,如评估与挖掘案主的个人、家庭及社会支持资源。由此,协助案主在评估现有的抗压资源中努力开发新资源,积聚其社会资本,以提高其职场适应力、抗逆力。

---

① 宋丽玉等:《社会工作理论》,洪叶文化事业有限公司(台湾)2002年版。

（三）积极心理学理论

积极心理学致力于人类积极心理品质的培养，关注人类的生存与发展，强调人文价值与人文关怀，并以全新的理念、开放的姿态、科学的行动，诠释与实践心理学。笔者认为，积极心理学的崛起，开启了企业社会工作 EAP 辅导的人文关怀之路及其通往员工幸福之门。① 而积极心理学对本案例的启示是，企业社会工作个案辅导的介入重点有：注重案主个人主观幸福感为核心的积极心理体验；培育案主积极的人格品质；将人的体验、人的积极品质同社会背景相联系，注重企业新资本（心理资本与社会资本）的打造。

六、多重因素影响

从生态系统论视角看，在本案例中，造成案主自杀的问题是微观、中观、宏观多个系统、多重因素相互影响的结果。

（一）个人的微观系统

从个人的微观系统看，小 A 的生理健康尚好、没有任何疾病；个人的综合能力较强、教育文化程度较高。这就是说，小 A 的大专教育水平、专业技能与胜任力完全可以应付现有的“流水线工作”，但他有“大材小用”的委屈感与职业倦怠感；同时他心理抗压力的素质欠缺、心理问题较为严重。

（二）初级群体的中观系统

第一，从家庭系统看。小 A 出身于农村知识分子家庭，父母虽然很爱他但远在湖南农村，鞭长莫及；同时因在严格的、有序的家庭环境中沿着“好孩子”模式长大，他常常品学兼优而受褒奖，父母则希望他“出人头地”。但目前在“流水线工作”的底层卑微感、工作无前途感与无成就感，让他无法面对父母，并常以工作忙为借口，几乎不与父母联系。这样，他感受不到任何家庭温暖，也无法获得家庭支持。

第二，从同学系统看。2010 年 2 月，小 A 与湖南某大专学校 30 名同学一起，

① 李晓凤：《企业员工社会工作辅导介入模式初探》，《社会工作》2010 年第 9 期。

同时被分配到这个现代化的大型公司。但因公司管理人员担忧这些同学将联合盗窃工厂的技术,他们都被分散在不同的宿舍,相距甚远,甚至都分开倒班根本见不到人,小A无法获得同学支持。

第三,从工作群体系统看。就同事系统看,小A是异乡人,在这里人生地不熟,下班后想找一个聊天的人都没有,宿舍的人际关系也很冷漠。同时,从干群关系看,企业基层的干部素质不高,管理不够人性化。如小A因感冒在工作操作时动作有些迟钝,影响了流水线的进度,线长不仅没有进一步关心他动作缓慢的原因,还辱骂并扣发了他的工资等。

(三)次级群体的宏观系统

第一,从企业系统看。小A的单位是有着辉煌历史的台资企业,但企业的发展已进入瓶颈阶段,旧的管理发展模式已无法适应发展的需要,企业文化变得粗鲁,底层管理者谩骂、恐吓员工的情况十分普遍,员工遭遇了前所未有的压力与挑战。同时,从流水线的职业环境看,小A逐渐变成了大机器的"奴隶",尤其是伴随企业中人际关系的恶化,这又成了他职业生活的压力源。如此,他对压力事件所赋予的意义是,看不到任何发展的希望,压力明显倍增,心理平衡处于脆弱状态。一旦遭遇新的刺激,如线长辱骂、扣钱,则容易引发其心理严重失衡。

第二,从工业型社区系统看。F公司所在的社区是一个封闭的、典型的工业型社区,其中80%的人口为80后、90后的新生代劳务工,他们受教育程度较高,但缺乏清晰的职业生涯规划,其情感联络与社会支持匮乏,也难以融入主流社会。同时,伴随员工权利意识的觉醒,劳资关系紧张或冲突时有发生。然而,在这个工业型社区,几乎没有公共服务设施,也没有任何为劳务工提供的社会工作服务。一旦企业员工爆发危机事件,员工则无法获得正式的、及时的危机干预及社区支持资源。

七、介入过程

(一)第一阶段　舒缓焦虑抑郁的情绪、建立专业关系

在社会工作者介入之前,临床心理学家已将小A初步判定为"自杀的抑郁症患者",建议将他转入精神病医院治疗,但医院没有空余床位安置他,又将他转介给了社会工作者(即工作员)。最初,工作员与他接触时,小A总是气愤地说,自己没

有精神病、不想被关进精神病医院，更不想见什么心理治疗师或社会工作者。不过，他也知道，如果他不与工作员会谈，他将会被立即送往其他精神病医院。但他也矛盾地强调他不想见社工，也不需要任何帮助。

工作员从转介工作中了解了小 A 的问题背景，意识到他被转介面见工作员的焦虑、压力、抑郁及勇气。工作员也明白，社工的角色容易引起小 A 的“移情”，即他对过去临床心理学家所代表的“医生特权”与被标签为“精神病患者”的恐惧可能会投射到工作员身上，他对工作员带有戒心与抗拒是难免的。为了减轻他的焦虑抑郁情绪，和他建立信任的关系可以说是开始接触时最重要的一环。不过，在未掌握他的实际情况前，工作员不能轻率地给予保证以求迅速地获得其信任。

基于上述分析，工作员运用支持、探索—描述—宣泄两个非反映沟通技巧，为小 A 营造一个轻松和安全的氛围，以了解其真实情况并尝试与他建立关系。在这个过程中，工作员耐心聆听他的倾诉，表情与语调都流露出接纳、尊重、非批判、真诚及鼓励。这种气氛让小 A 逐渐放下最初的戒心，能够以较开放的心情谈论他以往的经历与感受。当他积压多时的情绪得到有效舒缓、能够理性地面对其问题时，工作员又运用同理心与自我揭露技术，推进面谈深入发展，鼓励其勇敢地面对问题，尝试与工作员结成工作同盟。此外，工作员还借助生物反馈仪，使他掌握了一些简单易学的放松技巧，以缓解其焦虑抑郁情绪。经过对治疗的性质与专业关系的反映讨论后，小 A 能以较积极的态度进入个案工作过程。

（二）第二阶段　运用压力应对的介入模式、进行初期性的评估

这一阶段主要是运用了双重的 ABC-X 压力应对的介入模式及反思性讨论技巧（如评论、问题、解释等），来帮助小 A 了解在目前的特定情境中有哪些需求、有什么压力及抗压资源，以此对其问题进行初期性的预估。概括地说，根据小 A 的叙述，对他的压力模型因素分析如下：

A 因素——压力源：每天在流水线上重复上万次的简单的操作，工作紧张、枯燥乏味；工作时间长，工资低，工作环境差，没有前途感。

B 因素——现有的抵抗压力的资源：从个人资源看，他的个人能力、教育背景、健康状态及生理健康尚好，但有“大材小用”的委屈感，其心理抗压力严重不足。从家庭支持系统看，父母对他希望太高，但目前的生活工作状况，使他无法面对父母及获得亲子支持。从社会支持系统看，企业的基层干部素质不高，管理不够人性化；一起分配到企业的 30 名同学联系不上；同事之间的关系冷漠；社区没有为员工提供任何社区服务或社会工作服务等。

C 因素——对压力事件赋予的意义和界定：看不到希望，成了一个机器人，人生没有价值。

X 因素——危机的出现：个体感到明显的压力，出现工作倦怠，心理平衡处于脆弱状态。一旦遭遇新的刺激，如线长辱骂、扣钱，容易引起其严重失衡及自杀行为。

通过以上分析，工作员与小 A 一起确定了介入的核心问题与工作目标，制订了工作计划。这个过程贯穿着从外在到内在、从被动到主动的变化过程。

（三）第三阶段　采用直接介入方法、增强个人抗压的资源

在第三阶段，从个人微观系统出发，工作员重视“案主心理调适”的服务深度与积极心理学视角下的服务广度，先后采用直接介入方法，来缓解小 A 的情绪，协助其完善自我、改变认知，并在评估其现有的抗压资源中开发新资源，以增强其自我实现的满足感。这个阶段分为五个步骤：

第一步，自由宣泄、缓解情绪。因工作员的及时干预，小 A 向工作员倾诉了所有的烦恼及压力。在这个过程中，工作员的倾听、接纳、尊重、同理、共情、不批判、积极关注及鼓励等专业态度，使他感到非常的温暖和舒畅。

第二步，厘清思路、整合资源。工作员主要运用反思性讨论技巧，来帮助小 A 对特定情境进行反思，最终达到对自我的认知与修正。

第三步，了解自我、完善自我。工作员运用“树木—人格”投射测试技术为小 A 进行了深层次分析。在“树木—人格”投射测试中，他画的树整体看大小适中和上下位置合适，但左右位置明显偏左，提示早年生活经验对其影响较大；从树的形态看，树冠上结着许多果实，蕴含了他强烈的成就愿望，但整个树冠呈封闭状态，提示他强烈的不安全感及与环境互动的焦虑抑郁；树的根部非常简略且完全呈封闭状态，提示他对深层需求缺乏了解，不能坦然地面对自我，这就影响了内在心理能量的输送。通过“树木—人格”投射测试的分析和解读，工作员协助小 A 潜意识意识化，最终使他获得了领悟，对自我有了全面的认识。之后，工作员还运用意象对话心理治疗技术，与他共同探讨行为背后的内在原因，也找到了如何纠正和完善的途径。

第四步，传授身心放松技巧、提高抗逆力。工作员首先借助生物反馈治疗仪，向小 A 传授了简便实用的身心放松技巧，这既让他负面情绪得到了完全疏导，也使他领悟了个人抗压能力明显不足，需要不断地在实践中历练和成长。接着，工作员运用抗逆力的理论与方法，协助他学习在压力中如何发展健康的应对策略，如何在

不幸的生活中培育抗逆力,如何在不利环境中磨练生活的抉择能力等。通过上述辅导,工作员注重从积极心理学角度拓展服务宽度,帮助他在评估现有的抗压资源中开发新资源,提高了其应对职场压力的适应力与抗逆力。

第五步,制定"生涯发展方案"、增强自我实现的满足感。根据 Dalton 等的生涯阶段理论①,工作员运用生涯发展座谈会、自我评估工具、训练、个别辅导及生涯转换管理等方式,为小 A 提供了生涯发展服务方案。在小 A 的个人生涯发展服务方案中,工作员与他讨论了如下问题:他的专长技术是什么?他如何增进何种新的专长?他的工作期望是什么?就他的能力与技术而言,目前他的机会是什么?什么工作是他真正需要的?假如他决定了特定的生涯目标,什么训练是他需要的?通过上述讨论,小 A 明确了做机械工程师的个人职业目标,工作员也为他争取了由深圳市总工会免费提供的"农民工大学圆梦计划",即协助他在工作之余兼读机械工程专业本科。同时,经过工作员多方努力,小 A 被调到机器维修部。由此,小 A 增强了自我实现的满足感,也对未来职业发展充满了信心。

(四)第四阶段　采用间接介入方法、增强环境抗压的资源

工作员通过策划与推动各种活动、讲座、工作坊,对小 A 的环境施加影响,以此增强中观、宏观层面抗压的资源。同时工作员协助他与环境互动,最终达到与环境的和谐。

第一,从家庭支持资源看。在工作员的支持下,小 A 与父母亲进行了电话联系。父母降低了对他的期望,还鼓励他返回老家种田、打工及自主创业。这样,小 A 从高期待的压力中获得了解放,并得到了父母亲的安慰和鼓励,感受到了家庭温暖。

第二,从同学支持资源看。工作员积极与企业沟通,有序地调整员工的宿舍,尽量安排小 A 与同学住在一起。这既增强了同学间的交流、理解,也使他获得了同学的支持与信任。

第三,从同事支持资源看。通过举办员工压力管理与人际交往培训课程、实施"肯定训练小组"与员工联谊活动等,工作员尽力为小 A 与同事之间提供沟通交往平台,并在消除员工紧张、疲劳及抑郁之中,提升其生活品质。此举得到了员工的热烈欢迎,激发了他们对生命的热爱,也建立了小 A 与同事之间的支持网络。

---

① 李晓凤:《外来劳务工职业发展的困境及企业社会工作介入空间初探》,《社会工作》2013 年第 3 期。

第四,从干部支持资源看。工作员在企业中开展了干部素质提升工作坊、干群人际沟通小组,并协助企业对基层干部进行专题培训和考核。上述活动,不仅提高了企业干部的素质,增进了企业管理尤其是基层管理的人性化,也促进小A获得了干部的支持资源。

第五,从工作环境支持资源看。工作员在F公司主要举办了四类活动:开展系统性的生涯发展方案设计;举行“员工团队凝聚力”的沙盘游戏工作坊;开设“用工作体现价值”讲座;启动西涌海滩的心灵之旅。其中,西涌海滩的心灵之旅是工作员为小A车间的劳务工组织的一场为期两天的西涌海滩露营活动,这个活动的亮点是融休闲旅游与自我心灵探索于一体。通过上述四类活动,工作员为企业员工解决共识性问题的同时,也有效改善了小A的工作环境和氛围,为他彻底摆脱困境及自我成长创造了非常有利的外部条件。

第六,从劳动福利权的维护看。在工作员的倡导与多方努力下,工作员协助企业进行了多项改革,以维护劳务工的劳动福利权。包括:在流水线工作间的旁边开设一个温馨的休息间,员工每工作50分钟则可以在休息间休息10分钟;员工的加班时间得到了控制;企业开始为员工加薪;流水线上的员工可以有序地轮岗以应对其工作倦怠感等。

(五)第五阶段　以压力应对的双重ABC-X模型为依据、展开结案总结

在最后的工作阶段,工作员针对小A的状况,为其建立了“双重ABC-X压力模型”,以开展结案总结。概括地说,随着个案介入时间的推移,与第二阶段的预估相比,小A在压力源方面发生了新的刺激事件、产生了新的压力源;同时,因工作员的介入,通过对压力源、环境资源和个人对事件的认知影响,小A的抗压力明显增强,于是产生了下列的新的因素。

Aa因素——累积性压力事件:案主突遇身体不适;工作疏忽、被线长辱骂及扣钱,心理压力倍增,产生轻生念头。但工作员及时干预,遏制了事态发展;同时,在工作员与多方努力下,企业开辟员工休息间、控制员工加班时间、为员工加薪、员工有序轮岗及案主调入机械维修部等。上述一系列新事件的增加,能及时协助小A应对工作倦怠感,改善经济处境,保障劳动权及提升工作成就感。

Bb因素——原有及新开发的资源:(1)个人资源:通过心理辅导,提高了小A的心理素质,增强其心理抗压力。包括:采用倾听接纳、同理共情、不批判、积极关注等原则,缓解小A的焦虑忧郁;实施反思性讨论技巧与心理动力学技术协助其厘

清思路、整合资源、了解自我、完善自我；传授身心放松技巧，彻底疏导其负面情绪并领悟到自己抗压力明显不足；运用抗逆力理论与方法，提高他应对职场压力的适应力与抗逆力，促使其心理素质提高；为他提供生涯发展服务方案、兼读机械工程专业本科及调入机械维修部，增强其自我实现的满足感。(2)家庭支持系统：在工作员协助下，小 A 与父母通了电话，父母降低了对他的期望并安慰和鼓励他，获得了家人的支持。(3)社会支持系统：企业有序地调整宿舍，安排小 A 与同学住在一起；工作员开展各类小组、讲座与工作坊，为员工搭建沟通交往平台并重建其生活工作激情；企业对基层干部开展培训和考核，举办干群人际沟通小组，提高干部素质；企业实施管理人性化及员工福利改革等。上述举措大大地改善了小 A 的工作环境和氛围，也为他彻底摆脱困境及自我发展创造了有利的外部条件。

Cc 因素——对上次危机事件、累积性压力事件、现有及新开发资源的新认知：上述几个因素的影响整合一起，产生了综合效应，促使小 A 对承受的压力有了新的认知。虽然他还会遇到新的压力事件，情绪偶尔有点小波动，但逐渐改善的处境使他看到了希望。特别是工作员为他实施的心理辅导，使他了解到有困惑可以找社工及如何增强自身的心理素质，明白了如何实现新的职业理想；他也知道了自己可以经常与父母联系，求得家人支持；在企业内有困难还可以向有关领导、同事、同学去求助等。

Xx 因素——调节与适应的结果：经过工作员在上述各个不同环节的介入和不断跟进，加之，介入环节之间互相呼应，互为支撑，不断地循环往复，形成螺旋形上升，其所产生的综合效应，最终促使小 A 摆脱了压力危机。同时，在协助他建立积极的职业生涯规划中增进了其自我实现的满足感，帮助他实现了对环境的积极适应和良性互动。

（六）结案

1. 结案原因

经过一段时间的跟踪服务，小 A 的精神面貌发生了极大的变化，情绪稳定，开朗乐观，应对压力及自我发展的能力也有很大的提高，同时还懂得怎样与环境互动，学会了如何主动寻求别人的支持，掌握了诸多与人沟通的技巧，对未来的职业发展充满了信心。如此，案主的问题已经解决，服务目标已达成。此外，这个案例的成功介入也引发了一个附产品，即促使企业推出数项“劳工福利权保护”措施，推进企业管理与企业文化建设，重视企业心理资本与社会资本打造，以努力营造企业和员工共赢的局面。

2. 结案处理方式

提前告知小A即将结案,做好结案的准备,处理结案的离别情绪;同时告知他今后如有新的需要可以另行求助。此外,值得一提的是,当自杀危机平息后,社会工作者打算撤离F公司时,公司高层管理者认为,社会工作EAP在员工的能力建设、心理调适及社会支持等方面具有重要的作用,因而首次推展了企业自行购买社工服务的运作模式,简称“企业购买模式”。同时,深圳市政府也出资1000万元向20家民办社工服务机构购买了20个项目点企业社会工作服务,由此推动了企业社会工作EAP在深圳的快速发展。

八、介入行动和反思

概括地说,本案例中社会工作者的介入行动中有以下反思的空间。

(一)企业社会工作者是EAP服务领域的生力军

在当今社会的重大变革期和企业发展的转型期,社会工作者进入企业员工服务领域既是历史的必然也是现实的需要。本案例的成功介入说明,社会工作在干预企业公共危机事件及提供EAP服务及中起到了重要的作用,也必将成为企业EAP服务团队中一支生力军。同时,本案例介入过程显示,社会工作作为一个十分强调使命、价值观和资源整合的职业,在借鉴传承传统的EAP工作方法之时,不同于人力资源与心理学视角下的EAP,必然要有自己独特的理念、理论视角以及与此相应的工作手法。

(二)“相对中立”的角色定位及严谨的专业精神

本案例的社会工作者隶属深圳民间社工机构,既非政府人员,也非企业员工,这种角色定位具备了相对客观的立场,能较好体现公平、公正的原则,容易形成公信力。同时,针对企业需求引入相关资源,社会工作者把专业价值观渗透到企业的制度中,协助完善企业文化及打造企业的新资本(即心理资本与社会资本)。在这一点上较之企业内部的人力资源管理者或心理咨询人员,社会工作者能够发挥的作用将更加宽泛、有效。[1] 此外,因企业社会工作面临的工作领域和服务人群是在有严密组织的系统内开展工作的,故社会工作者严谨的专业精神更为重要。而在案例介入过程中,工作员始终都秉持接纳、倾听、同理、共情、不批判、积极关注等专业态度和专业精神,严格地遵守保密原则,深信案主是有能力的能动的主体等。[2] 只有这样,才能使服务对象感到安全、被人尊重,愿意向社会工作者求助,在与社工同行中发现自己的潜能,才有社会工作的介入空间。

(三)坚守“人在环境中”的理论视角

笔者认为,社会工作者的心理辅导技术无论多么高超,充其量是一个“二流的心理学者”,他应根据“人在情境中”理论,始终把服务对象放在特定的环境中去观察,牢记案主的问题“是个人的也是社会的”,以协助其更好地与环境发生积极互动。所以,本案例中除了采用“直接介入”的方法外,还采用了“间接介入”的方法。两个层面的介入互相呼应,互为支撑,最终达到综合的效应。

(四)整合的多维度的工作手法及熟练的专业技术

极据“人在境景中”的理念,社会工作者在工作手法上比较倾向于运用整合的、多维度的介入方法。而本案例中的“双重 ABC-X 模型”就是一个例子,它对环境、资源和时间因素的综合思考就比较符合社会工作的理念。同时,案例介入过程表明,社会工作者除了担任咨询者、辅导者的角色外,还扮演了资源链接者、政策倡导者和推动者等角色。可见,身份角色与介入维度的多元化以及工作手法上的多样化,将是社会工作在企业 EAP 服务中的特色和亮点。此外,在本案例中,因服务对象身份的特殊性(即已附上了“自杀的抑郁症病人”的标签)和挑战性(临床心理学家已无法促使这个案例发生转机),决定了社会工作者的服务方法和手段必须具有更高的专业性和技术性。比如,社会工作者应该准确掌握各种辅导理论,熟练运用,融会贯通。还应掌握一些可操作性强且有趣味性的实用技术,如“生物反馈技术”“沙盘游戏治疗技术”“树木—人格”投射测试技术和“意象对话”心理治疗技术等,这样在辅导过程中才能得心应手,挥洒自如。

---

① 李晓凤:《企业社会工作“社区综合发展模式”的运作路径初探》,《社会工作》2012 年第 2 期。

② 马洪波:《风雨里与企业同舟　危机中伴员工同行——企业社会工作的个案报告》,载广东省社会工作师联合会:《广东省社会工作案例精选》,中国社会出版社 2012 年版。

(五) 获取企业管理者与员工的信任

如何更好地获得企业管理层的认同与支持,需要社工机构在提供服务过程中打造自己的优质品牌,形成社会公信力,以获得企业界的普遍尊重。同时,社会工作者需要不断提升自己的职业操守和专业能力,以构建自己崇高的职业声望,这需要社工界同仁共同努力!

九、效果和挑战

(一) 服务的效果

1. 服务对象的自我评估

服务对象在《个案结束评估表》中,对下列主要内容作了如此的评估:

(1) 你对社工的表现满意吗?回答:非常满意。

(2) 社工对你提供了何种帮助?(可选多项)回答:提供了有用的帮助;具体有压力问题、情绪问题、人际关系问题、工作适应问题、职业生涯发展问题、自我成长问题、劳动权益保护问题等。

(3) 通过个案介入,你的精神面貌是否发生了变化,曾经的烦恼和苦闷是否变得开朗和快乐(完全没有改善为 0 分,完全改善为 10 分)?回答:9 分。

(4) 你能思路清晰,分析问题,整合资源,应对挑战,能更好地与环境互动,能力是否有很大的提高(完全没有提高为 0 分,完全提高为 10 分)?回答:9 分。

(5) 你是否获得了自我成长,能更全面更深刻地认识自己,了解自己的优势和弱势所在,进一步地了解了自我(完全没有成长为 0 分,完全成长为 10 分)?回答:9 分。

(6) 通过社工组织的各种讲座和活动,改善了你的工作氛围,营造了有利的外部环境(完全没有改善为 0 分,完全改善为 10 分)?回答:9 分。

(7) 总体而言,服务能否协助你面对或解决你的困难(完全没有解决为 0 分,完全解决为 10 分)?回答:9 分。

(8) 本个案结束之时,你认为是否达到了目标?回答:能达到。

(9) 在其他评语或意见中,案主还特别写下如下评语:"在与社工接触中收获很大,真切地感受到了社工的专业和能量,我个人也希望能成为义工,以此协助社工去帮助F公司更多的员工。”

2. 工作员的观察

通过个案介入，服务对象的精神状态发生了非常大的变化，原先的焦虑不安和郁闷无助的情绪完全不见了踪影，精神面貌焕然一新，展现在我们面前的是一个阳光快乐、自信、平和、干练的新生代劳务工的形象。

服务对象思路清晰，分析问题，整合资源，应对工作生活的压力与挑战的能力有了很大的提高，能更好地与环境互动，掌握了工作及人生的主动权。

服务对象的自我获得了成长，能更全面更深刻地认识自己，了解自己的优势和弱势所在，领悟到自己目前的状态与潜意识中未满足的需求有关，希望进一步地了解自我和完善自我。

通过协助服务对象联结家庭、同学、同事、干部及企业等各种抗压资源，组织各种讲座、工作坊，以及在企业开展“维护劳工福利权”活动，社会工作者在帮助案主与环境互动中有效地改善了其工作环境和氛围，为他彻底摆脱困境与自我成长创造了非常有利的外部条件；并且在此过程中也使他学会用新的方式建设性地重构职业发展的梦想。

3. 其他人的反馈

服务对象周围的人认为他的精神状态有了非常大的变化；工作也有了很大的起色，得到了企业员工的认同和企业中层干部的赞许。

（二）服务的困境

1. 企业社会工作者的专业实务能力不足

当前建设深圳的劳动大军中近80%为80、90后的新生代劳务工，他们受教育程度较高，但缺乏清晰的职业生涯规划，其情感联络与社会支持匮乏，难以融入主流社会，并面临着结婚生育的人生课题；同时，伴随新生代劳务工的权力意识觉醒，与企业管理层的劳资冲突时有发生。这样，新生代劳务工的需求是立体的、全方位的，并不只是提高心理素质的问题。此外，企业社会工作EAP服务在中国还是一个崭新的尝试，无论在理论研究还是在实务探索上都尚显稚嫩。因此，从企业社会工作的整个实务领域看，社会工作者将面临专业实务能力不足的种种挑战。

2. 企业社会工作者的价值观冲突

因企业以利益最大化为追求目标、社工服务机构以全体员工和社会的福祉为追求目标,社会工作者"嵌入"企业内部提供服务时常常会遭遇专业价值冲突问题(如保密原则与企业知情的矛盾、企业现有体制与社工价值取向的冲突等)。同时,在"强资方弱劳工"的劳资关系处理中,社会工作者也将面临价值观的冲突。一方面社会工作者要为"弱劳工"维权,另一方面也要在 EAP 服务中促进企业新资本的增值,如何做到平衡或双赢是不容易的。如果社会工作者在劳资关系处理中走极端,将是危险的。比如,目前珠三角的企业社工大多是一种"派驻式"服务,这种派驻式的社工助人关系是一种不对等的互动,极易变成一种专业操控,甚至可能将企业社工服务变成"责难受害者"的工具,忘记了社工的使命与关怀。又如,因企业具有追求利益最大化的性质,这会致使大多数企业管理人员对企业社会工作的认知度较低、支持力度较小。如果社会工作者以"劳务工维权"的激进方式进行介入,势必遭遇企业管理者的激烈反抗。

基于以上分析,笔者认为,我国企业社会工作的实务运作模式在未来的发展趋势是,将采用"企业社会工作的社区综合发展"新模式。即由政府在社区搭建企业社会工作综合服务平台,民间社工服务机构与企业合作开展企业社工综合服务。而此种新模式的实务运作思路是:政府首先出资,在劳动密集型的工业社区建立企业社会工作综合服务中心,并由民间社工机构整合社区不同层面的资源,为劳务工与企业提供专业服务。不过,这种企业社会工作综合服务中心需要面对一定数量的企业,采取与企业平等、合作模式来提供企业社工综合服务。之后,经过 2—3 年的过渡时期,通过由政府全部出资,逐步变化为政府与企业共同分担出资,再过渡到企业全部出资购买。笔者认为,此种企业社会工作实务新模式的优势主要有:一是民间社工机构以独立身份与政府、企业合作,可以形成企业服务的外包模式,以此全面推动企业社会工作的"大面积试点"与快速发展;二是能够维护企业社会工作的专业价值观,大力推进企业社会工作实务的发展,推动企业社工实务知识体系的整体创新;三是采用缓和式培养与渐进式购买方式,可以回应企业社会工作者的专业实务能力不足与企业认知度不足的双重困境,如既可以培养服务提供者又可以培养服务需求者等。①

① 李晓凤:《我国企业社会工作的历史演进及实务运作模式探索》,《社会工作》2011 年第 8 期(人大复印资料)。

进一步,通过对F公司的自杀危机介入案例的研究与总结,笔者开始倡导"政府领导、工会培育、社区支持、企业合作、社团运作、社会参与"的运作方式(见图4),探索性地运用企业社会工作EAP模式解决劳务工及家庭中存在的突出问题,并推展企业社会工作的综合服务,以此回应新生代劳务工的多元化需求,达致提高劳务工身心健康水平与福利权利发展的同时,促进企业心理资本与社会资本增值。由此,能够促进我国政府、企业、劳工界、公益组织、社工服务机构的多方参与,并在加快我国"以企业社工为核心"的工业型社区建设的实验中,形成个个是创造社区幸福家园的主体,个个是享受社区幸福家园的对象。

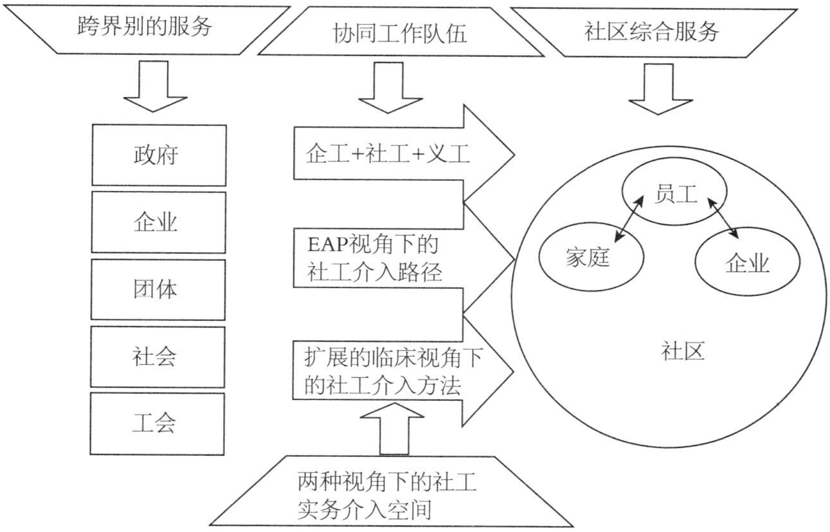

图4 工业型社区的社会工作综合服务模式示意图

案例使用说明

一、教学目的与用途

本案例教学使用说明是以将此案例应用于"社会工作实务"课程中企业社会工作实务部分的教学为基础撰写,如将本案例应用于其他课程教学安排需要做相应调整,本案例使用说明可做参考。

(一)适用的课程

本案例适用于"社会工作实务"与"企业社会工作",也可以将本案例作为"社会工作概论""社会工作专题讨论"及"个案工作"课程的辅助案例。

(二) 适用的对象

本案例适用对象包括高年级社会工作专业本科生、社会工作硕士、社会工作行政管理硕士。

(三) 本案例教学目标规划

1. 覆盖知识点

本案例在“社会工作实务”课程中应用的主要覆盖知识点有:

(1) 社会工作实务通用过程模式;

(2) 生态系统理论;

(3) 社会支持理论;

(4) 积极心理学理论;

(5) 企业社会工作中伦理困境的处理;

(6) 企业社会工作 EAP(Employee Assistant Program);

(7) 双重的 ABC-X 理论;

(8) 扩展的临床社会工作实务观(整合的社会工作实务观)。

2. 能力训练点

本案例在“社会工作实务”课程中规划的能力训练点有:

(1) 培育学生在实务中整合运用通用过程模式。通用过程模式是训练一线社会工作者案例介入的基础与灵魂,本案例通过实例来阐释通用过程模式,旨在促使学生掌握通用过程模式的理论依据及工作流程。比如,如何在实务中建立并运用由生态系统理论、社会支持理论及积极心理学理论等组成的通用过程模式的理论框架。

(2) 通过本案例中企业社会工作价值观冲突的处理及“相对中立的角色”的呈现,来说明社会工作者在伦理两难的困境中如何坚守专业精神及伦理守则,又是如何在“强资方弱劳工”的劳资冲突中为员工增权的。

(3) 基于案例中双重的 ABC-X 理论运用于员工危机解决的过程及结果分析,可以协助学生在员工复杂的生活工作环境中有清晰的工作脉络、简洁的工作策略与技术。同时,通过学习与运用双重的 ABC-X 实务干预框架,来提升学生实务技术等核心能力。

(4) 协助学生尝试运用企业社会工作 EAP 来回应员工的核心问题。随着经济社会的高速发展,企业员工遇到了工作压力的困扰,员工的各种问题对企业的可持续发展造成了极大的阻碍,本案例提出了一种企业社会工作 EAP 的解决途径及辅导模式。借着这种实务模式的学习,希望可以培育学生建构“本地企业社工实务模式”的实务能力与研究能力,以此更好地改进企业社会工作的服务素质。

(5) 促使学生掌握扩展的临床社会工作实务观。通过对案例中社会工作方法的深入解析与反思性的学习,促使学生熟悉并掌握“整合的社会工作方法”如何运用于临床实务中。

3. 理念改变点(相对于心理咨询而言)

本案例在“社会工作实务”课程中规划的实务理念有:

(1) 生态系统理论视角下人与环境互动的系统思维(结合了双重的 ABC-X 理论模式);

(2) 积极心理学理论视角下“资产为本”理论取向(解构“病态化”标签);

(3) 赋权理论视角下“能力建设”实践;

(4) 企业社会工作 EAP 理论模式;

(5) 扩展的临床社会工作实务观;

(6) “通用过程模式”的实务运作框架(注重案例的处境分析、从需求出发确定介入点、选择理论介入模式、开展专业活动设计、重视服务成效的评估等)。

二、启发思考题

本案例的启发思考题主要对应的是案例教学目标的知识传递目标,启发思考题与案例同时布置,并需要学生尽量在课前阅读熟悉相关知识点。对此,在案例讨论前就应布置学生阅读“生态系统理论”“社会支持理论”“积极心理学理论”“员工协助方案(EAP)”“双重的 ABC-X 压力模型”“扩展的临床社会工作实务观”“通用过程模式”等内容。

(1) 根据人与环境互动的系统思维取向,你认为小 A 试图自杀的主要问题是什么? 问题背后的深层次原因是什么?

(2) 社会工作者是如何运用“通用过程模式”来界定案主的核心问题及制订危机干预计划的?

(3) 本案例的介入过程在哪些方面体现了通用过程模式的理论依据与工作流程?

(4) 在劳资冲突的处理中,社会工作者是如何自处、反思的? 又是如何处理企业社会工作的伦理困境的?

(5) 在“强资方弱劳工”的劳动关系中,社会工作者如何加强员工的权利保护?

(6) 与心理咨询师和临床心理学家相比较,本案例中社会工作介入的理念、策略与方法中的关键点在哪里？有什么独特性？

(7)“双重的 ABC-X 压力模型”对环境、资源和时间因素的综合思考与“人在情境中”理论范式的契合点和差异点有哪里？

(8) 本案例的介入方法是如何体现“扩展的临床社会工作实务观”的？

(9) 你认为本案例中体现了企业社会工作 EAP 的哪些特点？你对企业社会工作在中国的发展有什么想法？

三、分析思路

案例分析的基本思路是将案例相关情景材料通过教师事先设计好的提问逻辑引导和控制案例讨论过程。如此,本案例分析设计与介入的本质是社会工作“程序逻辑模式”的提问逻辑。其中,案主的核心问题与优势能力的界定、工作者的介入理念与工作策略是案例分析的关键路线,而问题与能力、理念与策略及其后背后的理论支持与工作模型则是教学目标。本案例的主要决策点有:

(一) 从介入的视角看

(1) 聚焦在服务对象本身,还是关注其生活工作的整个环境？

(2) 关注服务对象过去的状态,还是审视其整个成长过程对其目前与将来的影响？

(3) 单纯从病态化的心理学范式讨论问题,还是从积极心理学扩展到社会学(基于社会结构导向)、管理学(推动企业管理改革与企业社会责任运动)及优势视角社会工作范式？

(4) 相信“人格就是命运”的心理治疗方法,还是整合运用社工实务方法并重视“增权”理念的实践？

(二) 从介入者的角色和态度看

(1) 工作者是治疗者,还是包括咨询者、辅导者、资源链接者、政策倡导和推动者等多种角色呢？

(2) 工作者的专业态度是不平等的“专家关系”,还是平等的“协作者关系”？

(3) 在劳资冲突的工作环境中,工作者是坚持客观的价值中立与“保守”的工作原则,还是坚守价值介入及接纳、倾听、同理、共情、保密、不批判、积极关注、倡导等专业原则呢？

四、理论依据与分析

(一) 态系统理论

生态系统理论由贝塔朗菲于 1971 年提出,是社会工作经典理论范式“人在情境中”的延伸和发展。生态系统理论以“系统视野”开启了本案例的全新思考。即个人并不是导致自身问题的唯一因素,其生存的环境才是导致个人问题的重要因素。如此,在实施案主“心理分析”的直接介入中,工作员应重视环境层面的间接介入,坚守“是个人的也是政治的”观点,警惕“人格就是命运”的心理治疗的介入陷阱,更不能形成“完全责难受害者”的介入理路。换言之,在回应案主自杀问题的整个介入过程中,工作员应从案主特定的多系统出发进行危机干预。

(二)社会支持理论

社会支持作为一个科学的专业术语被正式提出始于20世纪70年代。从社会工作的角度看,社会支持指在社会网络中运用一定的物质和精神手段对社会弱势群体进行无偿帮助的行为的总和。① 社会支持理论对工作员的启示是,在员工自杀危机的综合介入中,应帮助案主建立更具支持的社会环境,如评估与挖掘案主的个人、家庭及社会支持资源。由此,协助案主在评估现有的抗压资源中努力开发新资源,积聚其社会资本,以提高其职场适应力、抗逆力。

(三)积极心理学理论

积极心理学致力于人类积极心理品质的培养,关注人类的生存与发展,强调人文价值与人文关怀,并以全新的理念、开放的姿态、科学的行动,诠释与实践心理学。积极心理学的崛起,开启了企业社会工作EAP辅导的人文关怀之路及其通往员工幸福之门。② 而积极心理学对本案例的启示是,企业社会工作辅导的介入重点有:注重案主个人主观幸福感为核心的积极心理体验;培育案主积极的人格品质;将人的体验、人的积极品质同社会背景相联,注重企业新资本(即心理资本与社会资本)的打造。

(四)通用过程模式

“通用过程模式”的工作流程是:先找出案主问题背后的需求,了解现在的问题与未能满足的需要之间的关系;再根据案主的需要来界定干预目标,然后设计案主需要学习与发展的策略与技巧;一旦案主掌握了这些策略与技巧时,他们就能有效地达成自己的生活目标,满足自己的需要,也就解决了问题。

(五)员工协助方案(EAP)

1982年,Walsh首次正式提出了“员工协助方案”的概念。目前,关于“员工协助方案”的普遍看法是一种给予员工的社会保障和福利,是通过整合个人、家庭、企

---

① 李晓凤:《社会工作的原理、方法与实务》,武汉大学出版社2008年版。

② 李晓凤:《企业员工社会工作辅导介入模式初探》,《社会工作》2010年第9期。

业和社会等多方面资源,来预防和干预员工健康,以有效提高企业绩效的管理模式。并且,员工协助方案是社会工作、心理学、社会学、组织行为学、经济学、管理学等多种学科理论知识的交叉集成,可以从多种学科的视野对其研究。而本案例提出了一种企业社会工作 EAP 的解决途径(即着重从心理资本与社会资本的视角),初步探索了企业社会工作 EAP 辅导的介入模式。①

(六)"扩展的临床社会工作实务观"

扩展的临床视角将干预分为两大部分:人与环境。同时,干预的层次在两大部分中又分为宏观和微观。这样,干预就分为四个层面:具体的个人(p)、宏观的群体(P)、微观的环境(e)、宏观的环境(E)。其中,对于具体的个人(p)的干预主要采用个案或个案管理的方法,即可以根据劳务工的具体问题,运用个案工作的各种干预方法;对于宏观的群体(P)的干预则采用小组工作方法,而在小组层面的干预又分为针对劳务工群体与企业的干预;对于微观的环境(e)的干预,主要是针对个人与其所属的组织或社群进行的,但与 p 层面不同的是,其关注的重点是个人与微观环境(企业、家庭、官僚机构)的关系;对于宏观的环境(E)的干预则主要是指社区工作、社会行政等方法,如政策倡导、企业社会责任建设等。

(七)三个压力理论的模型

1. ABC 理论

心理学家 Albert Ellis 创建了 ABC 理论,他认为激发事件 A(activating event)只是引发情绪和行为后果 C(consequence)的间接原因,而引起 C 的直接原因则是个体对激发事件 A 的认知和评价而产生的信念 B(belief)。也就是说,人的消极情绪和行为障碍结果(C),不是由于某一激发事件(A)直接引发的,而是由于经受这一事件的个体对它不正确的认知和评价所产生的非理性信念(B)所直接引起的。如图 5 所示,同一情境(A)之下,不同的人对情境的评价与解释不同(B1 和 B2),便会产生不同的结果(C1 和 C2)。因此,Ellis 认为,正是由于案主常有的一些不合理的信念使案主产生情绪困扰。Ellis 的 ABC 理论从个人认知及行为的角度对案主的问题成因进行了深刻的分析,并提出了通过改变案主的信念及评价系统来获得正面的情绪和行为后果的应对方法。笔者认为,该理论强调个人通过自己的改变来提高对环境的适应性,有其积极的意义。但是,它一味强调改变认知来适应环境,而忽略了客观环境的决定因素,没有体现个人主动与外在资源的互动,这是其

---

① 李晓凤:《企业员工社会工作辅导介入模式初探》。

不足之处。①

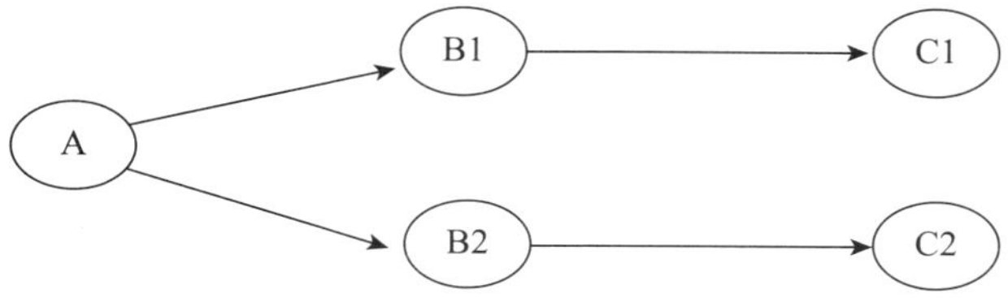

图 5　ABC 理论模型示意

2. ABC-X 理论

Reuben Hill 在家庭压力理论中提出的 ABC-X 理论模型,正好弥补了 ABC 理论的不足。在 ABC-X 理论模型中,A 代表压力源或压力的事件;B 代表事件发生时已有的资源或力量;C 代表案主对事件赋予的意义或对事件的认知;X 代表压力程度,即 A 与 B、C 互动之后所产生的压力程度或危机。ABC-X 理论除关注案主个人内在的改变外,还非常关注案主与环境的互动和资源的整合,在体现案主与外部资源的互动上前进了一大步。

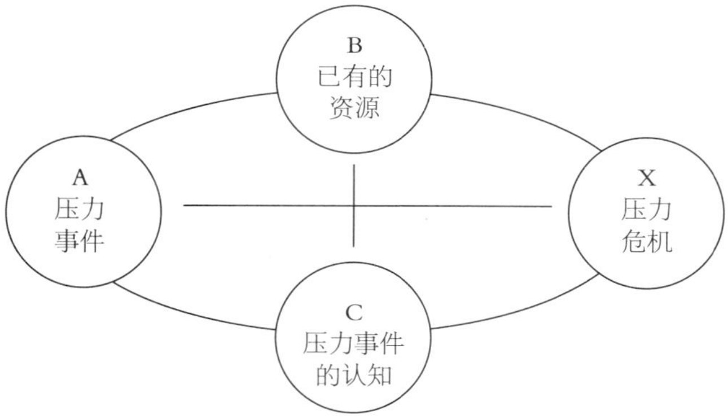

图 6　ABC-X 理论模型示意图

3. 双重 ABC-X 理论

社会学家 McCubbin 和 Patterson 以 Hill 的 ABC 模型为基础,加入"时间序列"的概念,将压力理论进行扩展,提出"双重 ABC-X 模型"(如前图 2 所示),更加接近社会工作"人在情境中"的理念。在双重 ABC-X 模型中,Aa 因素代表累积性的压力或需求;Bb 因素代表调适性资源,即当压力出现时可提供协助的资源;Cc 因素代表评估压力的状况与选择反应的策略,可能来自于成员认知后的主观评定,也可

① 马洪波:《双重 ABC-X 理论模型在企业员工危机干预的运用》。

能是来自于生活形态的调整;Xx 因素代表调节与适应的结果。其中,Aa、Bb、Cc 三个因素在案主的生活中反复出现,并随着时间的流动而产生累积作用。案主的调适是否良好,就看这三个因素彼此调适的状况。

五、关键要点

本案例分析关键在于把握企业社会工作的介入理念与工作策略及其背后的理论支持、实务工作模型及工作范式。比如,从生态系统理论、社会支持理论、积极心理学理论、企业社会工作 EAP 理论、双重 ABC-X 理论的融汇之中,形成了本案例"增权"理念的实践与策略。又如,基于通用过程模式、临床视角下整合的企业社工实务观等形成了本案例的工作策略。包括:运用通用过程模式对员工问题进行处境化分析,从核心问题出发确定介入目标,依据介入理念与策略开展专业活动设计,选择适切的介入模式与整合的工作方法,重视服务成效的评估等。

教学中的关键要点包括:

(1) 对服务对象问题的总体评估,需要关注其面临的外在职业环境、自我的角色定位、现实的权益保障、早年的生活经验及其现有的社会支持系统等。

(2) 核心问题的确定及介入目标,主要是围绕着上述预估的问题,寻找问题背后的深层次原因,然后有针对性地设定介入目标。

(3) 在介入策略与方法上,应注意依据企业社会工作 EAP 视角与扩展的临床视角下"双重的 ABC-X 压力模型"理论,立足于 EAP 的心理资本、社会资本与能力建设的介入路径,来调适案主与社会环境的关系。

(4) 在介入理念和价值观方面,主要以生态系统理论、社会支持理论、积极心理学理论的视角,作为个案工作的介入理念与价值观。当然这些理念与价值观应与工作员自身的思考方式和人性假设相契合。

(5) 在工作手法上,本案例尝试采用"扩展的临床视角"的整合的、多维度的介入方法。同时,工作者的角色也是多元的,除了担任咨询者、辅导者外,还扮演了资源链接者、政策倡导和推动者等。

(6) 在企业社会工作的特色内容上,涉及协助案主建构社会支持系统,提升案主的能力建设,推进企业社会责任的觉醒与企业文化的建设,实现企业心理资本与社会资本打造,重视"增权"理念的实践与策略,努力营造企业和员工共赢的局面等。

六、建议的课堂计划

本案例课堂计划可以根据学生的差异,尤其是对案例的阅读和课前对相应知识的掌握程度来进行有针对性的设计。本课程中案例主要按照2学时进行设计。

A计划:对于没有一线社会工作经验的本科生和全日制研究生,应布置在上课前事先预习。这种预习最好在教师的引导下、以工作坊的方式,展开小组学习、讨论及分享。

B计划:对于具有一线社会工作经验的MSW学生,最好以个人研读方式布置课前预习作业,并将小组讨论与分享置于课堂讨论中进行。

两种课堂教学详细安排计划如表1:

表1 课堂教学安排计划

A计划	B计划
课前阅读相关资料和文献4小时	课前阅读至少1.5小时
小组讨论、分享与总结1小时	小组讨论与分享置于课堂中进行
课堂安排:90分钟	课堂安排:90分钟
案例回顾:15分钟	案例回顾:15分钟
集体讨论:45分钟	小组讨论:20分钟
知识梳理总结:15分钟	集体讨论:40分钟
问答与机动:15分钟	知识梳理:10分钟
	问答与机动:5分钟

在课堂上讨论本案例前,应要求学生至少阅读一遍案例全文,对案例启发思考题进行回答。

(1)为了调动学生的学习积极性可以先做一个简单的举手调查,即对小A的自杀危机干预,是赞成心理咨询与心理治疗的介入模式,还是企业社会工作EAP辅导模式?

(2)心理咨询与心理治疗模式的理念与策略及其背后的理论支持、工作模型是什么?

(3)企业社会工作EAP辅导模式的理念与策略及其背后的理论支持、工作模型是什么?

(4)企业社会工作EAP辅导模式的价值基础与理论假设、介入目标与工作任务、理论取向与思想流派、实务范围与工作内容、实务框架与概念模式、行动策略与工作方法、工作者角色与作用分别是什么?

(5)企业社会工作EAP辅导模式是如何体现“通用过程模式”的理论框架与工作流程的?

(6)“双重的ABC-X压力模型”与心理学的“ABC理论模式”的异同有哪些?

(7) 你认为本案例如何体现了企业社会工作EAP的介入特点与介入手法?

七、案例的后续进展

经过一段时间的跟踪服务,本案中的小A摆脱了自杀危机,开始全新的思考处理危机的方式,也在职业生涯规划中增进了其自我实现的满足感。此外,这个案例的成功介入也引发了两个附产品:一是促使F公司推出数项“劳工福利权保护”措施,推进企业管理改革、企业文化建设及企业社会责任运动,以努力营造企业和员工共赢的局面。二是F公司认为企业社工EAP在员工的能力建设、心理调适与社会支持等方面具有重要的作用,首次实施了企业自行购买社工服务的运作模式;同时深圳市政府也出资1000万元向20家民办社工服务机构购买了20个项目点企业社会工作服务,由此推动了企业社会工作EAP在深圳的快速发展。

本文作者:李晓凤,深圳大学社会学系教授;马洪波,深圳市温馨社会工作服务中心。

精神健康社会工作

抑郁症个案介入

个案缘起。半年前，小雅被精神科临床医生诊断为抑郁症，并连续接受了半年的临床治疗，病情未见好转，已有半年不能正常上课，并出现自杀倾向。因听闻作者为经验丰富的社工专业教师，于 2010 年 10 月求助于作者。

一、核心问题确定

（一）背景问题

抑郁症(depression)是一种常见的精神疾病，又称抑郁障碍，以显著而持久的心境低落为主要临床特征，是心境障碍的主要类型。青少年抑郁症具有高复发率，高自杀率且严重损害青少年的社会功能。

抑郁症的主要症状包括情绪症状、认知症状、动机症状和躯体症状。情绪症状是抑郁症的最普遍的症状，主要包括抑郁心情和兴趣的消失。患者似乎充满了无助和绝望，而且抑郁情绪随时间的不同而不同，即使是在一天的时间里也会有所变化；抑郁症患者往往体会不到生活的乐趣，随着病程的发展，病人慢慢地对几乎所有东西都失去了兴趣。认知症状主要表现为无端的自罪自责，夸大自己的缺点，缩小自己的优点，缺乏自信，对自己的评价总是消极的，表现了一种认知上的不合逻辑性和不切实际性。抑郁症病人的动机症状体现在做任何事情都缺乏动力，他们要开始做任何事情都是一件极其困难的事，需要作巨大自我斗争。躯体症状：32%—80% 抑郁症患者有躯体化症状。他们常常胃口不佳，睡眠不好，人变得消瘦，并渐渐变得虚弱、疲劳、抵抗力下降。

抑郁症是一种危害人类身心健康的常见病，全球 13%—20% 的人一生中曾有过抑郁的体验,其终生患病率为6.1%—9.5%。① 北京市调查显示,15岁以上人口中抑郁障碍的终生患病率为6.87%,男性终身患病率为5.01%,女性终身患病率为8.46%。② 抑郁症的多发人群包括护士、餐饮服务人员、社会工作者等职业。抑郁症未被识别和治疗的比例很高,患者的自杀风险也很高,有自杀欲念的约为80%,自杀成功的为10%。因抑郁症的各种消耗,全世界每年损失2%—5%的产值。③ 抑郁症已经成为中国疾病负担的第二大疾病。

引起抑郁症的因素包括:遗传、性格、环境、生物化学因素。本案例涉及的青少年抑郁症的关联因素主要集中在下列六个方面。第一,学习压力。相关研究显示,成绩优秀的学生及学生干部的学习压力较一般学生高出1.75倍。第二,恋爱压力。别人恋爱,自己没有恋爱;与异性相处中的自我逆势感、否定感;失恋;恋爱无望感等,均有可能使青少年陷入抑郁。第三,前途(就业)压力。对前途的过分担忧,面试碰壁,缺乏亲人和朋友的鼓励和支持,使青少年产生抑郁。第四,家庭养育方式。父母过度使用拒绝否认则易引起孩子的愉快感丧失,产生不信任感,内化为青少年无价值、无助、缺乏爱的消极信念;而过度保护则会削弱孩子的适应能力,在遇到问题时难以自己解决。患有抑郁症的中晚期青少年家庭教养方式方面都有相似的特征,即父母亲都存在惩罚严厉,过度干涉,拒绝否认,偏爱,过度保护等不良的教养方式。④ 第五,父母过高的期待,缺乏知心朋友,缺乏社会支持,使青少年感到抑郁。第六,个性因素。强烈的嫉妒心理、敏感多疑、性格内向、缺乏宽容性等个性特点使青少年易受抑郁症侵袭。

中药和西药对于抑郁症都有一定的治疗效果,但是必须配合心理治疗才能彻底治愈。

(二)服务对象问题确定

首要需厘清抑郁症患者的社会关系网络状况、压力状况。社会工作的个案介入首先需将服务对象的需求和问题界定清楚,方能确定具体的服务目标,提供适当的服务,获得期待的成效。

---

① 郭永松:《抑郁症的流行病学研究与预防》,《医学与哲学》2007年第6期。

② 彭代辉、方贻儒:《我国抑郁障碍的临床与发病机制研究现状》,《上海交通大学学报》(医学版)2010年第6期。

③ 郭永松:《抑郁症的流行病学研究与预防》。

④ 李丽、郑郭嫄、黄晓琴:《家庭教养方式与中晚期青少年抑郁症发病的关系》,《安徽医科大学学报》2013年第7期。

1. 问题确定前收集的资料

（1）一般资料

服务对象小雅是一名大学二年级女生。她来自于一座远方城市，生得眉清目秀，身材苗条。她与人交流，轻言细语，看上去温婉、柔弱。

（2）会谈获取的资料

第一，睡眠障碍。小雅最近半年多以来，几乎每天只想躺在床上，但又无法正常入睡。

第二，饮食障碍。她最近半年以来，一直食欲不振，但因为意识到不吃饭会影响健康，于是她每天强迫自己吃少许食物。

第三，学习障碍。她已经有半学期无法听课，上课思想不能集中，感觉老师的说话声飘在空中，无法入耳，更不能入心。

第四，无意义感。她感觉做任何事情都无意义，不想做任何事情。

第五，治疗经历。半年前被精神科医生诊断为抑郁症，接受了精神科治疗半年，症状未有明显改善，效果不理想。

（3）观察获取的资料

小雅面色憔悴、灰暗，言谈声音低沉、无力，身体瘦弱。她的衣着干净、整洁、品质优良，即使在寒冷的冬天亦能感受到她衣着的暖意。这表明她的家庭经济状况应该不错，而她内心却有很多痛苦。

在开始会谈阶段，小雅能够平静地与我交流。但是，当我试图去了解她的生态系统时，尤其探究她与母亲的关系时，小雅陷入泪流满面、哭泣不止的状态。

（4）深度访谈，评估小雅需要和问题

遵循从一般性信息到非敏感性信息再到敏感信息的访谈路径，渐进性收集小雅所面对问题的核心信息。为系统性评估和界定她的问题，作者从以下几个方面收集小雅的信息：

第一，任务状态。了解小雅的任务完成状态，这对服务对象而言属于非敏感性话题，也是进一步发现问题的切入点。首先了解小雅学习障碍的原因，是因为不喜爱自己的专业，还是学习能力不足？会谈中小雅表示，自己还是比较喜爱自己的专业，过去自己的学习能力也不错，就是自己无法进入到学习状态。可以判断是其他因素影响到小雅进入学习状态，使她出现学习障碍。对小雅谋生状况的了解有助于掌握她可能面临的压力状况。

小雅的生活来源于母亲,她母亲每月定时给她的银行卡中打入 1000 元生活费,同期其他同学的生活费大约在 600—800 元。小雅从未打工或做家教,母亲所给生活费完全满足其生活所需,她未感觉到生活的经济压力。从而排除了其抑郁的经济压力因素。

第二,生态系统中的关系状况(过去、现在)。小雅的同学关系状况:限于与同宿舍的同学交往,关系良好。小雅自述,室友"非常关心和包容自己"。朋友关系状况:有一位中学同学小甜是好友。异性朋友关系状况:小雅曾在中学阶段与男同学小俊短暂恋爱,但是因各自考上大学后,联络渐少,关系渐淡而平静分手,目前偶有联系。自我评价,分手并未造成她的痛苦。家人关系状况:父亲才貌双全,但出身贫寒;母亲美丽聪慧,出生当地望族。因父亲出轨,在小雅幼时父母离异,父母现已分别再婚。小雅与母亲关系长期对立,母亲常对小雅暴力相向,她对母亲感到恐惧、厌烦、痛恨,"希望她死";与父亲很少联络,感情一般;与继父关系一般,爷爷奶奶(继父的父母)家常为小雅的避风港;小雅与其他亲属关系一般。朋友小甜与小雅具有相似受家暴经历,两人同病相怜,过去关系密切。

第三,生活负性事件。父母离异且分别再婚;三个月前母亲操刀砍门,小雅出逃;长期受虐经历:母亲的长期打骂、责难小雅(将婚姻的不幸归因于小雅);好友小甜也遭遇相似经历。

2. 小雅的问题界定和需求评估

(1) 关系(互动)障碍是最核心的问题。首先,小雅母女之间缺乏彼此认同;其次,小雅的表达方式有失技巧,面对与母亲的不一致,缺乏沟通技巧,而导致直接冲突,并使冲突不断升级;最后,母女间彼此均存在不恰当的期待:小雅希望母亲死去,母亲对小雅的期望值过高,在不了解小雅在校学习状况和情绪状况的前提下,希望小雅能考研究生。此外,来自母亲的问题直接影响到小雅,母亲的强势控制力,无论大事小事她都要求小雅按照她的设想行动;由于母亲采用惩罚式教育方式,当小雅的行为不符合她的要求,便遭遇母亲的责罚。上述问题在母女互动中成为诱发后续问题的主因,也是导致案主小雅抑郁症的主要原因。

(2) 个人能力减损。主要表现为学习障碍、生活能力减损、自我管理能力不足以及社会交往障碍。

(3) 生命无意义感。小雅在一般人际关系和临床治疗关系中,因无法表达自己的痛苦,便选择性运用"生命无意义感"来表述自己,以使自己的种种病态行为合理化。

（4）试图自杀但未具体实施。小雅明确表示自己多次有自杀的欲念，有自杀方式的主观设计，并未具体实施自杀方案。

根据上述问题和表现，小雅的抑郁症是属于为外源性的。她的障碍和问题演绎出她的显性需求和隐性需求。显性需求是：获得母亲的认同，学习表达技巧，对母亲建立恰当的期待，恢复和提升个人学习能力、生活能力、自我管理能力和社会交往能力，消除生命无意义感，预防自杀。隐性需求是：削弱母亲的强势控制力，改变母亲的惩罚式的教育方式。

二、社会工作介入过程的综合思考

（一）专业价值观与专业操守

（1）理解和尊重服务对象的独特性。抑郁症患者也有其独特的经历和感受。一般看来，一名大学本科学生在享受到家庭提供的较为丰富的物质保障前提下，应该快乐学习，幸福生活。但是案主小雅的独特经历使其在情绪上陷入困境，也会带给她成长机会，使其在困境中获得更多的体验和经验，为未来发展奠定基础。

（2）尊重服务对象的价值。小雅的生命是值得作者花很长的时间去工作和付出的，世界上没有什么比挽救一个人的生命更有意义，即使这会占用作者的科研时间。

（3）相信服务对象的潜能。小雅与环境的互动使其陷入困境，改善她与环境的互动，增强她的能力，她可以改变困境。

（4）平等相待，保守秘密。“与服务对象一起工作”必须以“平等相待”和“保守秘密”为基础。背离此项原则，服务对象不可能“与社工一起工作”。

（二）理念

（1）保护性支持，可避免小雅紧张和防御心理，有利于建立小雅的信任感，发展良好的专业关系，消减探索问题过程中可能出现的障碍，有助于她将长期郁积在内心的烦恼和伤害倾诉出来，与社工一起坦诚地探讨她的私人生活和内心世界，发现并祛除抑郁情绪的“病灶”与诱因。

（2）身、心、灵是统合的，调节身体可以改变心境。从关怀和改善小雅的身体状况开始，引导她关注自己，调节心理。

(3) 改变可以改变的,改善无法改变的。从最容易改变的开始,逐步改变和改善服务对象的抑郁状况。

(三) 理论支持

1. 生态系统理论

社会生态系统理论是本次干预的主要理论支持,该理论有助于系统性分析小雅抑郁症问题产生的原因,改善其生存的社会环境,开发、链接相关环境资源,促进其状况的改善。

社会生态系统理论认为,人类行为不仅受到自然环境的制约,还受到社会组织、社会群体乃至人际关系的制约,这是人类行为的生态学基础。社会生态系统的平衡依赖于它自身的构成,生态系统的构成与平衡是社会生态理论的重点。

参照布朗芬布伦纳的生物生态模型,来分析青少年成长与发展的社会生态环境的构成,可分为四个层次,由小到大或由内到外分别是:微系统、中系统、外系统和宏系统,从微系统到宏系统(见图1),对青少年的影响也从直接到间接。

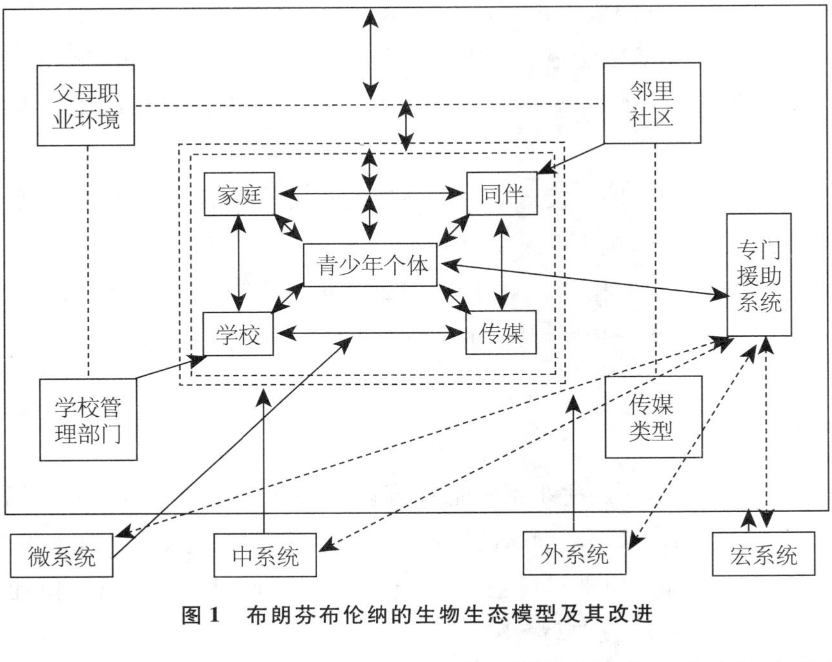

图1 布朗芬布伦纳的生物生态模型及其改进

微系统是对青少年产生最直接影响的环境,是处于特定环境中的个体活动方式、角色模式和人际关系模式,环境所具有的特殊物理、社会及符号特征能够容许、促进或抑制个体在该环境中的相互作用方式,以及个体与该环境之间持续进行的相互作用方式。对青少年而言,家庭、学校、同伴、可直接接触的媒体(如教科书、课外读物、视频与音频信号)等微系统直接传递社会文化。校长、教师、学生等教育实践的领导、组织和参与者的素质状况、媒体信息等,都直接关系到微系统的功能发挥。小雅童年成长经历中,家庭变故、母亲粗暴的惩罚式教育使其微系统受损,使其承受身体和心灵的直接伤害。

中系统是个体与其所处的微系统及微系统之间的联系或过程。中系统的意义在于:涵盖微系统要素之间的互动及其互动产物,并使微系统中的各要素的物理特征赋予主观及社会意义。例如,在中系统,媒体发出的信号对青少年个体而言,不仅是一种被个体接收的客观刺激,而且被个体解释并赋予意义,或者被吸收或者被拒绝,抑或被忽视。在中系统中,小雅对于媒体释放的关于其他母子平等、民主、温情互动关系信息的认知,使其感受到自己的比较劣势,产生自卑、自怜的心理。

外系统是大于中系统的生态环境单元,包括两个或两个以上环境系统及其之间的相互作用,对人的发展具有间接影响作用。例如,青少年的父母工作单位、家庭所处的邻里社区、学校管理部门、青少年可以访问的网络站点、提供其他信息的电视台、电台、杂志社、出版商等。小雅生活在城市社区,母亲是一所学校的教师,小雅经常被母亲带到单位,外系统对她的影响难以避免,她表示自己非常羡慕母亲同事的孩子,他们可以生活在一个正常家庭中,亲子关系融洽、亲密,享受母爱。

宏系统是一个文化系统,涵盖社会的宏观层面。例如,政治意识形态、价值取向、思想文化传统、社会政策尤其是教育政策、生产实践、风俗习惯、发展状况等、社会变迁趋向等各种宏观社会背景。宏系统包容着微系统、中系统和外系统。青少年在其生态系统中存在于最内、最小的微系统中,其本身是构成系统的要素之一,同时也受系统中其他要素的直接影响与间接影响。对于小雅而言,宏系统越是倡导平等、民主的亲子关系,小雅就越发感受到自己的悲哀、不幸和绝望。

依据布朗芬布伦纳的生物生态模型所建立的青少年行为系统的生态学模型,为分析青少年成长与发展的生态学因素提供了一个较为清晰的结构图景,而此结构图景在某种程度上具有韦伯的“理想类型”(ideal type)的色彩,是对青少年成长与发展的生态环境系统作理想化的抽象与概括。但是青少年在其社会生态系统中具有选择性和创造性。①

① 花菊香:《青少年研究的生态学路径刍议》,《当代青年研究》2007年第6期。

青少年对社会环境选择性注意、选择性接触、选择性记忆和选择性理解，形成了其对社会环境的适应状态。青少年选择的标准往往是依据个体对生态环境的“合理性”评价，被评价为合理的环境系统，说明评价主体能够适应生态环境系统，反之则不能适应。前者试图保持生态环境系统的平衡与稳定，后者则谋求环境生态系统的变迁或避离。在现实中，多数青少年对生态环境和理性评价处于两者之间，即在合理性评价中包含部分不合理性评价，抑或合理性评价与不合理性评价参半。合理性评价中蕴涵着生态环境的“历时性”与“现时性”因素的交错，既有个人成长史的积淀，也有社会现实的交融，并且是一种“自认”的合理性。这种合理性或与社会理性完全重合，或相互交叉而具有部分重合，抑或完全相悖。无论是何种情况，对处于某种特定生态环境历史与现实交错场域中的青少年，他们的选择只是对环境的自我适应。无论自我适应最终以何种结果形式收场，在个体做出选择的时刻，适应行为均被认为是有益于自身的。

青少年个体与环境互动时的创造性主要表现在以下几方面：第一，超越前人。个体对当前生态环境的适应性反应具有超越前人的反应模式。第二，挑战他人。个体试图突破同时期他人对环境的适应方式来应对自己当前的生态环境。青少年要求自主，摆脱对成年人的依赖，亟须得到成人的理解和平等的对待，因此，超越前人与挑战他人则是青少年强烈的独立意识的表现，以此彰显其在生态环境系统中的存在价值与意义，并获得生态系统的关注与认同。第三，突破自我。个体试图突破自身既往对生态环境的适应模式。第四，塑造环境。个体试图改变环境，让环境适应自我的特点。正是在上述几方面的创造性表现，汇集成青少年对环境的巨大影响，他们不仅主动适应环境，还在不断塑造甚至改变环境。青少年将前人、他人及自身既往的适应性反应方式汇聚成个体的“知识库”，并不断梳理、综合、再造而产生新知识，在对生态环境做出适应性反应时选择、辩护与运用这些新知识。新知识的广泛使用便实现着对环境的改造。与生态环境互动时，青少年个体所发挥的创造性对生态系统而言并非总是积极的、有益于系统维系的，创造性也可能表现为自毁环境的行为，而使生态系统陷于毁灭性危机之中。

随着社会急剧变迁，每个青少年成长的社会生态环境系统都可能遭遇危机，破坏平衡。因此，如何恢复平衡成为青少年个体、家庭及社会的重要使命。沿着生态学模型的“理想类型”路径，青少年的健康成长与发展必须以生态系统的结构完整与功能健全为前提。首先是在微系统层面的结构完整与功能健全，并依次推延至宏系统，在不同层次的系统上，保持结构完整与功能健全。为达成或维持青少年成长与发展的生态系统平衡，要求从家庭、学校、社区、教育决策乃至整个社会文化环境上，为青少年心理健康发展提供不同方面的资源。在系统不同结构水平之间既保持边界，又具备正常的沟通渠道，达到彼此间的相互协调。由于“理想类型”本身“是一个片面的、夸大的概念，通常是对一定社会现象合理性的夸大”。对于具体的小雅而言，原生家庭的破碎、重组，母亲的暴力惩罚教育，破坏了其生态系统的平衡，系统功能出现残缺。

面对破损的结构与残缺的功能，青少年生态系统具有一定程度的“自适应稳定”和“自适应组织”能力，对外界干扰具有抵抗力和恢复力，能够维持自身组织结构的相对稳定，具有自我调节功能，并为发展提供合乎要求的服务。有些青少年个体作为生态系统的主体具有较强的自我适应、调节及修补能力，面对挫折时表现得越挫越勇；有些青少年生态系统中各层次系统之间的功能协调，如学校对家庭功能的修补，或者家庭功能对学校功能的修补，使个体在一定障碍的环境中仍能保持健康成长与发展的态势。但是，当系统障碍超越了“破损域限”和“残缺域限”，即超出系统能够承受与容忍的结构破损与功能残缺的程度，不仅系统出现失衡，而且青少年的成长与发展也出现障碍或病态行为。在接案前，小雅依据自身的修补能力及其生态系统的协调能力已无法实现或恢复其生态系统的平衡，她正处于系统紊乱境遇而无力自拔，惟有借助社工的“外力”调节方可恢复系统平衡。

相对于生态系统的有机性，“外力”则是在生态系统中“突生”出来的一种结构，外力可定义为“专门援助系统”。“结构修补”与“功能替代”是该援助系统的存在基础，当生态系统突破了“结构破损域限”和(或)“功能残缺域限”时，专门援助系统才发挥作用，为青少年发展中的正常转变或非常规转变提供缓冲、援助服务。生态系统结构破损有些是可以修复的，如以社会系统及时替补教师职位的空缺；有些难以修复，如难以为青少年替补一位逝去的亲人，家庭等系统结构的破损很难依靠援助系统修复。援助系统主要以功能替代为主。专门援助系统并非是生态系统中自然形成的，必须依赖社会的理性思考方能建立。专门援助系统的目标是修补已突破域限的破损结构与残缺功能，其难度较大，技术性要求也比较高。援助系统具有一定专业特质，从业人员也应具有专业的服务技能，通常由专业的社会工作者及其服务机构来构建该系统。作为专业援助系统中的成员，社工必须将自身置于小雅的宏系统中，与其微系统、中系统、外系统进行互动，也必须与宏系统内部各因子之间进行有效互动，一方面吸纳上述系统中的资源，另一方面则提供干预服务，协调小雅的社会生态系统的各类因子，恢复或达成其生态系统的平衡，利于小雅的身心健康。

2. 优势视角理论

本次干预过程运用优势视角理论,与小雅共同探索她可能获得的各种优势和资源,建立和发展与她合作、互惠、彼此分享、关心可能性的专业关系,强调和利用小雅自身所具有的优势、资源、可能性和内在力量。在该理论的指引下,对小雅的介入重点被置于她的体验、个人品德、天赋、感悟、故事、灵性、意义和社区资源分析,通过故事叙述、感悟分享、意义探讨、资源分析,引导小雅在回答生存问题、支持问题、例外问题、可能性问题、信心问题等一系列问题中发掘自身的优势,协助她提高自身的能力,改善心境,获得信心。并运用赋权理论帮助其远离自己不合理的思维定式,在已有的认知限制中解放自己,受虐是伤害性经历,但也为小雅提供了反弹和重整的可能,使她有机会来理性反思自己、母亲以及他们彼此的关系和家庭关系。父母关系的变故,受虐使小雅陷于痛苦,也给她带来资源,使她对婚姻家庭有更深层次的理解,较同龄人能更多地理解责任与担当,为未来自己如何担当家长角色提供了思考的机会。将责任、担当融入个体的品德建构中,扩大小雅的能力和力量,关注她个人和家庭与环境的关系。在对健康母爱的渴望中,鼓励小雅用自己爱的天赋改变母亲。

3. 萨提亚家庭治疗理论

在对小雅的介入服务中,还运用了萨提亚治疗模式的一些经验和技巧,协助服务对象获得系统性转变。

了解引起抑郁症患者原因是第一步,不清楚由头的“对症治疗”只是“医表不医里”。但是要真正了解小雅的问题,首先要撬开小雅身上自我保护与防御的“壳”,打开她的“心”,更要深入到服务对象潜意识的“里”。

打开服务对象的“心”后,服务对象倾诉内容包括行为、感受、信念、假设、认知、情感、分析、判断、推测、渴望和生命力。作为辅导者,需要澄清这些内容,引导服务对象小雅从指责性倾诉转向对自我感受的体察和关注。当小雅被厌恨、恐惧等极端而强烈的情绪、信念控制时,她往往会忽略了自我的感受,与自我的真正内心失去联系,无法清楚自己真正的内心需要和渴望。因此,通过提问协助小雅澄清哪些是客观事实,哪些是主观事实;哪些是感受,哪些是假设,哪些是推测。

在此基础上,将先前分析的显性需求衍生为本次介入的直接目标,隐性需求衍化为间接目标,并分析小雅所具有的优势和资源,与她共同讨论这些资源,使其获得力量和信心;整合这些资源,实施介入,促成改变,达成目标。

介入策略上用任务中心模式,以调息、自我放松训练、积极运动等任务,使服务对象获得关注身体、体验自己的感受的机会,从而将个体与消极压抑的情绪相隔离,实现从有限转移,渐进改善,最终达成全面改善。

萨提亚理论模式相信,服务对象表达方式和行为的改变,定会带动与之互动者的改变。服务对象小雅的改善,可以带动她家庭的改善,同时给予家庭支持和辅导,可以使服务成效扩大和巩固。

(四) 服务对象受影响的因素分析

1. 不良的家庭互动模式

母亲的强大影响,使服务对象小雅在原生家庭无法学习到良性互动行为,不会表达爱和需要。

(1) 母亲骄傲而受挫的心理,一方面将服务对象视为失败的原因,另一方面也将其视为可能扬眉吐气的希望。母亲因家世显赫、外表出众、个人能力超强,形成不甘示弱的个性,给最亲的家人带来较大的压力。父亲的背叛使母亲自尊心严重受挫,未能很好调整自己;普通家庭出身和普通职业的继父给予母亲的第二段婚姻,并未抚平母亲受挫的心,更未满足母亲的强势需求。母亲向小雅表示:就是因为你,我才无法找到理想的丈夫,不能像其他姐妹一样风风光光地生活。母亲把自身婚姻的不满转嫁在小雅身上,使她在童年期就备受指责,无法获得安全感、依恋感,形成自责、自卑、自怜的心理。

另一方面,母亲对小雅寄予厚望,希望她能好好学习,获得理想成绩和各种能力,出人头地,有美好的未来,也能为母亲挣得面子(小雅自己的分析)。现实中,若小雅的行为表现与此目标相悖,母亲便会斥责、发怒,这逐渐使小雅丧失自信。

(2) 母亲的暴力行为。母亲稍有不满就会暴力相向,且逐渐升级,使服务对象产生恐惧感和厌恨心理。已有的研究显示,中晚期青少年渴望平等,不希望父母过多地保护自己、干涉自己,而且父母总会在无意间偏爱异性子女。① 因为父母很早离异,小雅未能体验到来自父亲的保护,却仅体会到来自母亲的专制、拒绝和否认。小雅在童年期的独立性和自主意识尚不成熟。小雅读大学后,这些意识觉醒,母亲

---

① 李丽、郑郭媛、黄晓琴:《家庭教养方式与中晚期青少年抑郁症发病的关系》。

原有的管教方式使母女冲突升级。

2. 相似经历的同伴影响

小雅有一位幼时的女性同伴小芳,既是邻居也是同学。小芳在家中也常常因为一些琐事被父亲打骂,最严重的一次被父亲吊在自家的院子中毒打,被邻居相救后逃离了家庭。她们俩同病相怜成为好朋友。小芳在以下三个方面深刻地影响着小雅。

(1) 逃避。小芳从开始时被打后的逃跑,演变为长期的离家出走。小雅在上一个假期中因与母亲的冲突,也离家出走了。

(2) 压抑自我。小雅只有在与小芳的互动和交流中,谈及受母亲虐打的经历,宣泄不满和愤怒。与其他人相处时总是习惯性地封闭自我,压抑不满。但是因小芳和小雅均已离家出走很长时间,彼此联系减少,所以小雅更加郁闷。

(3) 否定自我。与小芳较为相似的是,小雅对自我的评价极低,看不到自己的优势、资源和价值,对外界缺乏欲望和诉求。

3. 自身的个性因素

(1) 较为封闭的个性,不善于与人交流。由于家庭的变故,母亲的强势,使小雅从小养成了不善与人交流的特性,周围的人缺乏对她本人及其需求的了解,无法为其提供适当的支持和帮助,并使亲子互动问题衍化为痼疾。

(2) 消极的认知图式,不善于从积极方面理解问题。这种认知图式,将她人生经历中的诸多事件的负面信息沉淀在心中,越发使小雅的内心悲观;也使小雅的人际网络窄化,缺乏朋友。

(3) 羞于正向情感表达,将赞美、喜爱、欣赏、感激都藏在心里,不愿意表达。即使小雅感受到来自大学室友的关爱和帮助,也未能激起她正向的回馈,她还常对室友发脾气。值得庆幸的是三位室友都为江苏本地人,且天性善良,都能包容和善待来自远方的小雅。

(4) 缺乏自我责任意识和自我改变的动力。在与大学室友的相处中,小雅虽能感知到她们的积极、善良所散发的人性魅力,但她还是做“原地踏步”状,沉溺在自我的悲哀、无望之中。

三、介入方法

（一）确立介入目标

通过先前的分析，已经清晰地了解到小雅的显性需求和隐性需求。显性需求衍生为本次介入的直接目标，隐性需求衍化为间接目标。确立介入的直接目标为：

（1）提升社会交往能力，改变互动方式，改善人际关系及母女关系。

（2）建立对母亲的恰当期待。

（3）恢复学业。

（4）提高生活能力、自我管理能力，改善小雅的身体状况。

（5）感受生命意义和责任，消除生命无意义感，预防自杀。

间接目标是：第一，削弱母亲的强势控制力；第二，改变母亲的惩罚式的教育方式。

（二）与小雅共同分析其优势与资源

（1）母亲经济支持和电话关心。母亲定期汇款，保障了小雅物质生活无忧。

（2）良好的室友关系，三位室友给予她包容、关心、陪伴、体恤和支持。

（3）主动的求助意愿，求变动机较高，可进一步发展为积极的改变动力，继而演绎为小雅生态系统中最积极、最先改良的因子。

（4）小雅具有良好的受教基础，接受了优质的高等教育。

（5）相似经历的闺蜜偶有联络，相互理解。

（6）学校老师的宽容。

（7）形成了与专业辅导者（社工教师）的信任关系。

（三）介入策略

（1）任务导向，实现行为渐进改善；分解任务单元，由易到繁。

（2）完成任务目标，体验轻松与成功。

（3）改变服务对象的应对方式，可以带动家庭互动模式的改变，最终实现家庭良好互动。

（四）具体介入步骤

（1）引导小雅关注自己，体会自己的感受，而不是与母亲的不良互动及由此产生的恐惧、烦闷、痛恨等负面情绪。具体任务如下：

① 关注呼吸并调息，在室友陪伴下完成调息和松弛训练；

② 定时、定量的饮食（每天）；

③ 走路或慢跑（根据体能从第三周开始）；

④ 将每天身心感受记录在日记里（从第一周开始）。

（2）学习积极的认知方式和表达技巧，提升社会交往能力，改变互动方式，改善人际关系，以小雅的改变带动母亲的改变，最终改善家庭互动模式，并使小雅获得母亲的认同。

第一，情绪制动。暂时停止小雅与母亲的任何电话互动，终止她与母亲的消极互动模式。与小雅讨论是否可以发短信告知母亲自己患抑郁症并正在积极寻求专业帮助的事实，请母亲放心，并表达获得母亲支持和配合的愿望；终止对母亲的诅咒、反抗母亲的行为。

第二，鼓励小雅学习积极的认知方式和表达技巧。对三位辛苦照顾自己的室友正式表达自己的感激之情，动员室友给予她积极肯定和认可，提升了小雅的社会交往能力，改变她的人际互动方式，改善同学关系。

第三，在作者的辅导下，发掘用于描述母亲的正性词汇，并尝试在作者面前表达。

第四，尝试将习得的正性词汇和积极表达技巧运用于与母亲的短信或书信互动，然后是电话互动，最后运用于面对面的互动，给予母亲认同。

第五，以小雅的改变带动母亲的改变，最终改善家庭互动模式，并使小雅获得母亲的认同。

第六，生命加减法练习。

（3）链接室友资源，以陪伴支持，协助小雅恢复和提高学习能力和效果。

（4）通过辅导，并与小雅讨论，设计她可以接受的提高生活能力和自我管理能力的具体方法。

（5）辅导者对小雅的进步和改善给予及时的赏识与肯定，提供情绪支持，使其感受生命意义和责任。

四、介入行动和反应

（一）关注感受的行动及其反应

行动：引导小雅关注自己，体会自己的感受，具体任务是从第一周开始，小雅将每天身心感受记录在日记里。

小雅的反应是：当她关注自己的感受时，恐惧、愤怒、烦闷、悲伤、憎恨的感受得以觉察，并在记录和哭泣中，得到正视与释放。在关注自身的感受时，她不再纠结于母亲了，也不表达指责了，而只是关注自己。

（二）关注身体的方法及反应

行动：关注呼吸并调息，松弛训练。在室友陪伴下小雅完成下列行动：

1．调息法

每天晨起前和每晚睡觉前做五次深吸气、屏息、深呼气的最简单的深呼吸运动。（第一周）

2．肌肉放松训练

要求患者想象最能令人松弛和愉快的情景，需要指导者用言语指导和暗示，使全身肌肉得到深度松弛。（第二周开始，每天练习两次）

具体步骤：

（1）先找个舒适的位置坐下或躺下来，然后用基本调节呼吸法，使精神达到较放松及集中的状态。

（2）手部的松紧：先进行手部肌肉的练习，将手握成拳头状，尽量握紧、握紧，这时候可以感受到手有震动的现象。然后持续5—10秒，再把拳头缓缓地放开，手部的肌肉尽量放松。在拳头握紧的时候，集中注意力去体验肌肉放松的感觉。

（3）手臂的松紧：双手紧握成拳头状态，然后双手及前臂向上弯曲，让手臂向上的肌肉出现紧张的状态，手腕尽量贴近肩膀，用力保持这种手臂拉紧的状态5—10秒钟，然后把双手慢慢放下来，把注意力集中在整个拉紧的和放松的感觉，松弛约10秒。

（4）肩膀的松紧：用力使肩膀向上提，尽量让肩膀贴近耳朵，用力再用力，持续

5—10 秒之后，再让肩膀慢慢地自然垂下，尽量放松，松弛 10 秒。

(5) 颈部的松紧：颈部的松紧分前后两部分，首先将头尽量往后仰，让后颈部的肌肉出现紧张的状态，持续 5—10 秒，然后让头缓缓回到正常、正中、自然的位置，让后颈部的肌肉慢慢放松。下一步练习前颈肌肉的松紧，把头尽量往胸部垂下，让下颚尽量接近胸前，持续这种紧张的状态 5—10 秒钟，再缓缓把头抬至正常正中、自然的位置，感受松弛的感觉约 10 秒钟。

(6) 脸部的松紧：脸部肌肉分额头、眼部、牙关节、嘴唇和舌头五个部分。

额头：把眼、眉尽量往上抬，让额头的骨肉感到紧张的状态，再恢复原状，感受额头的放松。

眼部：用力把两眼紧紧地闭起来，感受到眼部肌肉的紧张，5—10 秒后再慢慢放松。

牙关节：用力把牙关节咬紧，感受到牙关节肌肉紧张的状态，5—10 秒后再慢慢放松。

嘴唇：用力将上下嘴唇蜷在一起，就可以感受到嘴唇的紧张，5—10 秒后再慢慢放松。

舌头：用力将舌尖顶上颚，5—10 秒后再慢慢放松。

(7) 胸部的松紧：吸一大口气，使胸部和肺部尽量扩张，感受前胸的肌肉紧张，然后慢慢地呼气，感受胸肌的放松。

(8) 腹部的松紧：将腹部向内收缩，感受腹部肌肉的紧张，然后缓慢放松。

(9) 背部的松紧：将两边肩膀向后压，胸部肌肉自然会向前挺起，背部肌肉感到紧张，然后缓慢放松。

(10) 腿部的松紧：先将双脚直直抬高，离开地面，脚底尽量向下压，这样小腿的肌肉就会感到紧张，持续 5—10 秒后，再慢慢将双脚放到地上；再将双脚直直抬高，离开地面，这次将脚底往上钩，持续 5—10 秒后，再放回地上。

(11) 收紧臀部肌肉—放松；臀部肌肉用力抵住椅垫—放松。

(12) 伸腿并抬高 15—20 公分—放松。

(13) 尽可能地收缩—放松；绷紧并挺腹—放松。

(14) 伸直双腿，足趾上翘背屈—放松；足趾伸直趾屈—放松。

(15) 屈趾—放松；翘趾—放松。

以上每个部分的练习，要重复两次可以达到理想的放松效果，而且必须做完一个部分的练习后，再进行下一个部分的练习，一次专心做一个部分的放松，否则注意力很难集中。

3. 定时、定量的饮食(每天)

小雅与社工讨论和回想自己吃过的最美味的食物,只要有可能,便犒劳一下自己;认知食物的营养,增加获取食物营养的欲望;为自己制订饮食计划,每次进食前,先闻一闻美味,再细细品尝,每吃下一口都表扬和暗示自己,"不错,我吃下的食物非常美味,很有营养,我的身体会越来越强健"。

4. 走路或慢跑(根据体能从第三周开始)

每天在操场边的树下作深呼吸 5 次;慢跑半小时(中间可以休息,根据自己的体能,可与中速步行交替);再做 5 次深呼吸。

小雅的反应:通过调息、肌肉放松训练、慢跑等渐进活动方式,不仅成功实现了对身体的关注,更使小雅体验到身体的轻松,食欲的增加,脸色逐渐红润,心境有所改变,生命力增强,生活的自我控制力增强。

(三) 情绪制动的行动及其反应

行动:关系归零(认知),停滞处理。将对母亲的怨恨与不满都写在一页纸上,分析母亲的动机和期望;分成两个部分,正向与负向,左右对折裁开,将负向的折成纸船,放入山中溪流;正向的作为母亲给自己的礼物,把它嵌在自己最爱的纪念册里,永久保留。

小雅的反应:小雅被动获得"好的请走来,不好的请走开"的机会。开始布置任务时,服务对象似乎有些不以为然,但真正如此做之后,发生了奇迹,开始意识到母亲的不易、美丽、付出、善与爱、聪慧、坚强。不过,小雅认为这些"好"的方面,母亲通常不是给予小雅的,而是给予别人的,但是她愿意把这些珍藏起来。

(四) 恢复和提高学习能力的行动和反应

行动:室友陪同恢复上课,改变原来的座位习惯,每堂课都与室友坐在第一排;无论是否听得进老师所讲,上课的任务先从做笔记开始,老师讲什么就记什么,不要求完全正确,也不分是否是授课重点,只要求小雅努力将老师所说的话尽可能多地记录下来。

在室友陪伴下参与各类学生活动。协调教师给予小雅支持,表达适度关注、关怀、肯定。

小雅的反应:以前从未坐过第一排,突然坐第一排有些害怕和紧张,但是室友的陪伴很快使其感受到安全、温馨、自己被重视。任务性的记录,开始是应付,但是在记录过程中逐渐感觉到老师的话语可以进入自己的耳朵,进入自己的大脑。一周后,感觉变化很大,小雅自己可以回忆老师课上的一些主要内容了。一个月就已经恢复到正常的上课状态了。

(五)认知介入行动与反应

行动:在社工老师的引导下,从另一个积极视角看母亲的要求;正确认识自己的正向与负向。

小雅的反应:(1)开始小雅一直从自己的立场看问题,无法接受母亲的愿望是美好的。她认为母亲的愿望是从母亲自身出发的,而不是以她为核心的。作者引导小雅从自己的衣着及其他生活与同龄人的比较开始,渐渐理解母亲对自己的付出、爱和善。(2)原先服务对象不关注自己,所以未将困境与自己的个性相联系。通过此行动,认识到母亲的优势之后,她开始意识自己的不足和责任,不善表达,尤其不善积极表达使问题和冲突升级。

(六)情绪支持

行动:(1)改善体验。转变不愉快的体验,为自己的不满情绪寻找发泄对象,在这一过程中使得小雅由被动承受者转变为主动执行者,并向自信和愉快的情感过渡。(2)改变小雅消极观念。社会工作者努力澄清小雅的感受,引导她正确对待情绪的表达方式。社会工作者紧紧抓住事件本身,转述小雅问题并进行摘要,澄清小雅主观化的偏差,帮助小雅建立准确的判断和积极的感受。重复进行这样的澄清,以此来引导小雅恰当表达自己的情绪,在下次遇到挫折时不会发生严重的判断偏离。

小雅的反应:小雅的情绪渐稳,不再哭泣,脸上渐渐有了笑容。

(七)积极表达改变家庭互动模式变迁的行动与反应

行动:给母亲写信,赞美母亲的美丽与智慧,感谢母亲的给予与牺牲。

小雅的反应:开始不愿给母亲写信表达对母亲的赞美和感谢,但是当认识到母亲的优势,意识到自己的不足和责任时,她还是很认真地写了一封表达赞美和感激的信,母亲在接到信的当天,就打来温情的电话,如此给这个家庭的互动关系带来新的积极元素。

(八) 家庭服务的行动与反应

行动:鼓励小雅将自己的真实情况告知母亲,让母亲了解小雅的抑郁症病情、治疗经历、自己的感受和对母爱的渴望。鼓励母亲、继父、其他家族成员对小雅的正向关怀、支持。

小雅的反应:母亲征求女儿的意见,是否可以来学校陪伴她。女儿在咨询作者后,向母亲表达,暂时给她独立接受继续治疗的空间,母亲认可并支持。继父、外公外婆、爷爷奶奶(继父的父母)都非常关心服务对象的状况,让服务对象体会到被关怀、被爱、被重视的感受,互动模式发生改变。

五、效果和不足等问题的综合呈现和分析

(一) 效果

1. 直接目标达成状况

(1) 服务对象及其家庭实现了互动方式的改善。

(2) 荒废的学业得以恢复,并顺利完成本科学习(并在两年后顺利获得学士学位)。

(3) 身体状况得以改善,生活的自我管理能力得到明显提高。

(4) 获得了被爱、关怀和尊重的感受,和自我生命意义与责任。

2. 间接目标的达成状况

小雅认为:母亲的强势控制力有很大改观;母亲向小雅检讨自己的教育方式失当,没有考虑到小雅的感受。母亲向小雅表示自己非常爱小雅,只是自己爱的方式令人无法接受。她还向小雅保证以后绝不再使用惩罚式的教育方式,承诺以后遇事一定与小雅耐心沟通。

持续近四个月的干预后,服务对象认为自己的状况恢复到病前水平,并且比以前更好,更快乐、更轻松,认为不需要继续接受辅导了,并表达了对作者的极大感

激,对占用作者的太多时间表示深深的歉意。最终服务对象还表示今后可能会放弃家人给她安排的教师职位,而选择学习社会工作专业,成为像作者一样的人,去帮助需要帮助的人。

四个月后,小雅的母亲从遥远的家乡赶到小雅所在的学校,与小雅欢聚。她还要求到作者所在的学校面谢。但是,被作者婉拒了。

(二)不足

由于相隔路途遥远,对服务对象家庭的干预,均是通过服务对象传达的,家人的反应也是通过服务对象获得的,因此,不能形成对其家人状况和效果的直接评估。

最后一次可以面见的机会,也因为作者的顾虑而丧失。不知母亲及其家庭的改变是否可以保持稳定。

此外,整个社会的急剧变迁所带来的巨大压力,如何在社会宏观层面、中观层面改善社会环境,预防和干预抑郁症是亟待探讨的问题。以美国为代表的建设和发展以社区为基础的精神卫生服务(CBR),在宏观制度、中观设施和微观服务等方面,形成了系统性的预防和干预策略,是非常值得我们借鉴的。作者在联合国儿童基金会与民政部合作的"中国儿童福利示范区项目"的实践经验显示,在儿童生活的社区层面建立儿童福利主任制度,儿童福利主任在儿童的社会生态系统中给予监测、指导、保护、督促、资源链接和直接干预,可以有效避免对儿童的直接伤害行为,提升儿童的自我保护意识和能力,改善家庭、学校对儿童的照顾和教育质量,实现儿童权益最大化。如此,小雅的遭遇或许可以避免。

案例使用说明

一、教学目的与用途

本案例使用说明是以将此案例运用于"医务社会工作"或"医疗社会工作"或"健康社会工作"(Social Work for Health)课程中的精神健康个案工作部分为基础撰写。如将本案例运用于其他课程教学安排需要酌情调整,本案例使用说明可供参考。

(一)适用课程

本案例适用于"医务社会工作""精神健康社会工作""社会工作实务"等课程,

也可作为“青少年社会工作”的辅助案例。

（二）适用对象

本案例适用对象包括：社会工作硕士（MSW）、高年级的社会工作专业本科生、心理学专业本科生、心理学健康教育与应用心理学等类研究生。

（三）本案例教学目标规划

1. 覆盖知识点

本案例在“医务社会工作”课程中应用主要覆盖的知识点有：

（1）精神健康的基本内涵；

（2）抑郁症的临床表现、发病原因、流行病学特点、治疗方法；

（3）抑郁症患者的需求与评估；

（4）社会工作的价值伦理；

（5）社会生态系统理论；

（6）社会学习理论；

（7）情绪控制理论；

（8）社会支持理论；

（9）优势视角理论；

（10）认知治疗；

（11）萨提亚家庭治疗理论。

2. 能力训练点

本案例在“医务社会工作”课程中规划的能力训练点包括：

（1）学会在案主的纷繁陈述中分析陷入精神危机者所面临的主要问题，评估其需求，并根据紧急程度将需求和问题排序；

（2）在问题分析和需求评估的基础上，学会厘清社会工作个案介入的思路，按照由易到难，由最紧急到非紧急介入思路，拟定介入工作方案，并有效实施；

（3）学会在案主的社会生态系统中，有效动员和链接资源，以提升案主克服困难、解决问题、实现转变的信心和能力；

（4）学会在社会工作介入过程中如何保持专业界限，避免因越俎代庖而剥夺服务对象自我成长的机会；

（5）训练社工自身的专业反思能力，在以案主为中心的社会工作服务过程中，不仅着眼于案主能力的提升，还重视社工的自我成长，根据服务需求不断拓展精神健康方面的相关专业知识，不断提升自我专业修养。

3. 观念改变点

本案例在“医务社会工作”课程中规划的专业理念有：

(1) 社工对抑郁症个体的保护性支持，可消减其紧张和防御心理，有利于建立其对社工的信任感，发展良好的专业关系，清除探索问题过程中可能出现的障碍。有助于案主将郁积在内心的烦恼和伤害倾诉出来，与社工一起坦诚地探讨其私人生活和内心世界，发现并祛除抑郁情绪的“病灶”与诱因。

(2) 身心灵是统合的，调节身体可以改变心境。从关怀和改善案主的身体状况开始，引导其关注自己，从调理、放松和舒展身体入手，逐渐梳理和调整心理。

(3) 恰当的任务有助于改变认知，改变不恰当的认知可缓解案主内心的冲动，从而助其改善抑郁症状。

(4) 改变可以改变的，改善无法改变的。从最容易改变的开始，逐步改变和改善服务对象的抑郁状况。

(5) 案主不正确的认知和不恰当的行为是在环境中习得的，改善环境，可助案主习得正确的认知和恰当的行为。

(6) 亲情不适当表述可能是个体的心理困惑与障碍的重要诱因，消除心理困惑或障碍还需亲情相助，改善亲情的表达方式是重要基础。

二、启发思考题

本案例的启发思考题主要对应案例教学的知识传递目标，启发思考题与案例同时布置，另外要求学生在课前阅读熟悉相关知识点。在案例讨论前需要布置学生阅读教材中关于精神健康社会工作的内容，主要包括心理或精神障碍的形成机理、心理障碍和精神障碍的主要临床表现、精神健康社会工作评估维度、社会工作者介入精神健康个案的方法和程序等内容。

(1) 你认为导致小雅抑郁症的诱因是什么？她所面对的主要问题是什么？如何评估她的需求？

(2) 小雅母亲对于小雅的康复是障碍还是资源？

(3) 小雅的心理动力是什么？她的资源在哪里，如何动员和链接？

(4) 小雅的认知障碍有哪些？

(5) 作为社工，你如何面对案主复杂的精神健康问题和激烈的家庭矛盾与冲突？

(6) 社会工作者介入精神健康问题时的主要策略有哪些？

三、理论依据

（一）生态系统理论

社会生态系统理论认为，人类行为不仅受到自然环境的制约，还受到社会组织、社会群体乃至人际关系的制约，这是人类行为的生态学基础。社会生态系统的平衡依赖于它自身的构成，生态系统的构成与平衡是社会生态理论的重点。布朗芬布伦纳（Bronfengrenner）的生物生态模型将社会生态环境分为四个层次，由小到大或由内到外分别是：微系统、中系统、外系统和宏系统，从微系统到宏系统，对个体的影响也从直接到间接。微系统对个体产生最直接影响，个体在特定微系统环境中的活动方式、角色模式和人际关系模式，环境所具有的特殊物理、社会及符号特征能够容许、促进或抑制个体在该环境中的相互作用方式，以及个体与该环境之间持续进行的相互作用方式，共同构成了微系统。中系统是个体与其所处的微系统及微系统之间的联系或过程。中系统的意义在于：涵盖微系统要素之间的互动及其互动产物，并使微系统中的各要素的物理特征赋予主观及社会意义。外系统是大于中系统的生态环境单元，包括两个或两个以上环境系统及其之间的相互作用，对人的发展具有间接影响作用。宏系统则是一个文化系统，涵盖社会的宏观层面，包容着微系统、中系统和外系统。同时也受系统中其他要素的直接影响与间接影响。

生态系统理论的运用更有利于社工在案主的生态系统中，开展系统性工作，以社会工作的专业价值伦理，更全面地理解和尊重案主的价值尊严和独特性，接纳案主，客观分析其需求。

在介入精神健康方面的个案时，尤其要关注和分析案主的社会生态系统状况以及个体与生态系统的互动状况。限于抑郁症困扰的个体与生态系统的互动往往存在一定的障碍或困难，对本案例中的小雅而言，原生家庭的破碎、重组，母亲的暴力惩罚教育，破坏了其生态系统的平衡，系统功能出现残缺。在接案前，面对破损的结构与残缺的功能，小雅依据自身的修补能力及其生态系统的协调能力已无法实现或恢复其生态系统的平衡，她正处于系统紊乱境遇而无力自拔，借助社工的“外力”调节可协助其恢复系统平衡。

社工“外力”作为专门的援助系统，对案主的生态系统具有“突生”性，为青少年发展提供缓冲、援助服务，修复其残缺的生态系统功能。社工作为专业援助者，必须将自身置于小雅的宏系统中，与其微系统、中系统、外系统进行互动，也必须与宏系统内部各因子之间进行有效互动，一方面吸纳上述其系统中的资源，另一方面则提供干预服务。在本案例中，社工须协调小雅的社会生态系统的各类因子，协助其恢复或达成生态系统的平衡，以利于小雅的身心健康。需要注意的是：社工作为协助者，须时时提醒自己，必须引导出案主的自我能力意识和体验，增强其自我效能感，重建新型亲子关系。

（二）优势视角理论

优势视角理论认为，所有事情在某种特定条件下都可以视为一种优势，包括体验、个人品德、天赋、感悟、故事、灵性、意义和社区资源。在本案例干预过程中运用优势视角理论，与小雅共同探索她可能获得的各种优势和资源，建立和发展与她合作、互惠、彼此分享、关心可能性的专业关系，强调和利用小雅自身所具有的优势、资源、可能性和内在力量。在该理论的指引下，对小雅的介入重点放在体验、个人品德、天赋、感悟、故事、灵性、意义和社区资源分析方面，通过故事叙述、感悟分享、意义探讨、资源分析，引导小雅在回答生存问题、支持问题、例外问题、可能性问题、信心问题等一系列问题中发掘自身的优势，协助她提高自身的能力，改善心境，获得信心。并运用赋权理论帮助其远离自己的思维定式，从已有的认知限制中解放自己，受虐是伤害性经历，但也为小雅提供了反思和重整的可能，使她有机会来理性反思自己、母亲以及他们彼此的关系和家庭关系。父母关系的变故，受虐经历使小雅陷于痛苦，也给她带来资源，使她对婚姻家庭有更深层次的理解，较同龄人更多地理解责任与担当，为未来自己如何担当婚姻和家长角色提供了思考的机会。社工可将责任、担当融入个体的品德建构中，增强小雅的能力和力量，关注她个人和家庭与环境的关系。在对健康母爱的渴望中，鼓励小雅用自己爱的天赋改变母亲。优势视角理论的运用，对于本案例而言，更好地发挥了案主小雅的潜能，尊重其自决的权利。

（三）萨提亚家庭治疗理论

萨提亚理论模式认为：人是由家庭塑造，父母与子女的基本三角关系和互动模式深刻影响着孩子的应对模式，运用积极的改变和发展的干预方法，全面处理个人所背负的问题，着重提高个人的自尊、改善沟通，从积累个体自我的内在和谐和做自我主人的经验开始，形成与他人的和谐关系，继而达成与个人所处的人际系统的和谐，最终达致身心整合和表里一致的目标。小雅最初被厌恨、恐惧等极端而强烈的情绪、信念控制时，她忽略了对自我的感受，与自我的内心失去联系，无法清楚自己真正的内心需要和渴望。社工在介入过程中，通过打开小雅的“心”，更深入她潜意识的“里”，引导她探讨她的感受、信念、假设、认知、情感、分析、判断、推测、渴望和生命力。社工协助其澄清这些内容，引导小雅从指责性倾诉转向对自我感受的体察和关注。通过提问协助小雅澄清哪些是客观事实，哪些是主观事实；哪些是感受，哪些是假设，哪些是推测。结合任务中心模式，以调息、自我放松训练、积极运动等任务，使小雅关注自己的身体，体验自己的感受，从而将小雅与消极压抑的情绪相隔离，实现从有限转移，渐进改善，最终达成全面改善。萨提亚治疗模式把社工的尊重案主价值和独特性、接纳案主、发挥案主潜能、以案主需求为服务导向、案主自决等专业价值融合在服务干预的细节中。

基于萨提亚治疗模式，社工相信改善服务对象表达方式和行为，定会带动与之互动者的行为和表达方式的改善。小雅的改善，可以带动她家庭的改善，同时给予家庭支持和辅导，可以使服务成效扩大和巩固。

四、方法分析

（一）在需求评估的基础上，选择恰当的介入目标，并确立优先次序

通过理论和现实相结合的分析，清晰地了解到小雅的显性需求和隐性需求。显性需求衍生为本次介入的直接目标，隐性需求衍化为间接目标。确立介入的直接目标，依次为：提高生活能力、自我管理能力，改善小雅的身体状况；感受生命意义和责任，消除生命无意义感，预防自杀；提升社会交往能力，改变互动方式，改善人际关系及母女关系；建立对母亲的恰当期待；恢复学业。

虽然预防自杀是尊重案主生命的首要目标，但是本案案主小雅虽有自杀意念，未实施行动。小雅的生存欲望和能力、自我管理的能力、身体状况是影响其内在和外在的直接因素。因此将“提高生活能力、自我管理能力，改善小雅的身体状况”确定为首要目标，通过调理生理，引导小雅关注自己的身体变化和感受，改变其对低劣心境的纠结。当小雅的生理、心理状况都得到改善后，她的生命价值感便能得到提升。但同时还是要预防小雅的自杀风险，因此鼓励室友的继续陪伴和关爱小雅成为必需。并引导小雅体验室友陪伴和关爱给自己带来的感受，开始小雅虽能感受到来自室友的友爱所带来的温暖，但没有任何反馈性表达；鼓励小雅尝试对室友表达自己的感激，发现室友们更热情地对待自己，彼此间的交流更为深入。从此与室友的关系不再是单项的接受照顾和关爱，他们之间有了更多的正向互动。与室友间关系的进一步改善增强了小雅的信心与生活的乐趣，更形成了她自身的经验。这为后续目标的实现奠定基础。

直接目标的实现是以案主为中心的。然而形成案主问题的根由却与环境密切关联，虽然改变案主可以有助于改变与其关联的环境；若能干预环境，促成环境的

改良,案主问题解决的效率和效果将会更佳、更持久。因此社工将本案例的间接目标锁定在:削弱母亲的强势控制力;改变母亲的惩罚式的教育方式。鼓励小雅向母亲陈述自己目前的困境和接受社工老师专业干预的事实,给予其反思的机会;引导小雅体会母亲个别化的母爱,并向母亲表达自己的感激之情,分享其改变后的体验。通过上述努力不仅逐渐削弱了小雅母亲的强势控制,也使案主的能力得以提升。母亲在感受到案主的改变后,也更加懂得感恩和温存。

(二)与案主共同分析其优势、资源,体会生命的意义和价值,增强其改变的信心

从直接观察入手,发掘案主的优势,并引导案主去感悟自身的优势。本案案主经过引导能认同和体会到自己的优势:母亲定期汇款,经济支持保障了小雅物质生活无忧,经常打电话关心小雅(只是强势的方式让小雅不能接受);三位善良友爱的室友给予小雅的包容、关心、陪伴、体恤和支持;小雅自己主动求助的意愿,求变动机较高,可进一步发展为积极的改变动力,继而演绎为小雅生态系统中最积极、最先改良的因子;小雅具有良好的受教基础,接受了优质的高等教育;相似经历的闺蜜偶有联络,相互理解;学校老师的宽容;与专业辅导者(社工教师)建立了良好的信任关系。在“生命的加减法”练习中,小雅体会到她的生命并不像之前那样灰暗,有那么多有意义、有价值的东西值得她去品味和珍惜,也增强了其成长和改变的信心。

(三)理论和方法需要借助适当的介入策略方能发挥最佳效能

正确的理论和方法需要在适当的时间、场合,由适当的人员以适当的方式运用于案主方能发挥最佳功效。当案主陷于绝望的心境,面对现实中的种种纷扰,如何才能使案主能够放弃与这些纷扰的纠缠而接受社工的建议是社工在介入个案时的第一工作要务。本案例中,社工借助于在学生中的良好声誉,获得了小雅的信任是重要的起点,在此基础上采用三种策略实现小雅的改变。任务策略:采用任务导向模式,分解任务单元,由易到繁,实现小雅行为的渐进改善;体验策略:当小雅完成任务目标,引导她体验轻松与成功,并与关联者分享自己感受,对给予帮助者表达感谢;互动策略:改变小雅的职责型应对方式为体恤、宽容、积极、民主的应对方式,可以带动家庭互动模式的改变,最终实现家庭良好互动。

五、关键要点

将策略步骤化到从身体调节到心理调节,从心理调节到行为改变的具体步骤。本案例着重聚焦于六个关键点:消极情绪制动、生理调节、体验感受、积极表达、理

性认知与行动。即如何停止小雅的极端消极情绪？改善小雅虚弱且带有惰性特点的生理状况？如何引导小雅感受自己的身、心、灵，并以适当的方式表达出自己的感受？如何改变小雅对自我、母亲及周遭的不恰当认知？如何引导小雅积极的行为？

（一）消极情绪制动

面对一些消极极端情绪的案主，控制其情绪成为个案介入的重点，也是决定介入成效的关键。本案例在接案后，采取情绪制动技巧，暂时停止小雅与母亲的任何电话互动，终止她与母亲的消极互动模式。与小雅讨论是否可以发短信告知母亲自己患抑郁症并正在积极寻求专业帮助的事实，请母亲放心，并表达获得母亲支持和配合的愿望；终止对母亲的诅咒、反抗母亲的行为，小雅的积极响应与配合使她的消极情绪得到有效的控制，也使她自己感受到自身的能力。

（二）生理调节与体验感受

从微小的改变开始，首先从第一周开始，辅导小雅关注呼吸并调息，在室友陪伴下完成调息和放松训练，逐步引导小雅关注自己，体会自己的感受，也使她逐渐脱离不良的亲子互动及由此产生的恐惧、烦闷、痛恨等负面情绪；其次，通过指导小雅定时、定量地饮食，积极的自我心理暗示，细嚼慢咽地体会饮食带来的享受，逐渐改善了小雅的身体状况；最后，在第一、二周调息和放松训练的基础上，从第三周开始鼓励小雅邀请室友晨起和晚饭后走路或慢跑；鼓励小雅将每天身心感受记录在日记里，感受和回味自己的感受，继而引导小雅向社工表达和分享感受，逐渐扩大到室友，再到母亲。

（三）理性认知与积极表达

修正案主不恰当认知，学习积极的认知方式和表达技巧，并付诸行动。本案例中，第一，社工引导小雅学习理性的认知方式，协助其分析母亲失当行为背后的理念和期待，增加了她对母亲的理解。第二，引导小雅向母亲积极地表达自己的理解，从间接表达方式开始，逐渐过渡到直接表达方式，从而改善小雅与母亲的表达技巧，改善互动方式，增强彼此认同，提升各自的互动能力和效果，最终改善家庭互动模式。第三，鼓励小雅对三位辛苦照顾自己的室友正式表达自己的感激之情，动员室友给予她积极肯定和认可，提升了小雅的社会交往能力，改变她的人际互动方式，改善同学关系。第四，在作者的辅导下，发掘用于描述母亲的正性词汇，并尝试在作者面前表达。第五，尝试将习得的正性词汇和积极表达技巧运用于与母亲的短信或书信互动，然后是电话互动，最后运用于面对面的互动，给予母亲认同。

（四）行动

在社会工作个案辅导中，案主行动力提升是检验辅导效果的最具说服力指标。本案例的社会工作介入不仅致力于提升小雅的内在感知力和一致性，同时也着力提升小雅的外在行动力，并将行动力提升作为贯穿介入全过程的主线。每次辅导后，作者都布置具体的行动任务给小雅，并与小雅讨论行动任务的意义，完成行动任务可能存在的困难和可以利用的资源。如链接室友资源，以陪伴、支持和协助小雅恢复和提高学习能力，并落实在每天的学习行动中，使小雅恢复了近乎荒废的学业。

六、建议的课堂计划

案例教学效果与学生的知识储备有很大的关联，因此实施案例教学前，要求学生预习相关知识是十分必要的。根据本案例所涉及的知识点，要求学生在课前能够尽可能多地预习精神健康的基本内涵，抑郁症的临床表现、发病原因、流行病学特点、治疗方法，抑郁症患者的需求与评估，社会工作的价值伦理，社会生态系统理论、社会学习理论、情绪控制理论、社会支持理论、优势视角理论等相关知识。预习时间在 1 小时左右。

本案例按照 2 课时（90 分钟）进行设计。

案例回顾 10 分钟；

小组讨论 20 分钟；

集体讨论 30 分钟；

知识梳理 20 分钟；

问答与机动 10 分钟。

课堂讨论案例之前，要求学生至少要读一遍案例全文，对案例启发思考题进行回答。具备条件者可以小组为单位围绕着所给的案例启示题目进行讨论。

本文作者：花菊香，南京师范大学社会发展学院社会学与社会工作系教授。

农村社会工作

绿耕农村社会工作

广东绿耕社会工作发展中心(以下简称绿耕)是广东省级专业社会工作机构。绿耕在云南绿寨扎根期间,更多是运用社会工作专业方法(个案、小组、社区工作等)践行公平正义的社工理念。比如,运用口述史方法评估村民的需求,发育出包括老年人、妇女和青少年在内的七个兴趣小组,与村民一起建立绿寨文化活动中心大楼并成立管理委员会。依托"中心点",工作员与部分村民编写出版村史,开办妇女夜校,资助小学教育,举办大型社区文化活动,等等。当时的总目标是:通过社区组织和社区活动,在丰富村落文化娱乐生活的同时,弘扬少数民族文化,重拾民族自信心。但这种基于文化与发展的实践,遭遇了农村社会工作者面对村民现实最迫切的生计困难而无能为力的难题。村民不断向社工述说"没钱买化肥""没钱看病""没钱交学费""没钱盖房子"……尽管碍于情面,村民会来参加我们召集的一些活动,但很被动,面对社工不厌其烦的询问,他们不是说"我们不会(懂)说",就是请求我们帮助销售农副产品。这种情况使农村社会工作者感到非常无奈和挫败。

2007 年以来,绿耕团队参与了一系列灾害救助和恢复工作。先是扎根四川汶川龙坡村推动灾害社会工作,经历了五年从紧急救助到社区重建的历程,其间云南绿寨遭遇了百年一遇的西南大旱,后来,社工还到青海玉树和广东茂名就社工介入灾后重建问题开展深度调研。2011 年日本又突遭强震和海啸袭击后引发核爆,导致全球核危机。经历了接二连三的巨灾,我们逐渐地意识到"灾难既是天灾,也是人祸",人类进入了灾难社会。当我们目睹面对突如其来的强震时,豆腐渣工程里的普通百姓何其脆弱;面对水利设施年久失修,久旱的村民"近水解不了近渴",只能望水兴叹;面对"紫金矿业"尾矿溃坝,河流下游的民众突遭灭顶之灾;日本核泄漏远比地震和海啸使人类更加恐慌……不禁感叹:"人祸猛于虎!"

在反思绿寨文化行动的局限性和灾难恶性循环的同时,我们开始思考贫穷与灾难的政治、经济及社会文化根源,深刻反思农村社会工作中遭遇的“生产致贫”“消费致贫”“生态致贫”等社会现象,并逐步将生计作为农村社会工作的突破口。我们坚信是市场化或工业化农业(过度生产)、都市化生活(过度消费)和环境破坏(过度开发)导致了当前“三农”危机,为此,要真正化解农村贫困问题,必须超越市场神话、消费主义和对资源的依赖,因而城乡合作、公平贸易实践是摆脱生计危机,实现可持续发展的可能性路径。

在这种理念下,绿耕选择通过生计的突破口,推动社区民众公共参与、文化传承、社会互助、性别平等、生态保护,迈向可持续发展的道路。绿耕采取了“社区支持‘三农’,村民惠及居民”的城乡互惠模式,从 2007 年开始,陆续在云南平寨—昆明、四川草坡—成都、广东长流—广州城乡社区间持续推动城乡合作和公平贸易实验。下面以广东长流村与广州市的城乡合作行动之乡村生态体验游为例,阐述绿耕农村社会工作新策略以及对农村社会工作内涵的理解。

根据市政府社会管理改革“先行先试”的精神,广州市民政局于 2010 年推出了 33 个社会工作人才队伍建设政府购买社会工作服务的试点项目。绿耕承接了“城乡合作、公平贸易、共创生态文明与可持续生计”的政府购买社会工作服务试点项目。项目选择从化市最偏僻的良口镇长流行政村仙娘溪村组开展农村社会工作实验,至今该项目已经进行了四年多的探索。

长流村位于从化市东北部的良口镇山区,属于流溪河国家森林保护区和广州水源林保护区,自然环境优越。长流村下辖长岌、仙娘溪、杨围、三丫塘、枫木塱等五个自然村,每个村都有几百年的历史。长流行政村现有人口 2000 多人,耕地面积 1 万亩左右,其中有 1200 多亩水稻田。项目所在的仙娘溪自然村有 85 户,400 人,常住人口 300 人左右,另有 100 余人长期在外打工。仙娘溪可耕地面积大约 820 亩,其中水田、菜地为 220 亩左右,其余 600 亩农田也被改种了砂糖橘,由此对村民粮食的自给自足影响很大。许多农户除了购粮,还要承担教育、医疗、人情、消费品等方面开支,村民的现金需求越来越大。村里的山林面积 1.2 万亩,仅政府“一村一品”工程推广的砂糖橘种植面积就达到 1200 亩,出售砂糖橘成为村民最重要的经济来源,与此同时,砂糖橘受到市场价格波动的影响和中间商的盘剥,村民的经济收入很不稳定。村里有杨、易两个姓氏,建有杨氏和易氏两个祠堂。村里的民房大多数是 20 世纪六七十年代修建的,古朴而实用,但近两年大多数村民拆掉旧屋,新建贴瓷砖的框架“洋楼”。该村属于流溪河国家森林保护区和广州市水源林保护区，工商业发展受到国家的严格控制，宗族等村落的传统文化得以保留。与大多数“空心化”的村庄相比，仙娘溪村人气比较旺盛，许多中老年人，尤其是妇女热爱家乡，勤劳能干，他们有很强的自力更生精神。这是社工开展农村社会工作最重要的根基。

借鉴云南、四川农村社会工作的经验，广东项目充分利用政府购买社会工作服务的契机，深入挖掘村庄的优势资源和村民的能力，以乡村生态体验游和生态农副产品种植销售（生计）为突破口，借助城乡合作和公平贸易的平台，推动经济、文化、社会、政治（公共参与）、环境“五位一体”的生态村建设。2010 年后，广东项目在城乡合作、妇女互助组织建设、祠堂文化恢复、生态农业发展、手工食品制作、生态体验旅游等方面取得进展，社工赢得民众信任的同时，也得到各级政府的认可。下面仅以乡村生态旅游的做法为例，阐述绿耕农村社会工作的基本经验。

一、发育妇女组织，老屋修旧如旧变身乡村旅社

2009 年 10 月，在广州市民政局的支持下，我们绿耕社工开始正式入住广州长流从化长流村，开始了我们的驻村生活。我们面对的是一个完全陌生的村庄，不认识一个村民，不能完全听懂当地的语言，我们也不知道能做什么，但我们非常确信，一定要从村民的需求出发。因此我们开始了长达半年的社区走访和需求评估工作。挨家挨户的家访，充分了解村民的需求、他们的能力、社区的资源等。

经过约半年的集中摸底，在对社区的资源和居民需求有基本了解的情况下，我们决定组织村中边缘、弱势妇女将村中传统废弃的老屋修旧如旧为乡村旅社，开展生态体验游的社区生计项目。即将弱势、边缘的妇女们组织起来，挖掘与培养她们的自主性与能动性，结合村中优越的自然资源和传统的农耕文化等优势资源吸引对农村、对体验游感兴趣的朋友去村中感受农村生活，放松身心的同时，支持村民的生计，促进农村可持续发展。

众所周知，组织绝不是一个简单的过程。起初我们根据我们的调研状况，把村里的十几个妇女召集在一起讨论修缮村中老屋、做乡村旅社的想法时，她们最关心的就是“有没有固定工资”“每月可以赚到多少钱”“谁来管理乡村旅社”等。我们非常清楚地和妇女们澄清，大家要成立妇女小组，以后的乡村旅社是由妇女小组管理的，大家才是乡村旅社的老板，负责乡村旅社的经营和管理，大家是没有固定工资的，只有乡村旅社赚到钱之后，大家平均分配。当听到没有固定工资时，妇女们

纷纷议论开来,“我们这地方谁来啊”“人家城里人谁愿意住这破房子啊”“没有工资不就白干了”……甚至有人说:“每月给我们工资吧,300 块也行啊!”

面对妇女们的不理解、没有信心,我们并没有妥协,依然坚持我们的原则。我们鼓励大家尝试,并表示只要大家愿意组成小组这样一起做,我们肯定会和大家一起努力,一起想办法修缮乡村旅社,修缮乡村旅社的资金由我们先借给小组,等旅社运营了,赚到钱之后,慢慢归还,并承诺我们会在城市里宣传乡村旅社,带人过来入住乡村旅社。经过我们不断的鼓励,最后有七位妇女愿意留下来和我们一起干。她们表示愿意尝试一下,如果失败了,她们损失的只是时间和劳动力,她们说她们有的是时间,也不怕出力。

就这样,由 7 位妇女组成的乡村旅社妇女小组成立了,人称“七仙娘”。接下来我们就不断地和妇女小组一起商量老屋的租金、修缮、布置等事宜。因为从来没有人承租村中的破损老屋,房主和阿姨们都不知道如何协调,加上那时我们对村民还不是非常熟悉。我们就找到村委会,请村委出面协调租房事宜,经过和老房子的主人商量,我们确定老房子每间每年租金 300 元,4 户人家的 15 间老房子,租期三年,租金共计 13500 元。房子租下来了,接下来就是修缮和布置的工作。因村中老屋年久失修,严重损坏,修缮工程量大,单靠妇女们是无法完成的。所以我们决定,将修缮的工作承包给村里专门帮人盖房子的包工头,装饰和布置的工作由妇女小组和阿姨们共同完成。因此,旅社和布置的工作是妇女小组自成立以来第一次共同劳动。我们和阿姨们决定:乡村旅社的装饰要体现村里的特色,有乡村生活的气息。同时,我们注意到,村里很多人因为建新房子,重新换新家具,淘汰了很多的旧家具,如旧衣柜、八仙桌、旧木凳等等。为了节约成本,我们就和阿姨们商量一起去村子里搜集大家不用的老家具来装饰乡村旅社。起初,阿姨们也很吃惊,都觉得用这些老家具来装饰乡村旅社很没面子,觉得这些老家具不美观。我们不断和阿姨们解释,这些老家具和老房子是很搭配的,并和妇女小组分享台湾、国外另类旅社的经验。在我们的动员下,阿姨们和我们一起去各家各户搜集老家具,因为有的家具实在太重,搬不动,她们还叫她们老公来帮忙。之前和妇女小组说旅社的布置是投工投劳,这是大家在为自己干活,是没有任何劳务补贴的。但我们觉得大家非常辛苦,所以当旅社布置完工时,我们从村里的小卖部买了鸡爪和啤酒,与大家一起吃吃喝喝,边话家常,边聊旅社的未来。

从前期的调研到我们将目光聚焦到村中年龄在 40 岁到 50 多岁的妇女身上,从动员十多位妇女开会到凝聚七位阿姨组成正式的乡村旅社管理小组,再到召集小组成员一起布置乡村旅社，这是我们和妇女小组一起劳动，共同行动的过程。在这个过程中，我们有意识地推动小组组员动起来，我们在背后多一些支持。但因为她们根本不知道乡村旅社是怎样一回事，即使我们在开会时、在平时不断地和她们交流关于把老屋变成乡村旅社的意义，但是她们的脑海里还是没有多大的概念，因为在村民的世界里，老屋没有什么价值，她们只能理解到乡村旅社是可以赚钱，以后有客人来了，她们要煮饭、要铺床、要打扫卫生。

逐渐的，在大家一起行动的过程中，阿姨们渐渐知道她们经营的乡村旅社与外面的旅社不一样。她们的旅社没有豪华装修，没有网络，没有电视机，没有独立的卫生间……她们接待的客人大多数都不会嫌弃这里简陋的条件，而且大家非常友善，不断和她们交流，并不断鼓励她们，大家对乡村生活有很高的认同，这样妇女小组被不断地认可，并渐渐自信起来。

二、从组员的处境出发，面对组织内部矛盾

乡村旅社建立起来了，乡村旅社管理小组也正式成立了。我们和妇女小组在一起想象接待游客的流程及要做的事情，为了更明确小组成员各自的责任，我们一起讨论每个人的分工，即确定了外联、会计、出纳、采购、维修的负责人，这是小组日常的分工。同时，在乡村旅社正式营业之前，我们就和小组讨论并明确了乡村旅社利润的分配原则，即乡村旅社住宿费收入的10%是公益金，用于支持村里的公共开支，如清理村中的公共厕所、关怀村中的孤寡老人等；10%是乡村旅社老屋的定期维修金；10%用于归还乡村旅社的启动资金。除了确定小组日常分工及财务分配之外，大家也确认每一次接待都是大家共同完成，具体到每次接待再分工谁负责准备材料、煮饭炒菜、铺床、导赏等等。做任何事情都要集体决定，赚到的钱也是平均分配。

集体决定，平均分配，这在初期游客不是很多的情况下，大家都非常积极。但是随着乡村旅社的回头客越来越多，接待量也越来越大，组员开始不断地抱怨起来。“张三（化名）从来不洗碗”“我们洗两床被单，李四（化名）只洗一床”“王五（化名）总是磨磨唧唧，来得很晚，客人来了，她还没来”……有一段时间，组员只要一看到工作员就会拉着工作员讲个不停，而且是分别抱怨。我们一般都会非常耐心地听她们讲，听她们倾诉心中的“不公平”。同时，我们还决定鼓励他们将心中的牢骚在小组聚会时公开说，我们尝试引导她们讲，但是在这种小组聚会的公开场

合,大家都避而不谈。她们私下告诉我们,“大家都是一个村的,不好意思讲”,她们不愿意讲,抹不开面子,怕得罪人。我们理解妇女们的顾虑,所以没有再要求她们公开讨论这些矛盾。我们曾经一起讨论,要不要我们牵头将这些矛盾在小组内讨论并解决,我们判断在农村的这样熟人社会、乡里乡亲地住着,大家很难做到就事论事的讨论矛盾,势必会影响他们的关系。因此,我们决定暂时不在小组内公开讨论这些不满、矛盾,而是采取个别跟进的方法,和每个组员单独聊并给予她们每个人足够的支持,并且要重点培养小组内的积极分子和带头人。同时,我们引导整个小组将重点放在如何更好地经营乡村旅社、做出更好吃的饭菜、更好地带领游客体验我们的乡村生活。如,我们和妇女们一起盘点村里的资源、特色和民俗文化。她们用石磨做豆浆、做豆腐的传统习惯还保留着,竹筷子、竹簸箕都是村民自己做、自己编,这些都成了客人体验的内容。

我们相信小组组员有能力去面对她们之间的矛盾,而且作为乡亲的她们更熟悉她们的脉络,懂得拿捏她们之间的关系和相处的分寸。因此,我们尝试和每个组员聊天,建立情感信任,让她们每个人感受到支持,调动她们的积极性。而且,根据每个组员的个性,我们积极引导她们充分发挥自己的专长。如梁青(化名)性格外向、开朗,在村里人缘较好,和组员们关系也好,在组员中有一定威望。我们就经常去她家里聊天、看电视、帮她干农活,不断听她的想法,并努力陪伴她,还鼓励她做小组负责人。

与此同时,我们知道小组整体的培育和组员的重点培力是分不开的,因此我们积极寻找和创造机会提升小组的各种意识和能力。

三、培力组织,“送进来、走出去”

从项目一开始,我们就有意识地通过“送进来、走出去”的方式对妇女们增能。所谓“送进去”,就是社工与督导老师不断把信息与鼓励带给妇女,同时也将一些专家、有心人士、消费者带到乡村与妇女们互动,让她们了解外界对她们的看法,了解自己的优势,更好地推动项目发展。认同生态生活和乡村生活的朋友入住乡村旅社,给予妇女小组肯定,极大地提高了妇女们的自信和对自己村庄的认同。同时,在村子设立社工站,社工们驻扎在村里,这本身对妇女、对村民就有一种影响。起初他们不理解也不相信,这些大学生社工能在村里住下来,因为在村民看来,村里的生活条件比城市差,社工们受不了苦,顶多就来待几天,闹腾一下就结束。但当社工们真的住下来,且一住就是四年的时候,这极大地提高了她们做乡村旅社的勇气,她们说,她们要做十年、二十年,做到老。

所谓“走出去”,是指创造一些让妇女们接触外界的机会,尤其是学习、培训的机会,扩大视野,提高认识水平。妇女小组成员第一次走出去的培训是社区伙伴的社区支持农业(CSA)的培训项目。参与培训之前,妇女们一起开会讨论让谁参加培训,最后她们一致推荐普通话听说都流利的阿平(化名)和我们一起参加。这是阿平第一次参加培训,她四十多岁没有读过什么书,要说可以直接从培训课程中学到多少东西,那肯定极其有限。但这样的培训可以开阔眼界、认识朋友、增加自信,还可以感受到学习的氛围,对阿平来说是很大的支持和鼓励。有那么多人致力于农村发展,对阿平来说是难以想象的。这次培训主办方特别关注到每个学员的学习情况,注重每个学员的想法,每个环节都让学员轮流发表自己的观点想法,每天都会轮流总结自己的收获。这对于胆小、不敢表达的学员很有鼓励作用。刚开始的几天,每当轮到阿平的时候,她只是脸涨得通红,一句话也不说。大家都采用各种方法鼓励她勇敢去表达。连续七天,培训的人互相认识熟悉了,阿平也慢慢勇敢地在课堂分享自己的想法。

与此同时,我们注重组织小组集体外出学习。让组员走出去共同学习,不但提升技能,还能增进组员之间、小组与社工之间的感情。如,为了提升小组的整体厨艺,我们组织妇女小组到广州尚美厨房学习。尚美厨房是广州一家生态餐厅,注重挖掘和运用本土食材。尚美厨房的老师和小组分享食材选择和食材制作方面的一些经验,并积极带动大家互动。老师一边讲一边让妇女们提问题,在制作完一道菜后,让组员品尝并分享自己的感受。这次培训给阿姨们很大的冲击,老师将平时常见的食材,通过不同的做法,做出了有别于平时生活中的菜式,妇女们都惊讶,“原来这些菜可以这样做”。培训中,老师还让妇女们自己动手练习所学的知识。这种互动和参与式的学习,让阿姨们加深了对食材的认识,改变了对食材的态度。当然,这样的学习并不是要改变妇女们传统的做菜方法,而是让她们更清楚食材如何搭配及食材背后所蕴含的人文情怀。

就这样,通过各种形式的参与式学习和培训,妇女小组开阔了眼界,认识了很多关心农村发展,认同乡村生活的朋友们,备受鼓舞。同时,这整体提升了她们经营乡村旅社的能力,促进了她们内部的合作。

四、城乡合作,筑可持续支持网络

自2010年4月至今,妇女小组经营的乡村旅社已经实现了自负盈亏,旅社的租金不再需要社工站支持,小组也由原来的7人扩大到8人,每人每月的平均收入为800—1500元。乡村旅社的正常运作离不开城市消费者朋友的支持,因此寻找并凝聚消费者,构建城市消费者支持网络的工作显得尤其重要。

我们不单在村里做村民的组织工作,为了能实现乡村旅社的可持续发展,支持小组的稳定发展,我们在城市也做大量的消费者组织工作。在前期,我们通过网站、微博、QQ广泛宣传,同时,我们也到城市社区搞活动,宣传我们的理念和做的事情。就像阿姨们努力做自己的品牌,聚集了大量回头客一样,我们在城市的社工非常注重和各个团体、消费者朋友建立长期的合作关系。如,我们和汤家设计公司(化名)的合作,已经建立和维持了四年的长期伙伴关系。汤家设计公司员工近百人,每年他们公司的团建都在我们村子进行。在我们的合作中,不仅注重让他们的员工体验丰富的乡村生活,也结合他们的设计专长回馈乡村旅社和村庄。具体如,在第一年的合作中,我们设计了一个环节,就是由他们带领村里的小朋友画村子的风土人情,然后这些画用来装饰乡村旅社,这样既为村子的孩子们带来了丰富的活动,又装饰了旅社。在接下来的合作中,汤家设计公司又根据村子的实际需求陆续设计了村子的各种标志。从乡村旅社、村庄的实际需求出发,我们积极寻找稳定的合作伙伴,连接各种资源,推动项目的发展。

因此,绿耕的生态体验游重点有三个环节:第一,在乡村组织建设方面(称为"组织起来"),绿耕的行动策略是从村庄的低收入人群和弱势人群家访或访贫问难(个案家庭社会工作)切入,逐步将弱势人群组织起来(小组工作),推动他们建立生计互助组或合作社,并利用社工搭建的城乡合作、公平贸易平台自主创业,实现经济自助与互助。2009年年底至今,在广州从化市各级政府资助下,绿耕社工扎根从化最偏僻的长流村,运用优势视角,推动以能力建设和资产建立为核心的农村社会工作。社工社区组织的方法包括社区行(几乎遍访村庄每一户人家),与村民打成一片,建立信任关系,拣选社区积极分子,推动他们组成生计小组,大家一起盘点社区优势资源,确定并实施乡村体验游计划。在社区组织的过程中,社工首先扮演资源链接者、平台搭建者和能力促进者的角色,利用政府资金将村庄一片废弃的"围屋"修旧如旧,改造成为乡村旅社;其次,社工扮演同行者和陪伴者的角色,将社区弱势贫困的八位中年妇女组织起来，将修整完好的乡村旅社交由妇女们经营管理，并定期不定期地从广州带领游客进村吃住和体验。

第二，城市社区支持网络建设方面（称为“动员起来”），具体做法采取深入广州居民小区举办社区活动，参与合作伙伴的社区沙龙，同时，利用绿耕微博、微信、网站、邮件群发、短信、QQ 群、电子简报等媒介，全方位宣传绿耕理念和乡村体验游项目，以此凝聚人气，推动社区居民支持“三农”。此外，绿耕联合广州关注小农、健康、环保的公益慈善组织成立了非正式社区支持网络——“城乡汇”，该组织不定期在社区举办“小农墟”活动，直接向城市居民推广健康生活和乡村体验游。第三，当城乡社区的组织工作做到位的时候，绿耕社工及时将城乡联动起来，开展城乡合作和公平贸易（称为“互动起来”）。借助乡村生活体验游的契机，推动村民与居民携手合作，互惠互利，既突破“施与受”的助人模式，也有利于增进理解，减低城乡社区的社会排斥。

总之，社工借助广州的消费者网络，以自然山水、风土民情、乡土文化、生态农副产品等原生态资源，吸引城里人进村体验。结果仅 2013 年乡村旅社共接待城市体验者 900 余名，旅社总收入超过 11 万元，互助组妇女人均月收入超过 700 元，乡村旅社每年积累社区公益金超过 5000 元。另外，互惠互利的城乡合作项目除了提高妇女的生计收入之外，在社工的支持下，组织起来的妇女与村委会、祠堂委员会合作，动员全村投工投劳，修复废弃的祠堂和风水池，恢复祠堂祭祖及婚丧嫁娶等聚餐的文化仪式，强化了乡村的社会关系和文化认同。妇女们借助外来的公益资源为村民架桥修路，拿出社区公益金关怀老人和孩子等。最近，社工利用祠堂的公共空间，开始不定期举办社区大讲堂（社区教育），推动城乡居民探讨社区衰败的社会议题，学习生态种植技术等。伴随频繁的城乡互动活动，村里生态种植面积和受益人群不断扩大，社区公益金也日益增加。社工正在推动全村的生活合作社建立和社区大公益金计划，希望以此凝聚民心，实现生态村与可持续生活的愿景。

随着一系列“民生”工作逐渐取得成效，社工的工作得到各方面的肯定。对社工工作成效感受最直接的是村里的男女老少，2012 年 1 月，“老革命”昌联阿公悄悄地将一封亲笔信放在社工站的桌上，信的全文是这样：“感谢信：广东绿耕社会发展工作中心师生们，新年好，新年快乐，你们辛苦了。你们身体生活愉快吧，工作顺利吧。你们响应祖国共产党的号召，你们来到我村，和干部群众有商有量，有讲有唱，讲实话，做实事，有事请求干部群众的意见，这些没有中国共产党，就没有新中国。今天特别是对老人家问寒问暖的工作。你们是共产党接班人，希望你们继续前进(2012 年 1 月 10 日)。”2012 年,绿耕广东项目荣获首届全国优秀专业社会工作服务项目一等奖,同年,民政部有关领导还到村里来视察。村支书说:“社工进村带来村风民风的改善和村民思想观念的改变,是用钱买不来的。”

绿耕农村社会工作十三年的经验表明,无论是早期的文化与发展行动,还是近几年来的社区经济实验,社会工作专业在中国农村大有作为。我们将 2007 年以来绿耕农村社会工作的经验总结为:秉持以人为本、公平正义、助人自助的社工精神,以“城乡合作、公平贸易、共创生态文明与可持续生计”为奋斗目标,采取社区为本的整合社会工作策略,立足社区,以社区经济作为切入点,通过构建社区支持网络,综合运用个案、小组、社区、行动研究等专业的方法和技术,整合地推动微观的个人、家庭、社区能力的提升和宏观的社会政策乃至全球生态政治的改变。在具体操作层面,社工借助城乡合作、公平贸易的平台,在与社区民众相伴同行的过程中培育农民互助组和专业合作社,通过乡村旅舍食宿、乡村生活体验游、农副产品公平贸易、公平贸易店销售等城乡合作项目,协助农民改善生计,从而实现生计、社会互助、文化传承、性别平等、生态保护等可持续发展的目标。

案例使用说明

一、教学目的与用途

本案例教学使用说明是以将此案例应用于社会工作专业课程中的“农村社会工作”课程的教学为基础撰写,如将本案例应用于其他课程教学安排需要做相应调整,本案例使用说明可做参考。

(一)适用的课程

本案例适用于“农村社会工作”“社区工作”和“小组工作”,也可以将本案例作为“社会工作实务”课程的案例。

(二)适用的对象

本案例适用对象包括社会工作专业教师、高年级的社会工作专业本科生、社会工作专业研究生。

(三)本案例教学目标规划

1. 覆盖知识点

本案例在社会工作课程中应用主要覆盖的知识点有:

(1)农村贫穷的政治、经济、文化根源;

(2)城乡合作、社区组织及“五位一体”的社区社会工作介入策略;

（3）社会工作者培力社区组织的过程；

（4）推动可持续发展的社区工作介入策略。

2. 能力训练点

本案例在社会工作课程中规划的能力训练点有：

（1）学会分析农村贫困、社区衰败、城乡发展不平衡等社会问题的原因；

（2）通过分析社会问题的根源，明确社会工作介入的意义和使命；

（3）通过学习社区组织的培力过程，清晰社会工作者的角色及定位；

（4）借鉴“城乡合作”的实际运作模式，学习农村社会工作的介入模式。

3. 观念改变点

本案例在社会工作课程中规划的理念有：

（1）培力社区组织是社区工作的核心；

（2）提升组织成员及社区人的意识是组织工作、社区工作的核心；

（3）农村社会工作者的角色：培力者、陪伴者、同行者等。

二、启发思考题

本案例的启发思考题主要是回应案例教学目标的知识传递目标，让学生尽量在课前阅读相关知识点。

（1）通过案例，你认为绿耕是如何分析农村贫困的社会根源呢？

（2）你认为绿耕农村社会工作的介入策略有哪些主要的特点？

（3）你如何理解绿耕的城乡合作行动策略？

（4）你认为绿耕社工在培力社区组织的过程中，扮演了什么样的角色？

三、分析思路

首先，分析和梳理绿耕社工在农村推动农村社会工作的困境及提出城乡合作策略的背景。

其次，理解绿耕社工在广州从化推动农村社会工作的缘由、村庄的特点及项目理念。

再次，思考和讨论绿耕社工通过扎根村庄培力社区组织、处理组织矛盾及与村民一起推动自助与互助能力建设的过程。

最后，以乡村体验游为例，引导思考城乡合作在农村社会工作中的重要性及社工在其中的专业角色。

四、理论依据与分析

案例的理论依据是城乡社区问题的社会根源分析，旨在深入理解城乡社区问题/需求的社会背景和社会动力,为社会工作介入理念、方法的确定奠定基础;从社区社会生态框架将城乡社区(日常生活)作为社会工作改变的场域,一方面通过社会工作介入社区生计及社会文化的再造,推动社会结构(包括全球资本主义社会生态)的改变,另一方面激活个人(个案)、小组和社区资产,通过社区组织的过程达致社区民众通向自助与互助的能力建设。这样的社会生态理论分析框架和整合介入方法(策略),既体现绿耕社区社会运动的社会变革取向,又反映绿耕社工作为相伴同行者、平台搭建者、资源链接者和促进者的社区为本整合社会工作的角色定位。

五、关键要点

本案例分析的关键在于把握社会工作者对社会问题的全面、深刻的分析及清晰的行动框架;理清社工在培力社区组织、村民能力建设方面的专业方法;认识城乡合作中社工多元的角色定位。教学中的关键要点包括:

(1) 社会工作者对社会问题的深刻分析及回应;

(2) 社会工作者在培力社区组织中的专业方法及角色;

(3) 城乡合作对于促进社区组织的培力及农村社区整体可持续发展的重要性;

(4) 城乡合作的操作模式;

(5) 社会工作专业手法在农村社会工作中的整合运用。

六、建议的课堂计划

本案例的课堂计划可以根据学生的差异,尤其是对案例及其相关知识的知晓程度来进行差异化的设计。

本课程中案例主要按照2学时进行设计,以下的课堂计划仅供参考。

(1) 课前阅读相关资料和文献2小时、小组讨论1小时(根据学生的不同背景适当增加课前阅读和讨论时间)。

(2) 课堂安排(90分钟):案例回顾:20分钟;集体讨论:40分钟;知识梳理总结:20分钟;互动环节:10分钟。

在课堂上讨论本案例前,应该要求学生至少读一遍案例全文,对案例启发思考题进行回答。

七、案例的后续进展

本案例是绿耕在广州从化良口镇长流仙娘溪村推动的农村社会工作行动案

例。如今，仙娘溪妇女乡村旅社互助小组经营的乡村旅社广受大家欢迎，客源不断，成功帮补妇女及及其家庭生计的同时，她们为社区链接了丰富的资源、积累了社区公益金。同时，绿耕社工们积极推动村民成立生态种养殖小组、本地传统食物加工小组，努力寻求各种契机引导村民思考社区环境、文化等公共事务，正逐步迈向经济、文化、社会、政治（公共参与）、环境“五位一体”的整体社区再造。社工们依然驻扎在村中，与村民同行，他们似乎也在亲身实践一种生活，一种得以安顿自己、得以让生活和事业平衡的方式。

本文作者：张和清，中山大学社会学与人类学学院教授。

社区工作

进城农民工社区教育
——以北京行在人间劳工服务中心工作模式为例

一、当前进城农民工面临的问题及其性质

当前进城农民工大约有2.6亿，分布在不同的行业里，从事着劳动密集型和低端技术工种，支撑着中国作为“世界工厂”的外向型经济发展模式和作为“世界工地”的城镇化、现代化过程。然而，他们的劳动权益和社会地位却面临着制度性和文化性的双重排斥和歧视，只能在城市里付出劳动，却不能获得完整的公民资格待遇，长期处于劳动力再生产的“拆分”模式和身份认同的“分裂”状况。也就是说，限于户籍制度严重不公正规定和劳动法律的选择性执法过程，进城农民工长期以来只能在城里进行各种辛勤劳动，然而他们却不能获得工人的充分劳动权益保障，也不能获得子女教育以及老人照顾等社会保障权益。他们的工作条件和劳动保障总是处在暴力违法的威胁之下，被各种资本集团和地方权贵所侵犯，工资待遇不能给予公平、及时的支付，工作风险不能给予制度化保障。他们只能靠低廉、不稳定的工资，把子女托付给留守家乡的老人照顾，维持一种分离的家庭生活模式；要么拖家带口，带着子女在城市长期作为流动人口接受不公平的教育，维持一种分裂的身份认同。

以建筑业农民工为例，我们可以看到当前进城农民工所遭遇的制度性和文化性排斥、歧视导致的危险和伤害。2009年爆发了曾经在深圳打工的湖南耒阳和桑植两地区的风钻工人的尘肺病事件，100多名尘肺病患者遭遇了艰难的维权困境，他们被深圳市政府有关部门推诿扯皮，因为事过境迁之后，他们缺乏基本的劳动合同来证明他们的劳动关系，包工头体制当年给他们带来高收入的同时，却埋下了致

命的隐患。① 2010 年 11 月 15 日的上海特别重大火灾事故,导致 58 人死亡,71 人受伤,再一次暴露出建筑行业的高风险特征。而事故原因已经查明,在于教师楼改造工程遭遇违规层层转包。② 近年来,中国建筑行业频频发生的工伤事故、职业病危害和工资拖欠问题,并不是偶发的建筑风险,而是存在系统性风险。2004 年中华全国总工会发布了《关于建筑业农民工现状调查的简要情况》,里面列出了当前建筑业农民工的六大困难:合同签订率极低(10%—20%),按月足额领工资困难,参加社会保险难度大,施工现场生活设施简陋、存在严重安全隐患,安全生产问题突出,职业培训缺失。③ 2008 年,香港"大学师生监察无良企业行动"(SACOM)对香港新世界集团的内地建筑工地,进行了建筑工人劳动和生活状况调查。调查涉及 6 个城市,9 个工地,虽然不是严格的抽样调查,但是作为建筑行业比较规范的上市公司,新世界集团的建筑工地状况至少可以反映中国建筑工地劳工状况的较高标准。然而就算是在比较规范的建筑工地,他们的调查报告却显示出新世界集团建筑工地的十大非法用工制度——不签劳动合同(样本数据中劳动合同率为 0),工程层层转包,工地管理中非法罚款,极端延长工时,"窝工"现象常规化,社会保险缺失,生活环境恶劣,职业病隐患严重,职业培训缺乏,缺乏安全防护用品等。④ 时隔 3 年,2011 年北京行在人间文化发展中心对北京海淀区的 8 家建筑工地的民工劳动和生活状况又进行了调查。他们的调查显示,虽然这两年建筑工人有 30% 左右开始签订劳动合同,但是所签劳动合同多数是畸形的劳动合同,而且只有一份,保留在建筑公司手里,用于应付检查。而在劳动条件和生活条件方面则基本上没有什么改进。⑤

二、进城农民工社区教育体现的价值观

进城农民工面临的问题不是个人劳动素质和风险意识缺乏的问题,而是现存

---

① 沈原、程平源、潘毅:《谁的责任? 张家界籍建筑风钻工深圳集体罹患尘肺病调查》,《中国工人》2010 年第 1 期。

② 人民网:《上海"11.15"特别重大火灾事故系列刑事案一审判决》,《人民日报》2011 年 8 月 3 日 09 版。

③ 中华全国总工会:《关于建筑业农民工现状调查的简要情况》,2004 年 11 月 10 日,转引自《我国建筑农民工面临六大困难》,新浪网,http://news.sina.com.cn/s/2004-11-11/16584211471s.shtml,2009 年 2 月 13 日访问。

④ SACOM:《建筑业农民工——二十一世纪的包身工》,报告打印稿,2009 年。

⑤ 北京行在人间文化发展中心、安全帽大学生志愿者流动服务队:《包工制下的建筑工人——劳动与生活状况调研报告》,打印稿,2011 年。

的政策规定和社会体制的限制，放大和扩散了低端劳动力的风险，掩盖了资本对低端劳动力的权益剥夺机制。这样，我们在考虑和分析进城农民工的社会工作介入模式时，就需要澄清我们的介入价值目标，是为了一般的公益慈善传递爱心？还是为了协同农民工群体，反思自己的困境及其社会根源，培育一种基层力量和理性解决社会问题的能力？本案例中介绍的北京行在人间劳工服务中心开展的进城农民工社区教育选择的就是一种增权（empowerment）和能力建设（capacity building）的价值理念，希望通过社区教育，动员和组织进城农民工意识到自己的权益，学会分析自己的工作处境和生活处境，掌握维护自身权益的策略，化解维权风险，帮助他们改变自身困境的同时，来推动中国社会转型中的城镇化、现代化进程体现出社会主义核心价值观所倡导的"和谐、民主、平等、公正"等价值观念。

我们把社区增权理念分解成三个不同层面：首先，在个体意识层面，主要运用 Paul freire 的批判性经验学习理念。通过问题为本的案例讨论和情境角色扮演，来激发服务对象的主体意识，转变社会问题的分析角度和认识框架，寻找处境化的行动策略。其次，在行动层面，主要运用唐纳德·舍恩（Donald Schön）的行动中反思理念。我们跟踪骨干成员的生活、工作情境，把实际生活中遭遇的问题和集中培训的认识框架进行对接，在行动中进行反思，不断地调整认识和反思的关系，强化其权能。最后，在社区组织层面，主要运用 Robert Fisher 的社会支持网络理念。同时，我们不断地连接内部支持网络和外部支持力量，发育一支内生的促进社会公平转型的基层力量。

三、进城农民工的主体建构和需求转换

本案例对进城农民工的需要评估并不是沿着表达性需要评估方法，让农民工自己来表达他们的需要，也不是沿着规范性需要评估方法，由外部专家来界定他们的需要。这两种常规的需要评估方法，要么容易陷入人本主义幻觉，忽视了个体需要生成的社会经济环境；要么是陷入了专家霸权，忽视了当事人的主体能动性。我们的服务对象主要是北京建筑业农民工群体和打工子弟群体。针对建筑业农民工群体，我们采纳的需要评估方法主要是采取行动研究的策略，通过联合调查研究的方法，来建立进城农民工、大学生志愿者、社会工作者等参与主体之间的行动研究小组，通过工地探访，问卷调查和对话研讨等方式，来逐渐由身边的具体问题和直接需要，逐步扩展到深层问题和高层需要。每年我们都组织大学生志愿者深入到

工地进行工人探访,为工人提供文艺宣传、普及法律和进行劳动条件调查,并把调查得来的数据,返回到工人当中进行讨论和交流,分专题来讨论他们的劳动状况、生活状况和具体问题。渐渐地,工人们表达出来的需要随着他们对自身劳动、生活条件的认识加深也发生转变。

刚开始接触工人时,他们一般表达的需要都是直接的生活需要,比如要求改善住宿条件,增加业余文化活动,提高工资,咨询有关法律问题等。但是,随着接触交流的增多,工人们表达的需要就由直接的生活需要,上升到要求获得公平的劳动待遇和劳动保护,他们懂得了自己的劳动权益,也意识到劳动权益不断遭受包工体制的侵蚀和掩盖,所以他们要求学习劳动法规和维权策略,希望能够依法维护自己的合法权益。进一步,随着他们劳动权益知识的增多,他们开始运用所学知识进行劳动权益维护时,他们又发现维权过程存在很多的阻力和挑战,维权成功的时间和代价都很高。于是,他们又愿意和我们一起协商讨论维权过程的社会支持和团结合作等组织策略,希望和我们一起研讨成立工会、推动集体维权的社区组织策略。所以,其实进城农民工的需要并不是一成不变的,不能根据表象,简单提供诸如文艺宣传、募捐、健康体检之类的准公益活动就行,也不能根据法律专业,仅仅进行普法宣传和维权诉讼就行,关键是如何通过行动研究,在交流对话中,逐步由直接的表面需要,深入到背后的权益维护问题,再深入到他们自身的维权组织和策略问题。这才能把需要的表达和主体性建设联系起来,增强当事人的觉悟和行动能力。当然,这个过程需要花费很长时间,不像需求表达方法那样简单明了,也不像专家判断那么明智决断。但是如果我们介入的价值目标就是增权和能力建设,那么我们的需要评估工作,也就是伴随一个意识觉醒和能力提升过程,在不断地根据当事人的觉悟程度发生提升。这正是社区教育和组织工作的需要评估的核心所在。

同样,针对打工子弟群体,本案例也是采取了行动研究的策略,将主体建构和需求表达结合起来。最初,我们联合北京大学、中国政法大学的师生一起对农民工集聚的城郊村社区进行家庭探访,了解进城打工群体的家庭生活形态和亲子教育模式,动员他们加入到我们的希望社区教育中心。最初的家长孩子直接表达的需要就是根据一般中国家长期待的进行课后功课辅导,解决进城农民工子女的课后托管的需要。可是,随着家长沟通互动的增多,家长们开始关心孩子接受教育的公平权利问题,不断地询问何时才能在北京参加高考升学呢?后来,家长们进一步开始关心孩子的管教问题,反映出来他们不懂得如何管教孩子,打骂孩子并不能起到有效的作用。

打工子弟的孩子们除了需要老师辅导功课,更多的则是需要有一个游戏交往的空间,同伴交往问题成为他们热爱社区教育中心的内在动力。在同伴中获得权威、地位和影响力是孩子表现出来的内在需要,然而他们的表达方式则是同伴之间的无序竞争和冲突,所以我们需要根据其内在需要和现实表达方式之间的矛盾关系,来推动他们转换主体性关系,建立一种公平有序的竞争性同伴关系。同时,打工子弟的孩子们,长期跟随父母在外面流动,不断地转换居住地和就读学校,也需要不断适应新的环境和建立个体自主性,避免内在的断裂和伤痕,然而这个主体性生成也不是能够言说的,而是需要通过一种活动来体会和表达。

总之,沿着增权和能力建设的思路,需求评估不是一个被表达、被发现的过程,而是一个伴随着主体间性的交往互动建构生成的过程。尤其当我们面对的是一个遭受社会排斥和歧视的群体,他们的主体性本来就存在一个被他者化的呈现模式,我们更难以通过直接的需要表达来评估需要,也要破除外部专家群体的权威建构。所以,我们选择了通过合作探寻的行动研究过程,在循序渐进的对话交流过程中,来建构主体和提升需要。在此过程,你会发现,需要不是固定不变的,而是伴随着主体的觉醒而逐步转变的。

四、北京行在人间劳工社会工作的介入理念和方法

北京行在人间劳工服务中心是由北京几所高校的社会学、社会工作老师发起、社会工作者执行的非营利机构,但是因为民间社会组织注册的麻烦,只能注册为工商机构。机构的宗旨就是要面对中国转型社会最为艰难的农民工群体探索中国本土特色的劳工社会工作模式,通过培育基层社会力量,来推动中国劳工问题的理性解决模式和促进中国社会公正和谐。这个艰巨的宗旨理想不是通过复制和扩大现有的几种劳工服务模式就可以实现的,而是需要不断地找寻本土经验进行实验和探索。

首先是如何认识中国新兴打工群体的问题,对进城农民工问题的认识存在如下几种不同的理论视角:公民身份视角、身份认同视角和阶级形成视角等。公民身份理论,秉持马歇尔的社会政策传统,认为现代化进程就是不断地把农民纳入民族国家的范畴,享受公民权利,而公民权利也是由市民权利、政治权利到社会权利等逐步扩展的过程。在现代化理论模式下,公民权利的范围和内涵正是不断扩展的过程,先是男性市民,然后到女性市民、少数族裔和新移民。中国的农民工就是一

种国内新移民,其公民权利就是逐步扩展的过程。而身份认同理论来自社会学中的集体身份理论和社会心理学的群体形成理论,强调的是群体成员内部互动和群体之间的外部交往的社会交往过程,认为群体之间的外部排斥到内部团结形成了群体身份认同。当然群体内部团结又分不同情景有时强烈、有时又相互竞争分裂。阶级形成理论主要沿着新马克思主义的思路,强调新兴打工阶级的共同职业特征和社会地位等客观阶级条件,以及在此基础上的经过现实社会斗争所形成的共同阶级意识。这三种理论视角对当前中国进城农民工面临的社会问题和个人家庭问题都有一定的借鉴意义,但又有一定不足。进程农民工确实面临着公民权利剥夺问题,但是他们自己却缺乏公民权利意识和相应的民主政治表达渠道;他们也面临着身份认同的危机,但是他们也缺乏自己身份危机的社会条件的掌控;他们还面临着阶级地位问题,但是他们又难以形成阶级行动。他们主要通过自我忍耐和相互竞争来获得狭窄的生活机会,甚至是通过自我伤害和伤害无辜来宣泄不满,但是他们无法通过集体身份认同,激发起阶级意识,为获得承认和平等权利而行动。

其次,面对如此复杂的社会问题,现有的几种劳工服务模式都存在不足,难以应付全球化背景下的中国城镇化进程中的劳工问题。现有的劳工服务模式分为三种:维权模式、工业社会工作模式和企业社会责任模式。维权模式是当下劳工NGO组织常用的劳工服务模式,他们雇佣或者自学成为法律专才,接受农民工的投诉,代理被侵权的农民工进行行政投诉和法律诉讼,但是维权模式一方面容易被中国地方司法体系的行政依附状况所限制,另一方面也不能发育劳工的主体性和推动社会公正转型。工业社会工作模式是福特工厂体制时期,大型企业所采取的劳工服务模式,通常在企业内部依靠工会系统,或者在工会压力下,企业行政部门设置员工协助计划,给工人提供生活援助和个人职业生涯辅导,然而随着福特体制遭受全球自由主义的冲击,工业社会工作也日渐凋零。在此背景下,企业社会责任成为国际社会推动劳工权益保护的一种新方式。企业社会责任主要依靠全球消费者运动,给国际品牌企业施加需求压力,让他们对自己的供应链企业传递压力,规范企业品质和劳工权益。但是,实践也证明,如果没有劳工的积极参与,单靠NGO组织和消费者压力,企业会通过自身的能力建设来应付社会责任的审计,让社会责任规范流于形式。所以,劳工问题的核心是全球范围的新自由主义导致的劳工组织和劳工力量的衰弱,从而使福特工厂体制下的稳定的劳动体制和丰富的劳工福利被消减。现在,在一个力量失衡、自由博弈的市场体制下,依靠NGO组织的维权代理和企业社会责任规范,都难以接近劳工的弱势不公正地位带来的各种危害。

所以，我们才提出要通过社区教育的手段，给基层劳工增权和能力建设，让他们学会接纳自己的身份处境，剖析自己的生活和劳动苦难，然后逐步学习自身的合法权益诉求表达，并在此过程中建立相互联系、相互支持的基层劳工联盟组织，合法、理性、有序地进行社会行动，推动社会建设。

具体的介入策略，我们是选择发育基于阶级的集体身份认同，作为连接微观个人和家庭问题与宏观社会地位和公民权利问题的中间范畴。这是我们工作的焦点。围绕这个焦点，我们的介入方法主要是进行多种形式的社区教育。当然，我们把农民工社区分为两大类：一类是农民工居住相对集中而稳定的地理社区；另一类是分散而流动的农民工网络社区。

针对居住集中的地理社区的农民工子女，我们在一个基金会的支持下成立了希望社区服务中心，主要提供如下服务：(1)给孩子们提供固定的课后托管班，解决打工群体中家长们的后顾之忧，也提供一个孩子们学习和社交的场所；(2)我们动员附近的北京高校的大学生志愿者给孩子们提供人生向导，采取一对多的比较稳定的向导关系，提供除了学习之外的社交、理想、兴趣、爱好等全方位的向导；(3)在希望社区学习的孩子们中，进行新公民素质的活动课程，让他们对自己的生命历程、家庭变迁、社区环境、城市生活进行探索和对话，培养一种积极乐观的抗逆力；(4)联系红枫妇女心理咨询中心的心理辅导老师，给在希望社区学习的孩子们进行家访和家庭辅导，改善亲子关系；(5)推动发育家长联盟，让家长相互交流、相互分享教育孩子的心得体会和喜怒哀乐，推动家长意识由关注个体成败得失到关注集体的苦难。

针对分散流动的建筑业农民工群体，我们的介入过程包括如下环节：(1)通过外展服务，进入农民工集中的建筑工地开展文化活动，组织大学生志愿者到工地分发自编的《大工地》报纸，开展城市生活教育和工地安全教育，以及业余文化生活，改变工人的单调沉闷的工作状况，建立初步的关系；(2)从工地文化活动和社区教育中心，招募积极骨干分子，集中培训，密集开展进城农民工的劳动法、社会法、工会法等相关法律的案例研讨和情景学习，提升经验反思能力和主体意识；(3)跟进骨干积极分子的日常工作和生活的遭遇，和他们一起运用所学知识，分析实际情景问题，学会在行动中反思，不断建构有效的行动模式，避免导致对内和对社会的伤害行为；(4)做好社会支持网络的链接工作，把大学生志愿者和知识分子、政府内的相关领导，与工人们遇见的实际问题进行有目的的联系和组织，建立一个政策对话和倡导机制；(5)协助那些有积极动机的骨干工人成立基层建筑业农民工工会，和他们协同探索建立基层工会的困难和阻力,然后和全国政协委员进行联系,通过政协提案的方式来倡导工会法的贯彻落实。

五、劳工增权的具体过程分析

下面分别列举几个具体的例子来说明劳工培力和能力建设的具体过程和特点。

(一) 小苏的身份危机引发的公民素质课堂活动

农民工子女长期跟随父母在城市里流动,他们的出生地、居住地、求学地都处在不确定的变换过程,由此导致他们的身份认同容易出现分裂和伤害。所以我们的希望社区教育活动就不仅是提供课后托管和辅导功课,关键是解决如何帮助孩子们进行自我生命历程的反思重建,理性地处理自己多重身份变换带来的焦虑和压力问题。我们通过一个例子来说明进行身份认同教育的必要性。

在希望社区经常参加活动的重庆姑娘小苏,平常是一个活泼可爱的小姑娘,也是我们希望社区中心的积极分子,帮助我们工作人员维持秩序,带领其他小伙伴们组织活动。可是当她面临小学升初中时,家长知道在北京上学不能参加高考,而且北京的初中教育不如重庆老家扎实,就决定把小苏送回了重庆老家。而老家只有小苏的爷爷奶奶,老人和孩子长期缺乏共同生活,并不能和一个进入青春期的孩子建立良好的关系。所以,小苏回到重庆后进入一个寄宿制初中,但是孤单一个女孩子需要重新融入一个陌生群体,又没有父母在身边给予支持,她很快就陷入了早恋,通过情感交流缓解适应的压力。而这份早发的情感并不成熟稳定,而是不断地变换。混乱的情感交往让她渐渐失去了学习兴趣,初中没有念完,小苏就辍学,重新回到北京打工。如此,在人生的关键转折时期,混乱的身份认同令一个活泼可爱的姑娘失去了地位流动的机会,复制再生产了父辈的北京底层打工身份。

小苏的身影常常闪现在我们的头脑里,让我们反思,我们提供的课后托管和兴趣小组,对她们这个群体有多少的实质帮助呢?她们如何建立一种积极有力的身份认同,来度过人生关键时期,去把握自己的人生方向,跳出打工身份的再生产模式呢?或者只是可以做一个有尊严和体面的城市新公民呢?这是我们设计新公民素质课程的初衷。最初的新公民素质教育,前线社工按照城市适应的理念来设计课程活动,包括城市生活常识、城市家庭生活体验、城市一日游、生涯规划等活动课程。施行了一段时间后,专业督导开会讨论课程目的和效果,会上提出以城市生活适应为中心的活动课程能够回应打工子弟的生命转折导致的外在压力和内在挫折么？如果不能，如何让他们来接纳自己的身份和外化自己的压力，成为一种抵抗压力的主体？

问题提出后，我们大家一起阅读熊易寒的《城市化的孩子：农民工子女的城乡认知和身份意识》等文章，和大家一起讨论农民工子女的生命历程的转折导致的情景化的压力应对模式和身份意识的关系。大家逐步明白，个体在生命历程的不同阶段经历的情景压力，产生一种应对模式，建构自己的身份意识和主体模式。如果不去处理他们的复杂多变的生命历程的转折过程，仅仅以城市为中心的公民素质教育，难以触及这些孩子的内心活动。之后，我们开始重新设计新公民素质教育课程，贯穿一种生命历程模式，把他们的家乡生活、家庭生活、社区生活以及城市未来生活等不同生活情景联系起来，让他们去积极主动地探索这些生活模式，表达自己的感受和态度，建构自己的积极反应态度和抗逆力。新的"公民课堂"活动方案主要包括如下内容：

前言
第一章　相逢在社区
第二章　认识自我
　第一节　我们的好品格
　第二节　生命河
第二章　我爱我家
　第一节　我是爸妈通讯员
　第二节　感恩父母
　第三节　亲子宴
第四章　小记者进社区
　第一节　小记者培训
　第二节　小记者社区访谈
　第三节　"优秀小记者团队"评选
第五章　城市生活
　第一节　城市探索
　第二节　我是城市小公民

新的活动方案执行得很顺利，孩子们实现了跟自己的家庭、老家和社区之间的亲密互动，强化了自己的身份接纳，增强了他们对城市生活的积极探索态度。以下

是我们组织亲子宴的一些活动记录(见图1):

2012年8月5日上午11点英语课后,购物小组的四位小成员出发了,他们拿着之前定好的菜单,走向熙熙攘攘的早市,和买菜的叔叔阿姨讨价还价,仔细地清点着什么还没买到。一个小时后,购物小组买回了做饭所需材料:蔬菜、水果、调料、面粉、食用油等应有尽有。

下午2点,孩子们早早地开始了准备工作,因为希望社区可提供的做饭用具有限,孩子们拿来了自己家的电磁炉、炒锅、面板、菜刀、擀面杖…工具一到齐,大家忙活起来了,两个不会炒菜的小男生被分配了洗菜和剁饺子馅的任务,双胞胎兄弟俩去和面,女孩子主动担当了炒菜任务,你看大家干得多起劲啊!

图1 亲子宴教育活动

下面是我们组织的小记者进社区活动记录：

> 经过了培训之后的小记者们要开始行动了，一共有9名同学参加了这次活动，大家分为了3组，每组3名成员，分别负责采访、记录以及拍照。9月23号上午10点，小记者们要出发了，孩子们需要在2个小时完成对至少5名村民的采访，要涵盖本地村民、外来移民、老人、青年及儿童，任务可是不简单的！

为了保证孩子们的安全，每个小组都有志愿者陪同，恰逢当天有几名法国友人来访，他们也十分开心地跟随着小记者们去采访。在这次活动中，我们要求志愿者只负责安全，并不对采访行动做干预，让我们看看小记者们没有哥哥姐姐的帮助下，能顺利完成任务吗？

实际上活动开展得很顺利（如图2）。

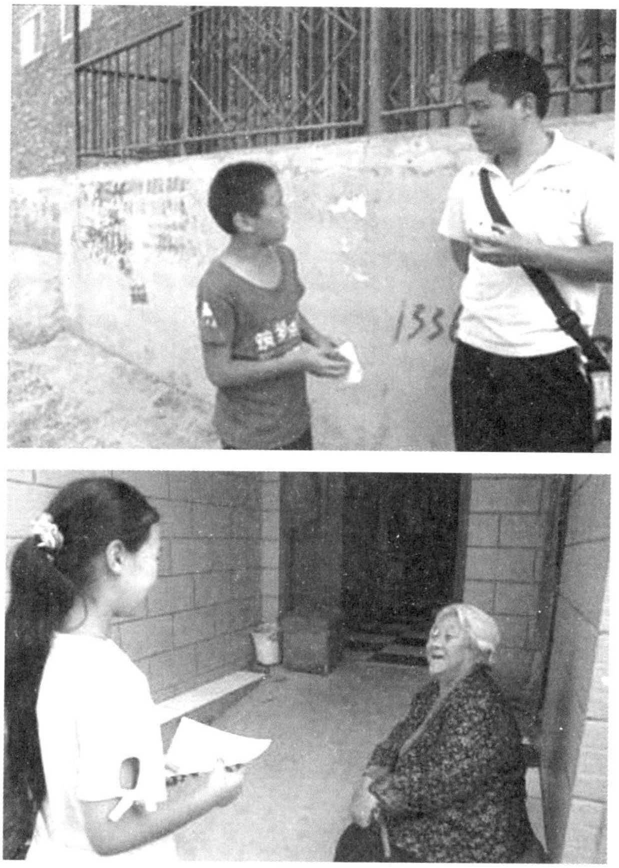

图2　小记者在社区采访

总之,我们的新公民课堂教育活动,主要是让农民工子弟们回溯自己的生命历程,增加和自己的家庭、家乡和现在社区的密切互动,重整自己的生命历程中的关键人物和遭遇的事件,转化成一种积极的生命姿态,去面对今后的城乡之间流动的压力和困难。

(二)老何成功维权背后的意识提升和能力建设

老何大哥的成功维权被各大媒体报道为"建筑业农民工无劳动合同成功讨要拖欠工资及赔偿款的第一案",岂不知背后的艰辛和心得。老何是四川省阆中市妙高镇农民,5 年前来到北京当建筑工人。由于没有签订劳动合同,他常常被克扣工资。2009 年 3 月 6 日,老何开始在北京某工地打工,他来的时候和其他农民工一样,没有书面协议,只有口头约定。3 月份来工地时,工头蒲某承诺何氏兄弟每天 120 元—130 元,但 5 月 20 日,蒲某从工地消失。9 月 5 日劳务公司撤出该工地时,非但没发 3 月 6 日至 5 月 20 日的工资,5 月 22 日至 9 月 5 日的工资也只有每天 70 元—80 元的标准。这等于除了扣发他们 74 天的工资之外,后面 103 天每天还要克扣他们工资五六十块钱。

何大哥是我们在工地探访时认识的比较有文化、有思想的建筑工人,高中文化水平,平时就和我们的外展社工以及大学生志愿者热烈讨论有关劳动法规,对劳动法的相关规定比较熟悉。现在面临自己的劳动权益受到危害,老何决定拿起法律武器,来维护自己的权益。然而,老何没想到维权的路是那么的漫长和艰难,首先是法院受理就来回扯皮,因为他们打工地在海淀,然后挂靠的劳务公司在丰台注册,他们在海淀法院和丰台法院之间来回奔波。其次,法院要求他们去劳动局进行投诉和调解,希望双方调解解决。劳动局认定他们没有劳动合同,只能是按照北京市最低工资来支付劳动报酬,老何岂能接受。老何和我们的社工商量怎么办,我们就鼓励他说:"只要你愿意坚持诉讼,这是你的权利,我们就陪伴你,提供相关的咨询和支持。"而且,我们帮助老何分析,劳动局的调解仲裁,你不同意,当然可以继续走法律诉讼程序。而且,根据劳动法的规定,只要你有相关的证据,证明你和这个建筑企业存在事实性劳动关系,可以先通过劳动仲裁程序,认定劳动关系,然后起诉建筑企业不签订劳动合同,要求双倍工资的赔偿。在我们前线社工的分析和鼓励支持下,老何和弟弟定下了生死契约,约定谁要是在讨薪过程去世了,由另一个兄弟来抚养自己的孩子,兄弟二人决定和这个强大而黑暗的建筑业包工体制抗争一次。

经过了一审、二审等漫长的程序，老何总算在一年之后的2010年11月18日，在我们前线社工的陪同下走到了丰台法院，拿到了自己应得的包括双倍赔偿的工资，一共四万多块钱。实际上，有许许多多的建筑业农民工没有劳动合同，从事着高风险、高侵权的建筑工作，然而像老何那样去讨要劳动合同和双倍工资的案例仍然很少。为什么老何却成为建筑业农民工成功讨要双倍工资的第一案呢？在2011年的4月25日举办的“与建筑者建造尊严——‘对话建筑工’”的主题研讨会上，机构理事、一位大学老师与老何有一个对话，来提升其对这个事件的意识层次：

老何：我给周围的工友讲述我的维权经历，95%的工友听了之后，都希望我们工人能够组织起来维权，人多力量大。但到了实践的时候就不一样了。例如我们上次维权，本来就只有五个人，到最后只剩两个人。当初给他们讲我的经历时，一些工友就有眼前一亮的感觉。而到了自己真的要维权的时候，就觉得工钱多多少少能拿到就可以了，是不是完全按照法律来，并不在意。

有的工友跟我说，和我在一个工地上，胆子还稍微大一点。但不管我再怎么给他壮胆，他还是胆小，只有自己相信自己，才算胆大。工友们要自己学习法律，经常要用到的法律知识，得要学会、弄懂，随手就能用。我们不能只依靠媒体，靠律师，从小到大都只会靠。最主要是靠我们自己。学会法律知识。利用法律作为武器。

政府部门已经制定法律了。我们按照法律要求我们的权利，它不落实，就是自己给自己一个耳光。农民工自己要携起手来去维权，要懂得舍弃眼前小的利益。

老师：工人不能按月拿工资、工资被拖欠，这是当年马克思研究英国工人时没有出现的现象。这提醒我们要认识到，市场经济需要法制的框架。我们现在已经有很多的法律。但是到了具体应用的时候，都停留在文本上。在法律的具体执行和解释上，确实面临着行政部门不作为、相互推诿的现象。

我们已经讨论了很多，造成这些现象的原因，有体制上的问题，要改变当前的生产体制。但这个体制怎么变？推动它的力量来自于何处？何正文所做的事情就非常有意义。个人维权的成本很高，他也看到很多的法律流于形式，但是他去做，去碰，去尝试。在某种意义上，法律还不是个钟，反而像个消音器，要使劲地撞，才会有声音。如果我们都不去敲这个钟,那法律就真的成为摆设了。

从工人的角度上来说,我们自己要去寻求改变,不然我们整天去想,这个体制应改变,这个法律应该更好,而我们的目标却会遥遥无期。

面对建筑业农民工屡屡受到体制性剥权和侵犯权利的状况,我们除了进行普法宣传,主要是通过具体的维权策略培训,来增强他们的维权能力,进而通过成功案例的研讨,来强化他们的维权意识和社会支持网络。老何现在加入了我们的工作队伍,专门给建筑业工友提供维权策略的教育培训活动。

(三)老李冲动背后的个体无力和组织发育的困难

老何是一个比较成功的意识觉醒和理性行动的案例,这和他的文化水平、个性特点和学习态度等个体回应性有关。然后,老李就是一个不太成功的例子。老李是来自山东济宁的国营煤矿下岗失业工人,在北京的工地上做小包工头,带领三十多个散工,到各大工地上揽活。参加了我们的骨干工友培训班后,老李意识到,包工头也是整个建筑业包工体制的一个环节,自己要给工友们积极争取一些劳动权益。老李知道了,建筑企业借口建筑业灵活工作特点,故意不签劳动合同,采取分包制,用劳务合同代替劳动合同,最后用口头契约也代替了劳务合同。但是老李也明白了,根据劳动法的规定,只要我们在建筑工地劳动一个月,建筑企业就得签订劳动合同,否则就可以告他们赔付双倍工资。从此,老李带领兄弟们到建筑企业去揽活,就争取干上一个月以后,开始要求签订劳动合同。但是老李的脾气比较火爆,屡屡因为这个事情,和建筑企业发生直接的肢体冲突。2011 年 B 市 F 区的一个工地上,老李和当地的建筑企业发生冲突,结果自己被企业雇佣的黑社会分子打伤,反而被当地法院判处故意伤害罪,入狱 6 个月。从监狱出来后,老李依然是脾气不改,总是听到他被黑社会砍伤的消息。每次见到老李,我都揪心地和他谈:“老李,咱们能不能采取点策略,保护好自己的生命,尽量注意安全呢?”老李笑笑说:“就咱这个命,我就跟他们干上了。我就看他能把我怎么地吧?!”

老李让我们思考着个体的维权策略和能力的局限性,如何建立一个基层建筑业农民工工会来集体维权呢?经过 2013 年年初的讨论,我们把协助建筑业农民工加入流入地工会或者成立基层工会作为工作目标。然而,经过一年的历程,我们再次体会到地方政府部门的推诿扯皮和法律落实的艰难。下面是我们 2013 年组织工人申请加入 B 市建筑业工会的历程。

2013 年 3 月 8 日,几位工会筹备委员来到 B 市总工会,未能见到建筑业工会主席,想要保安提供B市建筑业工会主席的办公电话进行电话预约,遭拒。

2013年4月11日,工人们第四次来到B市建筑业工会,未被允许进入院内。工人老何打电话与工会副主席交涉,最终被放行,作为代表独自入院与领导面谈,领导的答复"需要研究、统筹考虑"。同时,这位副主席给建筑工人提出了一个难题——加入工会必须订立书面劳动合同。老何请求工会介入争取劳动合同,但工会领导给了工人这样一个"鸡生蛋,蛋生鸡"的回复:要工会介入工人维权事宜的前提是工人需要成为工会会员。那么,于是事情变得无解:工人要加入工会,必须有书面劳动合同;而工人若要通过工会争取劳动合同,那工人必须是工会会员。

建筑业工会的答复令工人失望,工人期望通过上一级工会得到一线曙光。4月19日,工会筹备委员老何拨通了B市总工会组织部的电话。接电话的是一位女士,这位女士给了老何另外一种建筑业农民工不能加入工会的解释:"加入工会必须以工资收入为主要生活来源,建筑业农民工从工地上拿的是劳务费,而不是工资,所以建筑业农民工没有资格加入工会。"该工作人员无知与可笑的回复,不禁让工人怀疑工会的工作人员到底读不读国家法律政策。

2013年4月24日上午,工人们再次拨通了B市总工会组织部的电话,被告知五一劳动节过后会联系工地所在的街道工会组织来帮助工人们加入施工单位的工会,但两天后,还未等上级工会介入,工人就被施工单位清出了工地……

2013年6月中下旬,在B市经济技术开发区博大建设某工地打工的工人们经过长达一周的争取,终于争取到了劳动合同。待工人怀着兴奋的心情,手捧着劳动合同文本来到B市总工会大门口要求加入市建筑业工会时,先是吃了闭门羹,在通过半小时的沟通后,工人代表获准进入交谈。负责接待的B市建筑业工会副主席曾某不正面回应建筑业农民工加入建筑业工会的问题,而是强调农民工不加入建筑业工会,工会也可以介入工人维权,同时他还引导包工头自己成立劳务公司,在自己的公司组建工会。第二天,好不容易争取到劳动合同的建筑业农民工遭遇非法解雇,工人不但没有加入工会,而且最终没有保住这一纸劳动合同。

2013年8月14日至15日,工会筹备小组与三十余名工人手持劳动合同第六次来到B市总工会请愿,期望B市总工会对工人关于成立建筑业移民工工会的申请做出批复。起初,工会拒绝接待工人,并且先后调集四批警力以"聚众闹事"为由恐吓工人,但由于工人在工会门口井然有序,没有触犯《治安管理法》,警方要求工会出面接见工人。B市建筑业工会主席、副主席接见了工人代表,两位负责人做了两点口头回复:第一,成立工会要与用工企业协商,不能由工人单方决定,拒绝工人成立工会的申请。第二,如果工人要加入所在施工企业的工会,那么就要回到施工企业所在注册地加入工会。而工人所打工的施工企业重庆圣华建筑劳务有限公司注册地在重庆,这就意味着工人们要从 B 市千里迢迢到重庆申请加入工会。即便如此,工会筹备小组请求 B 市建筑业工会副主席代为联系和推介,然而,当这位副主席拨通这家用工单位的重庆负责人电话时,对方的回复是:“我们很忙,不要来给我们找麻烦。”而由于工人争取工会的行动,重庆圣华建筑劳务公司 B 市项目工地打工的三十余名工人已经被停止了工作,且资方恶意压低工人工资,逼迫工人离开工地。

2013 年 8 月 18 日,三十余名工人被重庆圣华建筑劳务公司 B 市项目部非法解雇,随后,公司还派出十余名打手一路跟随工人到临时住处,威吓工人。

推动建筑业农民工加入流入地工会,通过组织的方法来维护工人的合法劳动权益,本来是为了防止个体维权的困境和避免日益升级的建筑工地的“黑色化”趋势。然而,整个申请过程,不管是对我们的前线社工,还是建筑工人都是一种如同经历“鬼打墙”的恐怖心理!先是给出“有劳动合同才能加入工会,加入工会才能帮助工人签订劳动合同”的无解循环,后来工人好不容有了劳动合同,结果不但没有加入工会,而且还被企业无端解雇和雇黑恐吓。哪个组织来帮建筑业工人撑腰呢?B 市建筑业工会到底是谁的工会呢?又是谁纵容建筑企业如此嚣张呢?这些无言的伤害,我们只能和建筑工人一起来消化吸收。但是,我们却不知道诸如老李大哥那样的脾气火爆的人还对社会工作和工会组织是否抱有希望。

六、服务效果的反思

经过近五年的探索,我们对北京市行在人间劳工服务中心的服务模式进行归纳,它既不是一种简单的公益慈善活动,也不是替打工者进行维权,也不是个案管理模式下只负责评估需求和链接资源。我们实施的是有意识地对进城农民工进行增权和能力建设的服务模式,我们试图由个人的问题转化到对劳工体制和政策执行机制的反思,引导打工者及其子女由自我压抑和愤怒,转为一种内在动力,相互支持和协作,利用政策资源来推动理性的抗争和维权。然而,五年的增权和能力建设,从服务效果来说,我们只能说就个体意识提升和个体行动方面发生了影响和改变,也帮助进城农民工建立了一个相互支持的联盟,然而我们试图推动发育合法的组织化理性表达诉求和维护权益,却处处碰壁。这让我们思考,我们的劳工社会工作难道只能停留在做公益、献爱心的层次？而进城农民工也只能通过个体的挣扎和抗争来维护权益？我们的各级劳动部门和工会组织只能是进行普法宣传和维护工地安全？中国社会转型只能以牺牲进城打工的农民工为代价？我们不相信宿命论，也不会被眼前的困难所吓倒。大致来说，我们认为在如下方面需要继续努力：

第一，我们对进城农民工形象的社会建构的影响力还不够。主流媒体和相关部门对进城农民工的认识停留在同情和关怀的层面，把他们当作城市的流动人口对待，而没有真正把他们当作新工人、新公民来对待。

第二，我们对体制内的协同力量的动员层次不够。我们只是找到了劳动、工会等直接相关的部门去表达诉求，要求他们履行职责，其实他们也是整个体制的组成部分，有时候也是身不由己。如何去影响政府高层决策人员，来正确认识进城农民工的问题和要求，我们还没有找到途径和手段。

第三，我们的行动策略需要反思。我们组织的一些有关劳工问题和案例的研讨会，有时候过于理想化，劳工本身和学者的批判激进程度可能会令相关政府部门难堪，从而失去了合作行动的动机。这提醒我们，为了促进社会的改良，我们需要鼓励政府相关部门发现共同点，推动政策和制度的微调改变，积小步为大步。

第四，对打工群体及其子女的组织教育需要深化。我们需要把这些经历与他们进行反思和讨论，进一步转化成行动的力量，而不是积累内在伤害和挫折，进而失去对社会工作和社会改良的信心和希望。

案例使用说明

一、教学目的与用途

（一）适用的课程

本案例试用于“社区工作”“劳工社会工作”或者“移民社会工作”课程，也可以作为“社会工作理论”课程的辅助教学案例。

（二）适用的对象

本案例主要是作为社会工作专业硕士专业实习时的教学案例，当然也适合社会工作本科生高年级学生实习阶段学习使用。

（三）本案例的教学目标规划

1. 覆盖的知识点

本案例覆盖的社会工作知识点包括：

（1）进城农民工的社会问题；

(2)行动研究;

(3)身份认同和主体性建构;

(4)增权(empowerment)和能力建设模式;

(5)地理社区和网络社区分类。

2. 能力训练点

(1)学习如何把个人困难和社会制度结构性问题结合起来,综合性分析社会问题;

(2)学习如何通过行动研究来动态地评估服务对象的需求;

(3)学习如何根据具体问题和需求评估,灵活设计介入策略和服务方案;

(4)学习如何在服务方案中融入社会工作的价值观;

(5)学习如何对自己的服务过程进行反思和调整服务方案。

3. 观念改变点

(1)基层劳工培力过程需要突破一般公益慈善模式和个案管理模式,把个人生命历程的反思作为培力的基础;

(2)增权过程需要意识提升,而意识提升需要把个人问题的分析和外部社会制度问题结合起来,以免只对个人的谴责;

(3)增权过程需要社会支持,以免陷入导致个人更加深刻的孤立和挫折感;

(4)增权过程需要持续地对行动经验进行对话讨论,从而转化自己的经验为行动的方向和动力。

二、启发思考题

(1)你认为当前进城农民工面临哪些困境和问题?

(2)你认为造成当前农民工困境的微观环境因素和宏观制度因素有哪些?

(3)当前应对农民工社会问题的介入模式有哪些?各自的特点是什么?

(4)本案例采取了什么社会工作介入策略?为什么?

(5)对进城农民工增能需要注意哪些方面?

(6)请你分析本案例中社会工作介入策略成功的方面及其原因?

(7)请你分析本案例中社会工作介入策略暂时失败的方面及其原因?

三、理论依据

(一)公民权利理论

公民权利理论,又叫公民资格理论,在社会政策学界最早由英国学者托马斯·H. 马歇尔(Thomas H. Marshall)提出。马歇尔认为公民权利应该包括三个部分:市民自由权利、政治权利和社会权利。市民自由权利是指市民的生命、财产、言论、出版等自由不受侵犯的权利；政治权利是指成年公民所享有的人人平等的选举权和被选举权以及担任公共职务的权利等；社会权利是指所有公民所享有的获得基本生活需求保证的社会福利权利。马歇尔认为，这三大部分是逐步普及开来的，从18世纪的市民权利，到19世纪的政治权利，再到20世纪的社会权利。这是一种历史进步的规律，也是资本主义自我调整适应社会环境的表现。当然，许多马克思主义学者和批判学者都指出，公民权利中的社会权利的获得其实是工人阶级通过斗争争取得来的权利，不是什么历史进步的自然过程。尽管马歇尔对公民权利的获取过程的解释有争议，右派保守主义也不同意他的社会权利的主张，但是他系统总结了公民资格的三个组成部分，成为社会政策的一个基础理论。

在本案例中，我们看到进城农民工作不管是作为农民，还是作为新工人、新市民，都被系统性剥夺了公民资格的政治权利和社会权利，只是享有自由流动的市民权利。这是导致当前进城农民工社会苦难的主要制度性根源，所以，帮助进城农民工意识到自己的公民权利，并且有组织地争取自己的公民权利，才是解决进城农民工苦难的根本出路。

（二）集体身份理论

集体身份理论是一种社会心理学的理论，区别于个体心理学的个人人格理论。符号互动论提供了集体身份理论的社会学基础，而美国学者哈罗德·依罗生（Harold R. Isaacs）则在《群氓之族：群体认同与政治变迁》一书对此进行了系统论述。强调对群体的归属是个人的一种基本需要，获得归属感和认同感。个体心理学认为，群体身份是人类社会低级阶段的身份认同，也是个体不成熟的青少年时期的身份认同。现代社会，随着个体的成熟，人们应该建立个体身份认同。而伊罗生则认为，群体身份恰恰是现代社会个体化发展趋势下，不稳定的高度竞争的社会环境下，个体获得归属和支持的重要基础。吉登斯（Anthony Giddens）指出，这是个体存在的本体性安全的需要，必须在一种群体密切互动中来获得本体性安全。如果没有一个密切互动的群体归属，个人主体性是无法形成的。新社会运动的理论家简·柯恩（Jane Cohen）指出，当代新社会运动主要就是通过集体身份，开展的一种为了集体身份的承认的斗争。当然，许多人已经指出，通过集体身份而展开的斗争，容易导致族群的分裂和社会的矛盾，需要由集体身份走向阶级联盟。

本案例中，进城农民工处在一种准个体化状态，他们一般都是以老乡为纽带出来打工，进入一个高度竞争的自由市场，缺乏有机的联系和阶级意识，甚至也会遭受老乡包工头的欺骗和剥削。但是,借助老乡网络,动员农民工,把他们组织起来,进行集中培训和教育,转化包工头的角色,由投机剥夺性包工头成为保护性包工头,是我们开展农民工社区教育的第一步。

(三)阶级形成理论

阶级形成理论最早由卡尔·马克思在《哲学的贫困》中提出,把工人阶级的形成分为自在阶级和自为阶级两个阶段。所谓自在阶级是指工人阶级客观上具备了工人阶级的经济地位和阶级关系,但是还没有意识到整个工人阶级的集体利益和从属地位,也没有团结起来为了历史使命而斗争。所谓自为阶级是指工人阶级经过教育,逐渐意识到其身处的阶级关系和历史使命,自觉地团结起来为阶级解放而斗争的状态。后来,英国历史学家 E. P. 汤普森(E. P. Thompson)提出,英国工人阶级的形成并不是如太阳升起一样在某个时间某个地方升起,而是处在一个具体历史进程,经过工人阶级的斗争逐步形成的。而他的同代人霍布斯保姆(Eric Hobsbawm)则认为,英国工人阶级的形成除了受其斗争史的建构,更是工人阶级的经济条件和具体的生活史所建构,以及在此基础上形成的工人阶级集体身份和其他阶级的区别。当代美国两位马克思主义社会学家卡茨尼尔森(Katznelson)和佐尔伯格(Zolberg)综合了前人的理论,把自在阶级和自为阶级两个概念分解成四个变量,提出了阶级形成的更加精细的分析框架:社会经济结构、生活方式、意识倾向和集体行动,用来指导各个国家具体的工人阶级形成的历史研究。

在本案例中,中国进城农民工已经客观上进入了资本主义的生产关系,受资本阶级的剥削,但是他们的生活方式仍然受到传统人际关系的约束,处在流动状态,缺乏稳定的集体生活,也因此他们很难产生明确的集体阶级意识和坚定的集体行动。他们的日常行动要么处在汤普森所说的带有传统特征的防御性抗争之中,要么只是为了改变个体困境而希望获得向上流动的机会,难以形成一种阶级身份,依靠阶级组织,产生阶级行动。当然,中国长达几十年的社会主义宣传教育活动,也给中国基层劳工群体提供了马克思主义阶级话语和国家集体主义的诉求目标,这些都可以成为进城农民工表达诉求的公共话语资源和诉求目标。所以,有问题找政府、有问题找工会,通过工会要求落实劳动法和工会法,也是中国进城农民工建构集体意识和表达诉求的体制特点和文化特点。

(四)企业社会责任理论

企业社会责任不是一种系统的理论,而是全球化时代约束企业自利行动的一种具体的社会保护措施,是随着福特工厂体制的瓦解和消费者运动的兴起而产生的新社会运动。它借鉴跨国企业在全球推广产品生产过程国际标准的思路，建立跨国企业供应链企业社会责任国际标准，然后借助 NGO 组织的力量，来审计和监督跨国企业的供应链企业履行社会责任的情况。企业社会责任标准包括对消费者的责任、对劳工的责任、对环境的责任等方面。所以，企业社会责任的社会倡导和监督包括消费者组织、劳工组织和环保组织等非营利部门的联合力量，以弥补全球化时代因资本流动导致的工会组织的衰弱趋势。

具体到中国的情况，因为中国的 NGO 组织等社会力量发育不全，力量薄弱，所以通过社会力量来审计和监督跨国企业以及国内企业奉行社会责任还不是太有效，甚至容易出现一些 NGO 组织帮助跨国企业进行能力建设以应付社会责任审计的情况。所以，在中国解决农民工问题，还需要持续地进行劳工社区教育，以提升劳工群体的阶级意识和能动性，借助于中国社会主义新传统，来贯彻落实各项劳动立法和工会法，实现对自由资本市场的社会管制，保护劳工群体的权益。当然，寻求 NGO 组织的协助，共同推动跨国企业的供应链履行对劳工的社会责任也是中国劳工保护自身权益的一种战略联盟策略。

（五）社区增权理论

社区增权是西方社会工作 20 世纪 90 年代以后流行一种社会工作实务策略，以纠正西方社会工作长期流行的治疗取向的临床实务发展趋势。其实西方社会工作一直以来就注重案主的潜能，强调人在环境中的分析框架，动员社会资源，来帮助案主克服困难。但是在 20 世纪 40 年代以来，西方社会工作过度追求专业地位，模仿借鉴精神医学模式，把社会问题个体化，盯住案主的个人缺陷进行治疗，渐渐忽视了案主的优势和社会环境的改造。20 世纪 70 年代以来，所罗门（B. B. Solomon）提倡社区增权，到 80、90 年代丹尼斯·萨里比（Dennis Saleebey）提出了系统的优势视角，以对抗病态视角和治疗取向的社会工作模式。在优势视角下，社会工作再一次复兴了对案主及其生活社区的优势、潜能和资源的关注，把社会问题外化，挖掘个人的优势和潜能，链接社会支持网络，动员社会资源，通过对自己生活环境的掌控，培养个体效能和价值，以及对同伴群体的关怀和支持，逐渐形成一种基层社区力量，把个人问题的解决和社区环境的改变结合起来，推动社会积极转型。

社区增权是本案例的干预策略的核心要素。本案例正是运用社区增权策略，来务实地协助进城农民工反思自己的身份问题、反思自己工作和生活困境的社会根源，增强他们的自信心和行动力，学会运用法律赋予自己的利器去推动政府相关部门维护劳工的权益，并给予同伴们相互支持和帮助，最后形成一支社会力量，来推动中国进城农民工的公民权利和劳动权利全面落实,促进中国社会在城镇化、现代化进程中和谐发展、公正转型。

(六) 行动研究理论

行动研究是一种以行动为导向的研究策略,以转变主流研究方法以解释或理解为导向的研究取向。所谓以行动为导向的研究策略,是指研究的问题和目的都是为了解决实际生活中的具体问题,注重实务人员参与和对话,研究人员和实务人员联合设计问题、收集资料、讨论和使用研究发现,解决实际问题。行动研究最初发源于20世纪初美国实用主义哲学大师约翰·杜威(John Dewey)提出的在行动中学习的概念,强调行动、疑问、反思、行动的理性行动过程。到20世纪40年代德国犹太心理学家柯特·勒温(Kurt Lewin)到美国提倡群体动力的心理场域的研究,进一步明确了行动研究的概念,把行动放在一个人际关系互动场域来反思对话人际互动场域的心理动力,进而逐步调整动力关系,推动更加有效的团体行动。20世纪70年代,美国哈佛大学的组织理论家和职业教育家阿吉里斯(Argyris)和肖恩(Schön)把杜威和勒温开创的行动研究思路推广运用到组织管理和职业教育中,进一步明确了组织人际关系和对行动过程的视框(frame)实验是行动研究两大核心要素,要不断地引导行动当事人相互坦诚对话,把各自的真实看法澄清交流,接受实验的检验,在实验中形成合适有效的解决方案。行动研究可以解决一般宏大理论和具体实践情景之间的结合问题,强调从具体实践情景出发,综合普遍性知识、情景性知识、个人直觉性知识三种知识,追求实践相关性,而不是逻辑的确定性。

当然,上述行动研究主要是基于美国实用主义传统而发展出来的一种知行合一的实践过程,许多人已经意识到马克思主义传统也有自己的反思批判传统。相对于美国实用主义传统对解决实际问题的关注,马克思主义的反思实践传统更加强调对社会关系的反思批判,注重人的觉醒和反叛,推动社会结构的转型。马克思主义假定在资本主义生产关系下,人是被一套隐秘的生产关系所异化,表面上人是自由的,但是进入生产领域之后,人就被一种阶级关系所压迫和剥削,但是人们对此并无觉悟,反而被市场自由交换关系所蒙蔽。所以,马克思主义认为,实践研究应该揭露资本主义生产关系压迫剥削性质的隐蔽特点,对工人阶级进行启蒙和意识提升,转化其主体能动性,使其成为一支阶级解放的力量。比如20世纪60年的南美神学教育家保罗·弗雷勒(Paulo Freire)就继承了马克思主义的批判传统,就巴西农民的受压迫、受剥削的阶级关系和从属地位,设计一种社区探究活动,然后调动社区农民进行对话反思,引发觉醒和批判行动。

不管是美国的实用主义行动研究，还是马克思主义的反思批判行动研究，对于本案例来言，都是我们的工作手段的指导。我们既不是沿着人道主义思路，简单地对工人进行需求评估，提供公益帮助，也不是沿着权利主义思路，替工人维权打官司，而是假定农民工处在一种特定的社会关系和社会处境之下，有自己的行动模式和特定问题，我们需要和其联合起来，建立协同合作关系，一起探寻自己行动所处的社会关系和社会处境，反思自己行动所受的限制，以及自己的主体需求发生的社会机制，寻找解放的力量和有效策略。行动研究提供了一个链接工人社区教育和马克思主义阶级形成理论的行动策略，把一种宏大的马克思主义理论转化成一种日常生活处境的反思批判实践，既实现了马克思主义的传承，也实现了中国新兴工人阶级的主体意识的觉悟。

（七）主体建构理论

主体性问题本来是西方资本主义启蒙运动以来的资产阶级的人道主义命题，最初强调的是抽象的独立的自主的个体主义的人的发现，把人提升为一种取代上帝的世界的主人地位，通过自己的理性思考来认识世界，进而实现对世界的改造和控制，满足人的功利主义幸福生活。所以，主体性其实是基于自由主义的人道主义，结合功利主义价值哲学，来建构出人的存在方式。然而，马克思主义对其批判的要害正是，资产阶级人道主义主体性忽视现实生产资料私有制导致的不平等的阶级关系，虚伪地谈论个人主体资格的自由和平等，并不能实现真正的自由和解放。后现代主义则进一步批判各种本质主义的主体哲学，认为主体性本来就是受到不同时代、不同历史条件下的具体论述模式的生产建构。后现代主义承认马克思对主体性的批判，同意主体性不是抽象的孤立的个体，而是处在一种关系之中的，但是，后现代主义认为人所具有的关系特征不一定是马克思主义所说的生产关系，而是一系列话语模式下的主体位置关系。人就算是逃脱了资本主义生产关系，也不可能实现彻底自由阶级，因为人不可能逃脱话语模式而存在，而是生活在不断变换的话语模式之中。不同话语模式生产出一系列主体位置，规定人们的主体性。所以，后现代主义的主体性强调的不再是终极解放目标，而是具体历史条件下的特定话语模式下的主体位置关系的改变和转换，从而让批判和解放不再是一种乌托邦的幻觉，而是一种地方化、处境化的话语模式的转换和抗争。

在本案例中，我们并不想给中国进城农民工提供一劳永逸的解决方案，而是就其现在的生产条件和生活模式，来讨论不同的论述策略对其主体位置的建构。主流模式把农民工论述成城市的低端劳动力，应该弹性就业，把家安置在农村，进城劳动,回家生活,拆分生产和生活空间,享受城市就业和农村生活的各自的好处利益,农民工依然成为一个精明的主体和获益的主体。然而,农民工兄弟们自己最清楚和家庭长期分裂所带来的伤害,也深深感受到流动子女所遭受的生命历程的断裂和迷茫。然而,这种伤痛叙事和断裂认同也容易带来一种主体性问题——无奈的主体或者愤恨的主体。为了建构一个有力的主体和能动的主体,我们就需要一起建构一种新的叙事模式,借用社会主义传统对劳动和工人阶级的尊重,来增强他们的身份自豪感和劳动价值感,进而和现在的公民权利和劳动权利话语进行嫁接,让他们追求一种务实的改变目标,推动公民权利的公平普及,推动劳动权利的严格落实。

(八)社会支持理论

社会支持理论在社会学中发展成为系统的社会网络和社会资本理论,主要是用来解释现代社会个体行动的社会嵌入性特征。经济社会史学家卡尔·波兰尼(Karl Polanyi)认为,传统社会的个体行动是嵌入在紧密的社区关系之中的,从事的经济活动是一种实体经济活动。现代市场经济活动才打破了传统社区的紧密团结关系,出现了形式经济学所说的原子化的个体行动者,遵循个体利益最大化原则行动。而美国学者马克·格兰诺维特(Mark Granovetter)提出,现代社会的个体也不是完全原子化状态,而是处在一个社会关系网络之中,获得交易的信息和情感支持,从事经济和社会活动。之后,美国政治学家的罗伯特·普特南(Robert D. Putnam)则研究指出,社会发展和民主政治其实都取决于公民结社的程度以及由此导致的社会信任状况,他把这种状况概括为社会资本状况。

但是,对于社会工作而言,我们关注的是微观社会问题的预防和解决,所以相对于社会学和政治学,社会工作更加关注社会支持网络对个体提供的帮助类型和帮助方式,以及对社区发展的作用。社会工作学者詹姆斯·维特克(James K. Whittaker)曾经系统分析了非正式支持系统和正式支持系统之间的关系,强调对于一些边缘弱势群体,当正式支持系统因为社会排斥不能获得时,非正式支持系统的重要作用。所谓非正式支持系统主要包括密切交往的初级支持网络以及频繁交往的次级生活网络。前者一般是指亲属和朋友,后者是指邻里组织、社交俱乐部和教会等。而正式支持系统就是指正式注册成立的具有特定的资格条件的社会服务机构。后来社区工作学者哈德凯瑟(David A. Hardcastle)等人指出,社会工作不能停留在动用非正式支持系统对正式支持系统的缺陷的弥补作用,而是要通过社会支持网络的生态矩阵分析工具,分析各级支持系统提供支持的现实和潜在的途径和阻碍,然后通过社区增权的策略,来帮助边缘弱势群体逐渐地由初级社会支持网络和次级社会支持网络等非正式支持网络,扩展到去争取正式支持系统的公平服务和方便可得性。

对于本案例来说,我们首先把进城农民工组织到社区中心,形成一个次级支持网络,并且帮助他们强化对自己初级支持网络的归属和联系,形成一个有力的支持体系。但是,我们并不是停留在非正式支持网络,借此弥补中国社会政策和社会服务的不均衡性和社会排斥性。我们是利用非正式支持网络的增权作用,支持他们去争取和追求公正的社会政策和社会服务等正式支持系统的改善。如果只是强化非正式社会支持,不去反思和推动正式社会政策和社会服务的公正普及和方便可得,那么中国进城农民工就永远处在被排斥和压榨的状态,那就不可能有真正的社会和谐与公正。

四、方法分析

本案例的内在逻辑是就进城农民工问题进行如下关键议题讨论和分析:

(1) 如何把个人困扰和麻烦,提升到群体身份和社会关系问题层面,进而连接到社会制度和社会结构问题,训练学生连接微观问题和宏观社会分析的能力。

(2) 如何把需求分析和主体性建构通过行动研究连接起来,需求不是静态不便、等待发现的,而是在一个主体转换过程中动态调整的。但是这个动态调整过程需要借助于行动研究策略来协助发生。

(3) 如何把社会公正和增权等社会工作价值观和问题解决联系起来。解决社会问题不同于分析社会问题,解决社会问题需要强烈的价值导向,什么价值观导致什么解决思路。

(4) 如何把实践目标转化成具体的实践手段,落实成具体的社会工作服务模式?

(5) 如何不断地客观地收集资料证据,来反思社会工作服务过程的成效和局限,清楚问题的根源,寻找新的改变策略,构建一个持续的行动反思的实践循环?

五、关键要点

本案例的关键点如下:

(1) 和农民工建立初步的信任合作关系,大家进入一个共同探寻的行动研究过程,而不是停留在公益慈善的帮助关系;

(2) 和农民工一起讨论面对的问题,由一种个体流动和愤恨的思维状态,转变成一种对自己打工生涯和生命历程的回溯状态,进而实现个体觉醒和主体性改变,

开始一种积极行动的主体状态;

(3) 和农民工一起讨论社会支持联盟的构建,把个体行动嵌入在一个团体中,获得帮助和支持,产生持续的行动力量;

(4) 和农民工一起讨论劳动法律和工会法律,以及现有的劳动管理体制和工会行政体系,如何跟现有的执法部门以及工会部门进行互动,转变成有利的支持系统。

六、建议的课堂计划

课前阅读知识2个小时。包括本案例资料、公民权利理论、阶级形成理论、行动研究理论、社区增权理论、社会支持网络理论等。

课堂讨论90分钟,包括如下环节:

(1) 老师对当前农民工问题简述10分钟。

(2) 结合本案例讨论如下问题,分组讨论20分钟:

——你们如何看待当前农民工问题?

——现有解决农民工问题的策略思路有哪些?各自的利弊是什么?

——需求评估的方法有哪些?各自的优缺点是什么?

——如何看待个人福利和个体能动性的关系?

——如何给农民工进行增权,培育农民工解决自身问题的能力?

——本案例中运用了哪些基础理论分析农民工问题?

——本案例运用了哪些实务模式进行农民工实践干预?

——本案例体现了哪些社会工作价值观?

——本案例成功的方面及原因是什么?

——本案例没有成功的方面及原因是什么?

(3) 课堂汇报20分钟,分组汇报各个小组对上述问题的讨论意见。

(4) 老师归纳大家的不同意见,并就相关议题进行理论解释,30分钟。

(5) 机动反馈10分钟。

本文作者:郭伟和,中国政法大学社会学院教授;李大君、周丽娟,北京行在人间劳工服务中心。

“高级社会工作实务——社区工作”课程设计
——以服务学习介入城中村社区重建为例

为了弥补社工教育现在存在的这些问题，在云南大学 MSW 专业课程“高级社会工作实务”引进服务学习的方法来开展，课程开在研一下学期。对这门课程的定位是实践性学习回应已学理论的一些思考及进一步深入研究社会工作的相关议题。因为 MSW 的学生从本科学习进入硕士，对学科基础知识有些理解和认识，而研究生的课程则是要求在此基础上做进一步的思考或是聚焦某一议题，通过查阅资料或现实调查有深入的理解。因此，本门课程更多是需要学生将所学习的知识尝试运用到社区中去。为何聚焦社区呢？从传统社会工作的三大方法来看，很难回应现实的需要，而以社区为单位来开展工作实际是一种整合性的社会工作服务模式。不仅能涉及社区中的各个群体还能运用到传统的三大方法，这对于回应服务对象的需求和学生学习的目的是非常有益的。而“高级社会工作实务”正是如此，需要一个整体性的学习和实践，从中再来强调反思性学习，从而把理论更熟练地运用到现实当中，从而提高学生的实务能力、思考能力、研究能力并用专业知识回应社区需求。

一、“高级社会工作实务”基本情况介绍

“高级社会工作实务”是社会工作实务课程，要求 MSW 的学生将学习的相关知识在真实的环境中进一步实践、反思及学习。但从学科特点来看，社会工作专业强调专业伦理，因此在实践中需要考虑服务对象的需求。在这样的考虑下，在 2012 年及 2013 年，本门课程选择云南昆明螺蛳湾片区的宏仁村为实践点。主要考虑在于宏仁村由于修建螺蛳湾面临着拆迁征地带来的一系列社区变迁的议题，在让学

生进行实务学习的同时也能有所回馈社区。而课程采用服务学习的模式也是强调高校为解决社会问题贡献力量,倡导学生对于面临的问题做出努力,从这个过程培养学生的整体能力。

在这样的背景,2012 年课程的尝试是进入社区,以村庄的老人作为连接点,探寻这些老人的故事。在此基础上,老人们期望不要拆迁他们的老村,因而本年度的课程聚焦于跟老人一起保护村子。而对于同学而言,则是在这个过程中运用社会工作的理念、方法进行相关实践,并在此基础上思考中国城市化背景下城中村的相关议题。

二、课程实践点介绍

本次“高级社会工作实务”实践的地点在云南省昆明市官渡区宏仁村。宏仁村是滇池东岸的村子,现在看上去是汉族村,但本来是彝族村。在明朝是屯兵,从南京等地方来到这一代变成汉族,逐渐把彝族往山里赶,但在这过程中有交融的过程。如石猫猫的图腾,大寺庙、小寺庙等,而建筑是一颗印,还有一些很古老的建筑,如保留三百多年的雕刻等。

宏仁村 20 世纪 80 年代就为昆明市蔬菜基地。而 90 年代为城乡接合部,90 年代末,城市化就不断征收土地。螺蛳湾、南站等就征了很多地,但昆明那个时候很多征地说是公益用地,而开发后就变为商业用地。2000 年时的区政府的协议,因为赔款比较少,就在征地的范围内划出一片为宏仁新村。每家一栋,自己修建,有六七层。后来实行城中村改造计划,因而 2004—2005 年获得区政府默认的宏仁新村都可能被拆迁。把螺蛳湾建到新亚洲体育城旁边,就要拆新村。村民开始抗争,政府就打算用赔款来征地,村民们觉得钱给得不够,说自己建楼一般是 50 万—70 万,而政府的赔款远不到这个价格。他们维权主要是曝光政府和开发商结合的不合理做法。而区政府就转来拆老村,年轻人就觉得新村不拆就不错了,而老村老人就比较想回到老村,保护老村。对话是 90 年代土地慢慢被征用以来,离得越来越近的新螺蛳湾。昆明 1996—1997 年以世博会为开端,而到 2008 年及至现在是大规模的城市化。螺蛳湾是面对新建大的商场,很多周围的房子一夜之间就消失了,宏仁村很多土地就这样收掉。还存在将很多农民赶上楼。因为土地带来的矛盾很多村民被抓到监狱。因此这个村子与其他村子不一样的地方是它有少数民族、拆迁、整个生活方式的转变等议题。

老人希望能保护老村的诉求在整个拆迁的抗争中被很多专家学者关注，其原因在于宏仁村的特殊性——其历史文化传统保护得较好。村子里还完整地拥有三百多年历史古建筑群、古水利系统、碑文、寺庙等；另一个方面，宏仁是彝族、白族融合的村子，有很多少数民族的文化元素还能在这个村子找到，他们很有可能是古滇人的后裔。而这样的老村，在滇池沿线甚至整个昆明都只剩这么一个了，所以专家们都在思考在现代化背景下，这样的村子该怎么发展？其次是我们以往拆的方式是否还有其他的出路？所以就聚集了一批人，大家觉得宏仁的历史、传承和保护的情况数下来可以分为七种物质文化遗产——大寺、小寺、石猫猫（村子的保护神，彝族传统崇拜老虎，从青铜时代延续）、照壁（避灾避邪，少数民族习俗）、古井、古水利碑（引水灌溉体系）、乡土建筑群（一颗印、半颗印等清后民国初期建筑）和五种非物质文化遗产——花灯（国家已经设立，而宏仁则是作为农村如何延续传承）、刺绣（虎头鞋、虎头帽，彝族传统文化，子君村已申报成功，但宏仁做工更精细，可以保护并开发成商品）、草墩编织术（传统编织，价廉物美，可开发成商品）、麻脆角（手工制作小食品）、小寺年夜饭（习俗类）。所以相关专家了解具体情况后建议将宏仁申请为历史文化名村，然后重新规划、改建和修复，和官渡古镇靠在一起，打造传统休闲、旅游村。而帮助宏仁村申请由不同的专家共同来做，比如建筑测量的专家和学生就帮他们测量村里古建筑的具体面积，文化历史方面的专家学者则负责整个的策划实施及文本的撰写，设计的学生和老师就做历史文化名村的设计和规划。社工的学生在这个过程中需要帮助他们收集丰厚的资料，运用社区工作的手法增进整个社区的凝聚力、完成充权。此次社区高级实务的服务学习主要是接触村里的老人了解五种非物质文化在宏仁村的情况，协助他们完成申报的文本。同时，切合高级实务课程的学习要求，具体在社区中如何运用学习知识来解决社区的问题。

三、课程整体设计

本课程设计的思路首先是让学生先根据自己的经验梳理他们所认识的社区或社区工作。社会工作强调人，而对社工专业的学生更是如此。因此，先讨论他们认识的社区和社区工作，这样不仅能增加课程的丰富度，也让学生加深印象，学习不是脱离实际来讲空话，而是强调“当下”且是与“我”相关的。在这基础上，再给学生一个对社区的解释、社区工作及方法的整体概念。有了这个基础，就把学生放到社区,采用服务学习的方法来进行且回应社区的需求并培养学生的能力。同时,在这个过程中通过督导来给予学生支持及回应其中的困难。

由于本门课程的实践性及强调引导社工学生思考及能力培养,因此采用服务学习的方式来进行。对服务学习的定义很多,但共通的地方在于有一定计划性,强调了解需求,提供服务,在这个过程中来反思学科、自我、社会、政治等几个议题。所以使用服务学习的方法进行社会工作教育不仅能让学生进入真实的社会场景中,践行课堂学到的理论知识;同时,是针对社区的需求,制订相应的服务计划进行实践,在学习的过程中回应到社区的问题,这不仅发展了本土性的知识还一定程度上调和了伦理困境。

四、具体教学过程

在本次课程中,社工可以做的对社区的回应是与社区居民建立良好关系,关注到社区的居民及深入了解他们,主要负责收集故事,而这本身也是社区参与和重新审视或找回社区共同记忆的过程,它是一个充权和社区重建的过程。收集故事主要是帮助社区做非物质文化遗产申请,而社工对这方面不了解,所以课程有一定的学习这方面基本情况的内容。这并非偏离主线,了解非物质文化遗产的知识只是一个工具来“包装”故事。当然,这也是和社区一起经历,重新聚集社区凝聚力的过程,本质上还是社会工作需要处理的议题。在做好前面的准备工作之后就是真正进入社区,了解具体情况,将学习的知识运用到真实的社区中去。在整个过程中教师更多是陪伴、协同和支持的角色,跟学生一起去经历,遇到问题一起想办法解决,及时给学生相应的支持。在课程的最后则是评估和庆贺,对整个服务学习的回顾、反思,让学生在这个过程不仅有专业上的成长,也对自己有进一步的认识,感恩彼此,庆祝收获。

整个课程有十周,每周四个课时,一共四十个课时。具体安排如表1:

表1 “社区工作”课程安排

时间	具体内容	目的
第一周、第二周	讨论社区、社区工作、社区工作方法等;强调资产为本的社区工作方法;根据五种议题成立不同的服务学习小组	理论学习,为进入社区做好准备

续表

时间	具体内容	目的
第三周	进去社区、认识社区骨干、社区走访	了解社区基本情况,对社区有个初印象及思考,保持好奇心进行探索
第四周	到官渡区非物质文化遗产中心学习非遗相关知识;与社区相关人事建立关系并了解五个项目的具体情况	了解基本情况,为之后的社区工作做相应准备
第五周	督导一:主要针对现阶段学生了解的情况进行梳理;对一些困惑进行引导思考;讨论服务计划;社区服务	厘清现阶段的情况,为详细的服务计划做准备
第六周	根据相关计划做社区服务	建立关系,为进入社区工作做相关准备
第七周	督导二:聚焦非遗与社会工作的关系进行回应及思路整理;社区服务	协助学生更明白现阶段的工作目的以及更深入理解社会工作在社区重建中的角色等
第八周	社区服务	收集相关资料,联结社区居民
第九周	督导三:讨论社区展示内容;准备及进行社区展示	梳理现阶段工作,与社区居民建立深度关系;协助社区搭建增进沟通的平台
第十周	小组展示、评估、庆贺	对整个课程以及同学自身经历的回顾、评估、反思;将实践性知识升华

课程的时间安排是前两周做理论的梳理和所去社区的基本情况了解;第三周至第九周社区服务,同时文献查阅、教师督导;第十周评估和庆贺。在上一年的课程主要通过对宏仁村做了基础的建立关系、了解社区,尤其是在社区的老人。同学花大量的时间在社区与老人聊天,了解他们的过去、现在,来完成对这个社区的把握。因此,在此基础上我们今年的高级实务课程聚焦以文化作为切入点来开展,让同学思考在现代城市化背景下,中国传统农村该如何重建和发展。所以,我们选择以资产为本的社区工作方法进行干预,同时兼顾社区的需求(保护他们的社区申请为历史文化民村)。这样不仅能满足学生学习的目的,也能回应社区的需求,还能以这个村为据点思考中国的城市化发展以及传统文化的延续,如何来回应现代的需求。在课程中,首先是一个理论的介绍和梳理,让同学联系自己的经历及认识厘清对于社区工作的概念及方法,然后教师总结介绍,强调社区充权和参与,以资产

为本的社区工作方法为主。其次是将要进行服务学习的宏仁村前期的认识,属于前期的筹备阶段;而服务学习阶段是实施、反思、评估和庆贺的过程。学生首先回应社区的需求,同时也思考社会工作的学习,这是非常辛苦和痛苦的,很多时候是备受打击和混乱迷茫的。比如学生如何平衡社区申请非物质文化遗产的需求和作为社会工作学生学习/实习的关系,如果说连回应社区的需求也不知道该如何去做,那么社会工作专业的学习又体现在哪里?虽然纠结,但学生也在思考拆迁对于宏仁村的影响是什么,该如何发展?对于社区的传统文化该如何保存?而服务学习的实施阶段教师的督导就尤其重要,需要给学生情感上的支持和专业上的引导,或者更多是一个如何去思考的方式。这就包括情绪上的疏导和学业上的指导,因此在课程中,教师更多是一个陪伴、协作、引导的角色。不是要告诉学生是什么,而是和学生一起去经历未知,来建构成为自身性的知识。在这个过程中往往教师也是不足够的。因为面临的社会问题或是现实情况的多样性不可能做全面的理解、把握,也不能以某一个专业的知识来回应,所以,教师在课程中需要一个空间,不论是对学生还是自己,本身也是在学习又是在教学。同时,在面对现实多样性时,就需要跨专业或多专业合作来共同面对,提供新的视角,发挥各自所长。而在本课程中,我们强调以文化作为切入点来尝试重新联结社区的力量和记忆,方式是帮助他们申请非物质文化遗产项目。而庆贺和评估则是给社区、课程和自己一个交代,看做了什么。同时,更重要是需要回到课堂来思考所有的实践和学习的关系,需要把零散的经验性感受或思考建构或整合为理论性或知识性的成果。

案例使用说明

一、教学目的与用途

本案例教学使用说明是以将此案例是“高级社会工作实务”课程教学实践为基础撰写的,如将本案例应用于其他课程教学安排需要做相应调整,本案例使用说明可做参考

(一)适用的课程

本案例适用于“高级社会工作实务”“农村社会工作”和“社区工作”,也可将本案例作为“少数民族社会工作”课程的辅助教案。

(二)适用对象

本案例适用对象包括高年级的社会工作专业本科生、社会工作硕士等。

（三）本案例教学目标规划

1．覆盖知识点

（1）社区、社区工作的定义内涵；

（2）社区工作的方法；

（3）社会工作的专业技巧；

（4）赋权、参与。

2．能力训练点

（1）让学生对社区、社区工作以及社区工作的方法等结合自己的经历有深入的思考；

（2）在实务训练过程中，通过在社区真实的情景中联系如何与人建立关系，使用社会工作的不同技巧；

（3）学习在真实的情景中根据服务对象的实际需求制订服务计划并实施；

（4）训练同学的团队合作能力、多元文化的理解、对社会公正的思考以及社会工作专业本身的反思。

3．观念改变点

（1）对城中村的理解不只停留在“脏、乱、差”的表面，而去思考背后社区拥有的文化和社区本土性知识；

（2）对传统拆建的发展模式有新的认识，从而加深对发展的思考；

（3）通过服务学习更明白自己生命历程以及和服务对象的关系。

二、具体使用方式

需要课程有实践性的要求，强调服务学习的方法，根据课程的具体情况选取实践点。比如云南大学社会工作系学生都在新校区，缺乏实践基地，而因为在建大学城周围也存在搬迁的新社区等，这样就可以尝试根据课程内容做开发让学生进入社区，围绕课程的议题做相关服务，本次“高级社会工作实务”就是这样的例子。因此，整个课程使用服务学习开展可以分为以下几个部分：

第一，在课程开始之前，教师需要选取并联系好学生服务点。可考虑就近的社区或是机构，也可以是课程相关的实践点，如“青少年社会工作”可以联系学校或是专门的青少年服务机构。

第二，课程初期。主要任务：一是协助学生梳理课程基础知识以及服务时需要具备的知识、能力及注意事项。主要包括社区、社区工作、社区工作方法、建立关系的技巧等等。二是根据课程议题组建服务学习小组。可以由学生自由组合或是感兴趣的议题结合成组,做前期的研习。需要同学准备的包括对课程知识的学习整理;聚焦议题收集文献资料及相关分析。比如本次课程分为五个服务学习小组,他们聚焦的议题分别是宏仁村的麻脆角、花灯、刺绣、草墩编织术、祝国寺年夜饭。他们需要根据自己的经历梳理出理解的社区、社区面对的问题及困难、社区工作及方法等;同时,对各自小组负责的议题做资料查询,包括非遗申请、之前同学在宏仁村做服务学习的相关资料等等。

而教师则需要协助同学做课程知识梳理及相关议题整理。同时,教师需要协助后勤事宜。包括申请课程资金及管理,协助小组团队建设及小组组员分工等。

第三,服务学习实施阶段。(1) 进入社区,寻找社区关键人,了解社区基本情况并订立整体服务学习的基本框架及第一次服务的详细计划。(2) 社区服务。主要是与社区相关人员建立关系,了解情况;发现个案,对小组关注的议题做综合把握。(3) 督导。针对学生在社区服务的情况做梳理及引导。为学生提供情绪上的支持以及专业上的指导。(4) 评估。从学生的服务状况、学习状况、团队合作及反思等几个层面进行评估,从而掌握学生在本门课程的参与及学习情况是否达到课程目标。(5) 庆贺。可以分为在社区,邀请社区居民一起联欢,向他们展示同学在整个服务学习过程中做了些什么;另外是在课堂,回顾同学整个课程的参与、付出及收获,感谢彼此,庆贺有不一样的体验和收获。

在整个实施阶段是学生围绕关注的议题,进入社区,了解情况并制订服务计划。比如花灯组,他们首先了解在社区里擅长花灯的人,找到他们,了解他们和花灯的故事。从这个层面进而寻找相关人事,从而把握整个社区花灯的情况。其次,收集他们花灯的曲目、服装、成绩等。最后组织他们表演,在社区进行宣传,让社区居民重新看到花灯,由于有共同的记忆产生共鸣从而重建社区的联结。

而督导则是在学生服务的过程中协同陪伴,教师本身也和学生一起进入社区了解情况,观察同学的服务,为同学提供情绪支持及专业引导。在课程初期,学生最困惑的地方在于做非遗和社工有什么关系或是自己活动中服务对象不参与等。教师就会让学生慢下来,多从服务对象所处的大背景和生活世界来思考,并且以讨论服务对象的需求来联结社会工作,以及从社会工作的本质等来探讨。更多是根据自己的观察、阅览及知识引导、陪伴学生。督导主要可以聚焦四个层面,一是技术层面的学习。这个过程强调以服务学习过程作为手段来提高学生掌握知识的学习效率。本次课程强调以资产为本的社区工作模式,强调充权和参与。在服务学习的过程中,学生通过了解五个项目的情况进行申遗更多是向老年人进行学习,在过程中充分倾听老人们的故事,陪伴他们,这本身对于老人而言就是充权的过程。因为他们面临的是拆迁和生活方式的转变,在这个过程中家园的破坏让外界甚至自己都觉得是不好的或是落后的。但是在老人们眼中的大学生是很有知识的人,他们都来向自己请教和学习,从而激发了老人对自己的认同,提高自信。除此之外,在整个过程中,社工专业的学生在社区还需要不断与人交谈、了解信息,得到很多专业的能力训练,比如如何倾听、同理心、策划等等。这些能力都在服务学习过程创造的真实场景中训练和思考,进而推进学生对专业的实习和思考。二是文化方面的思考。强调学生通过积极的社会参与,对社会文化多元性地认识、尊重和接纳。刚进入社区,同学看到宏仁村更多是从拆迁的废墟、脏乱差等来描绘。但与社区建立关系后,开始思考这样的地方对于村民而言是有什么重要的意义,发掘到村子的传统文化更多是感觉到历史的厚重和一种乡土的关怀,这是在现代化发展,水泥森林中感受不到的情怀。整个过程,学生看到因为拆迁对村民带来的伤害和安置造成的问题,去思考这样的方式是否是唯一的。三是政治层面。主要是思考服务学习背后权力的问题。从课程来看整个过程认识村子都是在被拆迁和抗争的过程,开始时不理解村子为什么是这个样子,在倾听和了解过程中,学生开始去思考为什么老人们这么想保住“破旧”的村子。而在发展的过程中采取的方式对于村民而言是否有可以去讨论的空间,这本身就需要去思考背后的权力关系。同时,在了解信息的过程,老人谈的可能不是学生想要的,期间他们一直在思考如何去访谈及了解到需要的材料就存在不切合的地方。在这样的情况下如何去了解或是引导也可能存在权力的不平等,因此学生不断在挣扎申遗和社区工作之间的区别,最后慢慢明白我们该如何定位以及如何处理这些差异,不是去主导,而是更多去尊重老人和村子的文化。四是反思基础性知识。通过服务学习的过程,实践专业的知识之后形成自身的经验性或智识性的思考来反观学习到的知识,所以这是知识重构的过程。社会工作从西方引入,存在本土化的过程,并不是所有的知识和方法都适用于我们面对的社区。因此课程中强调去理解老人,明白村子的文化,从而选择适当的方法介入。

而评估可以是多面的,从服务对社区、课程目标、学生学习情况等。庆贺则是对整个过程的收获、成长及彼此感谢。

第四,课程结束。这个阶段是引导学生将服务学习中获得的实践性知识提升,把学生从实践拉回课堂,回到理论及专业本身。这要求教师有很深的理论功底来协助学生整合。先将学生在服务学习过程中从专业或是个人的感受或思考整理,再将这些点回到课堂或是大的社会背景以及理论中。从本次课程来看,在学生服务学习的基础上,教师协助学生进行提炼的框架包括对农转居的感受和认识、社区居民对乡土感情的认识、社区工作中文化作为充权的思考以及文化作为促进社区居民建立社会资本的思考;另外则是社会工作对于这样的社区可以如何干预、学生如何理解现有的发展模式等等。

三、理论依据梳理

(一) 社区

1. 地域性社区

(1) 以人际关系的群组来定义社区,这种关系是以地理为基础,人们互动的对象常是居住相近的人;

(2) 人际关系通常都发生于一定的地域或以邻近地区为范围;

(3) 人际关系的群组包括工作、宗教、种族、政治、娱乐等活动所组成的群体;

(4) 成员对社区应有归属感、认同感、社区中人与人之间有联系与伙伴的关系。

小结:根据地域来说明社区是什么,具有熟悉性和同质性,由于某种或多种原因聚集在一定地域范围。

2. 功能性社区

(1) 有着共同生活方式、信仰、背景、利益及功能的一群人,有共同点把他们联系起来,把他们与非成员分开;

(2) 提供给成员集体身份及归属感;

(3) 社区亦代表了人际关系的理想:紧密的交往、互相照顾、关怀、合作、支持及依赖;

(4) 社区可以有经济、教育、社会参与、感情及社会控制等五方面的功能。

小结:由于某种同质性或达到某种目标聚集而成的社区。

(二) 社区工作

1. 社区工作是社会工作的一种介入手法,一个过程,用集体行动的方法来呼吁居民自助、互助及自决的精神。同时,能找出及满足社区的需要,解决社区问题,培养社区归属感和认同感,达致社区整合,改善社区生活素质,能发展居民能力,加强其自主性。

2. 减低社区居民的无能感,增强社区居民的自信及权力感,改变社区的权力分配,改变社会制度。

小结:前一个定义侧重把社区工作作为一种方法和过程,最终达致居民能力提升、互助和谐的社区环境以及解决社区存在的问题。后面的定义则更多侧重于目标。

3. 社区工作有关定义

(1) 以社区为对象的社会工作介入手法。它透过促进居民参与集体行动,共同界定社区需要,合力解决社区问题。

(2) 改善生活环境及素质;在参与的过程中让居民建立对社区归属感,培养自助、互助及自决的精神。

(3) 加强社区成员参与及影响决策的能力和意识;发挥居民的潜能,培养社区领袖才能。

(4) 以达至更公平、公义、民主及和谐的社会。

(三) 社区工作的方法

1. "资产为本"与"需要为本"

传统政策强调一个社区的"需要",决策者往往把焦点放在社区的"缺陷"和"不足"上,然后引入外来资源,协助社区解决问题。部分地方领袖为求争取更多资源,不断夸大社区面对的问题,并引入种种附加制度,管理该批资源,最终社区被冠以负面标签、并依赖外力。

美国西北大学的 McKnight 和 J. Kretzmann,是推动资产为本社区发展(Asset-Based Community Development,简称 ABCD)模式的先驱,他们强调社区建设必须"由内至外"(Building communities from the inside out)令社区成员发掘地方优势和潜能,让他们重整和集结力量、开拓新的机会、生产和收入来源。

2. 什么是社区所拥有的资产

并非单单包括每个成员的个人能力和技术,更包括社区内各种家族、宗教、文化和社交活动的非正式关系网络(社会资本)。同时,正规机构如政府部门、私人企业、学校、医院和社区中心等资源,全皆可视作社区资产的一部分。进行资产为本的社区发展,便是重新认识、图列、联系和动员各项资产的过程。

(四) 资产为本的发展策略

(1) 欣赏式评估:寻找和分析社区过去的成功经验和故事,以加强成员的自我形象和社区认同,积极参与。

(2) 重视社会资本:将社会资本看成社区的重要资产,加以巩固和强化,并突出它在社区发展中的作用。

(3) 参与发展:强调每名成员的能力和资源,给予平等和充分的参与机会,加强成员对社区发展的承担感。

(4) 社区经济:联系和动员区内的不同资产,透过集体合作,探索不同类型的经济发展模式。

(5) 强化公民社会:强调社区成员的公民(有别于受助者)身份和权利,促使政府和私人部门更有效回应社区的需要。

(五) 社区中的社会资本

(1) 社会资本的角色:社区成员间的非正式关系网络。在资产为本发展策略中扮演十分重要的角色,它起着联系和动员不同资产的关键作用。社会资本只是社区拥有的众多资产之一,其他资产还包括人力资本、物质资本、金融资本和环境资本等。而资产为本模式所强调的是综合性社区发展策略。

(2) 社会资本的局限性:正如不少批评者曾经指出,主张社会资本观点的人,往往容易把社会资本和它引申的其他资产混为一谈。一个社区即使拥有紧密人际关系网络,但欠缺其他客观物质条件,社会资本的作用亦极其有限。片面强调社会资本的重要性,只会停留在"塘水滚塘鱼"的社区互助,虽有助局部纾缓基层的生活压力,但却无助提升社区成员的充权和归属感。

(六) 充权

"empowerment",中文译名为充权、增权、赋权、权能激发、居民授权和促能等;字面意义是"提升权力之目的与过程"。

本地社会工作多放进传统社会工作强调社会功能的理念中,将"充权"等同于"使能"(enabling)、"增强"(strengthening)或等同于"个人成长"(personal growth)。

Solomon(1976)强调充权是一个"减少无权感"的过程,方法是通过发掘"无权的一群"的权力障碍(power blocks),协助他们消除非直接权力障碍的效果与直接权力障碍的运作。

赵维生(1997)分析 Solomon 定义的要素是:(1)对象是社会上缺乏权力的弱势组群;(2)这些组群正因为缺乏权力,因而被歧视而处于不公平的社会位置;(3)正因为他们缺乏权力,他也缺乏资源、资讯与资料;而且也缺乏能力去改变他们所处身的不利的位置;(4)协助弱势组群掌握权力以改变自身不利社会位置的活动与过程。

充权的三个层面包括:

(1) 对弱势社群本身:增强能力、信心、自我;减低无力感,令案主有权力、有力量去掌握自己及环境;权力 = 个人适应能力;着重提高案主自我意识及主体意识;

功能主义的角度,人权/民权运动:公民权利(citizen entitlement)。例如再培训与展翅计划。

(2)弱势社群所处的社会权力关系:权力是压迫者(dominator)与被压迫者(dominated)之间的社会关系;阶级、性别、族群是社会分层中权力分配的重要元素;改变压迫者与被压迫者之间的社会关系;以去权(disempowerment)的角度来思考被压迫者的困境。

(3)整体社会以及弱势社群的世界观和价值观:改造权力成为正面的力量;强调平等和合作;以关怀替代压迫和竞争关系。

充权过程的四个要素包括:(1)态度,价值观与信念;(2)共同经验的确认;(3)批判思考所需的知识和技巧;(4)行动。

充权过程中案主与工作人员的关系不再是传统的专业/非专业关系,因为许多人支持合作。案主必须经历一种个人的权力感,主动参与改变过程,从而案主变成主动的协助者。不仅帮助自己也帮助他人。

充权的实践原则与策略包括:(1)助人关系建立在合作、信任与共享的权力上;(2)利用集体行动;(3)接受案主对问题的界定;(4)认识及信赖案主的优势;(5)提升案主对阶级与权力议题的意识;(6)教导明确的技巧;(7)利用互助和自助的网络或团体;(8)在充权的关系中,经历一种个人权力的感觉;(9)使资源流通或进行案主倡导。

(七)参与

参与的八个层次有:

(1)操纵(manipulation):最低层次的市民参与;受到当权者的利用和控制;以公关为目的,对政策决定无影响。

(2)治疗(therapy):医治市民对社区事务的冷漠感。

(3)通讯(informing):将有关的决策的资讯,透过一些公开的市民聚会,或大众传播媒介通知市民;单向的通知,市民并无机会反映意见。

(4)咨询(consultation):常用方法是民意调查、居民大会及公听会的方法征询市民对某些政策的意见;但意见的接纳与否则非市民可以控制。

(5)安抚(placation):委任一些"顺民",进入有决策权力的委员会。一方面可以安抚社会大众,有利公共关系,另方面又可以控制"顺民"的委员,不致为委员会添麻烦。

(6)伙伴(partnership):市民可以伙伴的身份,与当权者平起平坐地参与决策。

(7) 赋予权力(delegation of power):市民拥有较多的权力,左右政策的决定。当权者则处较弱的位置,要向市民讨价还价。

(8) 市民控制(citizen control):市民拥有绝对的权力,制定政策。

四、服务学习运用于社会工作教育的思考

服务学习作为一种教育方法运用到社会工作教育中在现阶段是非常必要且有重大意义的。当今中国社会正处于转型时期,城市化进程不断加快,社会问题日益凸显。而社会工作作为增进人类社会福祉的学科以及其助人性的特点,去回应面临的问题是义不容辞的。然而当今在培养社会工作人才的过程中却存在不同的困境,在这些困境之下社工教育缺乏本土性以及教师缺乏实践基础就是必然结果。然而社会工作属于应用性学科,其教育必然要求既回应本土的需求也需要有操作实践性。但现实情况由于修建大学城等,把高校搬到离城区较远的地方,就进一步增大了学生实践的难度。而引入服务学习则是让学生从关注自己的社区开始,比如学校,或者周围的翻盖社区,寻找一些议题和课程结合。例如此次课程的村子就是在大学城附近。通过服务学习联结学校和社区,鼓励学生贡献自己的理论来回应社区问题,不仅训练了学生的实务能力,同时也给教师一个丰富课程,形成更本土化社会工作教育的契机。而且,在这样的教学过程,教师通过研究整理回应的是最当下面临的社会问题,其成果也可能对政策制定或是整个政策层面的创新及社会问题的解决有参考依据。

同时,服务学习引入社会工作教育对现有的高等教育体制也存在很大的冲击。传统的教学模式都是以课堂教学为主,而服务学习则是强调在做中学,学中做,需要学生不仅在课堂学习还可能走出校外,这样从学校层面担心的学生的安全问题;而教师在服务学习教学中相对于传统教学需要付出更多的精力和时间,这些对于教师考核在传统的学校评价体系都是未作考虑的。同时,在服务学习中产生的一些费用也可能造成压力。但是从社会工作专业实践性的特点来看,这些限制对于学生培养都是不利的。服务学习运用于社会工作教育则可以通过项目的方法为课程申请资金、购买保险等方式来减低一些可能预见的风险,并且通过这个过程可以很好地将教师的产学研以及学生培养相结合。虽然存在困难但整个社会工作教育不可因难止步,所以服务学习或许也是推动高等教育改革或社会工作实务教育改革的契机。

本文作者:向荣,云南大学社会学与社会工作系副教授。

社区关系重建和生活意义重塑
——某村改居社区工作

一、村改居[1]社区的背景

党的十六大制定了到2020年国内生产总值再翻两番(以2000年为基准)的中长期社会经济发展目标,城市化水平要达到55%。2013年李克强总理在政府工作报告中指出,未来几十年最大的发展潜力在城镇化。[2] 据初步测算,北京市未来将在中心城、中心城外围以及11个远郊新城规划范围内列入900多个行政村,约85万农民将转成市民。[3]

就北京市朝阳区来说,截至2012年年底,朝阳区农村城市化综合实现程度达到96.7%,居全市各郊区县之首。[4] 2003年以来,由于城市绿化占地、机场南线修建、别墅区开发,尤其是2008年以来的政府大规模土地储备等,使得朝阳区孙河乡15个行政村的9个村陆续拆迁农民上楼,逐渐形成2万人居住的村改居新社区——康营社区。截至2013年,康营建立了4个居委会,在康营社区实行城市居委会的管理模式,同时原村委会因为有一些集体经济和股份的遗留问题,与居委会并存。由于居委会的成员绝大多数由原来拆迁村的村干部组成,他们缺乏城市社

---

① 使用村改居,而非农转居,是因为其性质属于"农转非",即从农民转成城市居住的方式,但身份依旧是农民。

② 2013年,李克强总理在第十二届全国人大第一次会议上所作的政府工作报告。

③ 人民网强国论坛,http://bbs1.people.com.cn/postDetail.do? id=107548561。

④ 商务部公共信息服务部新农村网,http://nc.mofom.gov.cn/articlexw/xw/dsxw/201203/18244875_1.html。

区工作的经验,因此,在朝阳区农委的引荐下,北京朝阳区近邻社会服务中心[1]进驻该社区,在孙河乡社区办的直接领导下,协助成立康营社区居委会独立开展工作。

二、社区分析和问题评估

(一)社区分析的理念和方法

进行社区分析和评估是开展社区工作的前提,也是必要的程序和步骤。[2] 实践取向行动研究[3]创始人舍恩强调"了解与改变"这一辩证相生的逻辑是实践者在实践过程中的行动逻辑[4],以此思想为指导,我们摒弃了一般流行的社区调查一般都会借用一些关系进入社区进行问卷调查或者入户调查的做法,而是采用"从改变中了解,在了解中改变"即边服务边调查的方法,通过服务进入和了解社区居民的生活世界。同时,我们借鉴资产为本的社区工作理念,即重点了解和挖掘社区中已经有的优势和资源(人的擅长、性格、可以利用和开发的资源、历史、传统和文化等)[5],而不仅仅是了解社区中存在的问题。如通过举办夏令营(小学生)、亲子班课程(每周五天,让1—3岁的孩子及其家长一起上课)以及为家长开设家庭经验工作坊(育儿知识、家庭如何塑造人、夫妻关系和亲子关系等等)课程,通过服务得到了家长们的信任,自然地进入其家庭深入了解个人、家庭以及社区的状况。通过集体的文娱活动(恢复了社区秧歌舞、广场舞),带动社区中最广泛的人群参与活动,进而与这些居民建立熟悉的关系。通过建立社区学苑,开办合唱班、京剧班、书法绘画摄影等课程,在社区群众中建立了较深厚的人脉关系,使用课程的平台探讨社区问题。随着社区关系的深入,我们从中了解居民的想法和需求。如此循环往复,

---

① 2007年建立,2010年正式注册为民非。由杨静老师创办,最早在北京市朝阳区崔各庄乡善各庄村开展农民工社区的服务,2010年在城市化进程中各村被拆迁,该组织因为其服务得到了朝阳区农委的支持和信任,因此引荐到康营社区。

② 李易骏:《当代社区工作》,双叶书廊有限公司(台北)2012年版,第103页。

③ Donald A. Schon:《反映的实践者——专业工作者如何再行动中思考》,夏林清译,教育科学出版社2007年版。

④ 夏林清:《一盏够用的灯:辨识发现的路径》,载《应用心理研究》,五南图书出版公司(台北)2004年版,第152页。

⑤ Dennis Saleebey编著:《优势视角——社会工作实践的新模式》,李亚文、杜立捷等译,华东理工大学出版社2004年版。

逐渐地形成了一幅社区的基本图像①,定位社区工作方向。

(二)社区分析

1. 社区人口分析

截至2014年年底,该社区已经居住了将近两万人口左右。有本地农民、外来人口、城市居民等。职业类型则反映出中下层特征,各种服务人员,销售、教师、警察、保洁、司机;转居转工远没有达到安置社区中大量的中壮年人就业的目的(一些就业岗位工资低,劳动强度大无人问津等),他们基本上闲置在家;老年妇女们带孙子、做饭成为主要的生活内容,男性老年人除了参加一些文体活动、打牌之外则无所事事。也正是由于大量人员闲置在家中,使得他们成为参与社区活动的主力军。拆迁后绝大多数的居民收入了一定的拆迁款,衣食无忧,他们最关注的就是健康和娱乐。

2. 社区公共设施分析

该社区周围缺乏公共生活设施。至今,两万人的社区只有一所幼儿园、一家大型超市,远远不能满足居民的需求;缺少医院和社区卫生中心;出行不便使社区服务中心成为他们家庭之外的主要生活空间。

3. 社区关系分析

该社区由原来孙河乡的九个村拆迁组成,上楼后同村人并不居住在一个楼里,打乱了原有的邻里关系;新的邻居之间关系生疏,对社区没有认同和归属感。由于行政村仍保留着集体经济股份制,所以原来的村民对本村仍有强烈的归属感,社区概念很难形成。居委会的领导和工作人员大多是原来村委会的干部,城市社区工作的经验不足,除了个别居委会之外,其他的很难有效组织居民开展各种工作。

该社区居民仍沿用原有的熟人关系网络生活。尽管不住在一个楼或者一个社区,但社会关系网络还在,亲戚、家人和朋友们都住在附近,这使得旧有的社会支持网络仍在不同程度上存在着,也成为我们开展社区工作的优势,即借助一人就能联系到一群人。但是熟人社会的人际关系复杂,不仅带着拆迁期间的利益矛盾,而且

---

① 杨静:《针对农民上楼新建社区的调查以及未来的工作计划》,载《行在路上——变迁与发展中的社区工作探索》,中国社会出版社2012年版,第299—320页。社区分析基本上来源于该调查报告。

还带着原有的恩怨和矛盾,使得我们的一些工作也会陷入一些莫名的僵局。

由于该乡在拆迁过程中存在很多的利益矛盾,乡政府各部门用大量的时间处理日常的矛盾,在社区建立之初很难支持到社区工作。

4. 村改居生活适应分析

村改居后身体上楼了,但思想意识却仍停留在原来的农居文化里。保留着原来的生活习性,习惯串门和街头巷尾地聊天,住在封闭的楼里有一种憋屈感,尤其到了夏天,他们纷纷下楼三五成堆地聊天、打麻将。到了冬天,楼道里仍旧放着腌咸菜的坛子,街上晾晒着从农村亲戚家拿来的玉米,拔了院子里的花草种上蔬菜,"破坏城市绿化环境"成为物业和乡政府最头疼的事情。当过了住干净的新房子的欣喜感和数钞票的新鲜感之后,居民们逐渐开始产生城市居民生活的种种不适应,开始滋长不满的情绪,如缺乏社区集体生活,人们的生活单调而枯燥,三餐之后除了"遛弯"还是"遛弯";日益上涨的物价水平和每天增加的花销与极少的收入相比给他们带来很大的恐慌感,消极情绪逐渐增长和蔓延。村改居的生活方式和之前的农居生活的对比感也就越来越强烈,让居民们慢慢地开始对原来的生活怀念,对曾经讨厌过的生活越发地赋予一种意义。有个大爷说,"现在就是吃饱了盼天黑,天黑盼天亮,活着没有奔头了。之前,养个小鸡,看着长大,下蛋,都觉得是一个乐趣"。社区所属的孙河乡是一个拆迁矛盾比较大的乡镇,乡面临很大的财政困难,乡里的工作重心在解决矛盾等上面,无暇顾及社区工作,加上对社会组织作用的认识有限,尤其是该社区从一个居委会逐渐建立了四个之后,原本的支持和紧密配合变了,四个居委会如何和一个社会组织合作也成为新的课题。这些既造成了近邻工作的困难,也带给一些独立工作的空间。

5. 社区历史及传统文化分析

孙河乡是一个文化大乡,他们有历史上引以为自傲的小车会、高跷、秧歌、京剧等文娱形式,有着很深厚的历史文化底蕴和传承。在上楼后如何保护和传承这些,成为他们可以持久回忆的乡土情,也是我们在联结其生活意义的时候需要加以整理和利用的。

6. 本地组织分析

社区有很多延续村建制的兴趣小组,这些兴趣小组的带头人是原来村委会所依赖的骨干，且在当地有一定的势力，尤其形成四个居委会之后，居委会为了尽快展开自己的工作局面，更加依赖原先的文体骨干，他们的确在组织文体活动方面发挥了很大作用，但同时这些人思想保守，他们拉帮结派，按照自己的好恶组织居民，甚至个别的骨干有点“顺我者昌”的架势。他们有丰富的组织群众的经验和方法，但组织理念却与社会工作进行社区组织的理念相差甚远，这些骨干是否可以在社区中发挥正能量，以及如何和我们外来的社会组织协作，是我们面对的难题。

三、地区发展模式指导下的村改居社区工作

（一）地区发展模式指导下的社区工作目标

地区发展模式针对的是在工业化、城市化发展过程中日渐疏离的社区关系、社区凝聚力解体、居民变得冷漠无助，社区内欠缺民主参与等问题；它关心人在现代社会中失去尊严，没有归属感，而且也不能用民主来解决问题的情形。强调要从当地居民的需求和当地资源、环境和人口等协调、可持续发展出发，联合政府，改善社区环境，从而达到居民自助、互助的目的。① 强调居民的参与、合作，集体组织起来利用社区资源、解决社区问题、满足社区福利需求，增强社区凝聚力和归属感。②

从上述的分析中看到，康营社区所面对的问题，正是专业社区工作中地区发展模式所针对的问题。村改居，不仅存在社区硬件设施重建问题，更存在重建社区意识以及社区人际关系、重新调整家庭利益关系、重组新的利益格局以及新的生活方式、重塑生活意义，并通过我们的工作促进居民自组织，促进居民之间的互助等，都是摆在我们面前的问题。

基于上述认识，我们制定了针对该社区的不同阶段的干预目标：

1. 直接目标

（1）重建社区关系，建立社区意识

社区意识是指居住于某一地区的人，对这个地区及其邻人有一种心理上的认同与融合，即所谓的归属感（sense of belongingness）；亦即人们认为这个社区是属于他的，而他也属于这个社区，又称之为社区情谊（community feeling）③这种意识是社

---

① 甘炳光、梁祖彬等：《社区工作》，香港中文大学出版社 1995 年版。

② 苏景辉：《社区工作理论与实务》，巨流图书公司（台北）2009 年版，第 33—34 页。

③ 徐震：《论社区意识与社区发展》，《社会建设》（台湾）1995 年第 90 期。

区建设的原动力和社区发展的基石及社区行动的基础[①]。在社区意识的基础以及社区居民与社区意识的结合互动中,形成社区居民对于社区事务和环境的共同认识,进而成为对社区人、事、物的认识及参与行动的基础。社区意识可以分为四个概念:熟悉感、认同感、归属感和荣誉感。[②] 我认为,这不仅是社区意识的四个概念,更是四个培养意识由浅入深的层次。

(2) 重塑村改居后日常生活的意义

重塑该社区群众的生活意义也是我们重要的目标和任务。一方面我们为该村改居的社区赋予一种生活意义,另一方面也要对社会工作者在这个社区里的行动赋予意义。对社区来说,我们从如下方面赋予意义:用整理过去文化的方式,让社区居民对传统农耕文化中优良的部分重新回忆,唤起乡土情;重塑村改居的生活意义。这里的意义重塑,不仅是个人层面的,因为个人都对其生活赋予一种意义,如看孩子、做饭、参加绘画唱歌等都是一种生活的意义。而且同等重要的是与上述社区意识联系在一起的一种意义,即在参与、付出、团结、协作之后得到的集体生活意义。

2. 最终目标

促进居民互助和自治。

(二) 把行动研究方法作为一种社区工作策略

提出行动研究即"关系、空间和机会"三者[③]的辩证关系的,是台湾行动研究学会创会理事夏林清[④]教授,在其三十多年的实践经验中,坚持批判解放取向的行动研究,将关心社会正义和公平作为改变的目标,并将行动研究理论加以丰富和发展

---

① 黄富顺:《加强社区意识,建立祥和社会的途径》,《社会发展季刊》(台湾)1995 年第 1 期。

② 李易俊:《当代社区工作》,双叶书廊有限公司(台北)2012 年版,第 74 页。

③ 2011 年,应中山大学公民社会研究中心的朱健刚老师邀请,夏林清教授在四川灾后经验整理工作坊中,提出了此概念。本文作者当时也应朱健刚和夏林清老师的邀请参与其中,将此概念加以整理,并得到夏林清教授对此理解的确认。这样明确的概念目前没有在夏林清教授的文章中出现。

④ 夏林清老师是将其导师、美国行动研究大师 Donald Schön 所著的《反映性实践——专业工作者如何在行动中思考》以及 Chris Argyris 的《行动科学》(*Action Science*)翻译成中文介绍到华语世界,对行动研究的学习和研究有重要推动贡献的人。其在台湾所推动的行动研究,在继承了导师 Schön 和 Argyris 的基本理论的基础上,转承勒温(K. Lewin)和杜威(J. Dewey)并呼应批判理论学派哈贝马斯(J. Habermas)的理脉,应对台湾工业化、城市化、专业化的实践中加以应用和发展、丰富了实践取向和批判解放的取向的行动研究而形成的一种社会实践路径。

而提出的。她认为通过反映对话，在变的关系之间（服务者与服务对象、实践者与实践场域的人、教师与学生等等），看清“彼此复杂情景脉络和社会关系”而达到彼此的深刻理解，建立人与人之间有承载力的厚重的关系。当彼此看清的时候，空间才被拉开，改变的机会才被看到或创造出来，进而促成改变。我们也尝试将此应用于该社区工作中。在重建社区关系和重塑生活意义的过程中，细致对待关系，拉开人与问题、情绪以及人与人之间的空间，创造出改变的机会。

在行动研究中，外来的社区工作者主要的角色是协同探究者或者称之为协助者，而非主导者。即社区居民永远是社区的主体，在刚开始阶段我们可能发挥着教育者、组织者、资源联络者作用，甚至可能在某一段时间是主导者，但最重要的，我们要切记地区发展模式所强调的社区意识培养，或者行动研究方法强调的协同作用，最终社区意识的整体出现以及由此而来的社区骨干发挥作用等才是社区发展和行动研究的理念和目标。

在实际工作中，我们采取了如下工作手段：

（1）从解决他们最现实的困难和问题入手，与之建立熟悉感以及他们对我们的认同感；如我们从亲子班介入，抓住群众望子成龙的心态，进入家庭；

（2）用普遍的群众喜闻乐见的文娱活动，和群众建立熟悉的关系；

（3）建立社区学苑，将不同促进市民化教育的课程作为建立深入的关系的平台，从中发现骨干和培养骨干；并逐步将每个课程班变成培育群众自组织的平台；

（4）通过组织社区大型公益活动，让发现和培育出的社区骨干有一个参与公益活动的平台，进而培养他们的荣誉感和归属感，利用此种空间，创造社区意识和观念转变的机会。

四、社会工作介入：关系建设，拉开空间创造社区改变

为了达到社区关系重建、生活意义重塑和促进社区互助和自组织的目标，我们使用行动研究中建立关系、拉开空间，寻找改变的机会的方法，展开了社区工作（如图1）。

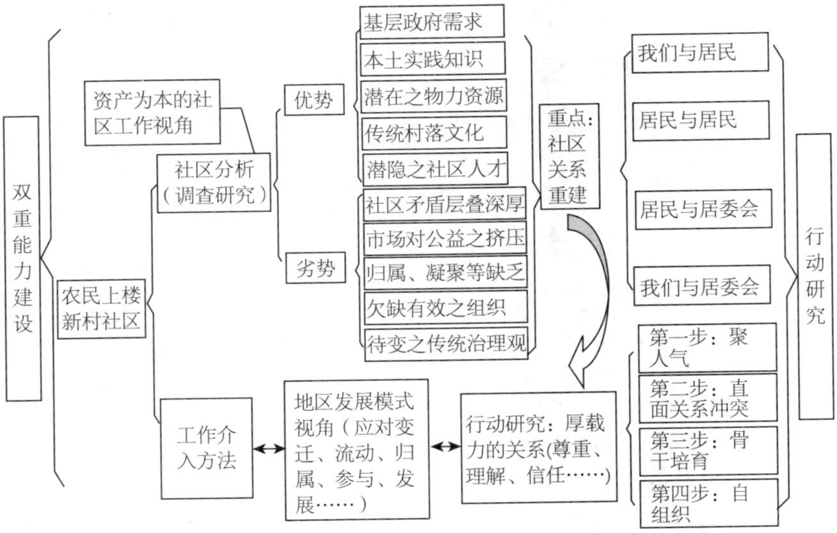

图 1　工作示意图

（一）聚人气——建立各种文体兴趣小组，以此建立居民的熟悉度，让社区“活起来”

对外来的组织来说，进入社区的第一步是与居民混个脸熟，让他们了解我们是做什么的，并促进居民之间认识和熟悉。如前所述，该社区居民将健康和快乐作为重要的生活内容，但社区中的文艺活动单调且很少，没有有效的组织。我们进入社区之后，为了达到认识和熟悉的目的，我们首先第一步就是组织群众多样的文体活动，通过恢复秧歌队、组建广场舞、太极拳班等，让社区居民打破之前以村为单位活动的格局，增进居民相互之间的熟悉，先让社区“活起来”，也为我们开展社区工作聚人气。

（二）关系深化——建立社区学苑，通过持续社区教育课程，深化居民之间关系，进行社区参与意识和归属感的培养

在社会学里，将公共空间分为三种，第一种是物理空间，第二种是精神空间，第三种是社会历史空间。① 我认为，在夏林清教授推动的行动研究中，空间概念还包括了人与人之间关系的空间，以及人将自己复杂的褶皱、一团乱麻似的经验情绪，拉开、梳理清楚而展开的空间。

---

① 杨江：《三重空间》，《新民周刊》2012 年第 35 期。

文艺活动可以聚人气，但因为它的随意性并不能成为有效组织居民的平台，组织这件事情可以发生，前提是居民之间必须有共同的利益以及在此基础上要有为此利益而奋斗的意识和目标。我们借鉴台湾社区大学①的经验，在康营社区建立了社区学苑②。社区学苑的建立，为居民提供了双重的空间，即一个让居民在工作场域、家庭/学校之外有一个物理空间（活动场所）和精神空间（各种课程以及社区各种活动和精神交流空间），同时也让一些有共同学习利益的人聚集在一起。另外，我们开展社区工作或者建立社区组织也发挥着空间的作用。这些空间使得人们在面对情感纠结、关系挤压的家庭以及工作场域的紧张、压力的时候，有一个可以纾解张力的空间（当然休闲娱乐场所等都是一种纾解压力的空间，但这不是我们要关注的空间）。如我们开设的京剧课，各种书法绘画摄影班，手工艺、健康常识讲座，亲子班和家庭经验工作坊等，尤其是暑期夏令营，聘请香港的社区音乐人和民众戏剧的老师为孩子们在家庭和学校之间拉开一个空间，在目前注重分数的教育体制下，创造出一个自由唱出自己的心声、发挥自由想象的绘画空间等，用游戏活动等带出协作和团结等这些在独生子女教育中日渐淡化的品质。在这些活动中，居民之间的关系和孩子之间的关系在这样的空间里发生了变化。我们将孙河的小车会、高跷的历史通过访谈老人——社区收藏这些文化的人，加以整理，用展板的形式变成历史文化的展览，这不仅是创建历史文化的空间，也是生活意义的一种重塑。

第二层空间的创造，是指在关系中，即个人内和人与人之间的关系中拉开的空间。

当我们通过第一层的空间，将社区居民聚集在以社区学苑为平台的课程中，课程的持续性（每周半天）、人员的相对稳定性等，为大家创造了一个可以聚在一起相互深入了解的机会，同时在课程中我们加入一些生活意义建设以及归属感培养的社区公益活动，如为周边的建筑工地募捐衣物，到建筑工地演出、为建筑工人在

---

① 台湾的高等教育普及面虽然还算广，但是还是会有许多人没有机会上大学。更何况还有因为家境贫寒或者其他原因当年没有继续深造，如今已经人到中年的职场男女。而社会的竞争是越来越激烈，如果没有知识，或者知识不及时更新，很难讲不会被淘汰。即使是作为一个普通的公民，他（她）也还是需要一个提高自身文化素质的一个机会。正是在这样的背景下，在许多有识之士的奔走呼号之下，社区大学应运而生。自1998年台湾的第一所社区大学——台北市文山区社区大学创办以来，短短几年间，已经发展到近50所，几乎是每个月都会产生一所大学，在读生超过了6万人。我们借鉴台湾社区大学的办学经验，聘请了台北芦荻社区大学的常务秘书来近邻康营社区工作两年，传授办社区大学的经验。

② 我们称之为社区学苑而不是社区大学，主要是对村改居的社区来说，大学二字对他们望而生畏。“学苑”则更符合这个社区的特点，里面不仅学习知识更是一个文娱的平台。

寒冬送去姜汤等。这些活动需要课程班的学员(居民)一起出主意、想办法,一起分工和协调等,通过这些活动来建立大家团结、协作和参与的社区意识以及从服务别人的公益活动中,焕发生活的价值感和意义感。① 在关系深入的过程中,社区群众有个人困扰或者家庭问题时,就开始来找工作人员倾诉;或者社区居民在一个课程中逐渐熟悉、关系加深的时候,互相之间的支持和倾诉也开始发生,我们与群众的关系也随之深入,当社区居民开始给我们诉说他们的困难和心里话的时候,我们介入的机会才被创造出来,改变才可能发生。

(三)培育社区骨干——让社区"动起来"

上述的活动虽然可以促进居民之间的协作和团结,以及参与意识和社区归属意识的培养,但离变成持久的社区意识相差甚远。我们发现,从一个兴趣或者利益小组发展为公益组织或者社区组织,除了要有共同利益牵在一起之外,更重要的是要学习如何看待和处理利益,以及如何将个人利益需求发展为集体利益需求。这些我们都要借助课程班这个平台慢慢引导和培养。

以社区亲子班为例,如前社区分析所述,社区没有任何幼儿教育机构,在社区的家长要求下,我们开办了亲子班,从一开始的 20 多人,发展到现在一个班 40 个孩子和家长一起上课,外面有 80 多孩子在排队。亲子班一方面传授育儿的知识,另外,我们通过亲子班所创造的空间,让家长(一个家有爷爷、奶奶、爸爸和妈妈等)们可以广泛参与我们社区的活动或者其他课程,如家庭经验工作坊等;通过亲子班培育家长老师,组织家长老师参与管理亲子班的日常事务,培养大家团结协作的意识;最后,这些家长老师们独立承担起社区亲子班的组织工作,而我们的角色变成协助。能发展到这一步,首先大家有一个共同的利益即孩子需要亲子班,在这个过程中通过集体备课、外出参观学习、不断参与到社区的公益活动中去等,让家长老师感觉到了她们的价值和存在的意义,和我们的关系从被服务对象变成合作伙伴等,有了居民对亲子班持久的需求,才为我们提供了与群众持续工作的空间和持久的关系建设,这些是产生改变的条件。也正是因为亲子班建立了比较深入的关系,所以我们工作者才有机会通过家庭经验工作坊进入家庭,碰触到夫妻关系、家庭教育等深层的问题。因此,在社区中,个案、家庭辅导和小组工作等方法是在

---

① 参见杨静:《社工义工联动,整合资源》,载《行在路上——变迁与发展中的社区工作探索》,北京中国社会出版社 2012 年版,第 277—287 页。在这里,总结了社区群众参与针对建筑工人关爱日活动后的感受,认为焕发了生命的意义。

这样的过程中浑然一体,而不是单摆浮搁。

到截稿为止,我们推动社区学苑的绝大多数课程从一个个兴趣小组逐渐变成一个个互助小组和社区自组织(自我组织、自己管理)。不仅是亲子班和家政英语班,还有绘画、合唱、摄影班,在四年持续的课程培育下都逐渐发展为群众自组织,我们从一开始的组织者也变成协同者。当群众的公益意识和团结协作的意识被激发出来之后,我们又开始组织大家进行社区互助养老模式、社区经济互助(公益集市)等探索。我们将各个班有各样擅长的学员组成各种老人互助小组,如理发小组、电脑培训小组、一个人的剧场(社区歌舞擅长的居民为长期有病在家的老人演出)。我们开展公益集市,开展社区以物易物,用公益集市得来的钱捐助给建筑工人等,将社区工作逐步推向深入。

社区的改变,不是靠着说教,也不是活动串烧就能发生的,而是需要在细致、深入的关系基础上,创造改变的空间和机会,并在持续的工作中,改变或许才能发生。无论个人、社区和社群,都是如此。

五、评估

(一)成果

在不长不短的四年时间里,在社区里我们推动建立了各种兴趣小组,让社区"活起来""动起来",并推动各种兴趣小组走向公益组织和互助组织。通过社区学苑的各种课程班,不仅满足了居民学习各种知识的需求,而且这些课程班成为进行市民教育的平台,培育了一批社区公益骨干,成为推动社区进一步向自组织发展的骨干力量。在与居委会一起工作的过程中,我们影响着社区居委会的工作方式和方法逐渐发生改变,让与我们合作的政府各部门不断认识了社会组织所发挥的作用。在这个过程中,我们社会组织也不断成长,不仅锻炼出了一些独挑大梁的好手,更是培养出了一些大学生志愿者成为组织的后备力量。

(二)面对的挑战

1. 没有成型的经验以及理论和方法可供借鉴

对中国内地的一个农转居的社区来说,没有一个现成的理论和方法可供借鉴。所有关于社区工作的理论和知识,对我们的工作来说仅仅提供一些看问题的视角,面对矛盾如此尖锐复杂的社区,以及社会组织嵌入社区工作,我们甚至没有成型的经验可供参考,我们靠着自己的探索和不断与其他社区工作者讨论,在行动——反思——再行动的螺旋式的行动研究中摸索前行。

2. 社会组织与当地政府相关部门协同的挑战

即便我们是被当地政府引入的社会组织,但随着我们工作的深入,四个居委会承担的来自上级政府和群众的压力越来越大,上面认为一个社会组织都能做的事情为什么居委会做不了,要求他们也要像我们一样工作。随着我们在群众中的威信越来越高,也导致新建的其他居委会将我们看成是一个竞争资源的力量甚至将我们的独立性看成是"独立王国"。四年中乡里新换三次领导都要重新认识我们的作用而导致支持和协调力度下降,使得我们这个无权的社会组织在协调乡社区办以及四个居委会共同工作中显得无力。

3. 社会组织工作的有限性、深入性和细致性与政府要见到"轰轰烈烈的成效"之间的矛盾带来的挑战

社区很大,工作很多,但我们组织的人力有限,因此只能选择我们能做的事情,将主要精力集中,而不能面面俱到,有些时候与政府急于见到成效有矛盾之处。我们不能为了满足有些政府官员要"轰轰烈烈的政绩"的想法而开展一些满足眼球和造势的"大型"活动,我们认为社区的改变首先是人的思想意识和观念的改变,最终是人的改变。因此我们提供服务以及开展各种的活动,承载在其中的是大量的深入细致的群众思想工作和意识的转变,是为了解决群众急需解决的问题、培育群众的社区意识以及居民骨干和群众自组织的目标服务。这个过程需要深入和细致,要润物细无声,而政府很难看到这些工作。因此处理好领导喜好和群众需要以及我们的目标和价值三者之间的关系就成为时时挑战我们的课题。

六、讨论

我们认同社区工作的核心应该是将整个社区视为一个整体并推动社区的整体改变,真正实现居民对社区有归属和参与,达到社区自组织和管理。而这是一个长期的过程,需要社会组织和居民以及政府等各方面力量一起通过长期、润物细无声的工作,它不可能是轰轰烈烈的一些活动或者开一些群众小组能达成的。因此达到这一点,至少需要两个条件,一方面要解决一个社会组织比较长时间扎根于社区

的合法性位置,一方面需要政府对此扎根社区进行细致工作的认同及购买服务。但是这两点在目前的条件下都是缺失的。一方面社会组织比较长期在一个社区扎根的合法性没有解决,专业社会组织究竟如何"嵌入"社区中又要保持独立性?我们期望能够独立地嵌入和工作,不被"包养",但也希望政府有一定的支持,目前这两方面显然是矛盾的。全额购买服务就有"包养"的危险,而不被"包养"就有资金的短缺问题。对我们这个社会组织来说,发展至今,全靠个别有识领导的支持,才有了既被购买服务又能独立自主发挥社会组织作用的空间。但购买我们服务的政府部门不断催促我们的工作去可以覆盖到多个社区而不要扎根于一个社区,因为政府的资金无法长期支持一个社会组织在一个社区进行服务(即便我们在一个社区每年的服务内容有些不同和递进也不行),因此我们这样的扎根做法就不断面临资金短缺的问题。要讨论的是,究竟什么是社区工作?一个好的社区工作应该是怎样的?社会组织究竟如何"嵌入"才有合法性?

案例使用说明

一、教学目的与用途

本案例教学使用说明是以将此案例应用于 MSW"高级社会工作实务""社区社会工作"等课程中关于社区工作的教学而撰写的,如将本案例应用于其他课程,教学安排需要做相应调整,本案例使用说明可做参考。

(一)适用的课程

本案例适用于 MSW"高级社会工作实务""社区社会工作"课程。

(二)适用的对象

本案例适用对象包括高年级社会工作专业本科生、社会工作硕士。

(三)本案例教学目标规划

1. 覆盖知识点

本案例在 MSW"高级社会工作实务""社区社会工作"课程中应用主要覆盖的知识点有:

(1)社区工作中的地区发展模式;

(2)资产为本的社区工作理论和方法;

(3)社区组织的培育和发展;

(4)社会组织和多部门的合作联动;

(5)城乡一体化进程中本土村改居社区工作的探索。

2. 能力训练点

本案例在MSW“高级社会工作实务”“社区社会工作”课程中规划的能力训练点有:

(1) 学会应用资产为本等视角全面分析社区资源、优势和问题等;

(2) 行动研究的能力,即对行动进行反省和不断改变的能力;

(3) 社区工作者作为组织工作者,不仅组织工作对象,同时要学习自组织能力;

(4) 将个案、小组和社区工作方法有机整合、灵活应用;

(5) 具备社会工作者文化理解力和敏感性,才能有效地回应社区中存在的文化差异和多样性问题;

3. 观念改变点

本案例在MSW“高级社会工作实务”“社区社会工作”课程中规划的社会工作服务理念有:

(1) 将社区中人的改变和发展作为社区工作的出发点和目标;而人的改变必须在一个具有承载力的关系中,拉开各种空间,寻找改变的机会;

(2) 社区的发展最终要依赖社区自己的力量,因此外来的组织应该将目标定位在培育社区自己的力量,而不是长久依靠外力解决社区的问题;

(3) 我们不是为和给群众服务,而是要树立依靠群众、相信群众,和群众在一起、打成一片,从群众中来到群众中去的本土群众工作理念;

(4) 社区的改变,是一个细致的、润物细无声的过程,而不是靠着热闹的一串串的活动能够达到的。

二、启发思考题

本案例的启发思考题主要对应的是案例教学目标,启发思考题与案例同时布置,另外要让学生尽量在课前阅读熟悉相关知识点。因此在案例讨论前需要布置学生阅读教材中项目前期、中期、后期、总结和反思四个阶段的内容,主要包括服务对象需要评估和社区资源分析、社会工作介入的理念和策略、服务效果评估、服务可持续性和局限性、服务的困境和重构等内容。

(1) 你如何看待目前推进的城乡一体化进程?

(2) 如何对一个村改居社区进行综合分析?

(3) 根据上述你对村改居社区的分析设定一个专业社会工作的介入方案。

(4) 现代发展观和后现代发展观有什么不同?

(5) 批判理论取向的社会工作的内涵是什么?

(6) 请结合本土实践经验,丰富和发展地区发展模式的理论和实践。

(7) 设计中如何既保持农耕文化的特色又具有现代城镇的特点?

(8) 进入一个村改居社区,怎样做体现了你的文化敏感性?

(9) 通过该案例的学习,你认为哪些经验可以用于你所设计的村改居社区?

三、分析思路

案例分析的基本思路是将案例相关情景材料通过教师事先设计好的提问逻辑引导和控制案例讨论过程。

因此,该案例分析的基本逻辑是:

第一,该社区因拆迁导致的复杂的干群矛盾、群众与政府的对立情绪很大,社会组织又是被政府引进的组织,加上一些保险等商业单位每天用调查问卷等各种手段在社区中寻找着商机,如果我们也使用一般的调查方法如问卷调查或者入户访谈,群众会很反感也不相信我们能做什么。但我们如果抓住群众的需求并提供服务,才可能赢得老百姓的信任。因此我们秉持行动研究的方法以及资产为本的社区工作视角,边服务边了解社区,通过服务,赢得群众的信任,然后在服务过程中逐渐对社区进行全面了解,不仅了解其表面的一些需求和问题,并在需求和所反映出来的问题表面找到问题之间的相互联系以及社会组织可介入的点。本案例中社区干预目标不是在一开始进入社区进行简单的需求评估就界定的,而是通过近两年的服务,在深入了解和分析社区的基础上才制定的。

第二,在制定社会工作干预目标的时候,我们借鉴了社区工作中地区发展模式,因为该模式主要应对的就是社会发展和变迁中社区存在社区归属感和参与感缺失等的问题,同时我们也针对村改居后存在的中国国情下独特的主要问题,制定出了重建社区关系和重塑生活意义的干预目标。

第三,能够使用什么具体方法达到上述目标?在社会工作理论和方法中没有可供借鉴和参考的依据,也没有现成的经验可供参考。究竟社区应该发生怎样的改变(变的方向)?改变如何成为可能(变的方法)?但无论是专业社区工作或者另类发展理论,都提出了一些介入的方向和路径,如参与式发展理论提供了一个社区的发展必须要依靠和培育当地人的力量。社区工作理论中也强调培育社区组织的重要性等。因此,组织的可能性?如何组织成为工作检讨工作的重要内容。组织的可能性和改变怎么发生?变到哪里,是我们讨论任何工作的出发点以及评估工作的核心目标。

第四,案例中的社会工作者没有将自己定位在一个服务者等这些单一的角色上,而是将自己定位于一个组织工作者:一方面不单要组织服务对象,更要组织自己和团队以及社会资源,联动多部门一起工作。因此在他们的工作视野中,这三层的组织工作同时要拿得起并要不断反省回观。另一方面,将自己定位在组织者的位置,就说明我们不是单纯地为提供服务,而是要组织服务对象实现自组织和自管理,因此我们所有开展的活动、服务都朝向培育群众组织和促进群众改变的目标上。

四、理论依据与分析

该村改居社区是在大力推进城乡一体化建设,拉动内需,将经济推向深度发展大背景下产生的,因此在从事该社区工作的时候,该社区有很多服务需求,如案例中所呈现的,早教需求、文化娱乐、养老等,但同时也存在着快速转居带出的深层的矛盾,在这样的社区中工作,需要智慧,更需要社会工作者清晰自己的立场和工作视角。在这个社区中,我认为社会工作者应该有如下的视角:

现代发展理论和后现代发展理论。城乡一体化进程,是现代发展理论指导下的产物,认为将农村逐渐城镇化就是现代化生活的标志之一,也是拉动经济繁荣的一个重要方式,无论是全球现代化发展的轨迹以及中国经济发展的思路都是如此。但另类的发展观对大规模的城市化有反思,快速发展不应该牺牲生态、环境等,应该激发村庄的活力和生命力而非取代村庄。农民已经上楼,但如何看待村改居、农民上楼等,我们仍然需要有些反思视角。同时社会工作中就有批判取向的社会工作,强调关注社会的公平正义,社会工作者不能仅仅变成服务提供者,而应该是倡导者和改变者。该视角应用于村改居社区中,提醒社会工作者要关注社区中的残障人群、外来人口等。不只是给他们或者为他们提供一些服务,更重要的和他们一起发展出改善自己生活和条件的能力,发展和传统的生活习俗、文化传承有机结合等。在本案例中,我们接触到的一些年老的农民他们不愿意转居上楼,他们喜欢住在自己农家小院,每天力所能及地做点农活,喜欢田园生活,对上楼后的生活极其不适应;社区转为城市生活方式,仍旧保留着农民的一些生活习俗,如楼道里放腌菜坛子,开辟一些空地或者将一些门前的公共花园里种上菜等,大街上晒着从亲戚家拿的苞米;原来农村婚丧嫁娶的时候,搭大棚成为举行仪式的地方。这些传统风俗仍旧保留到现在,在一些社区的空地上尤其是有丧礼上仍旧搭起棚子,吹吹打打。如何看待和对待这些有着浓厚农耕文化色彩的生活习惯?这是村改居社区面临的挑战。

同时我们也应该有些本土性社会工作和本土化社会工作的视角。社区内一些老村长和书记，他们有着深厚的群众基础，也有一套尽管老套但有效的动员和组织群众的方法，社会工作的专业思想和方法既不能取代也不能忽视这些方法，如何有机嫁接才是社区工作的艺术。

资产为本的视角在社区工作中也是非常重要的视角。资产为本的视角将社区看成是一个蕴藏着资源的社区，而非只看见问题。的确，一个近两万人的社区，四个居委会，也不是几个社会工作者就能让它动起来的。必须依靠本社区的资源，并最终将社区交给社区居民自己服务和管理，那才是社会工作的最终目的。

五、关键要点

本案例分析关键在于把握村改居社区中“农”的特点和“转”过程中的问题以及成为什么样的“居”三个核心要点。因此，教学中的要点是：

（1）社区分析中如何特别分析村改居社区的特性？

（2）建立整体社区工作的视野并在其中寻找政府所急、群众所需和社会工作者可以介入的结合点进行工作；

（3）形成政府、社区和社会组织三社联动，相互借力，取长补短的工作机制，而非社会组织单打独斗；

（4）社会工作者的角色绝不是单纯的服务提供者，而是教育者、组织者和推动改变的人；

（5）社会工作者既要培育和发展新的社区组织，同时也要调动和转化已有社区组织的力量朝向公益性社区组织。

六、建议的课堂计划

本案例课堂计划可以根据学生的差异，尤其是对案例的阅读和课前对相关知识的掌握程度来进行有针对性的设计。本课程中案例主要按照4学时进行设计。

A计划：适用于学生没有很多社区工作经验，尤其没有类似村改居社区工作经验的学生，针对此，教师以讲解为主，教师讲解的重点放在该社区产生的背景以及在这样的背景下如何开展社区工作，与一般的城市社区工作进行对比。因此此教学计划需要教师引导的内容相对多一些。

B计划：学生有一些社区工作的经验，教师可以针对案例进行细致布置，让学生分组讨论和总结案例，课堂上学生展示其讨论结果，教师进行总结和梳理其中的一些知识点，将重点放在社会工作者在该社区工作中的角色、该社区发展的方向以及什么是发展等的反思上。

两种课堂教学详细安排计划如表1：

表1　课堂教学安排计划

A 计划	B 计划
课前阅读相关村改居的资料和文献:4小时(不计入课时) 课堂安排:4 课时 文献回顾:1 课时 案例讲解:2 课时 集体讨论:1 课时	结合案例课前阅读相关村改居、发展理论等资料和文献,并分小组,每个小组按照案例后面布置问题进行讨论,并书写出来(不计入课时) 课堂安排:4 课时 案例讨论展示:2 课时 就案例展示组织课堂讨论:1 课时 教师讲解:1 课时

本文作者:杨静,中华女子学院社会工作学院教授。